1re/Tle BAC PRO
ENSEIGNEMENT AGRICOLE

W0217026

PHYSIQUE CHIMIE

Kahina Attal

Enseignante physique-chimie et mathématiques
(EPL La Bretonière, Chailly-en-Brie)

Christelle Dosquet-Langrand

Enseignante physique-chimie agrégée de l'Éducation nationale
(académie de Lille)

Delphine Glorian

Enseignante physique-chimie certifiée de l'Éducation nationale
(lycée général et technologique Gambetta-Carnot, Arras)

Frédéric Lheureux

Enseignant physique-chimie certifié de l'Enseignement agricole
(EPL du Pas-de-Calais, Tilloy-les-Mofflaines)

Maxence Meistertzheim

Enseignant physique-chimie
(LEGTPA EPL54, Pixérécourt)

Vuibert

Couverture : Line Lebrun

Conception graphique : Sabine Beauvallet

Mise en pages : IDT

Cartographie-Infographie :
Coordination : Marie-Christine Liennard
Réalisation : Florent Amat, Cromatik Ltd, Valérie Goncalves, Christel Parolini

Suivi éditorial : Claire Cadet

ISBN : 978-2-311-60065-0

Site Internet : www.vuibert.fr

Éditions Vuibert, 5 allée de la 2e DB, 75015 Paris

Avant-propos

Ce manuel de physique chimie s'adresse aux apprenants des classes de premières et terminales professionnelles de l'enseignement agricole. Il suit strictement les directives énoncées dans le référentiel de formation et plus particulièrement l'objectif 3 du module MG4 Culture scientifique et technologique : « *Mobiliser des savoirs et utiliser des démarches scientifiques pour analyser, interpréter et utiliser des informations liées aux propriétés de l'eau, des solutions aqueuses, des biomolécules, de quelques systèmes mécaniques en équilibre et de certaines formes d'énergies* ».

Ce manuel est composé de 15 chapitres répartis en trois parties. Chaque partie se clôt sur **deux ou trois études de cas**, qui représentent des exercices de synthèse qui préparent les apprenants à l'évaluation finale. La première étude de cas est toujours enrichie de conseils méthodologiques.

Chaque chapitre est articulé selon le même plan :

- Une double page d'**ouverture**. Elle a pour objectif de tester les prérequis et de réactiver les connaissances, en faisant débattre les apprenants à partir d'une photographie et d'une question, et en présentant les notions qui seront étudiées dans le chapitre.
- Deux ou quatre pages d'**activités expérimentales ou documentaires** ancrées dans le quotidien des apprenants. Elles permettront à ces derniers de devenir acteurs dans l'acquisition de nouveaux savoir-faire et connaissances, qui seront ainsi mieux assimilés.
- Deux pages de **cours**. Les nouvelles notions sont illustrées d'exemples et de documents.
- Une rubrique « **L'essentiel** », sur une page, en guise de résumé du cours. Les notions explicitées dans les deux pages précédentes y sont synthétisées.
- Plusieurs pages d'**exercices**, en très grande majorité issus de sujets d'examens (BEPA et Bac) :
  - une page ***« Comprendre le cours »*** avec QCM, vrai/faux, mots manquants et/ou mots croisés, l'objectif étant de permettre à l'apprenant de s'autoévaluer et de réviser les notions du cours ;
  - une page ***« Appliquer le cours »*** où chaque exercice ne fait travailler que sur une seule notion afin de la consolider ;
  - une page avec un ***« Exercice résolu »*** commenté ;
  - une à quatre pages d'exercices ***« S'entraîner »*** dont le niveau de difficulté est indiqué par une, deux ou trois étoiles. La résolution de ces exercices de synthèse souvent issus de sujets d'examens incite les apprenants à mobiliser des connaissances, à structurer des données et à mettre en place des outils méthodologiques ;
  - une rubrique ***« Pour aller plus loin »***, avec documents supplémentaires. Cette page d'ouverture vise à élargir les connaissances des apprenants tout en les incitant à développer leur curiosité.

En fin de manuel, sont proposées trois pages de documentations consacrées à des **outils pédagogiques** très utiles en chimie et en physique : classification périodique, pictogrammes de sécurité, tableau des grandeurs utiles, principaux groupes fonctionnels et matériel d'électricité.

Nous espérons que ce manuel aidera efficacement les apprenants à assimiler des notions qui leur seront utiles dans leur vie professionnelle et courante, et qu'il contribuera à leurs succès aux examens en cours et en fin de formation.

Les auteurs

Référentiel MG4

Objectif général du module MG4

Mobiliser des éléments d'une culture scientifique et technologique pour se situer et s'impliquer dans son environnement social et culturel

Cet objectif général se décline en quatre sous-objectifs, dont le troisième est consacré à la physique et la chimie.

Objectif 3 : Mobiliser des savoirs et utiliser des démarches scientifiques pour analyser, interpréter et utiliser des informations liées aux propriétés de l'eau, des solutions aqueuses, des biomolécules, de quelques systèmes mécaniques en équilibre et de certaines formes d'énergies.

Dans la continuité de la classe de seconde professionnelle, cet objectif vise à faire acquérir à l'apprenant une culture en physique-chimie, à développer la capacité à utiliser à bon escient et correctement des outils et des modèles de cette discipline ainsi que celle à mettre en œuvre des raisonnements simples pour répondre à des questionnements concrets. Ces derniers doivent être élaborés à partir de situations suscitant l'intérêt des apprenants, afin de les motiver et de contribuer à la bonne compréhension du monde qui les entoure, à leur enrichissement intellectuel et, le cas échéant, à les préparer à la poursuite d'études.

Afin d'avoir une action facilitante et motivante auprès des apprenants, on adopte, résolument :

- des contextualisations issues de la vie courante et/ou professionnelle ;
- le travail avec des situations-problèmes présentant des exercices complexes ;
- une pédagogie qui favorise la mise en activité des apprenants ;
- une démarche qui s'inscrit dans le « faire-faire » ;
- la mise en œuvre, toutes les fois que cela est possible, d'une « démarche d'investigation » ;
- des mises en situation qui privilégient la construction du savoir par l'apprenant.

Ce référentiel de formation concourt également à l'atteinte de la capacité C 4.3 du référentiel de certification du baccalauréat professionnel : « **Expliquer des faits scientifiques à l'aide des outils et des raisonnements de la physique et de la chimie** ».

Objectif 3.1. Acquérir des savoirs et analyser des informations liées aux propriétés de l'eau et des solutions aqueuses.

3.1.1. Définir et utiliser les caractéristiques physico-chimiques de l'eau et des solutions aqueuses

3.1.2. Interpréter les résultats d'une fiche d'analyse d'eau ; caractériser les sources de pollution des eaux

3.1.3. Déterminer des quantités de matière par des dosages colorimétriques et pH-métriques de solutions acido-basiques

Objectif 3.2. S'approprier des savoirs liés aux biomolécules présentes dans les aliments

3.2.1. Présenter une classification générale des biomolécules ; situer et nommer les plus courantes dans cette classification

3.2.2. Écrire les formules brutes et semi-développées des biomolécules courantes

3.2.3. Indiquer les phénomènes physico-chimiques responsables de la dégradation des aliments ; préciser quelques techniques mises en œuvre pour préserver leur qualité sanitaire

3.2.4. Connaître la fonction et le résultat de l'hydrolyse des biomolécules présentes dans les aliments lors de la digestion

Objectif 3.3. S'approprier des concepts et des lois liés à l'étude de quelques formes d'énergie et de leurs applications technologiques

3.3.1. Caractériser une action mécanique par une force ; déterminer les conditions d'équilibre d'un solide

3.3.2. Définir et calculer un travail, une énergie ; donner des exemples liés à ces formes d'énergie et à leur transformation

3.3.3. Définir les grandeurs caractéristiques des courants continus et alternatifs ; énoncer et utiliser les lois fondamentales du courant continu

3.3.4. Caractériser et calculer une puissance et une énergie électrique en courant continu et alternatif

Sommaire

Partie I L'eau, milieu indispensable à la vie

Partie II Les biomolécules dans les aliments

Partie III Matière, énergie et technologie

PARTIE 1

L'EAU, milieu

Fjord Wolstenholme (Islande), un exemple de réservoir d'eau douce à l'état solide.

L'eau est au cœur du développement durable. Préserver les ressources en eau contribue à réduire la pauvreté, à améliorer la croissance économique et à sauvegarder l'environnement.
Ses propriétés physico-chimiques très particulières (par exemple son pH, sa conductivité et sa capacité à être un bon solvant) la rendent indispensable aux êtres vivants.

D'après l'astrophysicien Hubert Reeves (ci-contre), « à l'échelle cosmique, l'eau est plus rare que l'or ».

indispensable à la vie

1 Une ressource naturelle : l'eau

Tester les prérequis

Choisir la ou les bonnes réponses.

1 La Terre est appelée « planète bleue » car :

a. l'eau est bleue.
b. elle est recouverte aux trois quarts d'eau.
c. il y a plus d'eau que de terre à sa surface.

2 Les réserves d'eau à la surface du globe constituent :

a. l'atmosphère. **b.** la biosphère. **c.** l'hydrosphère.

3 De l'eau douce est :

a. une eau qui ne contient pas de calcaire.
b. une eau qui n'est pas salée.
c. une eau qui est potable.

4 Pour obtenir de l'eau douce dans certains pays du Moyen-Orient, on :

a. filtre de l'eau de mer. **b.** dessale de l'eau de mer. **c.** fait bouillir de l'eau de mer.

5 Les réserves naturelles d'eau douce utilisables par l'homme sont :

a. les glaces des pôles. **b.** les nappes phréatiques. **c.** les lacs et rivières.

6 L'eau peut exister sous trois états physiques. Un nuage est de l'eau :

a. à l'état liquide. **b.** à l'état gazeux. **c.** à l'état solide.

7 À l'aide du schéma ci-contre, indiquer le nom du changement d'état entre l'état gazeux et l'état liquide :

a. solidification
b. condensation
c. liquéfaction

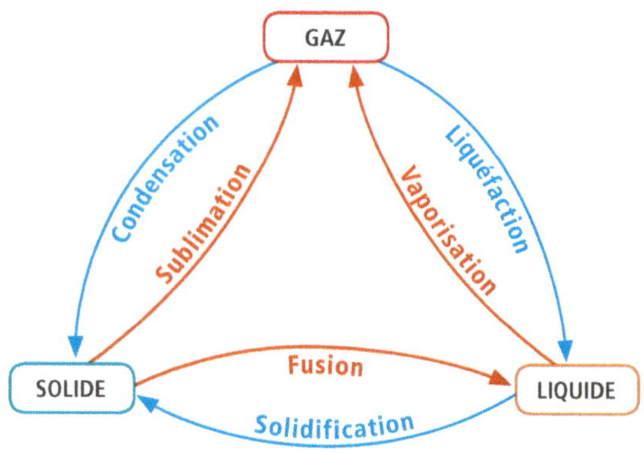

Massif du Mont-Blanc (Haute-Savoie, France).

L'eau, indispensable à la vie, sera-t-elle toujours en quantité suffisante ?

Objectifs

- **Connaître les capacités limitées en eau douce de la Terre.**
  ▶ Activité documentaire 1 : Ressources en eau dans le monde p. 12
- **Analyser les mouvements de l'eau entre réservoirs de l'hydrosphère.**
  ▶ Activité documentaire 2 : Cycle de l'eau p. 13
- **Tester la composition de différentes eaux.**
  ▶ Activité expérimentale 3 : Lieux de captage et minéralisation d'une eau p. 14
- **Prendre conscience que l'eau va devenir une denrée rare.**
  ▶ Activité documentaire 4 : Exploitation de l'eau des icebergs p. 15

1 Ressources en eau dans le monde

● L'eau recouvre près des trois quarts de la surface de la Terre, ce qui vaut à celle-ci son surnom de planète bleue.

Cette eau en apparence si abondante est-elle bien gérée ?

1 Répartition de l'eau sur Terre

L'**hydrosphère**, ensemble des ressources en eau de notre planète, a un volume d'environ 1,4 milliard de km³, réparti en cinq réservoirs :

Réservoirs d'eau	%
Océans et mers	97,2 %
Glaciers et calottes polaires	2,1 %
Eaux souterraines	0,6 %
Lacs et rivières	0,01 %
Atmosphère	0,001 %

2 Distribution inégale de l'eau potable

La Terre est une planète d'eau, mais **l'eau potable est distribuée inégalement** : elle est rare dans certaines régions du monde. Ces inégalités d'accès à l'eau conduisent à des **tensions** entre États. Par exemple, l'Égypte, entièrement tributaire du Nil pour ses ressources en eau, doit néanmoins partager celles-ci avec dix autres États du bassin du Nil, comme l'Éthiopie et le Soudan.

L'eau, une denrée rare au Sénégal.

3 Gestion de l'eau

L'expression « **gestion de l'eau** » désigne la manière dont nous nous **comportons** avec cette ressource : si nous l'utilisons consciemment et si nous optons pour une exploitation responsable. L'Institut international de gestion des ressources en eau a mis au point la carte ci-contre :

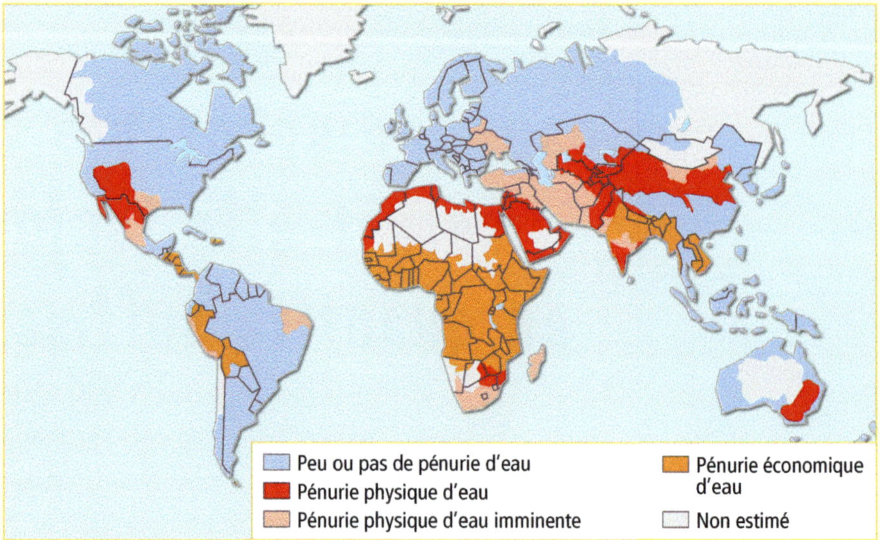

Questions

› Analyser

1. a. Indiquer quel réservoir d'eau est le plus volumineux et dans quel état physique s'y trouve l'eau. S'agit-il d'eau salée ou d'eau douce (doc. 1) ?

b. Indiquer de quels réservoirs de l'hydrosphère provient l'eau douce à l'état liquide que nous utilisons, et dans quelles proportions. Que pouvez-vous en conclure ?

› Réaliser

2. a. Rechercher deux facteurs économiques responsables de la pénurie d'eau dans certains pays. Citer la ou les autre(s) cause(s) de ces pénuries d'eau (doc. 3).

b. Décrire deux exemples de mauvaise gestion de l'eau dans le monde.

2 Cycle de l'eau

● La quantité d'eau totale de l'hydrosphère ne varie que très peu depuis 3,8 milliards d'années, époque de son apparition sur Terre. En revanche, l'eau est en constant mouvement : elle circule entre les cinq réservoirs ▸ activité 1 p. 12 ; certains réservoirs voient leurs stocks d'eau diminuer au cours du temps.

Comment les réserves d'eau se déplacent et se transforment ?

1 Cycle de l'eau

Regarder l'animation sur le site :
▸ www.biologieenflash.net/animation.php?ref=geo-0012-2

2 Perturbations du cycle de l'eau

Regarder la vidéo sur le site :
▸ www.youtube.com/watch?v=HmngtsFqAOM

Les humains perturbent le cycle de l'eau en provoquant :

- **L'augmentation du ruissellement**, liée à l'intensification de la déforestation et de l'urbanisation ; la conséquence est que les sols absorbent moins les pluies.
- **La diminution de l'évapotranspiration**, due essentiellement à la déforestation. Lors de leur croissance, les végétaux pompent l'eau par leurs racines et la relâchent par évapotranspiration au niveau des feuilles. La baisse du couvert végétal entraîne une diminution de la libération de vapeur d'eau dans l'atmosphère.
- **L'épuisement des nappes phréatiques :** les réserves diminuent lorsque les pompages sont excessifs.
- **L'altération de la qualité de l'eau :** la qualité de l'eau se dégrade à cause de la pollution agricole, de l'enfouissement des déchets et de la vétusté des réseaux d'eau.

Questions

› Analyser

1. a. Après avoir visualisé l'animation du doc. 1, attribuer à chaque numéro du schéma le terme qui convient.
b. Rechercher des dispositifs permettant de lutter contre l'augmentation du ruissellement, notamment en agriculture (doc. 2 et Internet).

› Rendre compte

2. En une quinzaine de lignes, expliquer comment les réserves d'eau se déplacent et se transforment (doc. 1).

› Critiquer

3. Expliquer dans quelle mesure certaines pratiques agricoles perturbent le cycle de l'eau, tandis que d'autres veillent à le respecter (doc. 2).

3 Lieux de captage et minéralisation d'une eau

● Un laboratoire doit tester à l'aveugle trois échantillons d'eau minérale étiquetés A, B et C, afin de vérifier leur teneur en minéraux.

D'où proviennent ces eaux minérales ?

1 Lieux de captage de différentes eaux

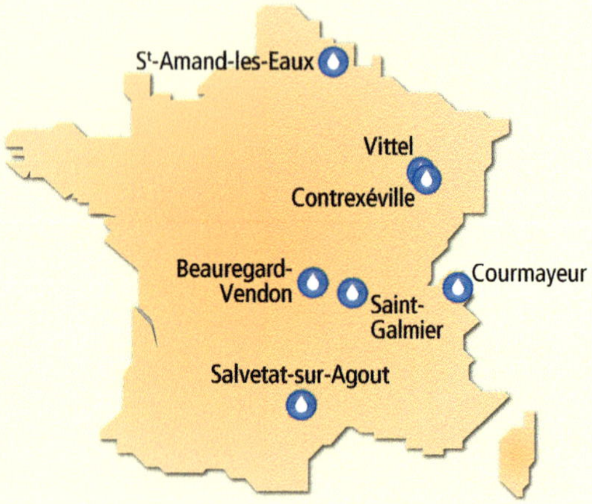

2 Protocole d'identification de certains ions

Réactif	Ions mis en évidence	Observations
Hydroxyde de sodium	Ions Fer (II), Fer (III), Cuivre (II)	Précipité
Chlorure de baryum	Sulfate	Précipité blanc
Nitrate d'argent	Chlorure	Précipité blanc
Oxalate d'ammonium	Calcium	Précipité blanc

3 Composition de différentes eaux (teneur en ions en mg/L)

	Hépar	La Salvetat	Contrex	Rozana	Courmayeur
Magnésium Mg^{2+}	119	9,5	74,5	160	66
Sodium Na^{+}	14	7	9,4	493	1
Chlorures Cl^{-}	11	5,2	10	649	1
Nitrates NO_3^{-}	7,2	1	2,7	1	2
Calcium Ca^{2+}	549	210	468	301	533
Potassium K^{+}	4	2,3	3,2	52	2
Sulfates SO_4^{2-}	1 530	29	1 121	230	1 480

L'eau Rozana est captée à Beauregard-Vendon et l'eau Hépar à 3 km de Vittel.

Remarque : On considérera qu'une teneur en ions inférieure à 100 mg/L ne forme pas de précipité.

Questions

Analyser

1. Pourquoi les teneurs en minéraux sont proches pour les eaux Hépar et Contrex, et assez différentes pour Hépar et La Salvetat (doc. 1 et 3) ?

2. Trois échantillons d'eau, non étiquetés, sont mis à votre disposition. Élaborer un protocole afin de vérifier la présence de certains ions.

Réaliser

3. Mettre en œuvre le protocole validé par l'enseignant en respectant les régles de sécurité nécessaires et en analysant les pictogrammes portés sur les flacons des réactifs.

Rendre compte

4. Regrouper les résultats dans un tableau. Les analyser et retrouver la provenance de ces échantillons à l'aide du doc. 3.

4 Exploitation de l'eau des icebergs

● Une boutique parisienne propose « l'eau la plus pure du monde », un millésime exceptionnel : 12 000 ans d'âge, une époque qui ne connaissait pas la pollution humaine.

Jusqu'où aller pour obtenir de l'eau potable ?

1 Chasseurs d'icebergs

L'idée d'exploiter l'eau des icebergs pour en faire de l'eau embouteillée prend forme à Terre-Neuve au début des années 1990. Il s'agit essentiellement d'une opération de marketing : on mise sur le fait que certains consommateurs seront prêts à payer plus cher pour boire une eau non altérée par les polluants de nos sociétés. Un morceau d'iceberg de 2 000 kg aurait ainsi une valeur de 600 dollars.

2 Comparaison de la teneur en certains ions (en mg/L) et du coût de l'eau selon sa provenance

	Eau extraite d'un iceberg	Eau de source	Apport journalier recommandé (en mg)
Calcium	0,29	1,5	1 200
Magnésium	0,005	2,2	280 à 350
Nitrate	0	5	-
Potassium	0,04	0,5	1 875 à 5 625
Sodium	0,22	12,5	110 à 3 300
Prix au litre (en euros)	50	0,12	

► www.icewater.gl

Questions

› Analyser

1. Préciser les avantages et les inconvénients de l'exploitation de l'eau des icebergs pour obtenir de l'eau potable (doc. 1, 2 et Internet).

› Réaliser

2. a. Comparer la masse totale des sels minéraux contenus dans chacun des deux types d'eau. Que remarque-t-on ? L'eau extraite d'un iceberg est-elle recommandée pour la santé (doc. 2) ?

b. Rechercher quelle technique, surtout utilisée dans les pays du Moyen-Orient, peut être mise en œuvre pour obtenir de l'eau potable à partir de l'eau de mer.

› Critiquer

3. Indiquer si l'exploitation de l'eau des icebergs est une alternative durable à la désalinisation de l'eau de mer. Justifier.

1. La Terre, planète bleue

L'eau recouvre près des trois quarts de la surface de la Terre. C'est pourquoi nous l'appelons la **planète bleue**.

La grande majorité de l'eau sur Terre est salée. ▶ doc. 1 **La majeure partie de l'eau douce n'est pas directement exploitable car elle se trouve aux pôles, dans les glaciers et dans les nappes phréatiques.**

1 Répartition de l'eau sur Terre

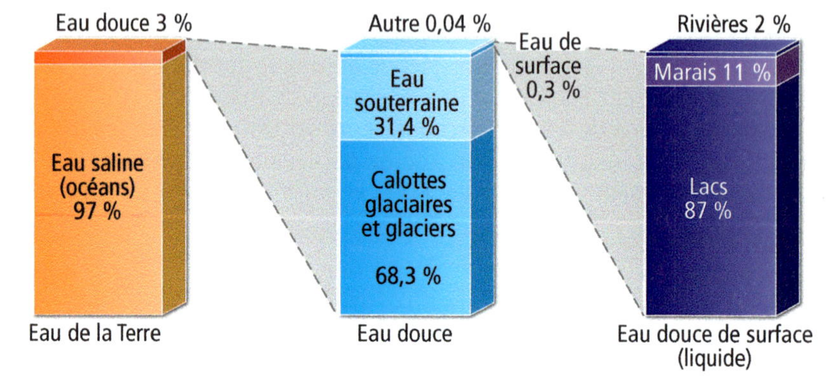

2 Changements d'état de la matière

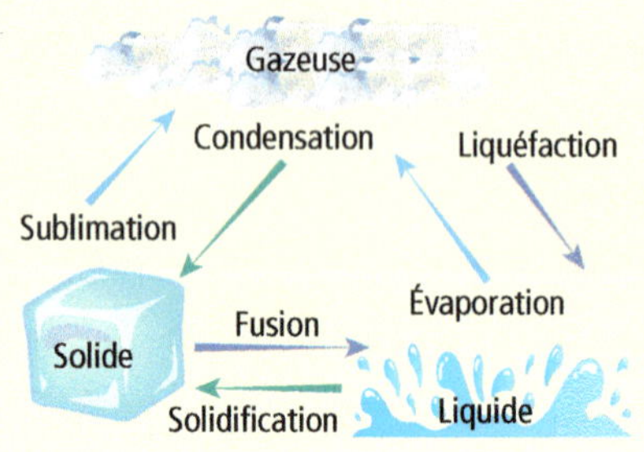

2. Cycle de l'eau

La quantité d'eau sur Terre et dans l'atmosphère reste à peu près constante, car l'eau circule continuellement entre les différents réservoirs du cycle de l'eau, en changeant d'état. ▶ doc. 2

Le soleil fait s'évaporer l'eau des mers, des océans, des lacs et des rivières **(évaporation)**, ainsi que des végétaux **(évapotranspiration)**, donnant naissance aux nuages **(liquéfaction)**. Ceux-ci, au contact de l'air froid, donnent des précipitations sous forme de pluie, ou encore de neige ou de grêle **(solidification)**. Cette eau s'infiltre dans les nappes phréatiques ou ruisselle pour retourner vers les mers et les océans. Puis ce processus recommence : il s'agit du **cycle de l'eau**.

Le saviez-vous ?

Quelle est la différence entre la **vaporisation** et l'**évaporation** ? Les deux termes désignent le changement d'état entre l'état liquide et gazeux, mais l'évaporation peut se produire spontanément quelle que soit la température, tandis que la vaporisation ne survient qu'une fois la température d'ébullition du corps atteinte.

3. L'eau, indispensable aux écosystèmes

Les réserves d'**eau douce** sont nécessaires aux êtres vivants. Le fait qu'elles ne soient **pas inépuisables** et surtout que leur répartition soit très **inégale** sur la surface de la Terre pose de graves problèmes à de nombreuses populations.

Comme l'ensemble des êtres vivants, les humains ont besoin d'eau pour vivre (boisson, hygiène, production alimentaire, etc.). ▶ doc. 3

La gestion de l'eau douce devient un enjeu stratégique de plus en plus important au fur et à mesure de l'accroissement de la population humaine et de la dégradation des réserves.

3 L'eau, source vitale

Un adulte est composé d'environ 65 % d'eau, un enfant de 70 %, et un bébé de 75 %.

4. L'eau, nécessaire à l'activité humaine

Pour tous les types d'activités, la gestion de l'eau constitue un **enjeu majeur** du siècle à venir.

Il y a des disparités dans la répartition de la consommation d'eau suivant les régions du monde. Selon le site du CNRS, un agriculteur malgache consomme 10 litres d'eau par jour, un Parisien a quotidiennement besoin de 240 litres d'eau pour son usage personnel, le commerce et l'entretien des rues. Quant au citadin américain, il consomme plus de 600 litres par jour. ▶ doc. 4

4 Eau virtuelle

Le concept d'eau virtuelle associe aux biens de consommation la quantité d'eau nécessaire à leur fabrication.

▶ Pour aller plus loin p. 23

5 Répartition de l'utilisation de l'eau par secteur d'activité

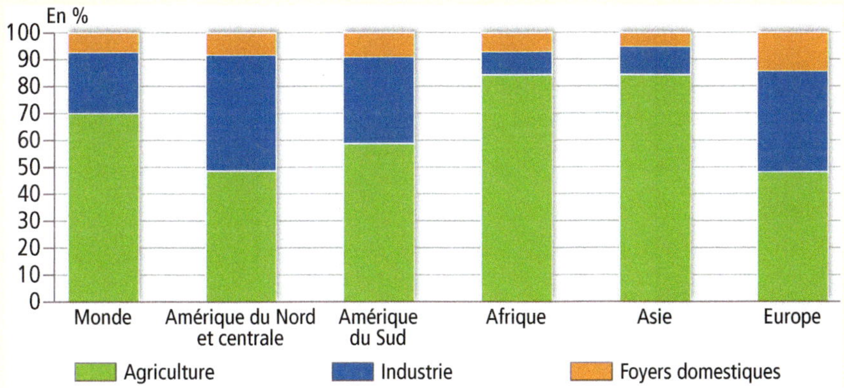

▶ ministère fédéral allemand de l'Environnement, de la Protection de la nature et de la Sûreté nucléaire

6 Utilisation de l'eau dans le monde

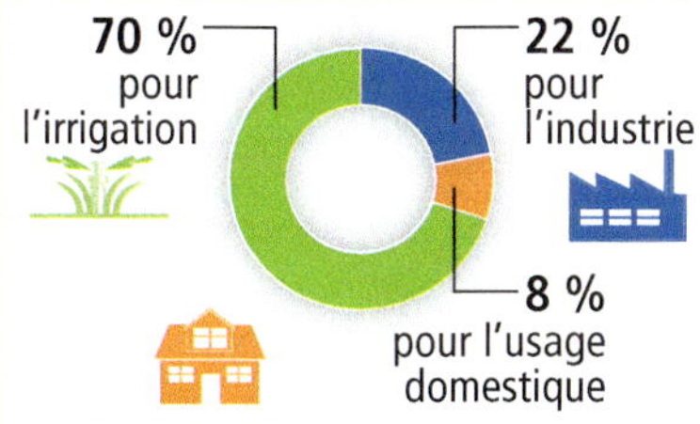

L'agriculture a besoin de grandes quantités d'eau. ▶ doc. 5 et 6 L'une des raisons est que certaines plantes très consommées, comme le maïs, le riz ou le blé, sont très gourmandes en eau. Cela renforce les pénuries dans les pays qui sont déjà en déficit d'eau.

Au niveau mondial, l'**agriculture** est l'activité humaine qui **consomme le plus d'eau.**

Le saviez-vous ?

L'**irrigation** apporte artificiellement de l'eau à des végétaux cultivés pour en augmenter la production et permettre leur développement normal, en cas de manque d'eau induit par un déficit pluviométrique, un drainage excessif ou une baisse de nappe, en particulier dans les zones arides.
L'**agriculture pluviale** est un type d'agriculture qui ne dépend que des précipitations pour son approvisionnement en eau.

5. Gestion durable de l'eau

Avec la **croissance de la population mondiale**, la pression sur la production agricole augmente. Il faut adapter les techniques et les semences, investir dans l'**agriculture irriguée**, dans l'**agriculture pluviale**, et dans d'autres techniques innovantes afin de ne pas gaspiller l'eau.

▶ Exemple

La technique de paillage des sols permet de limiter les pertes d'eau.

Selon l'OCDE (Organisation de coopération et de développement économiques), **3,9 milliards de personnes subiront un stress hydrique d'ici à 2040**. Plus de la moitié de l'humanité ! Une situation qui concerne donc tout le monde, conséquence directe d'un changement climatique qui va causer aridité et montée des eaux, et donner lieu à de nombreuses migrations climatiques.

Vocabulaire

On parle de **pénurie d'eau** ou de **stress hydrique** quand la demande en eau dépasse les ressources disponibles.

L'ESSENTIEL

La planète bleue, un réservoir d'eau gigantesque ou limité ?

La quantité d'eau sur Terre est gigantesque : environ 1,4 milliard de km^3. Elle est composée de **97 % d'eau salée** et **3 % d'eau douce**. Environ 70 % de l'eau douce est sous forme solide. Le reste se trouve dans les eaux souterraines et les eaux de surface.

Cycle de l'eau

L'eau **change d'état au cours de son cycle**, mais sa quantité globale reste à peu près inchangée. C'est l'énergie solaire qui est le moteur du cycle de l'eau, en entraînant ses changements d'état.

1 : évaporation des mers et des océans sous l'action du soleil
2 : évapotranspiration des végétaux
3 : formation de nuages (liquéfaction)
4 : précipitations
5 : ruissellement et fonte (fusion)
6 : infiltration

L'eau, enjeu majeur du siècle à venir

L'eau, essentielle à la vie, fait partie du patrimoine commun de notre planète. Elle est utilisée dans de très nombreux secteurs d'activité et nécessite de la part de chacun une meilleure gestion afin d'être préservée.

Une vision inquiétante

Parviendrons-nous à approvisionner en eau douce une population de 9 milliards d'habitants en 2040 ?

D'ici à 2040, près de la moitié de la population mondiale vivra dans des zones où l'eau sera une denrée rare ; 90 % de la croissance démographique aura lieu dans ces zones.

Comprendre le cours ▶ p. 16-17

A. Cycle de l'eau

1 Recopier et compléter les phrases avec les mots qui conviennent : cycle, vent, précipitations, soleil, évapotranspiration, diminue, ruissellement, vapeur d'eau, s'évapore, s'infiltre.

- Sous l'action du .... , l'eau des mers et des océans ....
- Les végétaux sont sujets à ....
- De la .... , un gaz invisible, s'élève dans l'atmosphère.
- Lorsque la température .... , il se forme donc des nuages.
- Sous l'action du .... , les nuages se déplacent.
- La neige, la pluie et la grêle forment des ....
- L'eau .... en partie pour rejoindre les nappes souterraines.
- Elle peut aussi rejoindre l'eau des rivières et des lacs par ....
- L'eau retourne ensuite à la mer, puis le .... recommence.

B. États physiques de l'eau

2 Classer dans un tableau, selon leur état physique, les mots suivants : **pluie**, **neige**, **givre**, **vapeur d'eau**, **grêle**, **brume**, **buée**, **verglas**, **bruine**, **brouillard**.

C. Changements d'état

3 Nommer le changement d'état pour chaque transformation physique.

a. Fonte de la neige **b.** Formation du verglas sur une route gelée **c.** Formation de la buée sur les vitres

D. Part de l'eau douce sur Terre

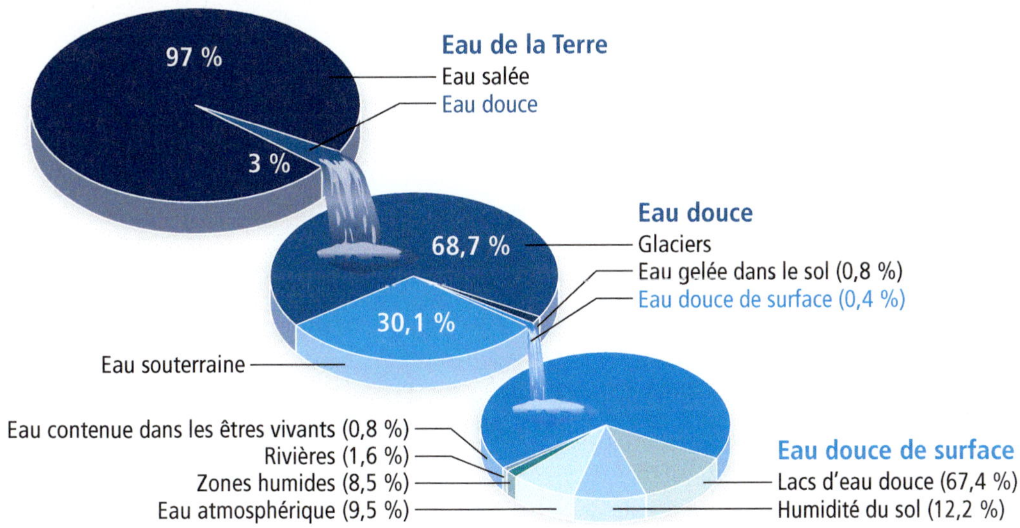

4 Donner le pourcentage d'eau douce sur Terre.

5 Préciser l'état physique de la majorité de cette eau douce. Quel pourcentage cela représente-t-il ?

6 Où se trouve la majorité de l'eau douce de surface ? Quel pourcentage cela représente-t-il ?

Appliquer le cours

La Terre, planète bleue ▶ cours 1 p. 16

1 Étymologie

1. En latin, eau se dit *aqua*. **Rédiger deux phrases comportant chacune un mot dérivant du latin *aqua*.**

2. Le préfixe d'origine grecque *hydro* caractérise ce qui a trait à l'eau. **Trouver quatre mots ayant ce préfixe et donner leur définition.**

2 Répartition de l'eau

• L'ensemble des réserves d'eau de notre planète forme l'hydrosphère, dont le volume total est d'environ 1,4 milliard de km^3, réparti en cinq réservoirs. Les océans et les mers constituent le réservoir le plus important, mais leurs eaux sont salées.
• L'eau douce, nécessaire à de nombreuses formes de vie, dont la nôtre, ne représente que 3 % de l'hydrosphère. Et encore, toute cette eau n'est pas disponible, puisque la majeure partie est gelée, aux pôles.
• En fait, l'eau douce et liquide, directement utilisable par l'homme (celle des eaux souterraines, des lacs et des rivières), est rare, car elle ne représente qu'une infime partie de l'hydrosphère (moins de 1 %) : il faut donc la préserver.

1. **Où se trouve essentiellement l'eau sur la Terre ?**

2. **Sur notre planète, la plupart de l'eau douce est-elle solide ou liquide ?**

3. **De quels réservoirs de l'hydrosphère provient l'eau douce à l'état liquide que nous utilisons ?**

4. **Rédiger votre conclusion en répondant à la question : comment est répartie l'eau sur notre planète ?**

Cycle de l'eau ▶ cours 2 p. 16

3 Bilan du cycle de l'eau

Le tableau suivant donne, en milliers de km^3/année, la quantité d'eau qui s'évapore et la quantité d'eau que les précipitations déversent sur les océans et les terres.

	Évaporation	Précipitations
Océans	425	......
Terres (continents)	71	111
Total	......	496

1. **Recopier et compléter le tableau.**

2. **Pourquoi les valeurs sont plus importantes pour les océans ?**

3. **Comment le déficit des précipitations sur les océans est-il compensé ?**

4. **La conservation de la quantité d'eau de notre planète est-elle vérifiée ? Justifier votre réponse.**

L'eau, nécessaire à l'activité humaine ▶ cours 4 p. 17

4 Facture d'eau

En France, en 2019, la consommation moyenne d'eau par jour et par habitant est d'environ 150 L.

1. **Calculer la consommation moyenne annuelle d'une famille de quatre personnes.**

2. **Sachant que le prix moyen du mètre cube d'eau est de 3 euros, calculer la dépense annuelle de cette famille.** Aide : 1 m^3 = 1 000 L.

3. **Rechercher à l'aide d'Internet comment est répartie cette consommation d'eau dans chaque famille, en moyenne.**

Exercice résolu

Répartition de l'eau dans le corps humain

Énoncé

En moyenne, le corps humain contient 65 % d'eau : environ 60 % chez l'homme adulte et 55 % chez la femme adulte, et jusqu'à 75 % chez le nourrisson. L'eau est présente dans tous les organes du corps, mais elle n'est pas répartie uniformément entre eux. 72 % de l'eau se trouve dans les cellules, 21 % dans l'espace intercellulaire, et le reste se répartit dans le sang.

1. Utiliser un tableur pour tracer un diagramme circulaire montrant la répartition de l'eau dans le corps humain.
a. Ouvrir une feuille de calcul, construire un tableau et y entrer les données de l'énoncé.
b. Sélectionner toutes les cellules et créer un diagramme en secteurs. Choisir un modèle, faire apparaître un titre, une légende et les pourcentages.

2. Sachant que le sang est le principal fluide corporel, qu'est-ce qui peut surprendre dans ce diagramme ?

Solution

1. a.

	A	B
1	**lieu dans l'organisme**	**pourcentage**
2	cellules	72
3	entre les cellules	21
4	sang	7

Réaliser
On peut s'aider d'un brouillon avant de saisir les données dans le tableur.

b.

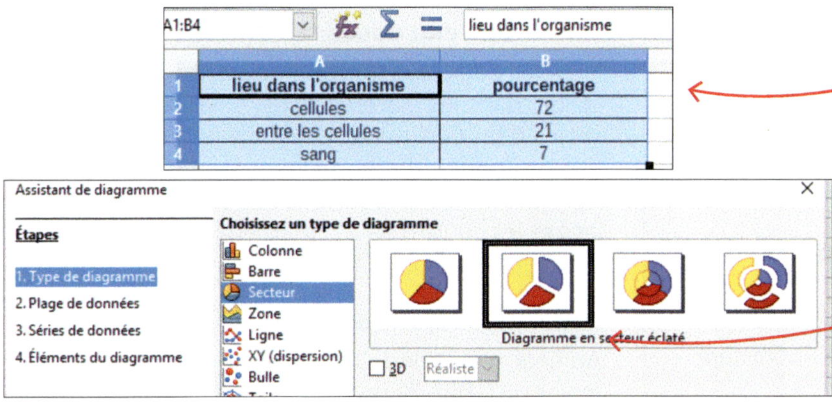

Pour réaliser le diagramme circulaire, sélectionner le tableau, puis cliquer sur insertion du diagramme ou sur l'icône correspondante.

Choisir le type de diagramme secteur.

Résultat final :

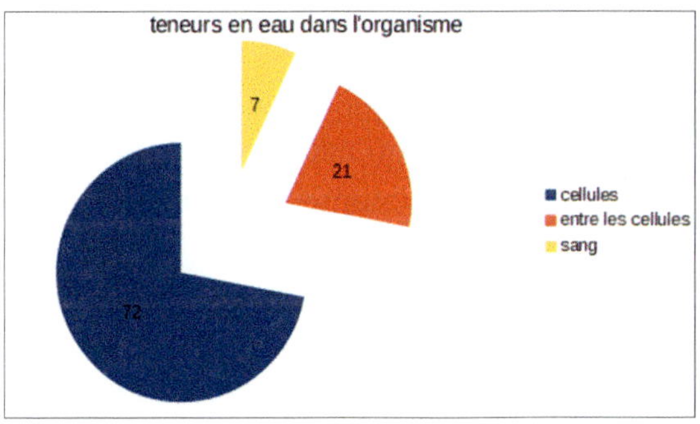

Suivre les différentes étapes, insérer un titre et valider.

Pour attribuer une valeur à chaque secteur, sélectionner un secteur et, avec un clic droit, choisir insérer une étiquette de données. Recommencer pour chaque secteur.

2. On remarque que le sang ne contient que 7 % de l'eau de notre organisme, le plus faible pourcentage ici. C'est l'ensemble de nos cellules qui contiennent la majorité de l'eau dans notre corps.

Critiquer
Comparer une donnée du texte et une partie du diagramme.

S'entraîner

* 1 Recul des glaciers

L'année 2018 a été une « année des extrêmes » pour les glaciers suisses qui, en dépit d'un hiver exceptionnellement enneigé, ont perdu 2,5 % de leur volume en raison de la chaleur du printemps et de l'été. Selon un rapport publié par l'Académie des sciences naturelles, 2018 constitue l'une de ces années records dont la récurrence fait que les glaciers suisses ont perdu « un cinquième de leur volume au cours de la dernière décennie ».
En 2008, leur volume était de 65 km³.

1. Calculer le volume perdu depuis ces dix dernières années.

2. En déduire le volume de glace qui se trouvait dans les montagnes suisses en 2018. Donner la valeur approchée par excès au kilomètre cube près.

* 2 Répartition de la consommation d'eau par type de culture

Voici la répartition des consommations d'eau entre les différentes cultures en France (source : SCEES-Ministère de l'Agriculture) :
Maïs : 50 % ; fourrages : 9 % ; cultures permanentes : 9 % ; légumes frais : 8 % ; oléagineux : 7 % ; céréales sauf maïs : 6 % ; prairies : 2 % ; autres cultures : 9 %.

À partir de ces données, recopier et compléter les deux premières colonnes du tableau ci-dessous pour chaque type de culture, dans un tableur. À l'aide des fonctions du tableur, remplir la troisième colonne puis réaliser un diagramme circulaire.

Culture	Pourcentage	Calcul de l'angle
Maïs	50	......
Fourrage	9	......
......	......	......

** 3 Faut-il 15 000 L d'eau pour produire 1 kg de viande de bœuf ?

Un journaliste a affirmé qu'il fallait 15 000 L d'eau pour produire 1 kg de bœuf. Sachant qu'un bœuf boit entre 70 et 100 L d'eau par jour, et qu'il faut environ 3 ans pour obtenir 200 kg de viande bovine :

1. Calculer la quantité moyenne d'eau nécessaire pour produire 1 kg de viande de bœuf.

2. Le bœuf mange aussi, et il faut donc de l'eau pour produire son alimentation. Il faudra donc ajouter pour 3 ans 7 000 L d'eau pour son entretien à la ferme, et 3 000 000 L d'eau pour produire le fourrage qu'il mangera au cours de sa vie.
À partir de ces données, calculer à nouveau le volume d'eau nécessaire pour produire 1 kg de bœuf.

3. Le journaliste a-t-il raison ?

** 4 Répartition de l'eau

Doc. 1 L'eau dans la nature

Le volume total de l'eau présente sur notre planète et dans son atmosphère est estimé à 1 400 millions de milliards de mètres cubes. Plus de 70 % de la surface du globe est recouverte d'eau. S'il y a beaucoup d'eau sur le globe, celle-ci est à 97 % salée.

Doc. 2 Une eau douce majoritairement glacée

Plus des deux tiers de l'eau douce existent sous forme solide, dans les glaces polaires et les glaciers. Un peu moins d'un tiers est constitué de nappes souterraines très profondes et d'humidité présente dans les sols. Le reste est réparti à la surface des continents, dans les lacs et les cours d'eau… mais également, pour une infime partie, dans l'atmosphère.

Doc. 3 L'eau que l'on utilise

Au final, moins de 1 % du volume total d'eau douce (soit moins de 0,028 % de toute l'eau de la planète) peut être utilisé par la biosphère, et notamment par l'homme.

Donnée : L'écriture scientifique prend la forme : $a \times 10^n$ (avec a un nombre compris entre 1 et 9,999…, et n un entier positif ou négatif).

1. Écrire le volume total d'eau sur Terre sous forme d'écriture scientifique.

2. Quel pourcentage représente l'eau douce ?

3. Calculer le volume total d'eau douce (donner le résultat en écriture scientifique).

4. Calculer le volume réel d'eau douce « exploitable ».

5. Expliquer pourquoi une grande partie de l'eau douce est difficilement exploitable par l'homme.

POUR ALLER PLUS LOIN

L'eau virtuelle

1 Notion d'eau virtuelle

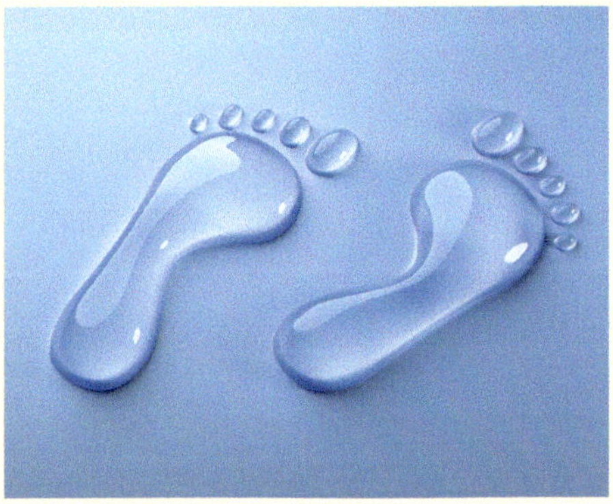

Le concept d'**eau virtuelle** a fait son apparition dans les années 1990 de manière à prendre en compte **toute l'eau utilisée** pour la **fabrication** d'un bien de consommation, y compris celle qui n'est plus présente dans le produit final. La notion, un peu abstraite, d'eau virtuelle n'est pas sans rapport avec celle d'**empreinte écologique** ou de **bilan carbone**. On envisage d'une manière similaire l'impact d'un bien de consommation en termes de consommation d'eau.
La quantité d'eau virtuelle utilisée s'exprime généralement en litres d'eau par kilo.

2 Quantité d'eau virtuelle pour fabriquer quelques produits

- 11 000 L d'eau virtuelle pour un jean importé d'Asie
- 2 700 L d'eau pour un pull en coton
- 500 000 L d'eau pour 1 tonne de papier
- 32 L pour une puce électronique
- 7 L pour une bouteille en plastique
- 15 500 L pour 1 kg de bœuf
- 5 000 L pour 1 kg de fromage
- 170 L pour un verre de jus d'orange
- 140 L pour une tasse de café

► www.consoglobe.com/eau-virtuelle-consommation-cachee-cg/3

3 Eau virtuelle consommée annuellement par habitant dans quelques pays (en m^3)

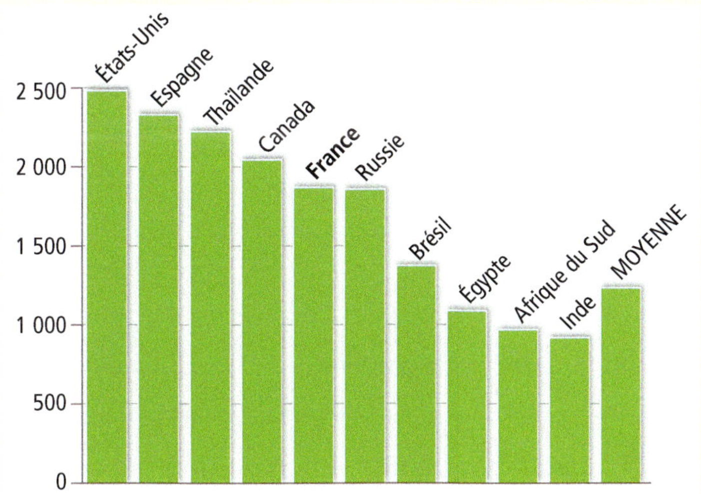

L'Eau au XXIe siècle, ministère fédéral de l'Environnement, de la Protection de la nature et de la Sûreté nucléaire (BMU), Allemagne, 2009

4 L'empreinte en eau : un indicateur

De nombreux pays fréquemment atteints de sécheresse exportent des produits agricoles, devenant ainsi paradoxalement des exportateurs d'eau sous la forme d'eau virtuelle : ils dépensent beaucoup d'eau pour produire des denrées qui sortent de leurs frontières et restent donc en déficit d'eau. En effet, le transport d'eau étant plus difficile et plus coûteux que celui de produits agricoles, ces pays n'ont pas les moyens financiers de compenser leurs pertes en eau virtuelle en important de l'eau « réelle ».

Environ 15 % de l'eau utilisée dans le monde est exportée sous forme d'eau virtuelle. Par exemple, la Tunisie ou le Maroc utilisent beaucoup d'eau pour exporter tomates, fraises et autres fruits : l'eau dépensée pour produire ces denrées (comptabilisée par la mesure de l'eau virtuelle) n'est plus disponible pour combler les besoins de la population.

2 De l'eau à la solution aqueuse

Tester les prérequis

Choisir la ou les bonnes réponses.

1 Pour mesurer un volume de manière très précise, on utilise :

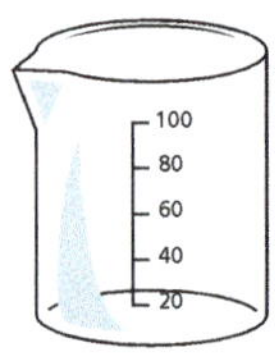

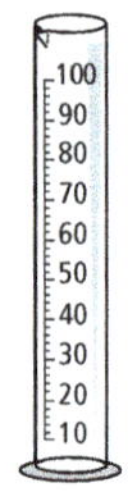

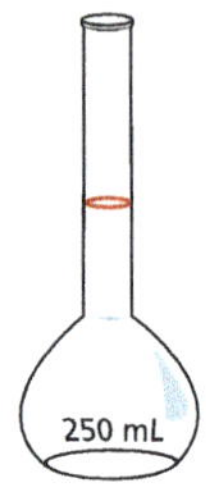

a. un bécher. **b.** une éprouvette graduée. **c.** une fiole jaugée.

2 Pour prélever le plus précisément possible 10,0 mL de solution, on utilise :

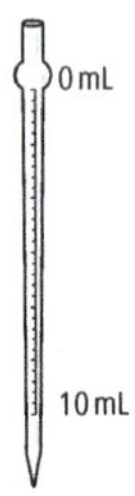

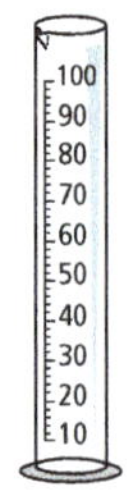

a. une pipette graduée. **b.** une pipette jaugée. **c.** une éprouvette graduée.

3 L'équation de dissolution du chlorure de cuivre, $CuCl_{2(s)}$, s'écrit :

a. $CuCl_{2(s)} \rightarrow Cu^{2+}_{(aq)} + 2\,Cl^{-}_{(aq)}$. **b.** $CuCl_{2(s)} \rightarrow Cu^{2+}_{(aq)} + Cl^{-}_{(aq)}$. **c.** $Cu^{2+}_{(aq)} + 2\,Cl^{-}_{(aq)} \rightarrow CuCl_{2(s)}$.

4 La bouillie bordelaise est un fongicide qui contient des ions cuivre Cu^{2+} et sulfate SO_4^{2-}. À partir de granulés de sulfate de cuivre, on prépare cette solution aqueuse par :

a. dilution. **b.** dissolution. **c.** distillation.

5 Dans la bouillie bordelaise, le solvant est :

a. Cu^{2+}. **b.** H_2O. **c.** SO_4^{2-}.

6 Lorsque l'on ajoute un solvant à une solution, on réalise :

a. une dissolution. **b.** une dilution. **c.** une distillation.

L'eau du lac Rose, au Sénégal, est concentrée en sel. Elle contient des micro-organismes qui fabriquent un pigment dont la couleur varie du rose au rouge orangé selon le taux de salinité de l'eau.

Comment mesurer la concentration du sel dans l'eau ?

Objectifs

- **Revoir la notion de concentration.**
  - ▶ Activité documentaire 1 : Bassins de rétention d'eau p. 26
- **Exprimer, modifier et calculer les concentrations massiques et molaires des espèces chimiques présentes dans une solution aqueuse.**
  - ▶ Activité expérimentale 2 : Dissolution d'une solution phytosanitaire p. 27
  - ▶ Activité documentaire 3 : Préparation par dilution d'un bain de bouche p. 28
  - ▶ Activité expérimentale 4 : Réduction de concentration d'un antiseptique p. 29

ACTIVITÉ DOCUMENTAIRE

1 Bassins de rétention d'eau

● Les grandes surfaces de bitume doivent être accompagnées par des bassins de rétention d'eau (ou bassins d'orage). Lors du curage de ces bassins, l'analyse des boues montre la présence de polluants (métaux lourds, hydrocarbures, etc.), qui sont ainsi en partie éliminés.

Comment les polluants se concentrent-ils dans les bassins ?

1 Pollution routière

Les glissières de sécurité sont source de zinc et de cadmium. L'usure des pneumatiques libère des hydrocarbures aromatiques polycycliques (HAP), ainsi que du zinc, du cadmium et du soufre. Les garnitures de freins dispersent de l'amiante (seulement pour les véhicules anciens, ce produit étant interdit depuis quelques années), du zinc, du cuivre et du cadmium. La corrosion des carrosseries et des moteurs libère les métaux nickel, cuivre et chrome, présents dans les aciers et alliages. Cette corrosion est accentuée par les sels de déneigement. Enfin, l'arrachement de particules de pots catalytiques disperse des éléments comme le platine et le palladium. Des hydrocarbures et des huiles moteur peuvent aussi se répandre par accident sur la chaussée.

2 Bassin de rétention

3 Élimination des boues des bassins de rétention

Deux filières sont envisageables pour éliminer les boues de curage des bassins routiers :

– le dépôt dans des installations de stockage de déchets chimiques ;

– l'épandage sur des terrains agricoles ou autres terres végétales.

4 Au laboratoire

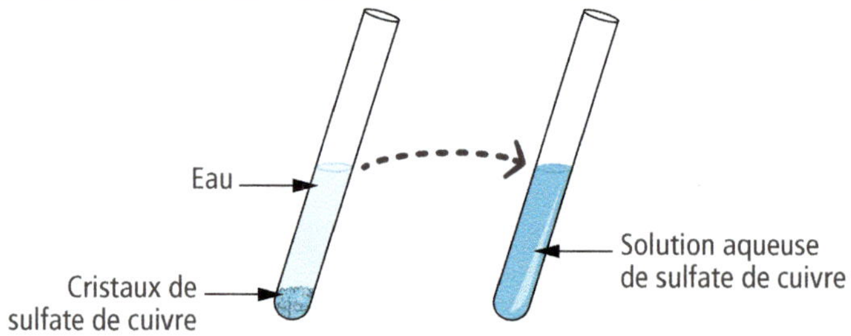

Questions

Analyser

1. Proposer un titre plus précis pour le doc. 4.

2. Par quel phénomène physique des espèces chimiques peuvent-elles être présentes dans l'eau (doc. 4) ?

3. Citer les polluants qui peuvent se retrouver dans les boues des bassins d'orage et préciser leur origine (doc. 1).

4. Par quel phénomène physique l'eau s'échappe-t-elle des bassins ?

Rendre compte

5. Expliquer comment les polluants se concentrent dans les bassins d'orage (doc. 2) en utilisant les termes « évaporation », « dissoudre » et « ruissellement ».

6. Indiquer les deux voies possibles pour éliminer les boues (doc. 3).

Critiquer

7. Expliquer l'intérêt écologique de ces bassins et réfléchir aux conditions nécessaires pour que les polluants soient bien éliminés du cycle de l'eau.

2 Dissolution d'une solution phytosanitaire

La bouillie bordelaise est un fongicide utilisé en agriculture biologique pour prévenir et traiter des champignons comme le mildiou, qui s'attaque par exemple aux plants de pomme de terre ou de tomate. Ce produit phytosanitaire est à base de sulfate de cuivre, de formule $CuSO_4$.

Comment préparer la solution phytosanitaire ?

1 Dissolution du sulfate de cuivre

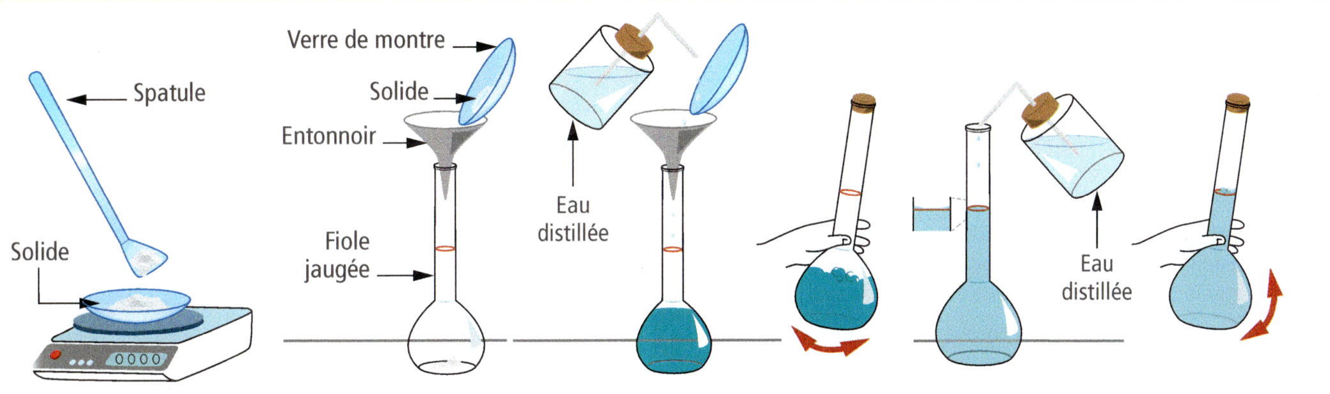

2 Préparation du traitement

Un jardinier trouve deux protocoles différents pour préparer la bouillie bordelaise sur Internet :

- Solution A : dissoudre 3,5 g de sulfate de cuivre solide, de formule $CuSO_4$, dans 50 mL d'eau.
- Solution B : dissoudre 5,0 g de sulfate de cuivre solide de formule $CuSO_4$ dans 100 mL d'eau.

3 Formule de concentration massique de l'espèce chimique dissoute, le soluté

Concentration massique en $g.L^{-1}$ — Masse du soluté en g

$$C_m = \frac{m_{soluté}}{V_{solution}}$$

Volume de la solution en L

4 Solutions obtenues

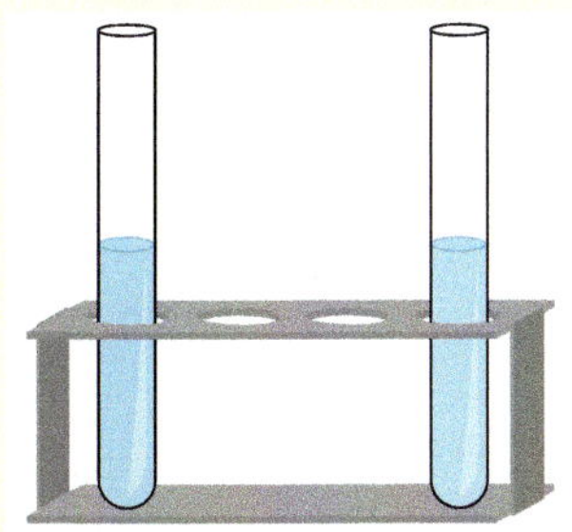

Solution A Solution B

Questions

Réaliser

1. Nommer et dessiner le matériel nécessaire pour préparer les solutions A et B du doc. 2.

2. Détailler le mode opératoire (doc. 1) et préparer les solutions A et B du doc. 2.

Rendre compte

3. Repérer visuellement la solution la plus concentrée dans le doc. 4.

4. Calculer les concentrations massiques des deux solutions à l'aide du doc. 3.

5. Déduire de la question précédente la solution la plus concentrée.

Analyser

6. Pour un traitement préventif, quelle solution doit-on utiliser ?

7. Pour un traitement curatif, quelle solution doit-on utiliser ?

3 Préparation par dilution d'un bain de bouche

● Le bain de bouche permet de soigner les gencives irritées et d'éliminer les bactéries présentes dans la bouche. Il est recommandé de le diluer avant utilisation. Utilisé pur, il pourrait attaquer les muqueuses.

Comment adapter la solution aux enfants ?

1 Concentration d'un flacon de bain de bouche

MODE D'EMPLOI

La solution dans le flacon a une concentration de 0,5 mol/L.

Elle ne doit pas être utilisée directement.

- Le gobelet doseur permet de délivrer la bonne concentration de solution.
- Pour préparer la solution, verser 15 mL de bain de bouche pour un adulte et 10 mL pour un enfant entre 6 et 12 ans. Compléter le bouchon doseur avec de l'eau jusqu'au trait max de 50 mL.
- Après le brossage, se rincer la bouche avec la solution préparée. Réaliser le bain de bouche pendant 30 secondes et recracher.

2 Règle de dilution

$$C_i \times V_i = C_f \times V_f$$

- C_i : Concentration initiale (de la solution concentrée)
- C_f : Concentration finale (de la solution qu'on souhaite préparer)
- V_i : Volume initial (qui sera prélevé de la solution concentrée)
- V_f : Volume final (de la solution qu'on souhaite préparer)

3 Facteur de dilution

Pour diluer la solution, on ajoute de l'eau (le solvant). Le volume de solution augmente ($V_f > V_i$), et la concentration de la solution diminue ($C_f < C_i$).

Le facteur de dilution (F) est un nombre positif :

$$F = \frac{V_f}{V_i} = \frac{C_i}{C_f}$$

Questions

› Analyser

1. Expliquer pourquoi on ne doit pas utiliser la solution directement.

2. Définir en quoi consiste une dilution.

› Réaliser

3. Déterminer la concentration de la solution préparée :
a. pour un adulte, notée C_a.
b. pour un enfant, notée C_e.

4. Calculer le facteur de dilution :
a. dans le cas d'un adulte, F_a.
b. dans le cas d'un enfant, F_e.

› Critiquer

5. Expliquer la méthode utilisée pour adapter le médicament aux enfants.

ACTIVITÉ EXPÉRIMENTALE

4 Réduction de concentration d'un antiseptique

● Le permanganate de potassium liquide est un antiseptique local utilisé pour les plaies superficielles. Il est préparé en pharmacie en fonction de l'ordonnance du médecin.

Comment préparer la solution ?

1 Solutions d'antiseptique en pharmacie

Un préparateur en pharmacie doit délivrer 100 mL d'antiseptique de concentration $1{,}5 \cdot 10^{-3}$ mol/L.

Il dispose de trois solutions de permanganate de potassium :

	Volume	Concentration
Solution 1	50 mL	$3{,}0 \cdot 10^{-3}$ mol/L
Solution 2	50 mL	$7{,}5 \cdot 10^{-3}$ mol/L
Solution 3	50 mL	$1{,}0 \cdot 10^{-3}$ mol/L

2 Conservation de la matière

Le nombre de moles d'un soluté avant et après dilution reste constant :

$$n_i = n_f$$

où n_i est la quantité de matière du soluté dans la solution initiale (nommée aussi solution mère) et n_f la quantité de matière du soluté dans la solution finale (aussi nommée solution fille).

Puisque :

$$n = C \times V$$

où C est la concentration en mol/L et V le volume en L.

On retrouve la règle de dilution. ► activité 3 doc. 2 p. 28

3 Préparation d'une solution moins concentrée

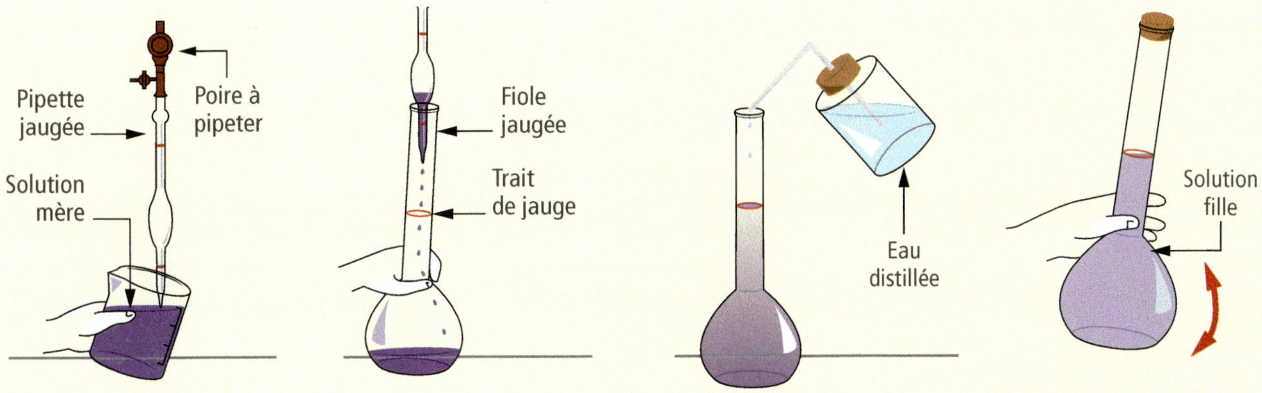

Questions

› Analyser

1. Indiquer la solution du doc. 1 qui ne peut pas être utilisée pour effectuer cette dilution. Justifier (doc. 2).

2. Calculer le volume de solution 1 du doc. 1 à prélever pour préparer la solution d'antiseptique.

› Réaliser

3. Préparer la solution d'antiseptique à partir de la solution 2 du doc. 1.

› Rendre compte

4. Décrire la façon de préparer la solution d'antiseptique à partir de la solution 1 du doc. 1.

COURS

1. Qu'est-ce qu'une solution aqueuse ?

Une **solution** est un mélange homogène d'une ou plusieurs espèces chimiques dans un liquide. Elle est obtenue par **réaction de dissolution** de ces espèces, que l'on nomme **solutés**, dans un liquide, nommé **solvant**. ▶ doc. 1

▶ **Exemple**

$$\underset{\text{soluté}}{FeCl_{3(s)}} \xrightarrow{\text{eau}} \underbrace{Fe^{3+}_{(aq)} + 3\,Cl^{-}_{(aq)}}_{\text{solution aqueuse}}$$

Si le solvant est de l'eau, la solution est dite **solution aqueuse**.

2. Concentration

On peut exprimer la concentration de deux manières : la concentration massique et la concentration molaire.

A Concentration massique

La quantité de soluté est exprimée en **grammes** (g). Elle est définie par :

$$C_m = \frac{m_{soluté}}{V_{solution}}$$

- C_m : Concentration massique en $g.L^{-1}$
- $m_{soluté}$: Masse du soluté en g
- $V_{solution}$: Volume de la solution en L

On déduit que : $m_{soluté} = C_m \times V_{solution}$ et $V_{solution} = \dfrac{m_{soluté}}{C_m}$.

▶ **Exemple**

La concentration massique d'une solution aqueuse contenant 3 g de sucre dans 350 mL est : $C_m = \dfrac{m}{V} = \dfrac{3}{0{,}35} = 8{,}57$ g/L.

B Concentration molaire

La quantité de soluté est exprimée en **moles** (mol). Elle est définie par :

$$C = \frac{n_{soluté}}{V_{solution}}$$

- C : Concentration molaire en mol/L
- $n_{soluté}$: Quantité de soluté en mol
- $V_{solution}$: Volume de la solution en L

▶ **Exemple**

La concentration molaire en ions sodium d'une solution aqueuse contenant 0,4 mol de chlorure de sodium dans 50 mL est : $C_{Na^+} = \dfrac{n}{V} = \dfrac{0{,}4}{0{,}05} = 8$ mol/L. ▶ doc. 2

3. Relation entre la masse et la quantité de matière

Il est possible de passer d'une concentration massique à une concentration molaire (et vice versa) grâce à la relation entre la masse et la quantité de matière.

$$M = \frac{m}{n}$$

- M : Masse molaire en g/mol
- m : Masse en g
- n : Quantité de matière en mol

Puisque $C_m = \dfrac{m}{V}$ et $C = \dfrac{n}{V}$, on a : $M = \dfrac{C_m}{C}$ qui s'écrit aussi $C_m = C \times M$.

Notation

Dans une réaction chimique, on peut préciser l'**état physique** des éléments : (l) : liquide ; (s) : solide ; (g) : gaz ; (aq) : ions en solution aqueuse.

1 Jus de citron

Un jus de citron est une solution aqueuse naturelle qu'on peut encore diluer en rajoutant de l'eau. La couleur, le goût ou l'odeur d'une solution dépendent de la quantité de soluté qui s'y trouve et du volume de la solution.

2 Double notation

La concentration molaire peut aussi se noter avec des crochets : la concentration en ions Na^+ du sel de cuisine s'écrit C_{Na^+} ou $[Na^+]$.

Vocabulaire

La **mole (notée mol)** est une unité de quantité de matière très utilisée en chimie. On parle de quantité de matière ou de nombre de **moles**.

4. Préparation d'une solution par dissolution

Pour **dissoudre** un **solide** dans un solvant, on procède aux étapes suivantes ▶ doc. 3 et activité 2 p. 27 :

1) Peser la masse de soluté nécessaire dans un verre de montre, puis transvaser le soluté dans une fiole jaugée à l'aide d'un entonnoir.
2) Rincer le verre de montre et l'entonnoir.
3) Remplir la fiole à moitié d'eau distillée et l'agiter latéralement pour dissoudre le soluté.
4) Compléter jusqu'au trait de jauge avec de l'eau distillée. ▶ doc. 4
5) Boucher la fiole jaugée et la retourner plusieurs fois.

5. Préparation d'une solution par dilution

Pour **diluer** un **liquide** dans un solvant, on doit d'abord calculer le volume à prélever dans la solution initiale pour préparer la solution finale.

La solution initiale est **concentrée**. On l'appelle **solution mère**.
La solution finale est **diluée**. On l'appelle **solution fille**.

A Règle de dilution

Pour évaluer quel volume de solution mère prélever, on utilise la **règle de dilution** :

$$C_i \times V_i = C_f \times V_f$$

- C_i : Concentration initiale (de la solution concentrée)
- V_i : Volume initial (qui sera prélevé de la solution concentrée)
- C_f : Concentration finale (de la solution qu'on souhaite préparer)
- V_f : Volume final (de la solution qu'on souhaite préparer)

▶ **Exemple**

Pour préparer 100,0 mL d'une solution fille à 0,0200 mol/L à partir d'une solution mère à 0,100 mol/L, on doit prélever un volume de solution initiale de :

$$V_i = \frac{0{,}0200 \times 100}{0{,}100} = 20{,}0 \text{ mL}.$$

On peut en déduire le facteur de dilution : $\mathbf{F} = \frac{\mathbf{V_f}}{\mathbf{V_i}} = \frac{\mathbf{C_i}}{\mathbf{C_f}}$

Plus le facteur de dilution est élevé, plus la solution finale est diluée.

▶ **Exemple**

Dans l'exemple précédent, $F = \frac{100}{20} = 5$.

B Préparation

Pour procéder à une dilution avec précision, on réalise les étapes suivantes ▶ doc. 5 et activité 4 p. 29 :

1) Prélever le volume nécessaire V_i de solution mère à l'aide d'une pipette jaugée.
2) Introduire le prélèvement dans une fiole jaugée de volume V_f.
3) Remplir d'eau distillée jusqu'au trait de jauge.
4) Boucher et agiter la fiole plusieurs fois.

3 Dissolution

4 Trait de jauge

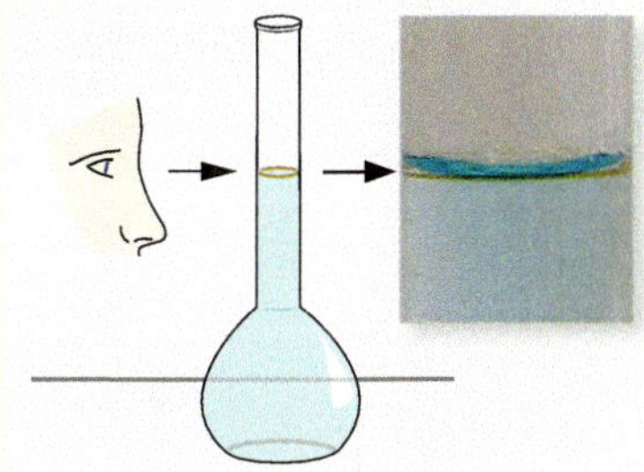

Pour obtenir un volume précis, on doit veiller à ce que le bas du ménisque affleure le trait de jauge.

5 Dilution

L'ESSENTIEL

Réaction de dissolution

Une **solution aqueuse** est le résultat de la dissolution d'un soluté dans de l'eau, qui joue le rôle de solvant.

- **Conservation en éléments et en charges :**

Exemple : $FeCl_{3(s)} \xrightarrow{eau} Fe^{3+}_{(aq)} + 3\ Cl^-_{(aq)}$

soluté — solution aqueuse

Concentration

- **Concentration massique :**

$$C_m = \frac{m_{soluté}}{V_{solution}}$$

Concentration massique en g.L^{-1} ; Masse du soluté en g ; Volume de la solution en L

- **Concentration molaire :**

$$C = \frac{n_{soluté}}{V_{solution}}$$

Concentration molaire en mol/L ; Quantité de soluté en mol ; Volume de la solution en L

Dilution

- **Règle de dilution :**

$$C_i \times V_i = C_f \times V_f$$

Volume initial (qui sera prélevé de la solution mère concentrée) ; Volume final (de la solution fille qu'on souhaite préparer) ; Concentration initiale (de la solution mère concentrée) ; Concentration finale (de la solution fille qu'on souhaite préparer)

- **Facteur de dilution (F) :**

$$F = \frac{V_f}{V_i} = \frac{C_i}{C_f}$$

Verrerie de précision

Pour réaliser une dissolution ou une dilution de manière précise, on utilise de la verrerie jaugée.

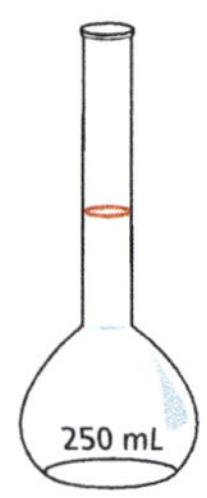

Fiole jaugée

Pipette jaugée

Relation entre la masse et la quantité de matière

$$M = \frac{m}{n}$$

Masse molaire en g/mol ; Masse en g ; Quantité de matière en mol

EXERCICES

Comprendre le cours ► p. 30-31

A. Recopier et compléter chaque phrase avec le ou les termes adéquats.

1 La réaction de .... permet d'obtenir des ions en solution.

2 Si le solvant utilisé est de l'eau, la solution est qualifiée de solution ....

3 La concentration massique est le rapport de la .... sur le ....

4 La concentration .... est le rapport de la quantité de matière de soluté sur le ....

B. Choisir la bonne réponse.

Les questions **5** à **10** portent sur la dilution d'une solution initiale de chlorure de sodium à 10 mol/L.
Le volume final de la solution diluée est de 100 mL.

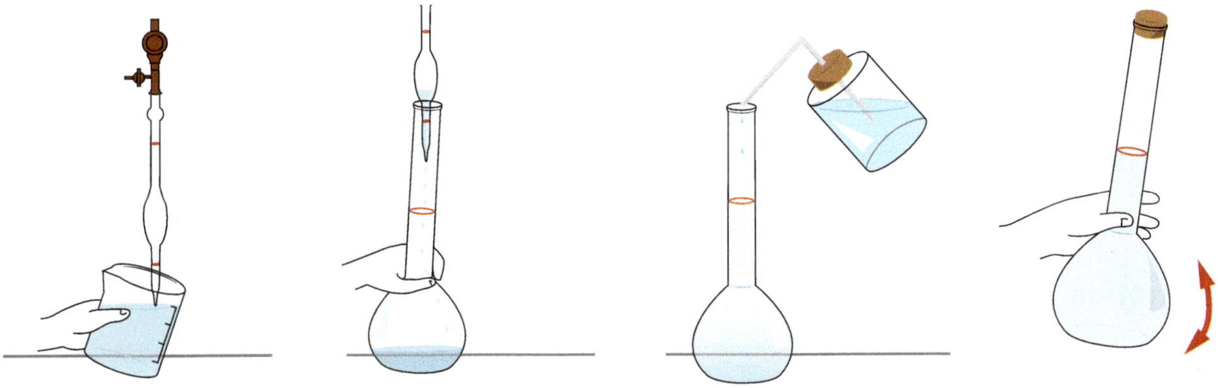

5 Si on dilue la solution d'un facteur 2, la concentration finale est :
a. 2 mol/L. **b.** 5 mol/L. **c.** 20 mol/L.

6 Si on dilue la solution d'un facteur 2, le volume initial à prélever doit être de :
a. 10,0 mL. **b.** 20,0 mL. **c.** 50,0 mL.

7 Pour réaliser une dilution, on utilise pour prélever la solution une pipette jaugée plutôt qu'une pipette graduée car :
a. une pipette jaugée est plus facile à laver. **b.** une pipette graduée est trop fragile. **c.** une pipette jaugée est plus précise.

8 Pour obtenir le volume final de 100 mL de solution diluée, on utilise :
a. une fiole jaugée de 100 mL. **b.** une éprouvette graduée de 100 mL. **c.** un bécher de 100 mL.

9 Si on prélève 20,0 mL de solution initiale, le facteur de dilution est :
a. 5. **b.** 20. **c.** 100.

10 Pour obtenir une solution à 2,5 mol/L, on doit prélever :
a. 10,0 mL. **b.** 20,0 mL. **c.** 25,0 mL.

EXERCICES

Appliquer le cours

Solution aqueuse ► cours 1 p. 30

1 Peinture murale

La peinture murale d'une maison est composée d'une solution aqueuse réalisée à base de pigment d'ocre solide.

1. Préciser l'état physique du soluté.

2. Quel solvant utiliser pour diluer cette peinture ?

2 Réactions de dissolution

Recopier et compléter les réactions de dissolution suivantes permettant d'obtenir les ions Cl^-, SO_4^{2-}, Ba^{2+}, K^+, HO^-, H^+ ou Na^+ :

$$KCl_{(s)} \rightarrow ...... + ...$$
$$BaCl_{2(s)} \rightarrow ...... + ...$$
$$NaOH_{(s)} \rightarrow ...... + ...$$
$$H_2SO_{4(s)} \rightarrow ...... + ...$$

Concentration ► cours 2 p. 30

3 Concentration massique

On a préparé deux solutions de déboucheur de canalisation au laboratoire :

Solution A : On place 5 g d'hydroxyde de sodium (ou soude) (NaOH) dans 100 mL d'eau distillée.

Solution B : On place 90 g d'hydroxyde de sodium (ou soude) (NaOH) dans 2 L d'eau distillée.

1. Calculer les deux concentrations massiques.

2. En déduire la solution la plus concentrée.

3. Comment peut-on qualifier ces deux solutions ?

4 Concentration molaire

On a préparé deux solutions de sérum physiologique au laboratoire :

Solution A : On place 0,8 mol de chlorure de sodium ou sel (NaCl) dans 100 mL d'eau distillée.

Solution B : On place 14 mol de chlorure de sodium ou sel (NaCl) dans 2L d'eau distillée.

1. Calculer les deux concentrations molaires.

2. En déduire la solution la plus concentrée.

3. Comment peut-on qualifier ces deux solutions ?

Relation entre la masse et la quantité de matière ► cours 3 p. 30

5 Masse et concentration molaires

On a préparé les deux solutions A et B de l'exercice 3.

Données : Masses molaires atomiques :

$M_{Na} = 23$ g/mol ; $M_O = 16$ g/mol ; $M_H = 1$ g/mol.

1. Calculer la masse molaire de la soude M_{NaOH}.

2. Calculer les concentrations molaires des deux solutions A et B, notées C_A et C_B.

3. En déduire la solution la plus concentrée.

Préparation d'une solution par dissolution ► cours 4 p. 31

6 Solution de soude

Proposer un mode opératoire détaillé pour la préparation de l'exercice 3 à l'aide du matériel adéquat.

Préparation d'une solution par dilution ► cours 5 p. 31

7 Solution antiseptique

Une solution antiseptique de concentration 4 mol/L va être diluée 100 fois avant utilisation. Le flacon commercial a une capacité de 1 L.

1. Indiquer le facteur de dilution.

2. À l'aide du facteur de dilution, calculer la concentration de la solution diluée.

3. À l'aide du facteur de dilution, calculer le volume de solution que l'on peut préparer à partir d'un flacon commercial entier.

4. À l'aide de la règle de dilution, calculer le volume de solution que l'on peut préparer avec un flacon entier.

8 Règle de dilution

On dispose au laboratoire d'une solution d'acide chlorhydrique à 0,500 mol/L. On souhaite préparer 100 mL d'acide chlorhydrique de concentration 0,100 mol/L.

1. À l'aide de la règle de dilution, calculer le volume de solution initiale à prélever.

2. Donner le nom de la verrerie de précision nécessaire pour réaliser le prélèvement.

3. Donner le nom de la verrerie nécessaire pour préparer le volume final.

Exercice résolu

Colorants alimentaires

Énoncé

Le tartrazine est un colorant alimentaire de couleur jaune désigné par le code E102. Lors de son utilisation dans l'industrie agroalimentaire, il est généralement dilué plus de 100 fois.
La solution de colorant alimentaire est obtenue par dissolution d'une masse m de 1 g de tartrazine dans 1 L d'eau distillée.
Un pâtissier souhaite colorer un gâteau. Il ajoute une cuillerée à café de colorant dans 2 L de lait lors de la préparation.
Données :

- DJA (Dose journalière admissible) = 7 mg/kg.
- Masse molaire de la tartrazine M_T = 534 g/mol.
- Le volume d'une cuillerée à café est de 5 mL.

1. Calculer la concentration massique de la solution de colorant alimentaire.

2. Calculer la concentration molaire de la solution de colorant alimentaire.

3. Calculer la concentration massique du colorant alimentaire dans la préparation du gâteau.

4. Calculer le facteur de dilution de la solution de colorant alimentaire.

5. Le facteur de dilution correspond-il à la pratique ?

6. En supposant qu'un enfant de 20 kg mange la totalité du gâteau en une journée, le colorant alimentaire présente-t-il un risque pour sa santé ?

Solution

1. La concentration massique de la solution de colorant alimentaire est :
$C_m = \frac{m}{V} = \frac{1}{1} = 1$ g/L.

2. $M_T = \frac{m}{n}$, d'où $n = \frac{m}{M_T} = \frac{1}{534} = 2 \cdot 10^{-3}$ mol.

On en déduit : $C = \frac{n}{V} = \frac{2 \cdot 10^{-3}}{1} = 2 \cdot 10^{-3}$ mol/L.

3. On utilise la règle de dilution $C_i \times V_i = C_f \times V_f$ en remplaçant C_i, V_i et V_f par leurs valeurs :

$$1 \times 5 \cdot 10^{-3} = C_f \times 2, \text{ d'où } C_f = 2{,}5 \cdot 10^{-3} \text{ g/L.}$$

4. $F = \frac{C_i}{C_f} = \frac{1}{2{,}5 \cdot 10^{-3}} = 400$.

5. Le facteur de dilution est bien supérieur à 100.

6. S'il mange tout le gâteau, l'enfant aura absorbé :

$$m = C_m \times V = 1 \times 5 \cdot 10^{-3} = 5 \text{ mg de tartrazine.}$$

Or il peut consommer jusqu'à 20 × 7 = 140 mg/jour. Il ne risque donc rien (5 mg/jour étant beaucoup plus faible que 140 mg/jour).

Analyser
Calculer d'abord la quantité de matière (en mol) correspondant à la masse, pour ensuite obtenir la concentration molaire.

Réaliser
Penser à écrire le volume en litres.
Rappel : 1 mL = $1 \cdot 10^{-3}$ L.

Critiquer
La dilution habituelle (supérieure à 100) est indiquée dans l'énoncé.

S'entraîner

Données pour tous les exercices :
M_H = 1 g/mol ; M_C = 12 g/mol ; M_O = 16 g/mol.

1 Concentration molaire

Une solution de saccharose est obtenue en dissolvant 12 mmol de saccharose dans 250 mL d'eau.

Calculer la concentration molaire du saccharose.

2 Concentration massique

Une solution de chlorure de sodium a une concentration massique C_m = 15 g/L et un volume V = 100 mL.

1. **Donner l'expression de la masse dissoute en fonction de la concentration massique et du volume.**

2. **Calculer la masse de chlorure de sodium dissoute dans la solution.**

3 Masse molaire moléculaire

Reconstituer deux phrases à partir des groupes de mots suivants :

de molécules	Elle est égale en grammes
La masse molaire moléculaire	
à la somme des masses molaires	
du corps pur considéré.	est la masse d'une mole
atomiques des éléments qui composent le corps pur.	

4 Jus de pomme

Une solution de jus de pomme a une concentration massique en sucre de 40 g/L. Dans une fiole jaugée de 250,0 mL, on verse 20,0 mL de cette solution à l'aide d'une pipette jaugée et on complète avec de l'eau distillée jusqu'au trait de jauge.

Déterminer la concentration de la nouvelle solution sucrée à l'aide de la règle de dilution.

5 Solution diluée d'acide chlorhydrique

Pour préparer une solution diluée d'acide chlorhydrique, on verse 20 mL d'une solution mère de concentration 0,1 mol/L dans une fiole jaugée de 100 mL. On complète avec de l'eau distillée jusqu'au trait de jauge.

1. **Calculer le facteur de dilution (F).**

2. **Déterminer la concentration de la nouvelle solution (solution fille).**

6 Préparation de solution

En TP, un élève de 1re a préparé deux solutions S_1 et S_2 d'acide éthanoïque.

- La première solution (S_1) est obtenue en ajoutant 20 mL d'acide de concentration 0,1 mol/L à 80 mL d'eau.
- La deuxième solution (S_2) est obtenue en ajoutant 10 mL d'acide de concentration 0,2 mol/L à 90 mL d'eau.

1. **Calculer le facteur de dilution pour chacune des solutions.**

2. **Déterminer quelle est la solution la plus concentrée.**

7 Lait

L'état de fraîcheur du lait se mesure en degrés Dornic (°D). Un degré Dornic (1 °D) correspond à la présence de 0,1 g d'acide lactique par litre de lait. Selon l'état de fraîcheur du lait, on observe les phénomènes suivants :

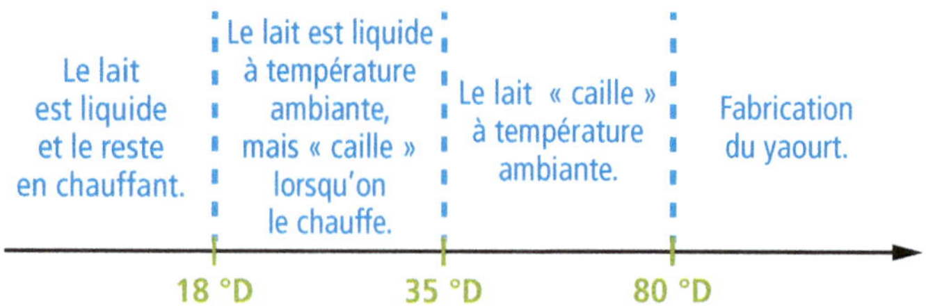

Un litre de lait laissé à l'air libre et à température ambiante contient 2,5 g d'acide lactique.

1. **Calculer son degré Dornic, Dn.**

2. **Ce lait est-il liquide à température ambiante ?**

3. **Calculer la masse molaire de l'acide lactique, de formule brute $C_3H_6O_3$.**

4. Un autre litre de lait a un degré Dornic Dn = 35 °D.

a. **Calculer la concentration massique de l'acide lactique de ce lait.**

b. **Calculer la concentration molaire de l'acide lactique du lait (arrondie au millième).**

⁑ 8 Rhum

D'après E4, remplacement 2013

Dans un récipient en verre, on prépare 1,00 L d'une solution (S_d) de rhum dilué 500 fois.

1. **Déterminer la valeur du volume de rhum (solution mère) à prélever pour réaliser cette dilution.**

2. **Proposer un protocole simple pour réaliser cette dilution, sous forme de schémas correctement annotés.**

⁑ 9 Acide lactique

D'après E4, Guyane, 2015

Dans une solution de laboratoire, la concentration massique en acide lactique est : C_m = 2,07 g/L.
Donnée : Masse molaire de l'acide lactique : M = 90 g/mol.

1. **Calculer la concentration molaire C_a en acide lactique.**

2. **Calculer la concentration molaire C_d en acide lactique, une fois celui-ci dilué avec un facteur de dilution de 3.**

⁑ 10 Dissolution

1. **Recopier et compléter les réactions de dissolution avec l'eau des éléments suivants, sachant qu'il se forme des ions $Al^{3+}_{(aq)}$, $CO^{2-}_{3\,(aq)}$, $Na^{+}_{(aq)}$, $NH^{+}_{4(aq)}$, $NO^{-}_{3(aq)}$, $SO^{2-}_{4\,(aq)}$:**

$$Na_2CO_{3(s)} \xrightarrow{eau} \ldots\ldots + \ldots\ldots$$
$$Al_2(SO_4)_{3(s)} \xrightarrow{eau} \ldots\ldots + \ldots\ldots$$
$$NH_4NO_{3(s)} \xrightarrow{eau} \ldots\ldots + \ldots\ldots$$

2. **Pour chacune des réactions, rechercher sur Internet les noms des deux ions obtenus en solution.**

⁑ 11 Cola

Les boissons gazeuses au cola contiennent de l'acide phosphorique H_3PO_4, de concentration molaire 1,6 mmol/L.
Donnée : $M_{H_3PO_4}$ = 98 g/mol.

Calculer la concentration massique de l'acide phosphorique dans les boissons au cola.

⁑ 12 Vitamine C

La vitamine C, de masse molaire 176 g/mol, est indispensable à la formation des fibres élastiques (collagène) de la peau. Un adolescent doit absorber en moyenne 75 mg de vitamine C par jour.

1. **Calculer la quantité de matière de vitamine C (en mol) conseillée pour un adolescent.**

2. Un jus de fruit contient de la vitamine C de concentration molaire 2 mmol/L. **Calculer le volume de jus de fruit que doit consommer un adolescent pour atteindre la dose conseillée** (on supposera que le jus de fruit est la seule source de vitamine C de la journée). **Conclure.**

⁑ 13 Solution de Lugol®

Une solution de Lugol®, utilisée pour ses propriétés antiseptiques et bactéricides, contient du diiode de concentration $4{,}10 \cdot 10^{-2}$ mol/L.
On veut préparer 100,0 mL de solution de concentration en diiode à $8{,}20 \cdot 10^{-3}$ mol/L.

1. **Quel volume V_i de solution de Lugol® doit-on prélever ?**

2. **Donner le mode opératoire pour préparer cette solution fille. Préciser la verrerie utilisée.**

⁂ 14 Phénolphtaléine

La phénolphtaléine a pour formule brute $C_{20}H_{14}O_4$. Une solution de phénolphtaléine est préparée dans de l'alcool et a pour concentration molaire 1,2 mmol/L.

1. **S'agit-il d'une solution aqueuse ? Justifier.**

2. **Calculer la masse molaire de la phénolphtaléine.**

3. **Quelle quantité de matière (en mol) doit-on utiliser pour préparer 100,0 mL de solution de phénolphtaléine ?**

4. **Quelle est la masse de phénolphtaléine à dissoudre ?**

5. **Donner le mode opératoire pour préparer cette solution. Préciser la verrerie utilisée.**

15 Bouillie bordelaise

D'après E4, Métropole, 2015

Un producteur de pêches épand de la bouillie bordelaise à raison de 20 mL par kg de terre. La valeur maximale tolérée dans les sols agricoles par l'Union européenne est de $2{,}5 \cdot 10^{-3}$ mol d'ions cuivre II par kg de terre.

Donnée : Masse molaire du cuivre : $M_{Cu} = 63{,}5$ g/mol.

1. **Calculer la masse d'ions cuivre (II) par kg de terre lorsque l'on pulvérise une solution de bouillie bordelaise à 25 g/L d'ions cuivre (II).**

2. **En déduire le nombre de moles d'ions cuivre (II) par kg de terre.**

3. **En justifiant la réponse, dire si ce producteur respecte le règlement européen concernant l'épandage des solutions contenant des ions cuivre (II).**

16 Cidre

D'après E4, Métropole, remplacement 2015

Un cidre est fabriqué à partir d'un moût de jus de pomme dont la concentration molaire en sucre est de 0,60 mol/L.

Donnée : La masse molaire moléculaire du glucose et du fructose, de formule brute $C_6H_{12}O_6$, a pour valeur : 180 g/mol.

1. **Poser l'opération qui permet d'obtenir la masse molaire du glucose et vérifier sa valeur.**

2. **Montrer que la concentration massique du sucre dans ce moût est de 108 g/L.**

3. Sur l'étiquette de la bouteille du cidre prêt à la commercialisation, on peut lire : « Alcool : 5,5 % en volume ». L'alcool contenu dans le cidre est issu de la fermentation alcoolique d'une partie des sucres du moût : 17 g/L de sucre donnent 1 % d'alcool après fermentation. La catégorie d'un cidre dépend de sa teneur en sucre :

Catégories	Brut	Demi-sec	Doux
Sucres résiduels	Inférieurs à 28 g/L	Entre 28 et 42 g/L	Supérieurs à 42 g/L

En mettant en œuvre un petit raisonnement que l'on exposera, donner la catégorie (brut, demi-sec ou doux) de ce cidre. Pour répondre à cette question, on pourra calculer la quantité de sucre [par litre] qui a été transformée en alcool et évaluer la quantité de sucres résiduels.

17 Jus de betterave

D'après E4, Métropole, remplacement 2017

Le jus de betterave contient du saccharose, de formule brute $C_{12}H_{22}O_{11}$, qui est transformé par fermentation en une solution d'acide lactique appelée S. Cette solution est ensuite diluée exactement 16 fois : on obtient alors une solution diluée d'acide lactique nommée S_1. Chaque molécule de saccharose donne deux molécules d'acide lactique.

La concentration C_1 est de 0,05 mol/L.

Donnée : $M_{saccharose} = 342$ g/mol.

1. **Poser l'opération qui permet d'obtenir la masse molaire du saccharose et vérifier sa valeur.**

2. **Déterminer la concentration molaire de la solution S en acide lactique.**

3. **Calculer la concentration massique de la solution S en acide lactique.**

4. **Vérifier que la concentration massique du jus de betterave en saccharose est d'environ 137 g/L.**

5. On souhaite réaliser au laboratoire 50 mL d'une solution de saccharose ayant la même concentration que le jus de betterave.

a. **Déterminer la masse de saccharose nécessaire.**

b. **Donner le protocole permettant de réaliser cette solution.**

POUR ALLER PLUS LOIN

Détermination d'une concentration à l'aide d'une échelle de teinte

1 Rouge cochenille

Le rouge cochenille ou carmin est un colorant alimentaire de couleur rouge utilisé notamment dans l'industrie agroalimentaire.

Il provient de la cochenille (*Dactylopius coccus*), insecte qui secrète de l'acide carminique (de couleur rouge) pour se protéger des prédateurs. C'est cette substance qui est désignée par l'indication E120 dans les aliments.

2 Détermination de la concentration d'une espèce colorée dans une solution

Il est possible de déterminer la concentration d'une espèce colorée dans une solution inconnue S_i par comparaison avec une échelle de teinte.

Pour créer une échelle de teinte, on réalise des dilutions successives d'une solution S_0 de concentration connue C_0.
Soit une concentration C_0 = 1,0 mmol/L de E120 (tube 4) :

- on dilue d'un facteur 2 pour obtenir une concentration C_1 = 0,50 mmol/L (tube 3) ;
- on dilue d'un facteur 3 pour obtenir une concentration C_2 = 0,33 mmol/L (tube 2) ;
- on dilue d'un facteur 4 pour obtenir une concentration C_3 = 0,25 mmol/L (tube 1).

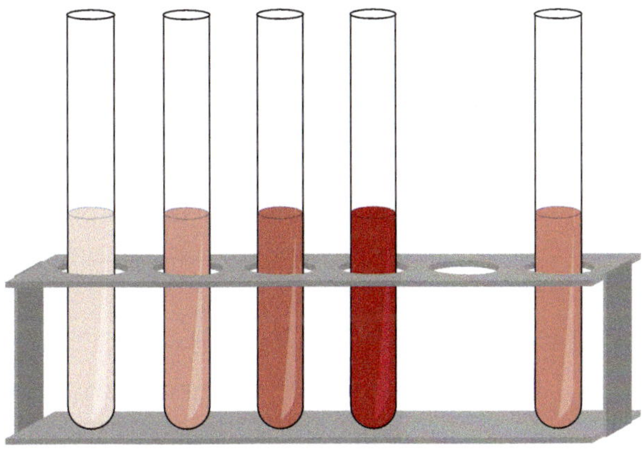

Le tube 5 est une solution de colorant alimentaire E120 de concentration inconnue. En comparant avec l'échelle de teinte, on peut en déduire que la concentration du tube 5 est comprise entre le tube 2 et le tube 3, d'où une concentration comprise entre 0,33 et 0,50 mmol/L.

3 Conductivité et dureté de l'eau

Tester les prérequis

Choisir la ou les bonnes réponses.

1 Parmi les ions suivants, lesquels sont des cations ?

a. Mg^{2+} **b.** Cl^- **c.** SO_4^{2-} **d.** Ca^{2+}

2 Dans une solution aqueuse de chlorure d'hydrogène HCl (acide chlorhydrique) :

a. le soluté est l'eau. **b.** le soluté est HCl. **c.** le solvant est l'eau. **d.** le solvant est HCl.

3 La concentration molaire C s'exprime en :

a. g/L. **b.** g/mol. **c.** mol/L. **d.** mol.

4 Lorsqu'une solution aqueuse est saturée en un soluté solide apporté, cela signifie que :

a. l'eau ne peut plus dissoudre le soluté solide apporté.
b. le soluté solide apporté est entièrement dissous dans l'eau.
c. il y a autant de soluté solide apporté que d'eau.
d. le soluté solide apporté n'est pas soluble dans l'eau.

5 Un précipité désigne la formation d'un .... dans une solution.

a. solide **b.** liquide **c.** gaz

6 Comment peut-on tester la présence de différents ions dans une eau minérale ?

a. On fait des tests caractéristiques. **b.** On fait une IRM. **c.** On la goûte. **d.** On la fait évaporer.

7 On verse du nitrate d'argent dans un tube contenant de l'eau minérale. On observe la formation d'un précipité blanc qui noircit à la lumière. À l'aide du tableau ci-dessous, indiquer ce que cela signifie.

Réactif	Observation	Ion mis en évidence
Nitrate d'argent	précipité gris/noir	Cl^-
Soude	précipité bleu	Cu^{2+}
Soude	précipité vert	Fe^{2+}

a. L'eau contient des ions fer II.
b. L'eau ne contient pas d'ions.
c. L'eau contient des ions chlorure.
d. On ne peut pas savoir quels ions se trouvent dans l'eau.

L'eau se charge en minéraux lors de son passage à travers la roche.

Comment les minéraux dissous dans l'eau influencent-ils ses propriétés ?

Objectifs

- **Découvrir les minéraux et les propriétés de l'eau.**
  - ▶ Activité documentaire 1 : De l'eau et des minéraux p. 42
  - ▶ Activité expérimentale 2 : Conductivité électrique de l'eau p. 43
- **Mesurer la quantité des différents ions dans les eaux.**
  - ▶ Activité expérimentale 3 : Dureté de l'eau et ses conséquences p. 44
  - ▶ Activité expérimentale 4 : Mesure de la dureté de l'eau par dosage p. 45

1 De l'eau et des minéraux

● Tous les types d'eaux contiennent des ions en solution, communément appelés minéraux, en concentrations variables. Les différences de concentration influent sur la nature de l'eau et ses propriétés physiques, chimiques, biologiques et gustatives.

Comment classer les eaux selon leur teneur en minéraux ?

1 Quelques minéraux de l'eau

Ion	Formule	Seuil de potabilité
Bicarbonate	HCO_3^-	aucun
Calcium	Ca^{2+}	aucun
Chlorure	Cl^-	200 mg/L
Magnésium	Mg^{2+}	50 mg/L
Potassium	K^+	12 mg/L
Sodium	Na^+	150 mg/L
Sulfate	SO_4^{2-}	250 mg/L

2 Eau dure et eau douce

Une **eau dure** est riche en ions calcium ou en ions magnésium : elle entraîne la précipitation du calcaire ($CaCO_3$) qui obstrue les canalisations et les appareils.
Une **eau très douce** est très pauvre en calcium et magnésium ; elle est souvent acide, et dans ce cas agressive.

3 Composition chimique des eaux de source d'Alsace

Numéro de la source	Teneur en ions (mg/L)						
	Na^+	K^+	Mg^{2+}	Ca^{2+}	HCO_3^-	Cl^-	SO_4^{2-}
1	1,5	2	2,4	4,6	24	3	4,2
2	3 170	353	96	797	860	5 220	1 250
3	200	10	4,8	26	427	73,4	74,5
4	8,5	5,1	30,5	90	378	24,5	29
5	88	34	2,1	21,3	32	152	27

Nom de la source, localisation, description

a. Cœur de la terre, Neuwiller. Eau de source riche en minéraux mais douce.
b. Hélon I, Pechelbornn. Eau de source très riche en minéraux, très dure et très chlorée.
c. Couvent des Bénédictines, Rosheim. Eau de source riche en minéraux et de dureté moyenne.
d. Celtic, Niederbornn. Eau de source très peu riche en minéraux et très douce.
e. St-Arbogast, Morsbronn. Eau de source moyennement riche en minéraux, douce et chlorée.

▶ G. Grandarovsky et J. J. Risler, ***Géologie des sites minéraux des Vosges***, BRGM, 1975

Questions

› Analyser

1. Associer chaque source du doc. 3 à son numéro.

2. Trouver, parmi ces sources, lesquelles ne sont pas dans les limites de potabilité. Pour quels minéraux (doc. 1 et 3) ?

› Rendre compte

3. Quelle eau est la mieux adaptée pour être utilisée comme eau du robinet ? Justifier votre réponse à l'aide de différents critères.

2 Conductivité électrique de l'eau

● L'eau a la propriété de conduire le courant électrique. Cette propriété lui vient des ions en solution.

Comment les minéraux génèrent-ils la conductivité de l'eau ?

1 Conductivité ionique

La conductivité mesure la capacité d'une eau à conduire le courant électrique.

Un courant électrique résulte du mouvement de particules électriquement chargées en réponse à des forces agissant sur celles-ci.

Dans l'eau, un mouvement des ions chargés peut se produire sous l'effet de forces. C'est la **conduction ionique**. Plus une solution est riche en ions, plus elle est conductrice.

Cette grandeur se mesure en **Siemens par mètre** (S/m) à l'aide d'un appareil appelé **conductimètre**.

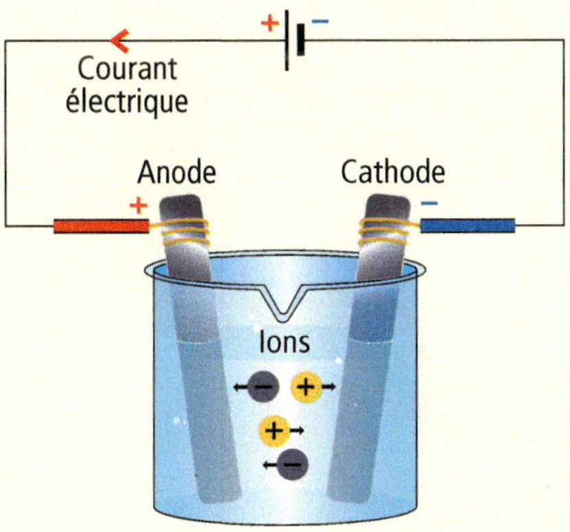

2 Protocole de mesure de la conductivité

On dispose de trois échantillons de 50 mL d'eaux d'origines différentes (eau distillée, eau de source, eau salée), d'un conductimètre et de trois béchers annotés A, B et C.

1. Verser les échantillons d'eau distillée, de source et salée respectivement dans les béchers A, B et C.
2. En utilisant le conductimètre, relever la conductivité totale de ces trois eaux et inscrire les résultats dans un tableau. Entre chaque mesure, rincer la sonde conductimétrique à l'eau distillée et la sécher délicatement.
3. Faire ensuite tiédir le bécher A au bain-marie et relever à nouveau la conductivité.
4. Répéter l'opération pour les béchers B et C, et intégrer tous les nouveaux résultats dans le tableau.

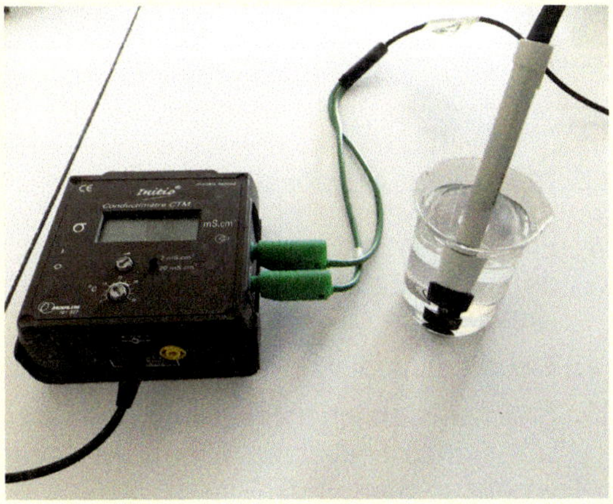

Questions

Analyser

1. Décrire ce qu'est l'eau distillée (éventuellement en vous aidant d'Internet). Par quel procédé est-elle obtenue ?

2. En utilisant le doc. 1, faire une prévision sur l'eau la moins conductrice.

Réaliser

3. Mettre en œuvre le protocole du doc. 2.

Rendre compte

4. Laquelle de ces trois eaux est la plus chargée en minéraux ? Pourquoi ?

5. Proposer une explication à la seconde série de résultats par rapport à la première série.

6. À l'aide de vos connaissances ou d'Internet, expliquer pourquoi la conductivité de l'eau distillée n'est pas nulle.

3 Dureté de l'eau et ses conséquences

● La dureté de l'eau est due à la présence d'ions calcium et magnésium.

Comment identifier une eau dure et quel est son impact ?

1 Inconvénients d'une eau trop dure pour le réseau de distribution

• Le calcaire formé par une eau trop dure peut obstruer les systèmes d'irrigation (surtout ceux de micro-irrigation comme le goutte-à-goutte) et nuire à l'approvisionnement en eau.

• L'eau dure diminue les propriétés détergentes des lessives et savons qu'il faut utiliser en plus grande quantité (ce qui pollue plus les eaux de rinçage).

3 Titre hydrotimétrique

Si l'on connaît la concentration massique, en mg/L, en ions calcium $C_{mCa^{2+}}$ et magnésium $C_{mMg^{2+}}$ d'une eau, on peut calculer la dureté de l'eau grâce à son **titre hydrotimétrique** (TH), en degrés français (°f) :

$$TH(°f) = \frac{C_{m\,Ca^{2+}}}{4} + \frac{C_{m\,Mg^{2+}}}{2{,}4}$$

Une eau avec un TH supérieur à 30 °f est considérée comme trop dure pour les tuyaux et les canalisations.

2 Étiquettes d'eaux minérales

Volvic

MINÉRALISATION CARACTÉRISTIQUE (mg/L)			
Calcium	11,5	Chlorures	13,5
Magnésium	8,0	Nitrates	6,3
Sodium	11,6	Sulfates	8,1
Potassium	6,2	Silice	31,7
Bicarbonates	71,0		

Minéralisation totale 130 mg/L (résidu sec à 180 °C) – pH = 7

Évian

MINÉRALISATION CARACTÉRISTIQUE (mg/L)			
Calcium	78	Bicarbonates	357
Magnésium	24	Sulfates	10
Sodium	5	Chlorures	4,5
Potassium	1	Nitrates	3,8
Silice	13,5		

Résidu sec à 180 °C : 309 mg/L – pH = 7,2

Hépar

MINÉRALISATION CARACTÉRISTIQUE (mg/Ll)			
Magnésium	**119**		
Sulfate SO_4^{2-}	1 530	Calcium	549
Nitrate NO_3^-	4,3	Sodium Na^+	14,2
Hydrogénocarbonate HCO_3^-	383,7		

Résidu sec à 180 °C : 2 513 mg/L

4 Mousse et dureté d'une eau

1. Prendre quatre tubes à essai et introduire dans chacun 2 mL d'une eau différente : eau minérale Évian ; eau minérale Hépar ; eau minérale Volvic ; eau du robinet.
2. Ajouter dans chaque tube 5 gouttes de liquide vaisselle.
3. Boucher et agiter énergiquement chaque tube pour obtenir de la mousse. Laisser reposer quelques minutes et mesurer les hauteurs de mousse (reporter les valeurs dans un tableau).

Questions

Analyser

1. Classer qualitativement les eaux minérales commerciales de la plus douce à la plus dure.

Réaliser

2. Mettre en œuvre le protocole expérimental.

3. Calculer le titre hydrotimétrique (TH) des trois eaux commerciales.

4. Construire un graphique avec en abscisse le titre hydrotimétrique et en ordonnée la hauteur de mousse mesurée. Y placer les points correspondant aux trois eaux.

Analyser

5. Déduire le titre hydrotimétrique (TH) de l'eau du robinet en utilisant le graphique et vos connaissances ou Internet en matière de courbe d'étalonnage.

6. Quel effet a la dureté de l'eau sur l'efficacité du savon utilisé ?

Critiquer

7. L'eau du robinet est-elle trop dure ?

4 Mesure de la dureté de l'eau par dosage

● Que ce soit à la sortie des stations d'épuration pour l'eau domestique, ou avant son pompage pour irrigation pour une eau de source, l'eau subit de nombreux tests de qualité. L'un d'entre eux est la mesure de son titre hydrotimétrique (TH).

Comment effectuer ce test ?

1 EDTA

L'acide éthylènediaminetétraacétique (EDTA) est souvent noté H_4Y. L'anion Y^{4-} est un ion complexe (c'est-à-dire constitué d'un ou plusieurs éléments indépendants en interaction) qui s'associe avec de nombreux cations, notamment Ca^{2+} et Mg^{2+}, pour former des composés stables :

$$Ca^{2+}_{(aq)} + Y^{4-}_{(aq)} \rightarrow CaY^{2-}_{(aq)}$$

$$Mg^{2+}_{(aq)} + Y^{4-}_{(aq)} \rightarrow MgY^{2-}_{(aq)}$$

Pour que ces réactions se produisent, il faut des conditions particulières : **le pH doit être constant, à la valeur pH = 10.**

2 Détermination de la dureté d'une eau

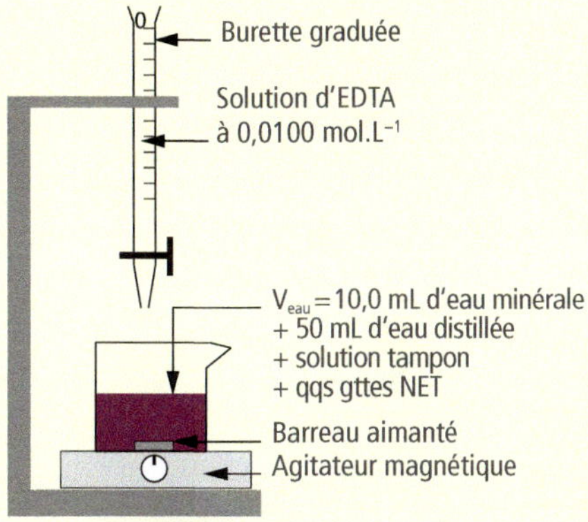

1. Prélever 10,0 mL d'une eau minérale et ajouter 50 mL d'eau distillée.
2. Ajouter 2,5 mL de solution tampon pH = 10.
3. Ajouter 10 gouttes de NET (doc. 3). Introduire le bareau aimanté et agiter le mélange.
4. Faire chauffer vers 40-50 °C.
5. Remplir la burette avec la solution d'EDTA. Placer le bécher sur l'agitateur magnétique, sous la burette. Ajouter progressivement la solution d'EDTA de concentration 0,0100 mol/L jusqu'au changement de couleur.
6. Noter le volume d'EDTA versé pour chaque eau minérale testée.

3 NET

Lors de l'expérience décrite dans le doc. 2, le noir ériochrome T (NET) change de couleur dès que tous les ions $Ca^{2+}_{(aq)}$ et $Mg^{2+}_{(aq)}$ ont réagi avec les ions $Y^{4-}_{(aq)}$ ajoutés.
Il passe alors du **rouge bordeaux** au **bleu intense**.

4 Titre hydrotimétrique

Le titre hydrotimétrique (TH) se mesure en degrés français (°f ou °fH) ; plus il est élevé, plus une eau est dure. Dans cette formule, contrairement à l'activité 3 ► p. 44, les concentrations molaires en ions sont exprimées en mol/L.

$$TH(°f) = \frac{C_{Ca^{2+}} + C_{Mg^{2+}}}{10^{-4}}$$

TH(°f)	0 à 7	7 à 15	15 à 25	25 à 42	> 42
Eau	Très douce	Douce	Moyennement dure	Dure	Très dure

Questions

› Réaliser

1. Mettre en œuvre le protocole du doc. 2.

› Analyser

2. Expliquer pourquoi la relation peut être écrite, au changement de couleur (doc. 1 et 3) lors de l'expérience : $n_{EDTA} = n_{Ca^{2+}} + n_{Mg^{2+}}$.

3. Montrer que cette relation peut s'écrire :

$$C_{EDTA} \times V_{EDTA} = \frac{C_{Ca^{2+}} + C_{Mg^{2+}}}{V_{eau}}$$

› Réaliser

4. Calculer la valeur de $C_{Ca^{2+}} + C_{Mg^{2+}}$ pour l'eau minérale testée.

› Critiquer

5. En déduire, à l'aide du doc. 4, le titre hydrotimétrique de cette eau. Comment est-elle classée ?

COURS

1. De l'eau et des minéraux

A Présence d'ions dans l'eau

Toutes les eaux contiennent des ions en solution, appelés **minéraux**, en concentrations variables. Ils ont été acquis par l'eau au cours de son cheminement dans le sol. Ce sont ces ions qui changent la nature de l'eau et lui confèrent ses propriétés physico-chimiques, biologiques et gustatives.

▶ **Exemple**

La présence d'ions CO_3^{2-} (carbonate) augmente le pH d'une eau.

B Minéralisation

La minéralisation d'une eau est la mesure de la quantité d'ions qu'elle contient.

Le taux de minéralisation d'une eau dépend de la masse de résidu à sec obtenu lorsque 1 litre d'eau a été évaporé. ▶ doc. 1 Ce paramètre permet de classer les eaux.

Résidu à sec RS (en mg)	Taux de minéralisation	Qualité de l'eau
< 50	Très faible	Très faiblement minéralisée
50 ⩽ RS < 500	Faible	Faiblement minéralisée
500 ⩽ RS < 1 500	Moyen	Moyennement minéralisée
1 500 ⩽ RS	Fort	Fortement minéralisée

RS est parfois exprimé en mg/L pour expliciter que c'est la masse obtenue à partir de 1 litre d'eau.

▶ **Exemple**

Il ne faut pas utiliser une eau fortement minéralisée pour irriguer les sols, cela peut entraîner leur salinisation (accumulation de sels ayant pour conséquence une toxicité pour les végétaux due à l'accumulation de certains ions, dont Na^+, et une dégradation des sols).

2. Dureté de l'eau

A Définition

La **dureté** de l'eau est liée à la quantité d'ions calcium et magnésium présents dans celle-ci.

Une eau est qualifiée de dure ou calcaire lorsqu'elle est riche en ions calcium et magnésium. Dans le cas contraire, elle est qualifiée de douce. ▶ doc. 2

Si la présence d'ions calcium et magnésium dans l'eau n'entraîne pas de risques pour une personne en bonne santé, elle peut, en revanche, impacter le bon fonctionnement de certaines machines ou diminuer l'efficacité de certains herbicides.

▶ **Exemple**

L'ion calcium Ca^{2+} réagit avec CO_3^{2-} pour former le carbonate de calcium $CaCO_3$ (calcaire). ▶ doc. 3

1 Résidu à sec

Pour savoir si une eau est peu ou fortement minéralisée, il suffit de peser son résidu à sec (aussi nommé simplement résidu sec), c'est-à-dire la quantité de minéraux solides formés après avoir chauffé 1 litre d'eau à 180 °C.

2 Sol granitique

Lorsqu'une eau traverse un sol granitique, elle se charge peu en ions Ca^{2+} et Mg^{2+}, elle est donc douce.

3 Dépôts calcaires sur des tuyaux

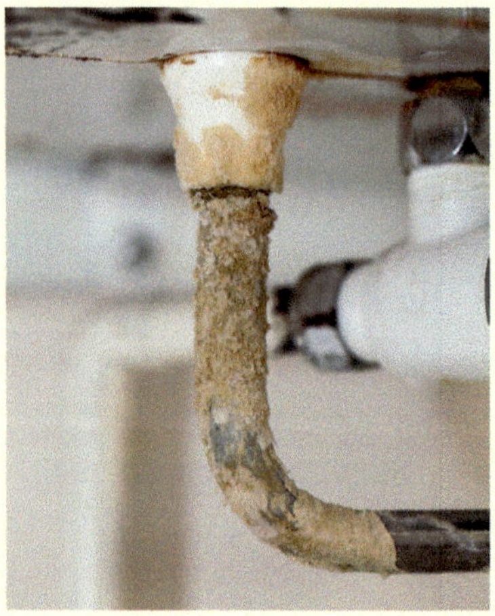

B Titre hydrotimétrique

Le **titre hydrotimétrique** (TH) se mesure en degrés français (°f ou °fH). Plus il est élevé, plus une eau est **dure**.

Avec C en mol/L : $TH(°f) = \frac{C_{Ca^{2+}} + C_{Mg^{2+}}}{10^{-4}}$, et C_m en mg/L : $TH(°f) = \frac{C_{m\,Ca^{2+}}}{4} + \frac{C_{m\,Mg^{2+}}}{2{,}4}$.

On classe les eaux de très douces à très dures suivant leur TH.

TH(°f)	0 à 7	7 à 15	15 à 25	25 à 42	> 42
Eau	Très douce	Douce	Moyennement dure	Dure	Très dure

▶ **Exemple**

En France, la norme impose qu'une eau du robinet ait un TH < 30 °f.

C Différentes duretés

On distingue plusieurs types de mesures pour la dureté de l'eau :

- La dureté **totale** correspond à la concentration totale en ions calcium et magnésium.
- La dureté **calcique** d'une eau correspond à sa concentration en ions calcium uniquement. ▶ Pour aller plus loin p. 55
- La dureté **magnésienne** correspond à sa concentration en ions magnésium uniquement. On peut alors aisément déduire la relation :

Dureté totale = dureté calcique + dureté magnésienne ▶ doc. 4

4 Les deux couleurs du NET

La dureté totale se mesure par dosage par l'EDTA avec du NET comme indicateur coloré.
▶ activité 4 p. 45

3. Conductivité

Un **courant électrique** résulte du mouvement de particules électriquement chargées en réponse à des forces électromagnétiques agissant sur celles-ci. Dans l'eau, ce sont les ions en mouvement qui créent ce courant. On parle de **courant ionique**.

A Définition

La **conductivité électrique** σ d'une solution est sa capacité à conduire le courant électrique sous l'action d'une force électromagnétique. Cette capacité est due au **déplacement de ses ions.** ▶ doc. 5

5 Conductimètre

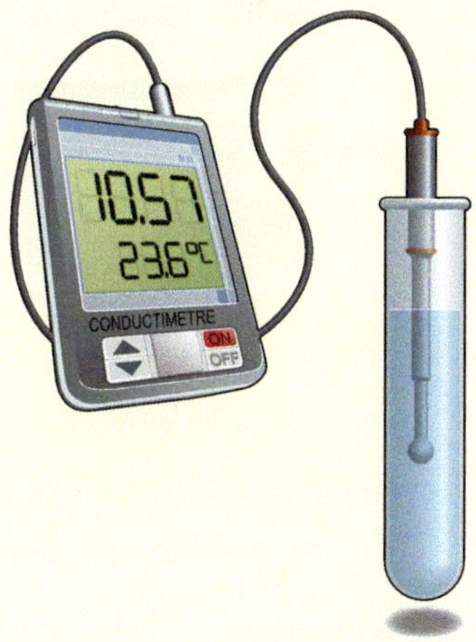

La conductivité σ est mesurée par un conductimètre. L'unité est le Siemens par mètre (S/m).

B Effet de la quantité d'ions

La conductivité d'une eau est la résultante du mouvement de ses ions, donc **plus une eau est minéralisée, plus sa conductivité est élevée.**

▶ **Exemple**

L'eau distillée a une conductivité très faible.

C Effet de la température

La **température** d'un corps est la mesure de l'**agitation thermique** de celui-ci : plus elle augmente, plus l'agitation thermique est forte.

La conductivité d'une solution aqueuse augmente donc avec la température, car les ions sont d'autant plus agités que la température est élevée (ils se déplacent plus facilement).

L'ESSENTIEL

Qu'est-ce que la minéralisation d'une eau ?

Le **résidu à sec** est la **quantité de minéraux** solides formés après avoir fait chauffer 1 litre d'eau à 180 °C.

Résidu à sec RS (en mg)	Taux de minéralisation	Qualité de l'eau
< 50	Très faible	Très faiblement minéralisée
50 ⩽ RS < 500	Faible	Faiblement minéralisée
500 ⩽ RS < 1 500	Moyen	Moyennement minéralisée
1 500 ⩽ RS	Fort	Fortement minéralisée

Qu'est-ce que la conductivité d'une eau ?

La conductivité électrique σ d'une eau est sa capacité à conduire le courant électrique. Elle se mesure en Siemens par mètre (S/m) à l'aide d'un conductimètre.

Qu'est-ce que la dureté d'une eau ?

La dureté correspond à la concentration d'une eau en ions calcium et magnésium. Elle est mesurée par le titre hydrotimétrique (TH) exprimé en degrés français (°f ou °fH).

On distingue plusieurs types de duretés :

- la dureté totale ;
- la dureté calcique ;
- la dureté magnésienne.

Dureté totale = dureté calcique + dureté magnésienne

C est exprimée en mol/L :

$$TH(°f) = \frac{C_{Ca^{2+}} + C_{Mg^{2+}}}{10^{-4}}$$

ou

C_m est exprimée en mg/L :

$$TH(°f) = \frac{C_{mCa^{2+}}}{4} + \frac{C_{m\,Mg^{2+}}}{2,4}$$

Comprendre le cours ► p. 46-47

A. Choisir la ou les bonnes réponses.

1 La dureté de l'eau est :

a. une mesure de la viscosité de l'eau.

b. une mesure de la quantité d'ions calcium et magnésium présents dans l'eau.

c. l'état physique de l'eau.

2 Une eau trop dure entraîne généralement :

a. une précipitation de calcaire.

b. une agression des canalisations.

c. une toxicité pour la santé.

3 La conductivité d'une eau est directement liée :

a. à la température de l'eau.

b. à la minéralisation de l'eau.

c. au pH de l'eau.

B. Compléter avec le ou les termes adéquats.

4 Une eau ayant traversé un sol calcaire est souvent .... , ce qui peut entraîner une précipitation des ions carbonate (CO_3^{2-}) en .... et causer une obstruction des canalisations.

5 Le titre hydrotimétrique d'une eau se mesure en .... On peut classer les eaux par TH croissant de très .... à très .... La dureté de l'eau peut être testée expérimentalement grâce à la réaction des ions Mg^{2+} et Ca^{2+} avec ....

6 La conductivité d'une eau est liée au déplacement des .... présents dans l'eau. Elle se mesure avec un .... et est exprimée en S/m. Plus une eau est riche en ions, plus la valeur de sa conductivité est ....

7 Le résidu à sec représente la quantité de .... solides formés après avoir .... de l'eau à 180 °C. Grâce à cela, on peut classer les eaux par taux ....

8 L'eau distillée (déminéralisée) est obtenue par .... d'une eau quelconque. Sa conductivité est très ....

9 La dureté de l'eau a un effet sur l'efficacité des .... ; en effet, plus une eau est dure, moins le .... mousse.

10 La dureté totale d'une eau est la somme de la .... et de la .... La première mesure la quantité d'ions .... uniquement et la seconde la quantité d'ions ....

EXERCICES

Appliquer le cours

De l'eau et des minéraux ▸ cours 1 p. 46

1 Eau très fortement minérale

Un agriculteur veut utiliser une source présente sur ses terres pour son système d'irrigation goutte-à-goutte. Il fait alors tester cette eau.

Teneurs en ions (mg/L)						
Na^+	K^+	Mg^{2+}	Ca^{2+}	HCO_3^-	Cl^-	SO_4^{2-}
3 170	353	96	797	860	5 220	1 250

1. Calculer la dureté de l'eau de cette source.

2. Calculer la masse du résidu à sec obtenu après ébullition de cette eau.

3. Comment qualifier cette eau ?

4. Donner deux raisons qui empêchent l'agriculteur d'utiliser cette eau pour son système d'irrigation.

Dureté de l'eau ▸ cours 2 p. 46

2 Eau de Saint-Amand

L'eau de source Saint-Amand provient de la source éponyme. Étudier sa composition à partir de son étiquette :

Minéralisation moyenne en mg/L					
Calcium	Ca^{2+}	176	Bicarbonate	HCO_3^-	312
Magnésium	Mg^{2+}	46	Chlorure	Cl^-	37
Sodium	Na^+	28	Fluor	F^-	1,3
Potassium	K^+	5	Nitrate	NO_3^-	< 0,5
Sulfate	SO_4^{2-}	372			
Résidu sec à 180 °C : 859 mg/L			pH = 7,2		

1. En quelle unité est exprimée la concentration des ions sur cette étiquette ?

2. Évaluer la minéralisation de cette eau.

3. Calculer le titre hydrotimétrique TH de cette eau.

4. Pourquoi peut-on qualifier cette eau de dure ?

3 Eau du robinet

Une eau du robinet présente les caractéristiques suivantes :

$$C_{Ca^{2+}} = 2 \cdot 10^{-4} \text{ mol/L} \; ; \; C_{Mg^{2+}} = 5 \cdot 10^{-4} \text{ mol/L}.$$

1. Calculer le titre hydrotimétrique de cette eau.

2. Expliquer pourquoi il n'est pas conseillé d'utiliser cette eau pour un usage domestique.

4 Trop de savon

Un particulier se rend compte que, lorsqu'il utilise son produit vaisselle, celui-ci ne mousse quasiment pas au contact de l'eau.

1. Donner une explication à ce phénomène.

2. Quelle expérience peut-on réaliser afin de vérifier votre proposition ?

3. Quel autre phénomène peut-on observer facilement sur les robinets de la maison du particulier si votre proposition est correcte ?

5 Eaux de France métropolitaine

Le massif des Vosges est un édifice géologique granitique, il en va de même pour le Massif central, la région Bretagne et la Corse.

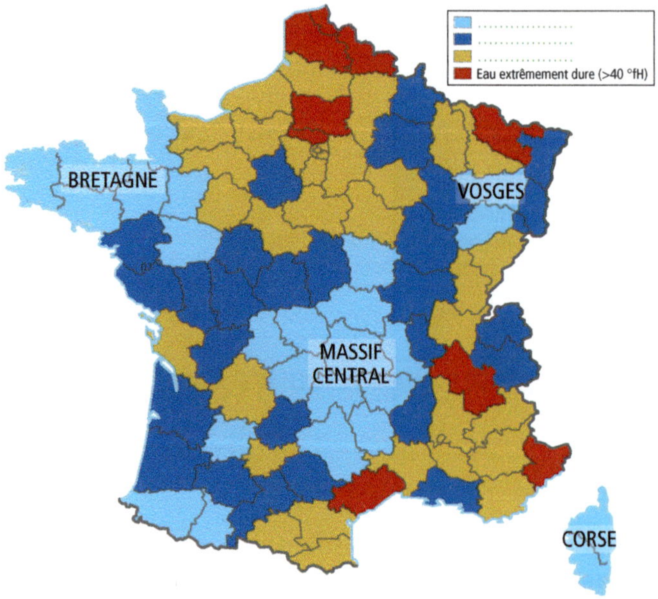

1. Quelle classe d'eau rencontre-t-on principalement dans ces régions ?

2. La majeure partie de la France se situe sur un bassin calcaire. **Quelle classe d'eau rencontre-t-on principalement dans la majeure partie de la France ?**

3. Les départements du Nord et de la Moselle (lieux d'exploitation du charbon) sont des terrains très sédimentaires. L'eau y est très dure pour cette raison. **Compléter la légende de la carte avec les termes « eau douce », « eau dure », « eau très dure ».**

Conductivité de l'eau ▸ cours 3 p. 47

6 Trois eaux

1. Laquelle des trois eaux du doc. 2 de l'activité 3 ▸ p. 44 est la plus conductrice ? Pourquoi ?

2. Après avoir mis ces eaux en bouteille au réfrigérateur, on observe que leur conductivité diminue. **Expliquer pourquoi.**

Exercice résolu

Usure d'une pompe de jardin

D'après E4, Métropole, Réunion, Mayotte, 2016

Énoncé

Un particulier souhaite utiliser l'eau d'une rivière qui traverse sa propriété pour irriguer son jardin à l'aide d'une pompe. Il demande des analyses de l'eau à un laboratoire, pour vérifier qu'elle ne détériorera pas rapidement sa pompe :

Paramètre	Valeur	Limite de qualité
Carbone organique total	1,5 mg/L	< 2 mg/L
Ions nitrate (NO_3^-)	65 mg/L	< 50 mg/L
Ions calcium (Ca^{2+})	60 mg/L	
Ions magnésium (Mg^{2+})	18 mg/L	
Température de l'eau	10 °C	< 25 °C
Titre hydrotimétrique	22,5 °f	
pH	8,05	6,5 < pH < 9

▶ ministère de la Santé, résultats des analyses du contrôle sanitaire des eaux destinées à la consommation humaine, 2014.

1. Montrer que la concentration en ions Ca^{2+} est : $15 \cdot 10^{-4}$ mol/L, et en ions Mg^{2+} : $7,5 \cdot 10^{-4}$ mol/L.

2. En déduire que le titre hydrotimétrique (TH) est bien la valeur annoncée dans le tableau.

3. Le laboratoire indique au particulier que cette eau est moyennement dure. **Expliquer pourquoi.**

4. L'eau risque-t-elle de détériorer rapidement la pompe ?

Données : $M_{Ca} = 40$ g/mol ; $M_{Mg} = 24$ g/mol.

Solution

1. La concentration massique (donnée dans le tableau) est reliée à la concentration molaire par la formule $M = \frac{C_m}{C}$,

donc $C_{Ca^{2+}} = \frac{0,06}{40} = 15 \cdot 10^{-4}$ mol/L et $C_{Mg^{2+}} = \frac{0,018}{24} = 7,5 \cdot 10^{-4}$ mol/L.

Analyser
Utiliser les informations du tableau et en déduire les données.

2. On sait que : 1 °f = 10^{-4} mol/L en Ca^{2+} et Mg^{2+}.
On calcule : $C_{Ca^{2+}} + C_{Mg^{2+}} = 15 \cdot 10^{-4} + 7,5 \times 10^{-4} = 22,5 \cdot 10^{-4}$ mol/L.
On a donc bien un TH de 22,5 °f.

Réaliser
Additionner les résultats de la question 1.

3. Si l'on compare avec le tableau de valeurs du cours :

TH(°f)	0 à 7	7 à 15	15 à 25	25 à 42	> 42
Eau	Très douce	Douce	Moyennement dure	Dure	Très dure

Une eau avec un TH de 22,5 °f est donc moyennement dure.

Analyser
Comparer le cours et la valeur obtenue. ▶ Cours p. 47

4. On sait que seules les eaux très douces (à cause de leur pouvoir corrosif potentiel) et très dures (à cause de leur propension à créer des dépôts calcaires) peuvent être un problème pour les machines.
Le particulier peut donc utiliser cette eau sans souci pour sa pompe.

Rendre compte
Utiliser vos connaissances sur la dureté de l'eau, le cours ▶ p. 46 et l'activité 1 ▶ p. 42 pour caractériser l'eau de la rivière.

EXERCICES

S'entraîner

Données pour tous les exercices : M_{Ca} = 40 g/mol et M_{Mg} = 24 g/mol

* 1 Analyse d'une source

D'après E4, Nouvelle-Calédonie, 2016

Les résultats de l'analyse d'une eau captée sont consignés dans la fiche d'analyse suivante :

Extrait des fiches d'analyses pour l'eau captée et traitée

		Critères de potabilité	Eau captée	Eau traitée
pH		6,5 < pH < 9	Non testée	7,2
Conductivité (à 20 °C)		400 µS/cm	950 µS/cm	698 µS/cm
Titre hydrotimétrique		Pas de limite	43 °f	17 °f
Ions	Ca^{2+}	Pas de limite	150 mg/L	58 mg/L
	Mg^{2+}	< 50 mg/L	13,5 mg/L	7 mg/L
	Na^{+}	< 150 mg/L	32 mg/L	28 mg/L
	K^{+}	< 12 mg/L	6,2 mg/L	4,3 mg/L
	SO_4^{2-}	< 250 mg/L	100 mg/L	100 mg/L
	Cl^{-}	< 200 mg/L	71 mg/L	59 mg/L
	NO_3^{-}	< 50 mg/L	83 mg/L	2 mg/L
	NO_2^{-}	< 0,1 mg/L	0,01 mg/L	0,01 mg/L
	F^{-}	< 1,5 mg/L	0,58 mg/L	0,58 mg/L
	Cuivre	< 1 mg/L	0,02 mg/L	< 0,01 mg/L
	Zinc	< 5 mg/L	0,02 mg/L	< 0,01 mg/L

1. Donner le nom des appareils qui ont permis la mesure de la conductivité de cette eau.

2. À l'aide de la fiche d'analyses, indiquer en le justifiant, si l'eau captée dans le puits est potable.

3. En vous appuyant sur le tableau ci-dessous, indiquer la caractéristique de cette eau (très douce, douce, moyennement dure, dure, très dure).

TH(°f)				
0 à 7	7 à 15	15 à 25	25 à 42	> 42
Eau très douce	Eau douce	Eau moyennement dure	Eau dure	Eau très dure

a. Calculer les valeurs des concentrations molaires $[Ca^{2+}]$ et $[Mg^{2+}]$ des ions calcium et magnésium en mol/L.

b. Vérifier que le titre hydrotimétrique de l'eau captée a pour valeur 43 °f.

4. Indiquer des conséquences possibles de l'utilisation domestique de ce type d'eau.

* 2 Eau d'Amiens

D'après E4, Métropole, Antilles, Guyane, Réunion, Mayotte

Pour alimenter la ville d'Amiens, on prélève l'eau de la Somme, qui est ensuite traitée afin d'être rendue potable.

Paramètre mesuré	Valeur	Limite de qualité
Température en °C	14,8	25
pH	7,9	6,5 < pH < 9
Conductivité en µS/cm	393	2 000
NH_4^{+} en mg/L	0,04	< 0,05
Ca^{2+} en mg/L	125	Pas de limite
NO_3^{-} en mg/L	21,8	< 50
Cl^{-} en mg/L	21	< 250
NO_2^{-} en mg/L	0,01	< 0,5
CO_3^{2-} en mg/L	200	Pas de limite

1. Citer un cation et un anion présents dans cette eau.

2. En vous appuyant sur les valeurs données dans l'analyse de l'eau :

a. Donner la valeur de la conductivité de cette eau.

b. Justifier cette valeur au regard des valeurs des concentrations des ions.

3. On observe la formation de dépôts blancs de calcaire sur les robinets de la ville d'Amiens. Justifier ces dépôts blancs à l'aide de la liste des ions majoritairement présents dans l'eau.

* 3 Trois sources

Le terrain d'un agriculteur se trouve à équidistance de trois sources d'eau. Il demande des analyses à un laboratoire pour connaître les concentrations en ions de ces trois eaux de source. Ces résultats lui permettront de choisir la source la plus adaptée à l'irrigation de ses champs.

Résultats des analyses des trois sources

Numéro de la source	Teneur en ions (mg/L)						
	Na^+	K^+	Mg^{2+}	Ca^{2+}	HCO_3^-	Cl^-	SO_4^{2-}
1	1,5	2	2,4	4,6	24	3	4,2
2	3 170	353	96	797	860	5 220	1 250
3	8,5	5,1	30,5	90	378	24,5	29

1. Calculer le TH de ces trois sources.
2. Classer ces sources selon la dureté de leur eau.
3. Calculer le résidu à sec de ces trois eaux de source.
4. Classer ces eaux par taux de minéralisation.
5. La source 1 est-elle adaptée à l'irrigation des champs ? Pourquoi ?
6. La source 2 est-elle adaptée à l'irrigation des champs ? Pourquoi ?
7. La source 3 est-elle adaptée à l'irrigation des champs ? Pourquoi ?

** 4 Salinité de l'eau d'un delta

D'après Bac S, Antilles, Guyane, 2018

Les tilapias sont élevés dans de nombreux pays comme la Chine et l'Égypte. Ces poissons d'eau douce supportent mal un taux de minéralisation supérieur à 5 g/L. Ils ne peuvent pas non plus supporter une eau dont le TH dépasse 5 °f.

L'objectif de cet exercice est de savoir si l'augmentation de la minéralisation dans le delta d'un fleuve, due à l'élévation du niveau de la mer, permet encore l'élevage de ces poissons.

Voici l'analyse de l'eau du delta du Nil, en Égypte, où sont élevés ces poissons :

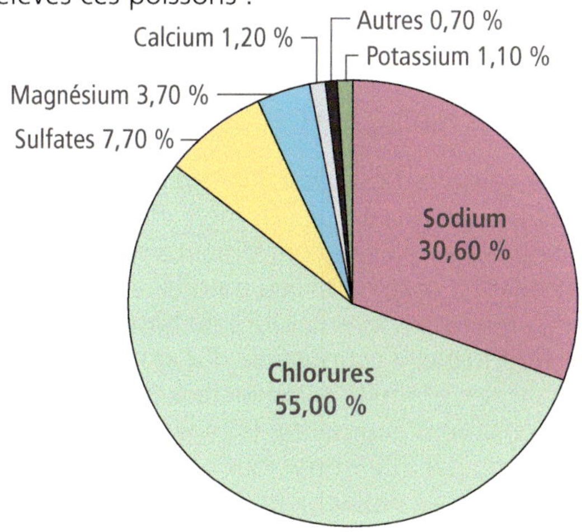

Résidu à sec pour 100 mL : 32 mg/L

Les pourcentages indiqués sont les pourcentages massiques des ions présents dans l'eau.

1. Donner le seuil de minéralisation que supportent les tilapias en mg/L.
2. Les tilapias peuvent-ils supporter la minéralisation de l'eau du delta ?
3. Calculer la masse d'ions magnésium présents dans 1 L d'eau du delta.
4. Calculer la masse d'ions calcium présents dans 1 L d'eau du delta.
5. En déduire la concentration molaire en ions calcium et magnésium.
6. En déduire le TH de l'eau du delta.
7. Les tilapias peuvent-ils supporter le TH de cette eau ?
8. En déduire si la montée du niveau de la mer permet encore l'élevage des tilapias.

** 5 Élevage de coraux

D'après Bac S, Centres étrangers, 2017

Les coraux prélevés en milieu sauvage s'adaptent difficilement en milieu artificiel et les pertes sont énormes. Aussi, des « fermes de coraux » ont vu le jour pour fournir les aquariophiles.

La principale difficulté d'une telle exploitation est de maintenir en permanence et de façon précise les nombreux paramètres chimiques de l'eau nécessaires à la croissance des coraux.

En milieu marin, les coraux fabriquent leur squelette carboné à partir des ions calcium Ca^{2+} et des ions hydrogénocarbonate HCO_3^- présents dans l'eau de mer selon la réaction d'équation :

$$Ca^{2+}_{(aq)} + 2\ HCO^-_{3(aq)} \rightarrow CaCO_{3(s)} + CO_{2(aq)} + H_2O_{(l)}$$

Le taux de calcium d'un bassin d'élevage de coraux doit toujours être compris entre 370 mg/L et 470 mg/L pour avoir une qualité de l'eau conforme. La valeur optimale, correspondant à celle en milieu naturel, est de 420 mg/L. Lorsque la teneur en ions calcium du bassin d'eau de mer est trop faible, il est possible d'augmenter sa valeur en ajoutant des produits commerciaux prévus à cet effet. (Il est déconseillé d'augmenter la teneur en calcium de plus de 10 mg par litre et par jour.)
Afin de déterminer rapidement la concentration en calcium d'une eau de mer, un test colorimétrique est proposé dans le commerce :

Extrait de la notice d'utilisation du « Calcium Test-Set JBL »

Rincer plusieurs fois l'éprouvette de mesure avec l'eau à tester.
Remplir l'éprouvette de mesure jusqu'à la marque de 5,0 mL avec l'eau à tester.
Ajouter 5 gouttes de réactif 1 et mélanger en agitant l'éprouvette. Laisser reposer 1 minute.
Ajouter une mesure du réactif 2 et mélanger en agitant l'éprouvette jusqu'à ce que la poudre soit dissoute. Une coloration rose doit apparaître.
Ajouter goutte à goutte le réactif 3, en comptant les gouttes, et agiter après chaque goutte jusqu'à ce qu'il y ait une modification de la coloration du rose au bleu. Le nombre de gouttes multiplié par 20 donne la teneur en calcium en mg/L.

Le responsable d'un élevage de coraux effectue le test dans son bassin, et il doit verser 18 gouttes du « réactif 3 » pour observer le changement de couleur attendu.

1. De quelle matière est formé le squelette carboné des coraux ?

2. Comment s'appelle la dureté mesurée par ce test ?

3. Calculer, à l'aide des résultats du test, la concentration en ions calcium de l'eau du bassin.

4. Quel est alors le TH calcique de cette eau ?

5. L'eau du bassin est-elle conforme aux conditions d'élevage des coraux ?

6. Quelle quantité de calcium doit-il ajouter dans son bassin d'élevage de 2 000 L pour obtenir des conditions de croissance optimales ?

7. Combien de jours vont être nécessaires à l'obtention des conditions optimales ?

*** 6 Carafe filtrante

D'après Bac S, Antilles, Guyane, 2009

On souhaite comparer la dureté de l'eau du robinet (appelée eau n° 1) à celle obtenue après filtration avec une carafe (appelée eau n° 2).
On réalise alors deux tests de dureté de ces eaux par l'EDTA ▶ activité 4 p. 45 :
- un titrage d'un volume V = 20,0 mL d'eau n° 1 ;
- un titrage d'un volume V = 20,0 mL d'eau n° 2.

La concentration de la solution d'EDTA utilisée est : $c = 1{,}0 \cdot 10^{-2}$ mol.L^{-1}, et les résultats obtenus sont les suivants :

	Eau non filtrée (eau n° 1)	Eau filtrée (eau n° 2)
Volume V_E (en mL) d'EDTA versé pour que le NET change de couleur	6,7	2,9

1. Quelle verrerie doit-on utiliser pour prélever le volume V = 20,0 mL d'eau à doser ?

2. En milieu basique, l'EDTA contient des ions Y^{4-} qui réagissent avec les ions calcium (Ca^{2+}) et les ions magnésium (Mg^{2+}) selon les équations :

$$Ca^{2+} + Y^{4-} \rightarrow CaY^{2-}$$

$$Mg^{2+} + Y^{4-} \rightarrow MgY^{2-}$$

Cela signifie donc que la quantité d'EDTA versée sert à doser les quantités d'ions Ca^{2+} et Mg^{2+} présents dans le volume V d'eau titrée.

a. Si $n(Ca^{2+})$ et $n(Mg^{2+})$ désignent respectivement les quantités d'ions Ca^{2+} et Mg^{2+} présentes dans le volume V d'eau titrée, et si n(EDTA) désigne la quantité d'ions Y^{4-} versée pour que le NET change de couleur, quelle relation lie ces trois quantités ?

b. Quelle est la relation existant entre $C_{Ca^{2+}}$, $C_{Mg^{2+}}$, V, c et V_E ?

3. Calculer en mol/L la valeur de la somme $C_{Ca^{2+}} + C_{Mg^{2+}}$ pour l'eau n° 1 et l'eau n° 2.

4. En déduire le TH exprimé en degrés français (°f) de l'eau non filtrée (eau n° 1) et le TH de l'eau filtrée (eau n° 2).

5. Quelle est l'eau la plus dure ?

6. Conclure sur l'efficacité de la carafe.

Comment connaître la dureté d'une eau ?

L'élevage des coraux et d'autres espèces marines nécessite de contrôler, spécifiquement, le taux d'ions calcium dans l'eau de l'aquarium, c'est-à-dire la dureté calcique.

1 Mesure de la dureté calcique

Il est possible de mesurer la dureté calcique en réalisant un test semblable à celui de l'activité 4 ▶ p. 45. Contrairement au test de la dureté totale, qui se déroule à pH constant de 10, celui-ci s'effectue en milieu fortement basique, avec un pH supérieur ou égal à 12.

Afin de marquer le moment où la totalité du calcium a réagi avec l'EDTA, on utilise une espèce appelée **indicateur de Patton et Reader**. Comme le NET de l'activité 4 ▶ p. 45, c'est un « indicateur coloré » : il change de couleur, passant du rouge bordeaux au bleu franc lorsque les quantités d'EDTA ajoutées et d'ions calcium en solution sont égales.

2 Protocole de dosage de la dureté calcique d'une eau minérale

À pH = 12, les ions magnésium précipitent pour donner $Mg(OH)_2$, qui est un solide blanc. Seuls les ions calcium restent en solution et réagissent avec l'EDTA en présence de l'indicateur de Patton et Reader.

Dans un erlenmeyer :

1. Prélever 10,0 mL d'eau minérale.
2. Ajouter 50 mL d'eau distillée.
3. Ajouter 10 mL de soude (NaOH) de concentration 2 mol/L.
4. Ajouter une très petite pincée du réactif de Patton et Reader.
5. Remplir la burette graduée avec une solution d'EDTA à 0,100 mol/L.
6. Verser la solution d'EDTA jusqu'au virage de couleur.
7. Noter le volume équivalent.

Questions

› Réaliser

1. Appliquer le protocole du doc. 2 à une eau pour mesurer sa dureté calcique, puis utiliser le protocole du doc. 3 de l'activité 4 ▶ p. 45 pour mesurer sa dureté totale.

› Analyser

2. Calculer la concentration totale en ions Ca^{2+} et Mg^{2+}.

3. Calculer la concentration en ions Ca^{2+}.

4. En déduire la concentration en ions Mg^{2+}.

› Rendre compte

5. En France, les eaux de consommation courante ont des TH compris entre 0 °f et 30 °f. L'eau testée est-elle une « eau de consommation courante » ?

4 La réaction acido-basique

Tester les prérequis

Choisir la ou les bonnes réponses.

1 Un jus d'agrumes (citron, pamplemousse, orange) sans pulpe est :

a. une mixture aqueuse. **b.** un mélange homogène. **c.** une solution aqueuse.

2 Quand on boit du jus d'agrumes, on perçoit qu'il est :

a. acide. **b.** doux. **c.** neutre.

3 Sur l'étiquette d'un flacon d'acide chlorhydrique, l'information suivante est indiquée : 0,1 mol.L^{-1}. Il s'agit :

a. de la formule de l'acide chlorhydrique.
b. du volume de la solution.
c. de la concentration molaire de la solution.

4 Une bouteille d'eau de Javel porte l'étiquette reproduite ci-contre. Les pictogrammes de sécurité indiquent que ce liquide est :

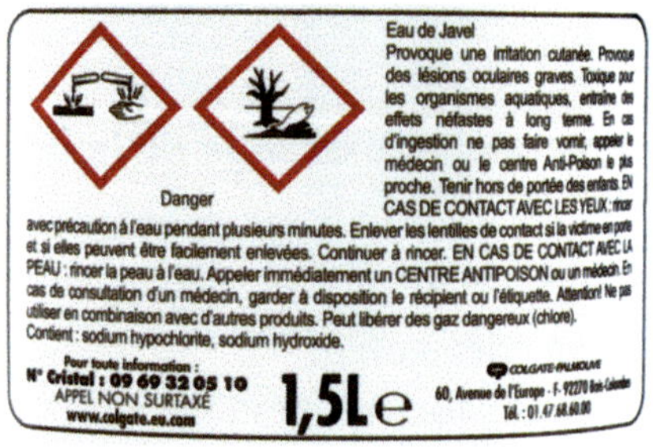

a. corrosif, pouvant provoquer des brûlures de la peau et des blessures graves aux yeux.

b. explosif : il y a risque d'explosion sous l'effet de la chaleur.

c. dangereux pour l'environnement et très toxique pour le milieu aquatique.

Pour déboucher un évier ou un lavabo, on peut utiliser une recette maison : mélanger une cuillerée à soupe de bicarbonate de soude en poudre dans un verre d'eau, verser cette solution dans la bouche de vidage, puis ajouter un demi-verre de vinaigre. L'équation de réaction qui représente cette transformation chimique s'écrit :

$$..... \ CH_3CO_2H_{(aq)} + NaHCO_{3\,(aq)} \rightarrow NaCH_3CO_{2\,(aq)} + CO_{2\,(g)} + H_2O_{(l)}$$

Les questions **5** à **7** portent sur cette équation de réaction.

5 Lors de cette transformation chimique, l'eau (de formule H_2O) est :

a. un réactif. **b.** un produit. **c.** un réactif et un produit.

6 Cette équation traduit :

a. la consommation de l'espèce CH_3CO_2H.
b. la production de l'espèce CH_3CO_2H.
c. la consommation de dioxyde de carbone (CO_2).

7 Le coefficient stœchiométrique manquant est :

a. 0. **b.** 0,5. **c.** 1.

Grand Prismatic Spring, source d'eau très chaude et basique, dans le parc de Yellowstone, aux États-Unis.

Quelles observations montrent que cette eau n'est pas neutre ?

Objectifs

- **Définir un acide et une base.**
  ▶ Activité expérimentale 1 : Solution acide ou basique ? p. 58
- **Exprimer et calculer le pH d'une solution.**
  ▶ Activité expérimentale 2 : pH et ions $H_3O^+_{(aq)}$ p. 59
- **Mesurer un pH.**
  ▶ Activité expérimentale 3 : Utilisation d'un pH-mètre p. 60
- **Comprendre l'importance du pH en agriculture.**
  ▶ Activité documentaire 4 : Plantes bio-indicatrices de pH p. 61

1 Solution acide ou basique ?

● Quatre bouteilles contenant des solutions aqueuses incolores différentes sont sur la table. Elles n'ont pas d'étiquette et rien ne permet de les distinguer visuellement. On sait qu'il y a une solution de bicarbonate de soude, de l'eau minérale, du vinaigre blanc et de l'eau de Javel diluée.

Comment identifier rapidement ces quatre solutions par la chimie ?

1 Jus de citron

Le jus de citron est une solution aqueuse. Il contient notamment de l'acide citrique, responsable de son acidité.

2 Papier pH

Le pH d'une solution aqueuse est un indicateur quantitatif du caractère acide, neutre ou basique de cette solution. Le pH d'une solution neutre est égal à 7.

Le papier pH change de couleur selon la concentration en acide ou en base de la solution testée.

Questions

› Réaliser

1. Rechercher sur Internet quelles solutions aqueuses nommées en introduction sont acides, neutres ou basiques.

› Analyser

2. a. Le jus de citron est-il acide, neutre ou basique ? Justifier la réponse (doc. 1).
b. Proposer un premier protocole simple permettant de montrer que le jus de citron a un pH inférieur à 7, et par conséquent qu'une solution basique a un pH supérieur à 7 (doc. 1 et 2).
c. Proposer un second protocole simple permettant d'identifier les solutions aqueuses contenues dans les bouteilles selon leur pH.
d. Préciser, pour chaque solution testée, les conditions de sécurité à respecter.

› Réaliser

3. Mettre en œuvre les deux protocoles après validation par l'enseignant, en respectant certaines consignes de sécurité.

› Critiquer

4. Les informations recueillies à la question **1** sont-elles en accord avec les résultats expérimentaux ?

› Rendre compte

5. a. Présenter le second protocole soit sous forme de texte, soit par des schémas annotés.
b. Étiqueter les flacons avec les noms des solutions qu'ils contiennent, ainsi que les valeurs des pH. Préciser la nature des solutions aqueuses dans un tableau.

2 pH et ions $H_3O^+_{(aq)}$

● Le pH indique le caractère acido-basique d'une solution aqueuse. ▶ p. 58 Plus il est faible, plus la solution est acide.

↘ *Au niveau de la composition d'une solution, à quoi correspond le pH ?*

1 Définition du pH

Le pH est fonction de la concentration molaire en ions oxonium $[H_3O^+]$:

$$pH = -\log[H_3O^+]$$

La concentration molaire en ions H_3O^+ est donc calculée comme « **10 à la puissance –pH** ».

2 Utilisation de la calculatrice

1. Calcul du pH pour une concentration molaire $[H_3O^+] = 1 \cdot 10^{-2}$ mol.L^{-1} :
Appuyer sur la touche **(–)**, puis taper **log(**.
Ensuite, appuyer sur **10^x**, puis taper **–2**. Valider.
Lire la valeur.

2. Calcul de la concentration en ions H_3O^+ pour un pH égal à 3 :
Appuyer sur la touche **10^x**, puis taper **–3**. Valider.
Lire la valeur.

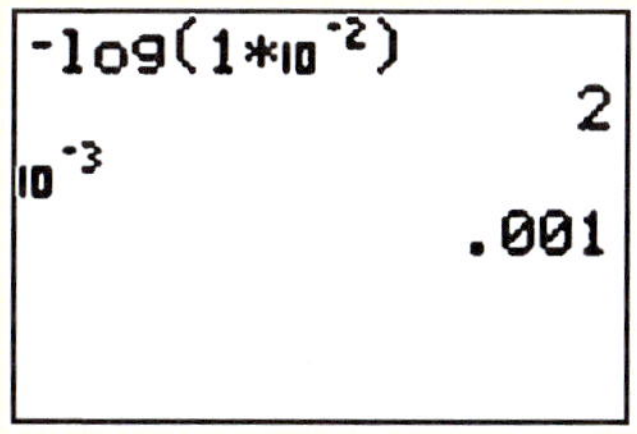

Questions

› Analyser

1. Écrire la formule mathématique entre la concentration en ions oxonium et le pH, sous la forme : $[H_3O^+]$ = ... (doc. 1 et 2).

› Réaliser

2. Recopier et compléter le tableau suivant (doc. 2 et activité 1 ▶ p. 58) :

pH		3	4			14
$[H_3O^+]$ en mol.L^{-1}	1			$1 \cdot 10^{-7}$	$1 \cdot 10^{-8}$	
Nature de la solution aqueuse						

› Analyser

3. Préciser, en utilisant les résultats ci-dessus, comment évolue :
a. le pH lorsque la concentration molaire $[H_3O^+]$ diminue de $1 \cdot 10^{-7}$ à $1 \cdot 10^{-8}$.
b. la concentration molaire $[H_3O^+]$ lorsque le pH diminue de 1.
c. le pH lorsque la concentration molaire $[H_3O^+]$ diminue.

› Rendre compte

4. a. Recopier, puis compléter le schéma suivant (il s'agit d'une échelle de pH) :

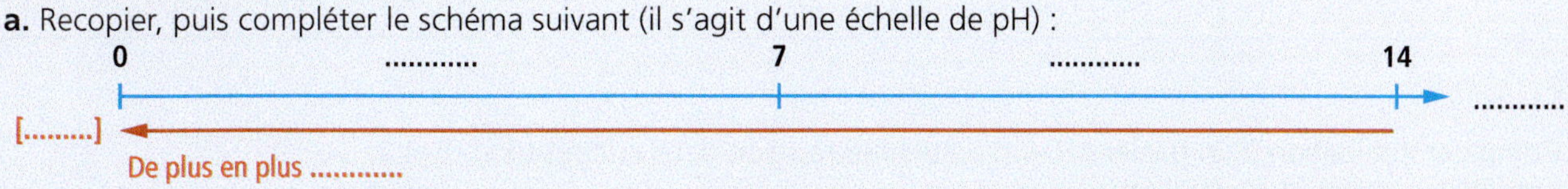

b. En une phrase, répondre à la question posée au début de l'activité.

3 Utilisation d'un pH-mètre

● Le papier pH ▶ p. 58 permet d'estimer le pH d'une solution aqueuse. Les chimistes préfèrent connaître cette valeur de manière plus précise.

Comment mesurer précisément le pH d'une solution aqueuse ?

1 pH-mètre

Le pH-mètre est l'appareil qui sert à mesurer le pH. Le principe de fonctionnement de la sonde pH-métrique repose sur la mesure de la concentration en ions oxonium $H_3O^+_{(aq)}$.

Il donne la valeur du pH à deux décimales près.

2 Protocole d'utilisation du pH-mètre

Le pH-mètre a été préalablement calibré.

1. Verser 10 mL de solution à tester dans un bécher.
2. Rincer la sonde pH-métrique avec de l'eau distillée. La sécher très délicatement.
3. Plonger la sonde dans la solution contenue dans le bécher. Mettre en marche le pH-mètre.
4. Lire la valeur du pH lorsque la valeur affichée est stable.
5. Éteindre le pH-mètre. Rincer à nouveau la sonde.

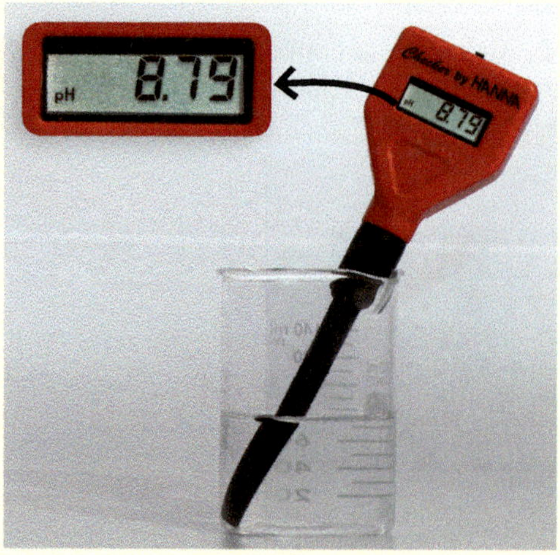

Questions

› Réaliser

1. Mettre en œuvre le protocole décrit dans le doc. 2, dans le respect des règles de sécurité.

› Analyser

2. Recopier et compléter le tableau ci-dessous en reprenant les résultats obtenus lors des activités 1 ▶ p. 58 et 2 ▶ p. 59 :

Nature de la solution aqueuse	pH (papier pH) pH_1	pH (pH-mètre) pH_2	$[H_3O^+]$ en $mol.L^{-1}$ (par pH_2)

› Critiquer

3. Comparer l'utilisation d'un papier pH et d'un pH-mètre selon deux critères (doc. 1 et 2) :
– la facilité de transport et d'utilisation ;
– la précision de la valeur du pH.

4 Plantes bio-indicatrices de pH

Un magnifique massif d'hortensias roses, un champ de pâquerettes, un potager luxuriant… L'épanouissement d'une plante dépend du caractère acide ou basique d'un sol.

Comment les plantes indiquent-elles le caractère acide ou basique d'un sol ?

1 Plantes bio-indicatrices

Une plante bio-indicatrice de pH est un végétal dont l'aspect informe sur la valeur du pH du sol.

Par exemple, les fleurs d'hortensia sont bleues si le pH du sol est compris entre 4,5 et 5,5, et roses si le pH du sol est proche de 7.

Échelle des couleurs des fleurs d'hortensia en fonction du pH du sol :

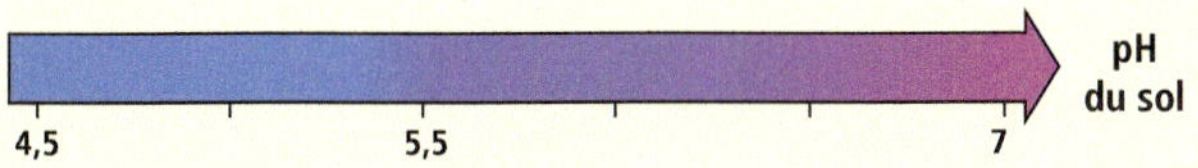

2 Beau potager et pH

Votre chou-fleur a la taille d'une mandarine et monte directement en graines ? Vos tomates sont minuscules ? Vous avez pourtant amendé le sol en utilisant des engrais spécifiques, la terre est légère et bien grumeleuse… Que s'est-il donc passé ?

La cause de tous ces déboires est à rechercher dans le taux d'acidité du sol.

Une solution si le sol est trop acide : amender avec de la chaux vive (base).

	pH idéal
Chou-fleur	6,5-7
Tomate	5,5-7,5

▶ www.astucesaupotager.com/le-taux-dacidite-ph-au-potager

Questions

› Analyser

1. a. Expliquer comment obtenir des hortensias de couleur violette (doc. 1).
b. Le pH de la terre d'un potager est égal à 6 (doc. 2). Indiquer quel sera l'aspect des choux-fleurs et des tomates produits dans ce potager.
c. Expliquer comment amender ce sol afin d'obtenir de savoureux choux-fleurs (doc. 2).

› Réaliser

2. a. Rechercher des informations sur les pluies acides : origine et équations de réaction, localisation, conséquences sur la végétation.
b. Faire un court diaporama regroupant ces informations précises, sans oublier de l'illustrer à l'aide de photographies, de schémas ou de vidéos.

› Rendre compte

3. Présenter le diaporama devant la classe, pendant 5 minutes au maximum.

1. Acide et base

A Acide

Un **acide** est une espèce chimique capable de **libérer** un ou plusieurs ions **$H^+_{(aq)}$** sous certaines conditions :

$$\text{acide} \rightleftarrows \text{base} + H^+$$

▶ **Exemple**

Le vinaigre contient de l'acide éthanoïque, $CH_3CO_2H_{(aq)}$, capable de libérer un ion $H^+_{(aq)}$:

$$CH_3CO_2H_{(aq)} \rightleftarrows CH_3CO^-_{2(aq)} + H^+_{(aq)}$$

B Base

Une **base** est une espèce chimique capable de **capter** un ou plusieurs ions **$H^+_{(aq)}$** sous certaines conditions :

$$\text{base} + H^+ \rightleftarrows \text{acide}$$

▶ **Exemple**

Certains produits ménagers contiennent de l'ammoniaque $NH_{3(aq)}$ qui est une base :

$$NH_{3(aq)} + H^+_{(aq)} \rightleftarrows NH^+_{4(aq)}$$

C Couple acido-basique

Un couple acido-basique est formé d'un acide et d'une base susceptibles de s'échanger un ion $H^+_{(aq)}$.

▶ **Exemples**

L'acide éthanoïque et l'ammoniaque appartiennent aux couples acido-basiques $CH_3CO_2H/CH_3CO_2^-$ et NH_4^+/NH_3.

2. Réaction acido-basique

Une **réaction acido-basique** a lieu entre **l'acide** d'un couple acido-basique acide 1/base 1 et la **base** d'un autre couple acido-basique acide 2/base 2.

L'équation de réaction s'écrit :

acide 1 + base 2 → base 1 + acide 2

▶ **Exemple**

L'équation de réaction entre l'acide éthanoïque et l'ammoniaque $NH_{3(aq)}$ s'écrit :

$$CH_3CO_2H_{(aq)} + NH_{3(aq)} \rightarrow CH_3CO^-_{2(aq)} + NH^+_{4(aq)}$$

Remarque

Un sol trop acide contient trop d'ions H_3O^+. Le chaulage ▶ doc. 1 diminue cette acidité car il apporte des ions $HO^-_{(aq)}$. En effet, une réaction acido-basique a alors lieu entre ces deux ions. Par conséquent, la concentration en ions H_3O^+ et l'acidité du sol diminuent.

Un peu d'histoire

Le chimiste danois Johannes **Brønsted** (1879-1947) a donné les définitions d'un acide et d'une base telles que nous les utilisons aujourd'hui.

Vocabulaire

La formule du **cation $H_3O^+_{(aq)}$** s'écrit souvent $H^+_{(aq)}$.

Pour des raisons historiques, $H_3O^+_{(aq)}$ porte deux noms : ion oxonium ou ion hydronium.

L'ion $H^+_{(aq)}$ est usuellement appelé « proton » car cette entité ne comporte qu'un seul proton.

Le saviez-vous ?

La **double flèche** dans l'équation de réaction

$$A + B \rightleftarrows C + D$$

signifie que les deux réactions de A+B vers C+D et de C+D vers A+B sont possibles.

1 Chaulage d'un champ

3. pH

A Définition

Le **pH** – ou potentiel hydrogène – d'une solution aqueuse est un indice du **niveau d'acidité ou de basicité** de cette solution.

B Mesure

Le **pH** d'une solution aqueuse est **mesuré** avec du **papier pH** ou bien à l'aide d'un **pH-mètre**.

Remarques

Les papiers pH sont des papiers imbibés d'un mélange de solutions dont les couleurs changent en fonction du pH. Tout comme certains appareils de mesure de pH d'un sol ► doc. 2, ils n'offrent que des estimations qui dépendent de la perception visuelle de l'expérimentateur. En revanche, les pH-mètres préalablement calibrés donnent des valeurs précises de pH.

4. pH et concentration molaire en ions $H_3O^+_{(aq)}$

Le pH est directement lié à la concentration molaire en ions oxonium $H_3O^+_{(aq)}$ selon les formules :

$$\mathbf{pH = -\log[H_3O^+]} \text{ (sans unité)}$$

$$\mathbf{[H_3O^+] = 10^{-pH}} \text{ en mol.L}^{-1}$$

Exemples

Une solution A contient $1 \cdot 10^{-3}$ mol.L^{-1} d'ions oxonium $H_3O^+_{(aq)}$. Son pH est égal à $-\log(1 \cdot 10^{-3})$, soit 3.

Une solution B a un pH de 9,3. Sa concentration molaire en ions oxonium est de $10^{-9,3}$, soit $5,0 \cdot 10^{-10}$ mol.L^{-1}. ► doc. 3

Remarques

Il arrive parfois d'exprimer le pH en unités pH ou u.pH.

Plus le pH est élevé, moins la concentration molaire en ions $H_3O^+_{(aq)}$ est importante, donc moins la solution aqueuse est acide.

5. Échelle de pH

Le **pH** d'une solution **aqueuse** varie **entre 0 et 14** à 25 °C.

Le **pH** d'une solution **acide** est **inférieur à 7**.

Le **pH** d'une solution **neutre** est **égal à 7**.

Le **pH** d'une solution **basique** est **supérieur à 7**.

L'échelle de pH regroupe les correspondances entre le pH et la nature d'une solution aqueuse. ► doc. 4

2 Mesure du pH d'un sol

Cet appareil mesure entre autres le pH d'un sol. Ici, il indique un pH d'environ 4 : le sol est donc acide.

3 Utilisation de la calculatrice

a

b

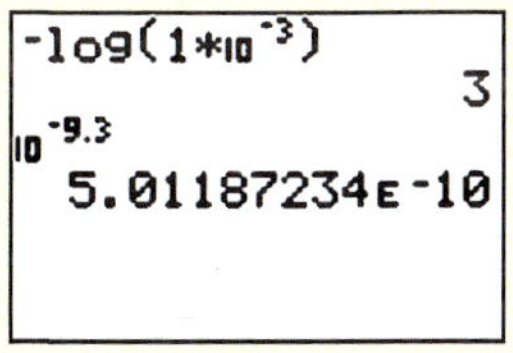

a : calcul d'un pH

b : calcul d'une concentration en ions H_3O^+

4 Échelle de pH

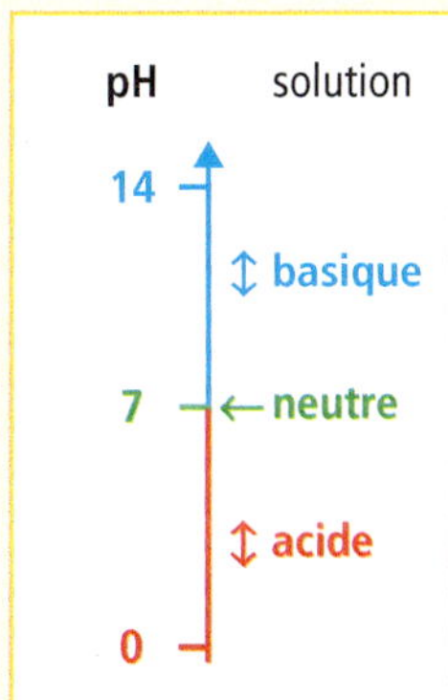

L'ESSENTIEL

Acide/base

- Un **acide** est une espèce chimique capable de **libérer** un ion H^+ sous certaines conditions :

Exemple : $CH_3CO_2H \rightleftarrows CH_3CO_2^- + H^+$

- Une **base** est une espèce chimique capable de **capter** un ion H^+ sous certaines conditions :

Exemple : $NH_3 + H^+ \rightleftarrows NH_4^+$

- Couple acide/base :

Exemples : $CH_3CO_2H/CH_3CO_2^-$; NH_4^+/NH_3

Réaction acido-basique

Une réaction acido-basique implique deux couples acido-basiques : acide 1/base 1 et acide 2/base 2. L'acide 1 et la base 2 réagissent pour donner l'acide 2 et la base 1.

Équation de réaction : acide 1 + base 2 → base 1 + acide 2

Exemple : $CH_3CO_2H_{(aq)} + NH_{3\,(aq)} \rightarrow NH_{4\,(aq)}^+ + CH_3CO_{2\,(aq)}^-$

pH d'une solution aqueuse

- **Définition :** Indice de l'acidité et de la basicité de la solution

- **Estimation :** papier pH

- **Mesure :** pH-mètre

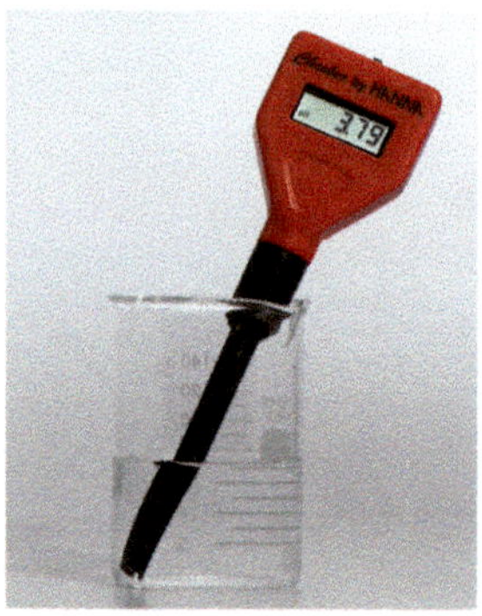

- **Calculs :**

$H^+_{(aq)} \Leftrightarrow H_3O^+_{(aq)}$

$$pH = -\log [H_3O^+]$$

Exemple : Si $[H_3O^+] = 1 \cdot 10^{-2}$ mol.L^{-1}, alors pH = 2.

$H^+_{(aq)} \Leftrightarrow H_3O^+_{(aq)}$

$$[H_3O^+] = 10^{-pH}$$

Exemple : Si pH = 3, alors $[H_3O^+] = 1 \cdot 10^{-3}$ mol.L^{-1}.

- Échelle de pH :

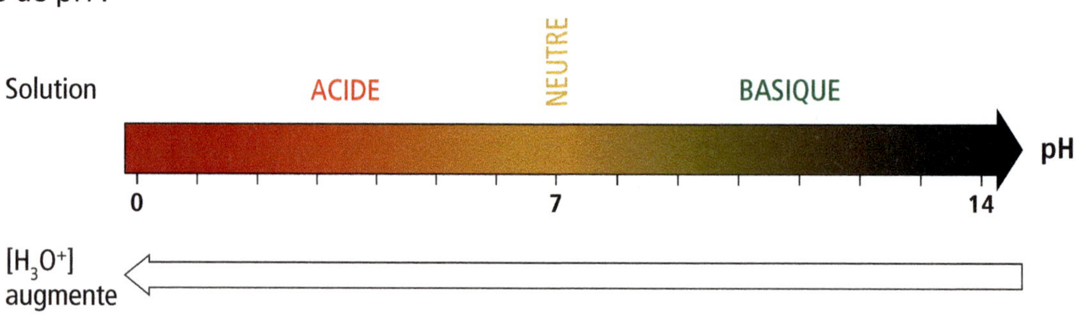

Comprendre le cours ▸ p. 62-63

A. Compléter chaque phrase avec le ou les termes adéquats.

1 Une base est une espèce chimique capable de .... un ou plusieurs ions $H^+_{(aq)}$.

2 L'ion H_3O^+ est un ....

3 La réaction entre l'acide éthanoïque et un ion $HO^-_{(aq)}$ est une réaction .... - ....

4 L'échelle de pH s'écrit :

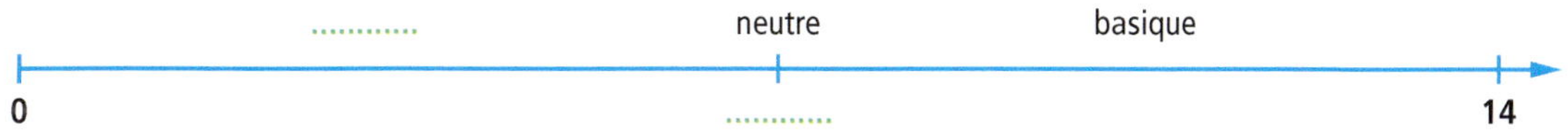

B. Recopier la bonne réponse.

5 L'ion hydroxyde $HO^-_{(aq)}$ appartient au couple H_2O/HO^-. C'est **un acide/une base**.

6 Pour augmenter le pH d'un sol, il faut lui ajouter une solution **acide/basique**.

C. Choisir la ou les bonnes réponses.

7 Les yaourts contiennent des espèces chimiques acides. Leurs pH sont :

a. inférieurs à 7. **b.** égaux à 7. **c.** supérieurs à 7.

8 La formule donnant la concentration molaire en ions oxonium $[H_3O^+]$ en fonction du pH s'écrit :

a. $[H_3O^+] = 10 \times (-\text{pH})$ **b.** $[H_3O^+] = 10^{-\text{pH}}$ **c.** $[H_3O^+] = 10 - \text{pH}$

Un produit ménager ammoniacal a une concentration molaire en ions oxonium $H_3O^+_{(aq)}$ égale à $1 \cdot 10^{-13}$ mol.L^{-1}. Les questions **9** à **12** portent sur cette solution.

9 Pour mesurer précisément le pH de cette solution à deux décimales près, on utilise :

a. 

b. 

10 Le pH de ce produit ménager est égal à :

a. 13. **b.** 6,5. **c.** 1.

11 Ce produit ménager est une solution :

a. acide. **b.** neutre. **c.** basique.

12 Ce produit contient également des molécules $NH_{3(aq)}$ qui réagissent avec les ions $H_3O^+_{(aq)}$. L'équation de cette réaction s'écrit :

a. $2\ H_3O^+_{(aq)} + 2\ NH_{3(aq)} \rightarrow 6\ H_{2(g)} + O_{2(g)} + N_{2(g)}$

b. $H_3O^+_{(aq)} + NH_{3(aq)} \rightarrow H_2O_{(l)} + NH^+_{4(aq)}$

c. $H_3O^+_{(aq)} + NH_{3(aq)} \rightarrow HO^-_{(aq)} + NH^+_{4(aq)}$

Appliquer le cours

Acide et base ▶ cours 1 p. 62

1 Identifier des couples acido-basiques

Le tableau ci-dessous regroupe les formules d'acides et de bases.

....		....
$H_3O^+_{(aq)}$ •		• $NH_{3\,(aq)}$
$NH^+_{4\,(aq)}$ •		• $H_2O_{(l)}$
$CH_3CO_2H_{(aq)}$ •		• $CH_3CO^-_{2\,(aq)}$

a. **Recopier le tableau et compléter la première ligne avec les mots « acide » et « base ».**

b. **Relier deux à deux l'acide et la base qui forment un couple acido-basique.**

Réaction acido-basique ▶ cours 2 p. 62

2 Écrire une équation de réaction

D'après E5 Technicien-conseil vente animalerie, Métropole, 2012

L'eau d'un aquarium est trop basique du fait de la présence d'ammoniaque $NH_{3\,(aq)}$. Il est conseillé de verser quelques millilitres de solution « pH moins » qui apporte des ions $H_3O^+_{(aq)}$.

Données : Couples acido-basiques : H_3O^+/H_2O et NH_4^+/NH_3.

Montrer que l'équation de la réaction qui intervient après l'ajout de la solution « pH moins » s'écrit :

$$H_3O^+_{(aq)} + NH_{3\,(aq)} \rightarrow H_2O_{(l)} + NH^+_{4\,(aq)}$$

pH ▶ cours 3 p. 63

3 Repérer une donnée

D'après BEPA E2 Animalerie, Métropole, remplacement 2012

Un élevage est alimenté par le réseau d'eau courante pour ses besoins quotidiens en eau. Afin de contrôler la qualité de cette eau, des analyses chimiques sont réalisées régulièrement. Un extrait de la fiche d'analyse est donné ci-dessous :

Paramètres	Résultats	Unités
Température	18	°C
pH	7,50	u.pH
Conductivité	4,20	mS/cm
Dureté (TH)	35	°f
Ions		
SO_4^{2-}	20	mg/L
Ca^{2+}	118	mg/L

Relever la valeur du pH de cette eau.

4 Comparer des pH

D'après E4, Polynésie, 2015

Le tableau ci-dessous regroupe les valeurs du pH de trois laits d'origines différentes :

	Jument	Humain	Vache
pH	7	7,0-7,5	6,7

Indiquer le lait dont l'acidité est la plus élevée. Justifier.

5 Estimer un pH

L'acidité d'un jus de citron est caractérisée en utilisant du papier pH. Le résultat de cette analyse est montré sur la photographie ci-contre.

Estimer la valeur du pH de ce jus de citron.

Jus de citron

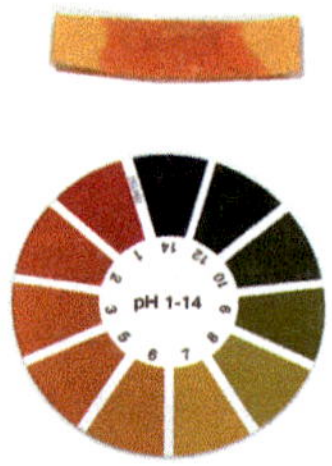

6 Calculer un pH

D'après E4, Polynésie, 2014

Deux analyses d'un même lait montrent que :
– le pH du lait est compris entre 3 et 4.
– la concentration molaire en ions oxonium $[H_3O^+]$ est égale à $3 \cdot 10^{-4}$ mol.L^{-1}.

Montrer que ces deux analyses donnent des résultats similaires.

7 Déterminer la nature d'une solution aqueuse

D'après BEPA E2 Agriculture des régions chaudes, Antilles, Guyane, Réunion, Mayotte, 2012

La sève brute a une concentration molaire en ions $H_3O^+_{(aq)}$ (ou H^+) de 10^{-6} mol.L^{-1}.

Préciser si cette solution est acide, neutre ou basique. Justifier.

8 Calculer des concentrations

D'après BEPA E2 Élevage canin et félin, Métropole, remplacement 2010, et BEPA E2 Transformation, Métropole, Antilles, 2010

a. Le sérum physiologique est une solution aqueuse isotonique et stérile qui contient 0,9 g de chlorure de sodium NaCl pour 100 mL de solution.
Le pH du sérum physiologique est égal à 7.
Calculer sa concentration en ions H_3O^+.

b. Le pH d'un yaourt est mesuré : pH = 4,2.
Calculer la concentration molaire en ions H_3O^+ de ce yaourt.

Exercice résolu

Importance du pH d'une eau de mer

D'après BEPA, Métropole, Antilles, Guyane, Réunion, septembre 2018

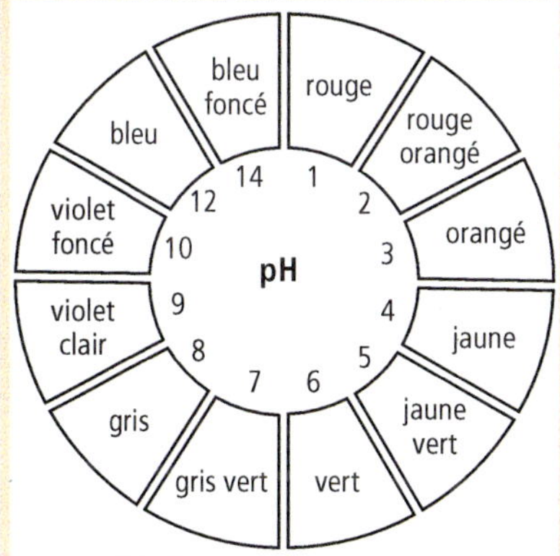

Énoncé

Dans certaines régions du globe, on observe une disparition progressive des coraux, dont la structure est essentiellement composée de carbonate de calcium : $CaCO_3$. Ce phénomène serait lié à l'augmentation du caractère acide des eaux de mer environnantes.

1. Le pH d'une eau de mer a été mesuré à l'aide d'un papier pH. Le papier devient vert. Voici reproduites ci-contre les indications fournies sur le rouleau du papier pH.

a. **Indiquer la valeur du pH de cette eau de mer.**

b. **Préciser, en justifiant, la nature de cette eau de mer (acide, basique ou neutre).**

2. Le pH de cette eau de mer est mesuré par un autre moyen, qui fournit : pH = 6,30.

a. **Nommer l'appareil qui a permis cette mesure.**

b. **Calculer la concentration molaire en ions $H_3O^+_{(aq)}$ contenus dans cette eau de mer, à une décimale près.**

On donne $[H_3O^+] = 10^{-pH}$.

3. Une expérience effectuée au laboratoire montre qu'un morceau de carbonate de calcium trempé dans une eau acide est attaqué, et que du dioxyde de carbone est produit.

Déterminer, en justifiant la réponse, parmi les équations de réaction proposées ci-dessous, celle qui traduit l'attaque du carbonate de calcium par un acide :

a. $CaCO_3 + 2\ H^+ \rightarrow H_2O + CO_2 + Ca^{2+}$

b. $CaCO_3 + 2\ HO^- \rightarrow Ca(OH)_2 + CO_3^{2-}$

c. $H_2CO_3 + Ca^{2+} \rightarrow CaCO_3 + 2\ H^+$

4. **Expliquer pourquoi cette expérience montre que destruction des coraux et acidification des eaux de mer environnantes sont liées.**

Solution

1. a. Le papier pH devient vert, ce qui correspond à un pH proche de 6.

b. Cette eau de mer est acide car son pH est inférieur à 7.

2. a. Un pH-mètre a été utilisé.

b. $[H_3O^+] = 10^{-pH} = 10^{-6,30} = 5,0 \cdot 10^{-7}$ mol.L^{-1}

La concentration en ions H_3O^+ est égale à $5,0 \cdot 10^{-7}$ mol.L^{-1}.

3. La réaction acido-basique conduit à la production de dioxyde de carbone. L'équation **(a)** est la seule à montrer cette production et donc à traduire cette réaction.

4. La structure des coraux est composée de $CaCO_3$. L'expérience montre que le carbonate de calcium est attaqué en milieu acide. On en déduit que l'acidification des eaux de mer environnant une barrière de corail entraîne une dégradation de la structure des coraux et à terme leur destruction.

Analyser
Pour chaque question, identifier ce qui est demandé (ici, le pH) ; lister les données utiles (ici, la correspondance entre couleurs et valeurs du pH).

Réaliser
La formule de la relation entre $[H_3O^+]$ et pH est à rappeler. Puis il faut l'appliquer avec la donnée numérique (pH = 6,30).

Critiquer
Les informations fournies dans le texte et les réponses aux questions 2 et 3 sont recoupées.

S'entraîner

1 Nettoyant ménager

D'après E5 Technicien-conseil vente animalerie, Métropole, 2011

Dans une animalerie, la désinfection des sols requiert différents produits chimiques dont certains peuvent présenter une toxicité vis-à-vis du personnel et des animaux. Le document ci-dessous présente les informations portées par l'étiquette d'un produit désinfectant :

	AMMONIAQUE Ce produit s'utilise en dilution dans l'eau. Solution NH_3 ; pH = 10
Protections : blouse, lunettes, gants, bottes.	Toxique par inhalation. Provoque des brûlures.

1. **En s'appuyant sur ces informations, déduire la ou les protections minimales à utiliser lors de la manipulation de ce produit.**

2. **À partir de la valeur du pH donnée sur l'étiquette, préciser la nature de la solution commerciale. Justifier la réponse.**

* 2 Eau d'une rivière

D'après E4, Métropole, Réunion, Mayotte, 2016 R

Un particulier souhaite utiliser l'eau d'une rivière qui traverse sa propriété pour irriguer son jardin à l'aide d'une pompe. Il doit vérifier que l'eau n'est pas agressive et ne détériorera donc pas rapidement sa pompe. Il demande à un laboratoire de faire des analyses dont les résultats sont donnés dans le tableau ci-dessous :

Paramètres	Valeurs
Carbone organique total	1,5 mg/L
Ions nitrate (NO_3^-)	65 mg/L
Ions magnésium (Mg^{2+})	18 mg/L
Ions calcium (Ca^{2+})	60 mg/L
Température de l'eau	10,0 °C
Titre hydrotimétrique	22,5 °f
pH	8,05 unités pH

1. **Retrouver dans la fiche d'analyses le paramètre qui permet de contrôler le caractère acide ou basique de l'eau, et le recopier avec sa valeur.**

2. **Nommer l'appareil qui a permis de réaliser cette mesure dans le laboratoire.**

3. **Déterminer, en le justifiant, le caractère acide ou basique de cette eau.**

4. **Calculer la concentration molaire en ions $H_3O^+_{(aq)}$ de cette eau.**

Donnée : $[H_3O^+] = 10^{-pH}$.

** 3 Propriétés, état et comportement d'un sol

D'après E5 Conduite et gestion de l'entreprise agricole, Métropole, Antilles, Guyane, Réunion, Mayotte, 2016 R

Un agriculteur dispose d'une analyse de terre récente dont un extrait est présenté dans le tableau ci-dessous :

CEC (cmol+/kg de TF), TF = terre fine	10
Saturation de la CEC (%)	52
pH	5,5

1. **Justifier que ce sol est acide selon cette analyse.**

2. L'agriculteur souhaite que le pH du sol de sa parcelle atteigne la valeur de 6,5.
Déterminer, à l'aide du tableau ci-dessous, les quantités de base qu'il devra apporter. Justifier.

Besoin en base
exprimé en unités de valeur neutralisante (VN) par hectare (ha)

Modification de pH recherchée		Valeur de la CEC (en cmol+/kg de TF)		
Passer de	**à**	**5**	**10**	**15**
pH = 5	pH = 5,5	500	1 000	1 300
pH = 5,5	pH = 6	700	1 300	1 700
pH = 6	pH = 6,5	1 000	1 900	2 800
Ne pas oublier le cumul des lignes si l'augmentation recherchée est supérieure à 0,5 point de pH.				

** 4 Chimie et préparation de la sauce tomate

D'après BEPA E1, Métropole, Antilles, Guyane, Réunion, 2017

Pour diminuer l'acidité de la sauce tomate, on peut lui ajouter un demi-verre de solution aqueuse de bicarbonate de soude (de formule $NaHCO_3$).
Au laboratoire, on cherche à valider cette recette.
On détermine le pH d'une solution aqueuse de bicarbonate de soude à l'aide de papier pH qui, mis en contact avec la solution, prend une teinte vert foncé.

On donne :

Gamme de couleurs du papier pH	Rose vif	Orangé	Vert foncé	Bleu foncé
Valeur du pH mesuré	1	4	8	10

1. **Indiquer la nature de cette solution (acide, neutre ou basique). Justifier.**

2. En milieu acide, les ions HCO_3^- réagissent selon l'équation chimique : $H^+ + HCO_3^- \rightarrow H_2O + CO_2$
On considérera que la sauce tomate se comporte comme une solution aqueuse.
Expliquer pourquoi cette « recette de grand-mère » est efficace pour diminuer l'acidité de la sauce tomate.

Pluies acides

1 Pluies acides

L'expression « pluie acide » englobe toutes les sortes de précipitations qui contiennent une forte dose d'acide nitrique et d'acide sulfurique : pluie, neige, brouillard, et même matière sèche qui se dépose sur le sol. La plupart des pluies acides sont provoquées par les activités humaines. Quand des carburants fossiles sont brûlés, du dioxyde de carbone, du dioxyde de soufre et des oxydes d'azote sont rejetés dans l'atmosphère. Ces gaz réagissent avec l'eau et le dioxygène pour former de l'acide carbonique, de l'acide sulfurique et de l'acide nitrique. Les vents entraînent ces gouttelettes acides jusqu'à des centaines de kilomètres.

Après être tombées sur le sol, les pluies acides entrent dans la terre par infiltration. Elles privent les sols de nutriments essentiels et rendent difficile l'absorption de l'eau par les arbres. Si elles tombent dans des systèmes aquatiques, elles peuvent conduire à une intoxication de la flore et de la faune.

Les chaînes alimentaires sont affectées, ainsi que les oiseaux.

▸ video.nationalgeographic.com/video/101-video-shorts/what-is-acid-rain

2 Acides forts et acides faibles

L'acide nitrique (HNO_3) et l'acide sulfurique (H_2SO_4) sont des acides dits « forts ». En effet, ces molécules n'existent pas dans une solution aqueuse car elles se dissocient complètement dans l'eau. Une molécule HNO_3 apporte un ion $H^+_{(aq)}$; une molécule H_2SO_4 apporte deux ions $H^+_{(aq)}$.

En revanche, l'acide carbonique (H_2CO_3 ou CO_2, H_2O) est un acide dit « faible » car il ne se dissocie que partiellement dans l'eau. Sur 70 molécules H_2CO_3, une seule apporte un ion $H^+_{(aq)}$.

Une molécule d'acide nitrique ou d'acide sulfurique contribue plus largement à l'acidification des précipitations et des sols qu'une molécule d'acide carbonique.

3 Face aux pluies acides : réduire les émissions

Exemple dans le monde agricole.

▸ evenements.developpement-durable.gouv.fr/medias/jnqa2017/kit-com/15104_Expo-Qualite-de-l_air_Panneaux_800x1200mm_DEF_Light.pdf

5 L'eau et les solutions acido-basiques

Tester les prérequis

Choisir la ou les bonnes réponses.

1 On peut estimer le pH d'une solution à l'aide :

a. d'un densimètre. **b.** d'un thermomètre. **c.** d'un papier pH.

2 Une solution est neutre si son pH est égal à :

a. 0. **b.** 5. **c.** 7.

3 L'eau pure est une solution :

a. acide. **b.** neutre. **c.** basique.

4 Les pH des solutions aqueuses à 25 °C sont compris entre :

a. 0 et 10. **b.** –7 et 7. **c.** 0 et 14.

5 La solution testée par le papier pH ci-dessous est :

a. acide. **b.** neutre. **c.** basique.

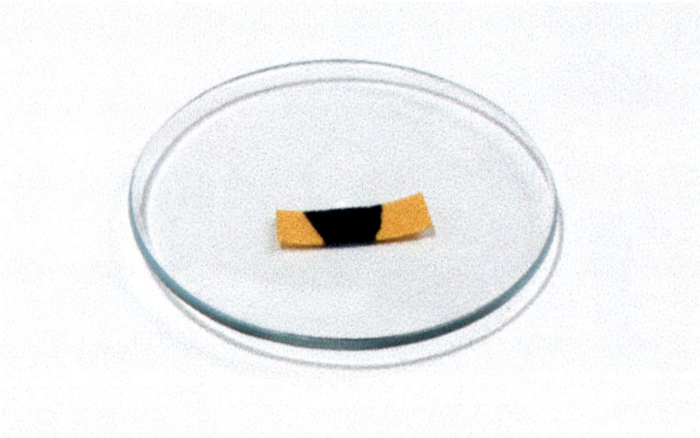

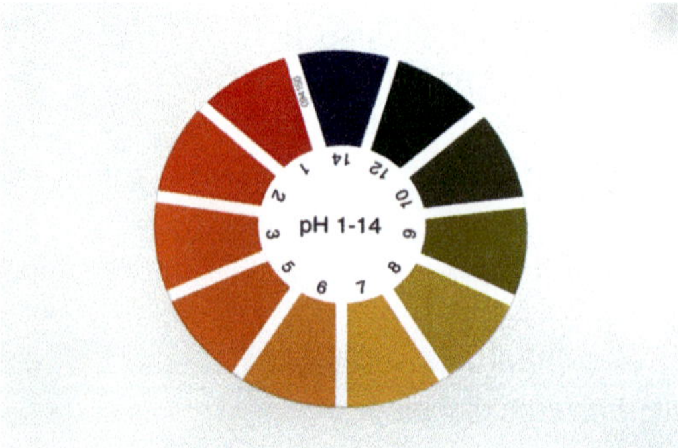

6 Une solution mère d'hydroxyde de sodium ($Na^+_{(aq)}$, $HO^-_{(aq)}$) de concentration $1 \cdot 10^{-1}$ mol/L est diluée 10 fois. La concentration de la solution fille ainsi obtenue est:

a. $1 \cdot 10^{-2}$ mol/L. **b.** $1,0 \cdot 10^{-1}$ mol/L. **c.** 1 mol/L.

Les pluies acides rongent les sculptures et menacent le patrimoine.

Comment mesurer l'acidité des solutions ?

Objectifs

- **Découvrir la réaction d'autoprotolyse de l'eau.**
  ▶ Activité documentaire 1 : Autoprotolyse de l'eau p. 72
- **Mettre en évidence l'effet tampon.**
  ▶ Activité expérimentale 2 : Effet tampon et dilution d'une solution acido-basique p. 73

ACTIVITÉ DOCUMENTAIRE

1 Autoprotolyse de l'eau

● La molécule d'eau est une molécule très particulière : elle possède des propriétés physiques et chimiques surprenantes. Une de ses caractéristiques peu courantes est sa capacité à réagir avec une autre molécule d'eau.

Comment l'eau réagit-elle avec elle-même ?

1 Autoprotolyse de l'eau

L'eau est **ampholyte**, c'est-à-dire qu'elle peut se comporter :

- comme un acide en cédant un proton ($H^+_{(aq)}$) pour former l'ion hydroxyde $HO^-_{(aq)}$;
- comme une base en captant un proton ($H^+_{(aq)}$) pour former l'ion oxonium $H_3O^+_{(aq)}$.

La réaction d'**autoprotolyse** de l'eau correspond à la réaction de l'eau avec elle-même. Il s'agit d'une réaction acido-basique où une molécule d'eau ayant un caractère acide réagit avec une molécule d'eau ayant un caractère basique.

N.B. : Seules quelques molécules peuvent, comme $H_2O_{(l)}$, se comporter à la fois comme un acide et comme une base.

2 pH et conductivité de l'eau pure

pH = 7

σ = 1,1 µS/cm

On a les relations ▶ chap. 4 :

$[H_3O^+] = 10^{-pH}$

$pH = -\log[H_3O^+]$

3 Échelle de pH

pH

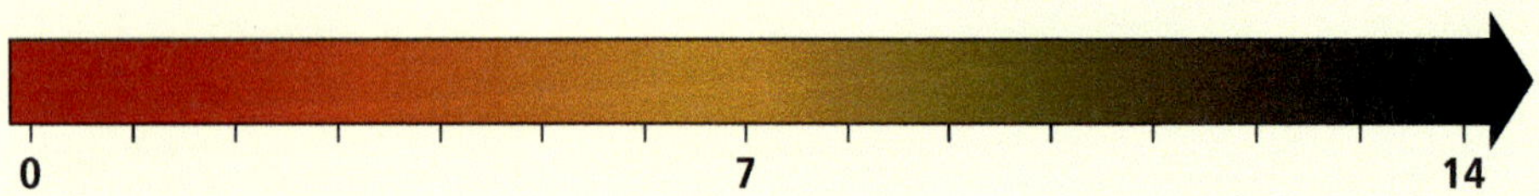

$[H_3O^+] > [HO^-]$	$[H_3O^+] = [HO^-]$	$[H_3O^+] < [HO^-]$
Solution acide	Solution neutre	Solution basique

4 Produit ionique de l'eau

Dans toutes les solutions aqueuses, le produit des concentrations en $HO^-_{(aq)}$ et $H_3O^+_{(aq)}$ est constant à une température donnée. Le produit ionique de l'eau (K_e) est défini par :

$$K_e = [H_3O^+] \times [HO^-] \text{ à 25 °C}$$

K_e est une constante qui ne dépend que de la température.

Questions

› Analyser

1. a. Expliquer pourquoi la molécule d'eau est qualifiée d'ampholyte (doc. 1).

b. Que peut-on déduire de la valeur de la conductivité de l'eau pure (doc. 2) ?

› Réaliser

2. a. À l'aide du doc. 2, retrouver le pH et la concentration en ions $H_3O^+_{(aq)}$ de l'eau pure.

b. En déduire, en utilisant le doc. 3, la concentration en ions $HO^-_{(aq)}$ de l'eau pure.

c. Utiliser vos réponses précédentes pour calculer le produit ionique K_e de l'eau pure à 25 °C (doc. 4).

› Rendre compte

3. Établir l'équation de réaction d'autoprotolyse de l'eau (doc. 1).

ACTIVITÉ EXPÉRIMENTALE

2 Effet tampon et dilution d'une solution acido-basique

● La dilution est un procédé chimique très utilisé pour modifier des paramètres chimiques comme la concentration. A-t-elle également une influence sur des paramètres physiques tels que le pH ?

Comment évolue le pH d'une solution au cours d'une dilution ?

1 Dilution de quelques solutions

1. Préparer trois béchers A, B et C de 100 mL et verser dans chacun l'une des solutions suivantes :
   - Bécher A : 20 mL d'une solution d'acide chlorhydrique ($H_3O^+_{(aq)}$, $Cl^-_{(aq)}$), de concentration $1 \cdot 10^{-2}$ mol/L.
   - Bécher B : 20 mL d'une solution d'hydroxyde de sodium (ou soude) ($Na^+_{(aq)}$, $HO^-_{(aq)}$), de concentration $1 \cdot 10^{-3}$.
   - Bécher C : 20 mL d'une solution nommée « tampon » de pH = 4.
2. À l'aide d'un pH-mètre, mesurer le pH des trois solutions préparées.
3. Choisir dans la liste ci-dessous le matériel adéquat afin de diluer par 10 chacune des solutions.

Liste de matériel : pipettes jaugées de 5 et 10 mL, fioles jaugées de 50 et 100 mL, éprouvette graduée de 100 mL, pipette graduée de 10 mL, 6 béchers de 100 mL.

2 Pictogramme de l'acide chlorhydrique et de la soude

Questions

Analyser

1. Préciser quelles mesures de sécurité doivent impérativement être respectées (doc. 2) durant l'expérience proposée dans le doc. 1.

Réaliser

2. Mettre en œuvre le protocole expérimental décrit dans le doc. 1 dans le respect des règles de sécurité. Donner le mode opératoire et la verrerie choisis pour diluer les solutions mères, puis mesurer le pH des solutions diluées.

Rendre compte

3. a. Recopier, puis compléter le tableau suivant qui rend compte des résultats de l'expérience.

	Solution initiale	Solution diluée par 10
Solution d'acide chlorhydrique	pH = ...	pH = ...
Solution de soude	pH = ...	pH = ...
Solution tampon de pH = 4	pH = ...	pH = ...

b. Expliquer l'effet de la dilution sur chacune des solutions étudiées.

COURS

Vocabulaire

Une molécule qui peut être un acide et une base est dite molécule **ampholyte**. On dit aussi qu'elle a une propriété **amphotère**.

1. L'eau, une molécule acide et basique

L'eau est une molécule très particulière : elle est ampholyte.

- Elle peut **céder un proton** ($H^+_{(aq)}$) pour former l'ion **hydroxyde** $HO^-_{(aq)}$:

$$H_2O_{(l)} \rightleftarrows HO^-_{(aq)} + H^+_{(aq)}$$

Elle se comporte alors comme un **acide**.

- Elle peut également **capter un proton** ($H^+_{(aq)}$) pour former l'ion **oxonium** $H_3O^+_{(aq)}$:

$$H_2O_{(l)} + H^+_{(aq)} \rightleftarrows H_3O^+_{(aq)}$$

Elle se comporte alors comme une **base**.

Le saviez-vous ?

« Lyse » vient du grec *lysis*, qui signifie « coupure ».
Le mot « **autoprotolyse** » veut donc littéralement dire « se couper soi-même ».

2. Réaction d'autoprotolyse de l'eau

La molécule d'eau ayant un caractère acide et basique, elle peut réagir avec elle-même pour donner une réaction acido-basique : l'autoprotolyse.

Cette molécule d'eau capte un proton : c'est une base.

$$H_2O_{(l)} + H_2O_{(l)} \rightleftarrows H_3O^+_{(aq)} + HO^-_{(aq)}$$

Cette molécule d'eau cède un proton : c'est un acide.

La réaction d'autoprotolyse de l'eau est très **limitée** : on utilise une double flèche pour montrer que la réaction se fait dans les deux sens. ▶ doc. 1

1 Transfert d'un proton

$2H_2O_{(l)}$ → $H_3O^+_{(aq)}$ + $HO^-_{(aq)}$

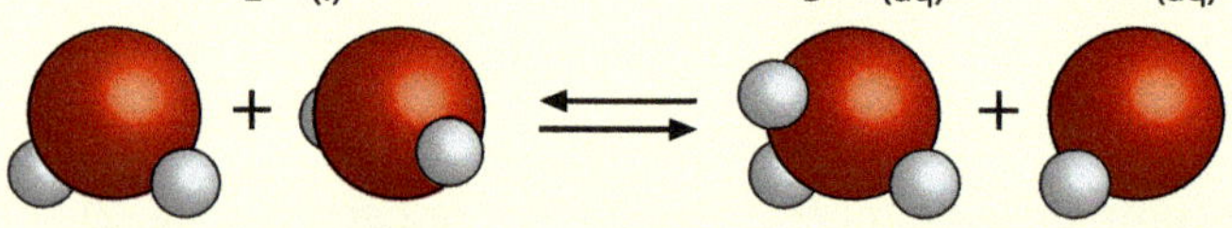

Lors de la réaction d'autoprotolyse de l'eau, une molécule d'eau donne un proton (en blanc) à une autre molécule d'eau. La réaction inverse se produit également : l'ion $H_3O^+_{(aq)}$ peut donner un proton à une molécule $HO^-_{(aq)}$ (double flèche).

3. Produit ionique de l'eau

En solution aqueuse, l'eau forme spontanément des ions $HO^-_{(aq)}$ et $H_3O^+_{(aq)}$. Le **produit des concentrations en $HO^-_{(aq)}$ et $H_3O^+_{(aq)}$ est constant** à une température donnée. Ainsi :

$$K_e = [HO^-] \times [H_3O^+] = 1 \cdot 10^{-14} \text{ à } 25\ °C$$

La constante K_e est le **produit ionique** de l'eau.

4. Effet de la dilution sur les solutions acides et basiques

A Solutions acides

Plus une solution contient des ions $H_3O^+_{(aq)}$, plus elle est acide.

La dilution diminue la concentration des ions $H_3O^+_{(aq)}$: plus la solution est diluée, moins elle est acide, et plus son pH tend vers 7, c'est-à-dire le pH neutre. ▶ doc. 2

2 pH et concentration en ions

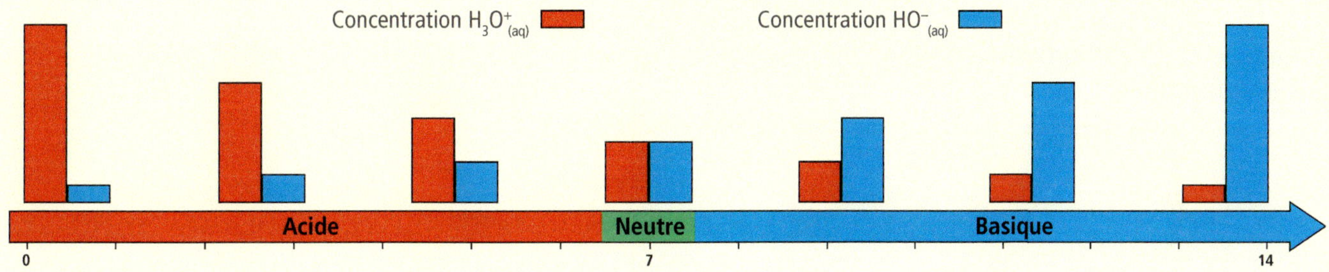

▶ **Exemple**

Si l'on dilue par 100 une solution acide de pH = 2, le pH final de la solution est de 4.

B Solutions basiques

Plus une solution contient des ions $HO^-_{(aq)}$, plus elle est basique.

La dilution diminue la concentration des ions $HO^-_{(aq)}$: plus la solution est diluée, moins elle est basique, et plus son pH tend vers 7, donc vers le pH neutre.

▶ **Exemple**

Si l'on dilue par 100 une solution basique de pH = 10, le pH final de la solution est de 8.

5. Effet tampon

Pour contrôler le pH d'un milieu, on utilise une solution tampon. Il s'agit d'une solution dont le pH varie très peu.

Le pH d'une solution tampon n'évolue pas lors de l'ajout d'une petite quantité d'acide ou de base diluée. De même, le pH d'une solution tampon évolue peu lors d'une dilution avec un faible facteur de dilution.

▶ **Exemple**

Pour une solution tampon de pH = 9,2, une dilution d'un facteur 2 donne une solution de pH = 9,1.

Au laboratoire, on utilise les solutions tampons pour étalonner les pH-mètres, en commençant généralement par les solutions de pH = 7, puis en passant à celles de pH = 4 ou pH = 9.

Le saviez-vous ?

Le corps a besoin d'un pH très précis pour fonctionner.
Le **pH du sang** doit être compris entre 7,35 et 7,42 ! Sinon votre santé est en jeu…
Les organes ont besoin également d'un pH précis :

- les glandes salivaires sont à pH = 6,8 ;
- l'estomac est à pH = 2,0 ;
- le pancréas est à pH = 8,0.

L'ESSENTIEL

Réaction d'autoprotolyse

L'eau est une molécule particulière : elle est **ampholyte**, c'est-à-dire qu'elle peut être à la fois acide (en cédant un proton $H^+_{(aq)}$) et basique (en captant un proton $H^+_{(aq)}$). La réaction de l'eau avec elle-même s'appelle **autoprotolyse de l'eau**.

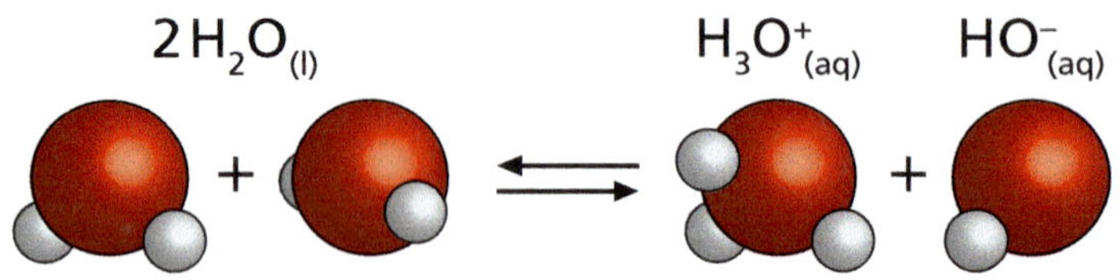

La réaction d'autoprotolyse de l'eau est une réaction acido-basique limitée.

Produit ionique

En solution aqueuse, le **produit ionique de l'eau** (K_e) est constant à une température donnée.

$$K_e = [HO^-] \times [H_3O^+] = 1 \cdot 10^{-14} \text{ à } 25\ °C$$

Effet de la dilution

- Si l'on dilue une solution acide, son pH augmente pour tendre vers 7.
- Si l'on dilue une solution basique, son pH diminue pour tendre vers 7.

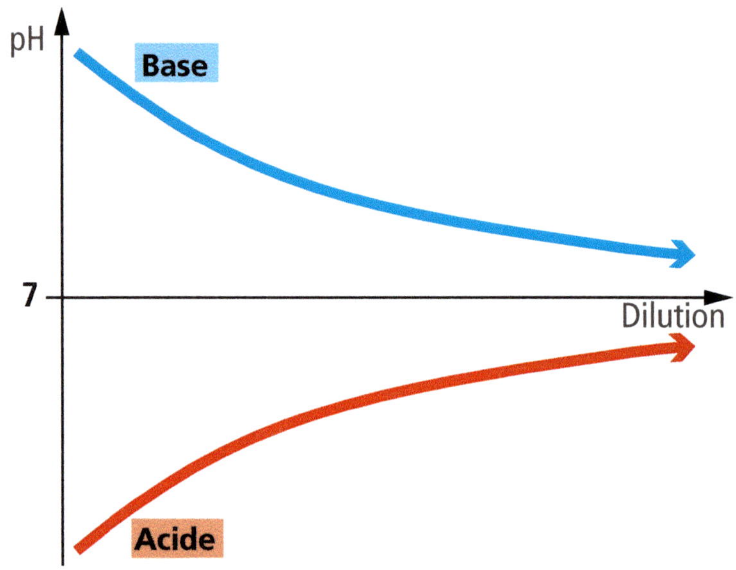

Solution tampon

Une solution **tampon** a un **pH stable** qui évolue peu si l'on ajoute un peu d'acide, un peu de base, ou qu'on la dilue.

EXERCICES

Comprendre le cours ► p. 62-63

A. Choisir le terme juste et recopier la phrase correcte.

1 L'eau peut se comporter comme un acide en **cédant/captant** un proton ($H^+_{(aq)}$) pour former l'ion **oxonium/hydroxyde**.

2 L'eau peut se comporter comme une base en **cédant/captant** un proton ($H^+_{(aq)}$) pour former l'ion **oxonium/hydroxyde**.

3 La réaction d'autoprotolyse de l'eau est la réaction d'une molécule d'eau avec **un acide/une autre molécule d'eau**.

4 Le produit ionique de l'eau à 25 °C est **$1 \cdot 10^{-14}$/$1 \cdot 10^{14}$**.

5 Une solution tampon a un pH **stable/instable** lors de l'ajout d'une petite quantité d'acide, de base ou d'eau.

6 Lorsque l'on dilue une solution basique, le pH **augmente/diminue**.

7 Lorsque l'on dilue une solution acide, le pH **augmente/diminue**.

8 Le produit ionique de l'eau **change/ne change pas** lors d'une dilution à température constante.

9 La concentration en ions oxonium $H_3O^+_{(aq)}$ ou en ions hydroxyde $HO^-_{(aq)}$ **change/ne change pas** lors d'une dilution.

B. Choisir la bonne réponse.

Donnée : $K_e = 1 \cdot 10^{-14}$ à 25 °C. Dans toutes les questions, la température est constante.

10 Le produit des concentrations des ions oxonium et hydroxyde en solution aqueuse :
a. augmente. **b.** diminue. **c.** reste stable.

11 Si, dans une solution, pH = 6, alors $[H_3O^+]$ est :
a. 10^{-6} mol/L. **b.** 10^{6} mol/L. **c.** 10^{-8} mol/L.

12 Si, dans une solution, pH = 6, alors $[HO^-]$ est :
a. 10^{-6} mol/L. **b.** 10^{6} mol/L. **c.** 10^{-8} mol/L.

13 Si l'on dilue une solution initialement à pH = 6, le pH va :
a. augmenter. **b.** diminuer. **c.** rester stable.

14 Si l'on dilue une solution initialement à pH = 9, le pH va :
a. augmenter. **b.** diminuer. **c.** rester stable.

EXERCICES

Appliquer le cours

L'eau, une molécule acide et basique ► cours 1 p. 74

1 Molécule ampholyte

1. Définir ce qu'est un acide.

2. Définir ce qu'est une base.

3. Indiquer une transformation chimique où l'eau se comporte en acide.

4. Indiquer une transformation chimique où l'eau se comporte en base.

Réaction d'autoprotolyse de l'eau ► cours 2 p. 74

2 Repérer l'acide et la base

$$H_2O_{(l)} + H_2O_{(l)} \rightleftarrows H_3O^+_{(aq)} + HO^-_{(aq)}$$

1. Donner le rôle de la molécule d'eau dont la formule est écrite en rouge ci-dessus.

2. Donner le rôle de la molécule d'eau dont la formule est écrite en bleu ci-dessus.

3. Nommer cette réaction.

Produit ionique de l'eau ► cours 3 p. 74

3 Étude de différentes solutions

Donnée : $K_e = 1 \cdot 10^{-14}$ à 25 °C.

Compléter le tableau suivant :

$[H_3O^+]$ (mol/L)	$[HO^-]$ (mol/L)	pH	Caractères de la solution (acide, basique ou neutre)
$2 \cdot 10^{-4}$	....	......	....
$4 \cdot 10^{-10}$	....	......	....
....	$9 \cdot 10^{-5}$	......	....
....	$6 \cdot 10^{-9}$	......	....
....	....	......	Neutre

4 Analyse d'une eau potable

L'analyse de l'eau potable de la ville d'Arras indique un pH égal à 7,9.

1. Cette eau est-elle neutre, acide ou basique ?

2. Calculer la concentration en ions oxonium.

3. Calculer la concentration en ions hydroxyde.

4. Quel est, entre ces deux ions, l'ion majoritaire dans l'eau de la ville d'Arras ?

5. La réponse à la question **4** est-elle cohérente avec la réponse à la question **1** ? Justifier.

5 Gazon de golf

Pour l'arrosage d'un terrain de golf, un technicien a deux solutions qui s'offrent à lui : l'eau du réseau qui a un pH égal à 7,9, et l'eau de pluie qui a un pH égal à 6,8.

1. Donner le caractère acide ou basique de ces eaux. Justifier votre réponse.

2. Le gazon est de bonne qualité si l'eau d'arrosage possède un pH compris entre 6,5 et 7. Quelle solution semble la mieux adaptée ?

3. Calculer la concentration en ions $H_3O^+_{(aq)}$ de l'eau de pluie. Arrondir le résultat à 10^{-1} près.

4. En déduire la concentration en ions $OH^-_{(aq)}$ de l'eau de pluie. Arrondir le résultat à 10^{-1} près.

5. L'eau peut s'acidifier. Indiquer comment évolue alors la valeur du pH de ce milieu, puis proposer une solution pour corriger l'acidité de cette eau.

Effet de la dilution sur les solutions acides et basiques ► cours 4 p. 75

6 Dilution d'une solution pour batterie

Soit S_0 une solution d'acide pour batterie automobile de concentration $C_0 = 1 \cdot 10^{-2}$ mol/L.

• On la dilue d'un facteur 2 pour obtenir S_1, une solution pour les tracteurs tondeurs.

• On la dilue d'un facteur 10 pour obtenir S_2, une solution pour les motos.

1. Calculer le pH de S_0.

2. Calculer la concentration C_1 de S_1. En déduire son pH.

3. Calculer la concentration C_2 de S_2. En déduire son pH.

4. Déterminer l'effet de la dilution d'une solution acide sur le pH.

Effet tampon ► cours 5 p. 75

7 Aquarium

Pour la bonne santé de ses guppys, des poissons d'eau douce tropicale, un aquariophile nécessite de conserver le pH de l'eau de son aquarium entre 7 et 8.

1. Proposer une valeur pour le pH de la solution tampon à utiliser.

2. Pourquoi dit-on que la solution tampon « stabilise le pH » ?

Exercice résolu

Régulation du pH d'un aquarium

Énoncé

Un aquarium d'eau de mer doit avoir un pH compris entre 8,2 et 8,3 afin de garantir la bonne santé du milieu aquatique.

Données : $[H_3O^+] = 10^{-pH}$

$K_e = [H_3O^+] \times [HO^-] = 1 \cdot 10^{-14}$ à 25 °C

1. **Déterminer un encadrement de la concentration en ions oxonium $H_3O^+_{(aq)}$ dans l'aquarium.**

2. **Pour un pH de 8,25, calculer la concentration en ions hydroxyde $HO^-_{(aq)}$ dans l'aquarium.**

3. Le pH mesuré dans l'aquarium est de 8,3. **Est-il possible de diminuer ce pH en ajoutant de l'eau du robinet ? Expliquer.**

4. Pour stabiliser le pH, on préfère utiliser une solution tampon spécifique. **Quel est le rôle de cette solution tampon ?**

Solution

1. $[H_3O^+] = 10^{-pH}$, donc
- pour pH = 8,3, $[H_3O^+] = 10^{-8,3} = 5,0 \cdot 10^{-9}$ mol/L,
- pour pH = 8,2, $[H_3O^+] = 10^{-8,2} = 6,3 \cdot 10^{-9}$ mol/L.

2. On peut calculer à partir du pH la concentration en ions oxonium :

$[H_3O^+] = 10^{-8,25} = 5,6 \cdot 10^{-9}$ mol/L

À l'aide du produit ionique de l'eau, on calcule la concentration en ions hydroxyde :

$K_e = [H_3O^+] \times [HO^-] = 1 \cdot 10^{-14}$

$$[HO^-] = \frac{10^{-14}}{[H_3O^+]} = \frac{10^{-14}}{5,6 \cdot 10^{-9}} = 1,8 \cdot 10^{-6} \text{ mol/L}$$

3. Oui, la dilution d'une solution basique à l'aide d'un solvant non basique diminue le pH en le faisant tendre vers 7.

4. Une solution tampon permet de conserver un pH stable même si l'on ajoute une petite quantité d'acide, de base ou d'eau.

Réaliser

Utiliser la touche **10^x** de la calculatrice pour une puissance à virgule et la touche **.10^x** (ou la touche **EE** pour certaines calculatrices) pour une puissance entière.

Réaliser

Bien retenir que K_e permet de calculer $[HO^-]$ à partir de $[H_3O^+]$. Utiliser la notation scientifique avant de passer aux calculs numériques.

EXERCICES

S'entraîner

Données pour tous les exercices :

$[H_3O^+] = 10^{-pH}$; $pH = -\log [H_3O^+]$; $K_e = [H_3O^+] \times [HO^-] = 1 \cdot 10^{-14}$ à 25 °C. Toutes les solutions aqueuses ont une température de 25 °C.

* 1 Station d'épuration

D'après E4, Métropole, 2008

Pour alimenter la ville de Tilloy-les-Mofflaines, dans le Pas-de-Calais, on prélève l'eau de la Scarpe qui est ensuite traitée afin d'être rendue potable. Les résultats de l'analyse de cette eau sont donnés dans le tableau ci-dessous :

Paramètres	Valeurs	Limites de qualité
Température	14,8	25
Dureté en °f	35	25
pH	7,9	6,5-9
Conductivité en µS/cm^{-1}	393	2 000
Ammonium NH_4^+ en mg/L	0,04	< 0,05
Calcium Ca^{2+} en mg/L	125	-
Nitrates NO_3^- en mg/L	21,8	< 50
Chlorures Cl^- en mg/L	21	< 250
Nitrites NO_2^- en mg/L	0,01	< 0,5
Carbonates CO_3^{2-} en mg/L	200	-

1. Déterminer, en justifiant la réponse, si l'eau de la Scarpe est acide ou basique.

2. Nommer une méthode de mesure de pH qui a pu être utilisée au laboratoire de l'usine de traitement.

* 2 Bain d'arrêt de développement photographique

D'après E1 Photographie, Toutes académies, 2008

En photographie, dans les bains d'arrêt de développement, on utilise l'acide éthanoïque, communément appelé acide acétique. Une solution S d'acide éthanoïque a un pH égal à 3,4.

Calculer la concentration des ions $H_3O^+_{(aq)}$ dans la solution S. Exprimer le résultat sous la forme : $a \cdot 10^{-4}$, et arrondir a à l'unité.

* 3 Solution basique : l'hydroxyde de sodium

Une solution d'hydroxyde de sodium ou solution de soude a une concentration de 0,1 mol/L, d'où $[HO^-] = 1 \cdot 10^{-1}$ mol/L.

Déterminer le pH de cette solution.

* 4 Solution de mouillage

D'après E1 Production graphique, Toutes académies, 2009

Au cours d'une impression, on utilise une solution de mouillage dont le pH est de 4,9.

1. Cette solution est-elle acide ou basique ? Justifier la réponse.

2. Calculer la concentration en ions $H_3O^+_{(aq)}$ de cette solution.

* 5 Solution acide : l'acide chlorhydrique

Au cours d'un TP, un élève souhaite préparer une solution aqueuse d'acide chlorhydrique, de concentration en ions oxonium $[H_3O^+] = 3,2 \cdot 10^{-4}$ mol/L, à partir d'une solution d'acide chlorhydrique, de concentration en ions oxonium $[H_3O^+] = 3,2 \cdot 10^{-3}$ mol/L.

1. Comment préparer 100 mL de la solution désirée (préciser le matériel nécessaire) ?

2. Calculer le pH de la solution initiale (solution mère) et de la solution finale (solution fille).

3. Commenter la variation du pH.

* 6 Nettoyage à sec

D'après E1 option Métiers du pressing et de la blanchisserie, Toutes académies, 2003

L'acide éthanoïque, de formule chimique CH_3COOH, est un produit d'usage courant en blanchisserie et en nettoyage à sec.
On considère une solution d'acide éthanoïque, de pH = 3,2.

1. **Calculer la concentration molaire des ions $H_3O^+_{(aq)}$.**

2. **Calculer la concentration des ions $HO^-_{(aq)}$ de cette solution.**

* 7 Sang

Le pH du sang doit toujours être compris entre 7,35 et 7,42. Toute variation en dehors de cet intervalle entraîne des risques pour la santé et peut même provoquer la mort.

1. **Préciser si le pH du sang indique qu'il est acide, neutre ou basique.**

2. **Calculer la concentration maximale et minimale en ions oxonium, $[H_3O^+]$, dans le sang pour une personne en bonne santé.**

3. Lorsque l'on injecte de l'aspirine en intraveineuse, le pH varie très peu. Pourtant, la solution d'aspirine est acide (pH = 2). **Expliquer pourquoi.**

** 8 Étude de l'eau d'un aquarium

D'après E4, Métropole, 2003

En aquariophilie, le contrôle de certains paramètres de l'eau est indispensable pour maintenir l'équilibre biologique du milieu.

Un aquarium a été rempli avec de l'eau du robinet de pH = 6,5.

1. **Indiquer la relation liant le pH d'une solution aqueuse à sa concentration en ions oxonium.**

2. **Calculer la concentration en ions oxonium de l'eau de l'aquarium.**

3. **En déduire la concentration en ions hydroxyde.**

4. Les poissons exotiques d'eau douce ne peuvent vivre que si l'eau de l'aquarium possède un pH compris entre 6,5 et 7,5. Le tableau ci-dessous indique la zone de virage de quelques indicateurs colorés. Un indicateur coloré change de couleur en fonction de la valeur du pH de la solution.

Indicateurs colorés	Zone de virage et couleurs		
Rouge de méthyle	Rouge	4,2-6,2	Jaune
Bleu de bromothymol	Jaune	6,0-7,6	Bleu
Rouge de crésol	Jaune	7,2-8,8	Rouge
Phénolphtaléine	Incolore	8,2-10,0	Fuschia

Choisir, parmi ces indicateurs, le mieux adapté à la surveillance du pH de l'eau de l'aquarium. Justifier la réponse.

5. L'eau de l'aquarium peut s'acidifier lors d'une rupture de l'équilibre biologique du milieu.

a. **Indiquer comment évolue alors la valeur du pH du milieu.**

b. L'ajout de bicarbonate de sodium dans l'eau permet de limiter les variations de son pH. **Nommer l'effet produit par le bicarbonate sur le milieu.**

** 9 Préparation d'une solution basique

On dissout 3 g de soude NaOH dans 1 litre d'eau distillée.

1. **Indiquer le mode opératoire et la verrerie utilisée pour préparer la solution de soude.**

2. **Écrire la réaction de dissolution.**

3. **Calculer la quantité de matière de NaOH sachant que M_{NaOH} = 40 g/mol.**

4. **En déduire la concentration des ions $HO^-_{(aq)}$.**

5. **Calculer la concentration des ions $H_3O^+_{(aq)}$.**

6. **En déduire le pH de la solution préparée.**

** 10 Dilution d'une solution acide

Soit S_0 une solution d'acide chlorhydrique, de concentration $C_0 = 1 \cdot 10^{-3}$ mol/L, et S_2 une solution deconcentration $C_2 = 1 \cdot 10^{-5}$ mol/L.

1. **Sachant que S_1 est obtenue en diluant S_0 d'un facteur 10, calculer le pH de S_1.**

2. **Déterminer le facteur de dilution permettant de passer de S_0 à S_2 et calculer le pH de la solution S_2.**

3. **Quelle relation peut-on faire entre l'évolution du pH d'une solution acide et le facteur de dilution de cette solution ?**

11 Dilution d'une solution basique

Soit S_0 une solution d'hydroxyde de sodium, de concentration $C_0 = 1 \cdot 10^{-3}$ mol/L.

- On la dilue d'un facteur 10 pour obtenir S_1.
- On la dilue d'un facteur 100 pour obtenir S_2.

1. **Calculer les pH de S_0, de S_1 et de S_2.**

2. **Conclure sur l'effet de la dilution d'une solution basique sur le pH.**

12 Culture du maïs

D'après E4, Antilles, 2016

Un exploitant agricole souhaite planter du maïs, cependant la terre dans laquelle il va être semé a un pH trop faible pour garantir une production satisfaisante. Pour y remédier, il faut épandre sur les surfaces à cultiver de la chaux vive (ou oxyde de calcium), de formule brute CaO. Au contact de l'eau présente dans le sol, la chaux vive se transforme en hydroxyde de calcium, de formule $Ca(OH)_2$ (chaux éteinte).

1. L'hydroxyde de calcium se dissout dans l'eau (de pluie) pour donner une solution aqueuse contenant des ions calcium $Ca^{2+}_{(aq)}$ et des ions hydroxyde $HO^-_{(aq)}$. **Écrire l'équation de dissolution de l'hydroxyde de calcium dans l'eau.**

2. **Indiquer pourquoi cette solution a un caractère basique.**

3. **Expliquer pourquoi l'épandage d'hydroxyde de calcium va permettre de faire évoluer le pH du sol dans le sens souhaité.**

13 Traitement du bois

Pour traiter le bois, une entreprise utilise un produit obtenu à partir de l'anhydre éthanoïque, de formule brute $C_4H_6O_3$.

Données : $M_H = 1$ g/mol ; $M_C = 12$ g/mol ;
$M_O = 16$ g/mol.

1. **Calculer la masse molaire moléculaire de l'anhydre éthanoïque.**

2. L'anhydre éthanoïque a un pH égal à 3. **Indiquer sa nature (acide, basique, neutre).**

3. En laboratoire et en respectant les règles de sécurité, on désire vérifier cette valeur. **Indiquer quel matériel utiliser.**

14 Apiculture

Pour nettoyer les cadres après la récolte du miel, un apiculteur utilise une solution diluée de soude caustique.

Étiquette d'un flacon de soude caustique

HYDROXYDE DE SODIUM EN PASTILLES PUR

Synonyme : Soude
Formule : NaOH
Masse molaire moléculaire : 40 g/mol
Teneur mini : 98 %
Température de fusion : 318 °C
Température d'ébullition : 1 390 °C

1. La soude caustique est une substance dangereuse. **Rédiger sous la forme d'une phrase la réponse aux deux questions suivantes :**

a. **Parmi les caractères chimiques ci-dessous, donner celui de la soude :**

Acide – Neutre – Basique

b. **Indiquer les précautions que doit prendre l'apiculteur pour préparer cette solution diluée de soude NaOH.**

2. Pour préparer la solution diluée de soude, l'apiculteur dissout 20 g de pastilles de soude afin d'obtenir 500 mL de solution. (Remarque : la masse de 500 mL de cette solution est 500 g.)

a. **Donner la concentration, en masse, de cette solution. Exprimer le résultat sous la forme d'un pourcentage.**

b. La concentration maximale autorisée exprimée en pourcentage de masse est 5 %. **L'apiculteur est-il en conformité avec la législation ? Justifier votre réponse à l'aide d'une phrase.**

3. La concentration molaire en ions $HO^-_{(aq)}$ de cette solution est $[HO^-] = 0{,}5$ mol/L. **Calculer le pH, arrondi au dixième, de cette solution.**

POUR ALLER PLUS LOIN

Acidification des océans : une nouvelle menace pour la planète

Depuis la révolution industrielle au début du XIXe siècle, la quantité de dioxyde de carbone (CO_2) présente dans l'atmosphère n'a cessé d'augmenter. Le dioxyde de carbone est responsable de l'effet de serre qui entraîne le réchauffement climatique, mais il a aussi d'autres conséquences néfastes.

1 Origine de l'acidification océanique

On estime que 30 % du dioxyde de carbone présent dans l'atmosphère se dissout dans les océans, suivant la réaction chimique suivante :

$$CO_{2\,(g)} + H_2O_{(l)} \rightarrow H_2CO_{3\,(l)}$$

H_2CO_3 est un diacide, c'est à dire qu'il peut céder deux protons $H^+_{(aq)}$ suivant la réaction suivante :

$$H_2CO_{3\,(l)} \rightarrow CO^{2-}_{3\,(aq)} + 2\,H^+_{(aq)}$$

Ainsi, en 150 ans, le pH des océans est passé de 8,2 à 8,1, et les chercheurs estiment qu'il pourrait être de 7,8 avant la fin du siècle. Une baisse de 0,1 ne paraît pas importante, mais il faut prendre en compte que l'échelle des pH est logarithmique, c'est-à-dire qu'une solution de pH = 6 est 10 fois plus acide qu'une solution de pH = 7. L'augmentation du pH des océans de 0,1 correspond donc à une augmentation de 26 % de l'acidité des océans !

2 Déséquilibres

Une petite variation de pH de l'eau a des conséquences énormes sur la vie marine. Toute la chaîne alimentaire est en danger. Par exemple, le zooplancton, à la base de la chaîne alimentaire, a du mal à survivre à la variation de pH. Certains organismes doivent en effet construire une coquille calcaire pour survivre. Or, le calcaire est rongé par l'acidité de l'eau. L'augmentation de cette acidité peut donc complètement déséquilibrer la faune aquatique.

3 Affiche réalisée par Lemonsea (ONG qui s'engage à informer sur le problème de l'acidification des océans)

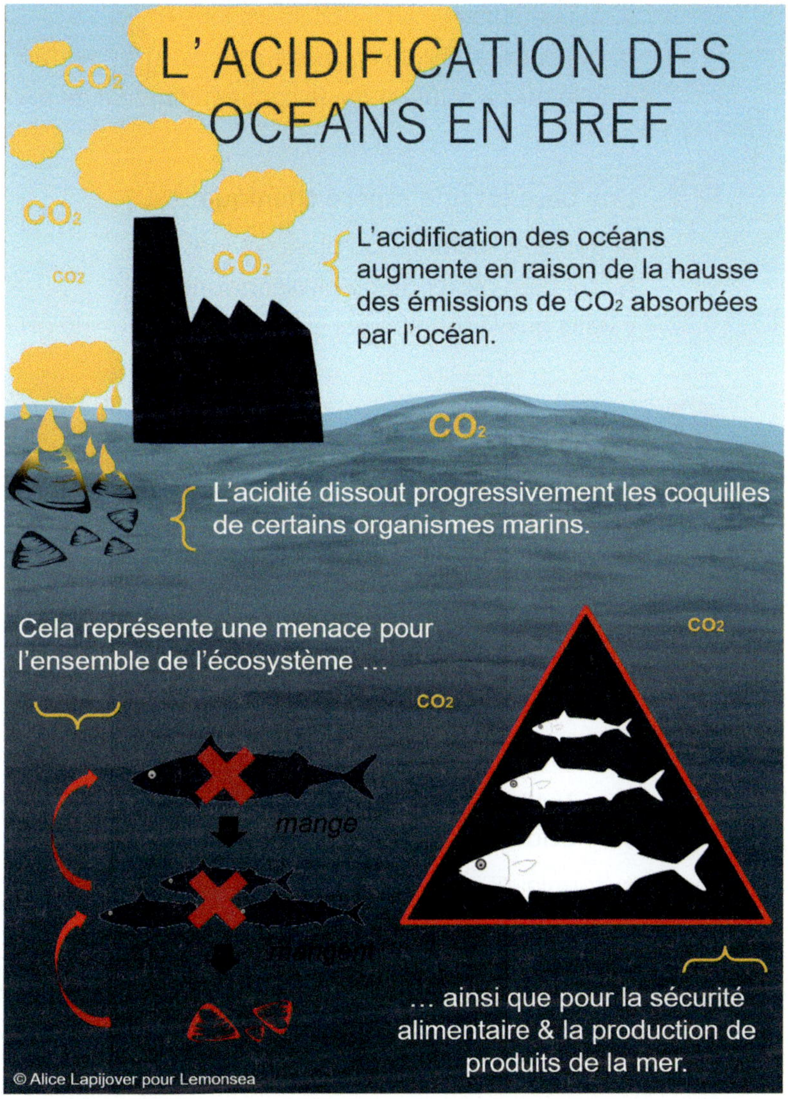

6 Les dosages acido-basiques

Tester les prérequis

Choisir la ou les bonnes réponses.

1 Un acide est une espèce chimique :

a. qui peut libérer un ou plusieurs ions $H^+_{(aq)}$.
b. qui peut capter un ou plusieurs ions $H^+_{(aq)}$.
c. telle que la solution qui le contient diminue de pH quand on la dilue.

2 Une base est une espèce chimique :

a. qui peut libérer un ou plusieurs ions $H^+_{(aq)}$.
b. qui peut capter un ou plusieurs ions $H^+_{(aq)}$.
c. telle que la solution qui le contient diminue de pH quand on la dilue.

3 La réaction acido-basique est une réaction :

a. qui peut libérer de la chaleur.
b. entre l'acide d'un couple et la base d'un autre couple acido-basique.
c. qui induit un échange de protons $H^+_{(aq)}$.

4 L'acide responsable du goût piquant d'un yaourt périmé est l'acide :

a. tartrique. **b.** chlorhydrique. **c.** lactique.

5 L'acide libéré par la fourmi pour se défendre contre ses ennemis et neutraliser ses proies est l'acide :

a. formique. **b.** chlorhydrique. **c.** lactique.

6 Pour mesurer précisement le pH d'une solution, on utilise :

a. du papier pH. **b.** un conductimètre. **c.** un pH-mètre.

7 Le papier pH :

a. permet de mesurer précisément un pH.
b. peut prendre des couleurs différentes selon l'acidité de la solution testée.
c. se trempe directement dans la solution lors de son utilisation.

Le dosage acido-basique : une technique d'analyse utilisée dans le contrôle de qualité des aliments.

Quelles techniques utilise-t-on pour vérifier la conformité des aliments ?

Objectifs

- **Savoir exploiter un dosage pH-métrique.**
  ▶ Activité expérimentale 1 : Dosage pH-métrique du vinaigre p. 86
- **Savoir exploiter un dosage colorimétrique.**
  ▶ Activité expérimentale 2 : Dosage colorimétrique du lait p. 87

1 Dosage pH-métrique du vinaigre

● Le vinaigre est une solution aqueuse riche en acide éthanoïque. Le vinaigre de vin est réglementé : son taux d'acide éthanoïque doit être supérieur à 6 °, c'est-à-dire qu'il doit y avoir au moins 6 g d'acide éthanoïque dans 100 g de vinaigre.

Comment mesurer le taux d'acidité d'un vinaigre ?

1 Étiquette d'une bouteille de vinaigre

2 Protocole de dosage pH-métrique

On dispose d'une solution S_A de vinaigre diluée 10 fois.

1. Placer dans un bécher, à l'aide d'une pipette jaugée préalablement rincée, 10,0 mL de solution S_A, nommée solution « titrée ».
2. Remplir la burette graduée préalablement rincée avec la solution de soude ou hydroxyde de sodium $(Na^+_{(aq)} + HO^-_{(aq)})$, de concentration : $C_B = 1{,}00 \cdot 10^{-1}$ mol.L^{-1}, nommée solution « titrante ». Rincer la sonde à l'eau distillée, la sécher, puis la placer dans le bécher et mettre sous agitation.
3. Ajouter de l'eau distillée afin que la partie sensible de la sonde soit immergée.
4. Verser peu à peu la solution d'hydroxyde de sodium. Agiter et relever régulièrement le pH en fonction du volume d'hydroxyde de sodium ajouté. Veiller à effectuer des relevés plus précis lorsque le pH évolue plus rapidement.

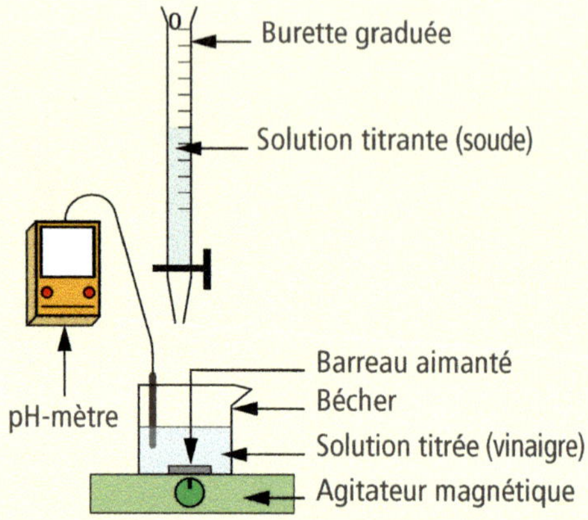

3 Équivalence d'un dosage

L'équivalence est le moment particulier du titrage où la quantité de soude versée (n_B) est égale à la quantité d'acide (n_A) présente dans le bécher : $n_A = n_B$.

4 Méthode des tangentes

Pour établir le point d'équivalence d'un dosage pH-métrique, on reporte sur un graphe les différents relevés du pH selon le volume de solution titrante versé. On trace ensuite deux tangentes à la courbe, parallèles entre elles, de part et d'autre du saut de pH. La droite parallèle à ces deux tangentes et équidistante de ces deux dernières coupe la courbe au point équivalent E.

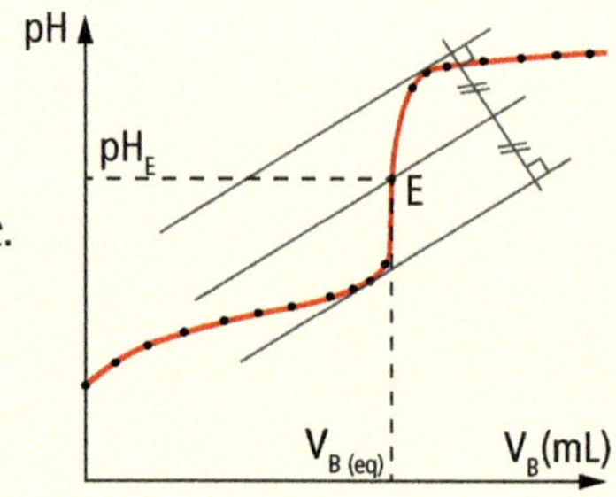

Questions

Réaliser

1. a. Réaliser le protocole décrit dans le doc. 2 dans le respect des règles de sécurité.
b. Sur une feuille de papier millimétré, tracer le pH en fonction du volume de soude versé.
c. À l'aide de la méthode des tangentes (doc. 4) déterminer les coordonnées du point E.

- $V_{B(eq)}$ = ... mL
- $pH_{(eq)}$ = ...

Analyser

2. a. À l'équivalence : $C_A \times V_A = C_B \times V_{B(eq)}$,
où : C_A est la concentration en acide éthanoïque, V_A le volume de vinaigre, C_B la concentration de la soude, $V_{B(eq)}$ le volume de soude versé à l'équivalence.
Calculer la quantité d'acide n_A de S_A.
b. Sachant que S_A a été diluée 10 fois, calculer la quantité d'acide ($n_{Acommercial}$) dans 10,0 mL de vinaigre concentré.
c. Sachant que $m_A = n_A \times M_A$, et que M_A = 60 g/mol, calculer la masse d'acide contenue dans 10,0 mL de vinaigre.

Critiquer

3. En déduire la valeur de degré d'acidité du vinaigre utilisé. Conclure.

2 Dosage colorimétrique du lait

● Le lait frais est légèrement acide : son pH est compris entre 6,6 et 6,8. Sous l'effet des bactéries, le lactose se dégrade progressivement et se transforme en acide lactique. En conséquence, moins un lait est frais, plus il devient acide, et plus son pH est faible.

Comment tester la fraîcheur du lait ?

1 Principe du dosage utilisant un indicateur coloré

Lors d'un dosage colorimétrique, l'ajout d'un indicateur coloré dans le milieu réactionnel provoque un changement de teinte (virage) de celui-ci lorsque le milieu atteint l'équivalence du dosage. Il faut déterminer le volume de solution versé à la goutte près à cet instant.

	Zone de virage		
Hélianthine	Rouge	3,1-4,4	Jaune
Bleu de bromothymol	Jaune	6,0-7,6	Bleu
Phénolphtaléine	Incolore	8,2-10	Rose fuchsia

2 Montage et protocole d'un dosage colorimétrique

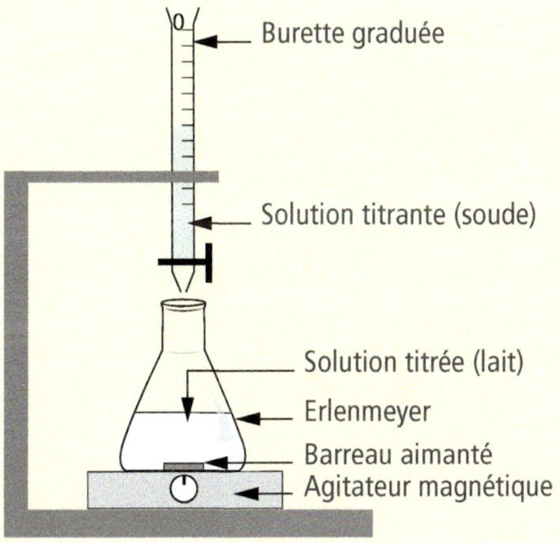

1. Remplir une burette avec une solution d'hydroxyde de sodium de concentration $5{,}00 \cdot 10^{-2}$ mol/L.
2. Prélever 20,0 mL de lait à l'aide d'une pipette jaugée et les verser dans un erlenmeyer.
3. Ajouter 100 mL d'eau distillée à l'aide d'une éprouvette graduée et ajouter 10 gouttes de phénolphtaléine. Introduire un barreau aimanté.
4. Placer l'erlenmeyer sous la burette et sur un agitateur magnétique ; régler l'agitateur afin d'homogénéiser la solution.
5. Verser millilitre par millilitre la solution d'hydroxyde de sodium jusqu'à atteindre un changement de couleur (virage) de la solution.
6. Noter le volume de solution d'hydroxyde de sodium versé au moment du virage : V_E = ... mL.
7. Procéder ensuite à un second dosage plus précis : verser la solution d'hydroxyde de sodium rapidement jusqu'à atteindre (V_E – 1) mL, puis la faire tomber goutte à goutte jusqu'au virage. Noter V_E = ... mL.

3 Degré Dornic

Un degré Dornic (1 °D) correspond à 0,1 g d'acide lactique par litre de lait. Pour être considéré comme frais, un lait doit avoir une acidité inférieure ou égale à 18 °D.

Questions

› Réaliser

1. Réaliser le protocole du doc. 2 pour déterminer V_E.

2. Calculer la concentration massique d'acide lactique C_0 en g/L en utilisant la formule suivante :

$$C_0 = \frac{C_{soude} \times V_E \times M_{AH}}{V_0}$$

où : V_E est le volume équivalent en mL (doc. 2),
C_{soude} la concentration molaire de la soude, soit 0,0500 mol/L,
M_{AH} la masse molaire de l'acide lactique, soit 90 g/mol,
V_0 le volume de lait dosé, soit 20,0 mL.

3. Calculer le degré Dornic en utilisant la formule suivante :

$$D_n = \frac{C_0}{0{,}1}$$

› Critiquer

4. Le lait testé est-il frais ? Justifier.

1 Acide éthanoïque

Le vinaigre contient de l'acide éthanoïque.

1. Dosage acido-basique

A Définition

Doser ou **titrer** une espèce chimique en solution consiste à déterminer la **concentration molaire** ou la **quantité de matière** de cette espèce.

B Réaction support de dosage

La réaction support d'un dosage acido-basique a lieu entre un acide et une base de deux couples acido-basiques différents. ▶ chap. 4 p. 62

▶ **Exemple**

CH_3COOH/CH_3COO^- et H_2O/HO^- sont des couples acido-basiques.

Le choix d'une **réaction de dosage** doit satisfaire à trois exigences. La réaction doit être :

- **unique** (elle n'est pas en compétition avec une autre réaction ayant les mêmes réactifs mais des produits différents) ;
- **totale** (il y a consommation totale d'un réactif) ;
- **rapide** (elle se réalise dans un délai très bref).

$$\text{a Acide 1} + \text{b Base 2} \rightarrow \text{c Base 1} + \text{d Acide 2}$$

avec a, b, c et d les coefficients stœchiométriques respectifs des espèces chimiques.

▶ **Exemple**

Le dosage de l'acide éthanoïque $CH_3CO_2H_{(aq)}$ contenu dans du vinaigre ▶ doc. 1 par des ions hydroxyde $HO^-_{(aq)}$ a pour équation de réaction support :

$$CH_3COOH + HO^-_{(aq)} \rightarrow CH_3COO^-_{(aq)} + H_2O_{(l)}$$

L'acide éthanoïque CH_3COOH du premier couple acido-basique réagit avec la base HO^- du second couple acido-basique pour former la base conjuguée CH_3COO^- du premier couple et l'acide conjugué H_2O du second couple.

C Équivalence

Lors d'un dosage, la solution **titrante** est ajoutée dans le bécher contenant la solution **à titrer** (ou solution **titrée**).

Au début, le réactif titré est en excès dans le bécher, puis il arrive un moment où le réactif titré est **entièrement consommé** par le réactif titrant : c'est l'**équivalence**, notée **E**.

L'équivalence correspond à la composition du milieu réactionnel dans lequel tout le réactif titré présent au début du dosage a réagi avec le réactif titrant progressivement ajouté. Le mélange est alors stœchiométrique.

À l'équivalence, la relation entre la quantité n_A de réactif titré présent au début du dosage et la quantité $n_{B(eq)}$ de réactif titrant ajouté à l'équivalence s'écrit : $\dfrac{n_A}{a} = \dfrac{n_{B(eq)}}{b}$

La relation entre la quantité de matière n, la concentration C et le volume de solution V s'écrit : $n = C \times V$. La concentration C_A en espèce titrée A est calculée en appliquant la relation suivante :

$$\frac{C_A V_A}{a} = \frac{C_B V_{B(eq)}}{b}$$

Le plus souvent, dans le cas d'un dosage acido-basique, les coefficients a et b sont égaux.

Vocabulaire

Lorsqu'un acide libère un proton, la base résultante est nommée sa **base conjuguée**. Lorsqu'une base capte un proton, l'acide résultant est son **acide conjugué**.

Vocabulaire

On appelle **solution titrante** la solution de **concentration connue** ; elle est placée dans la **burette** graduée.
On appelle **solution titrée** (ou à titrer) la solution de **concentration inconnue**, celle que l'on va déterminer ; elle est placée dans un **bécher** ou un **erlenmeyer** selon le type de dosage.

2. Dosage pH-métrique

Un dosage pH-métrique est un dosage s'effectuant avec un **pH-mètre** : on l'utilise pour déterminer le volume de la solution titrante versée à l'équivalence.

A Mode opératoire

Un volume très précis de la solution titrée, mesuré à la **pipette jaugée**, est placé dans un bécher. On y ajoute de l'eau distillée pour que l'électrode de verre du pH-mètre trempe convenablement dans la solution. On relève le pH en fonction du volume de solution titrante versé à l'aide de la **burette graduée**. ▶ doc. 2 p. 86

B Méthode des tangentes

La **méthode des tangentes** permet de déterminer **graphiquement le volume équivalent** lors d'un dosage acide-base. ▶ doc. 3 p. 86

▶ Exemple

Sur la vidéo du doc. 3, on trouve : $V_{(eq)}$ = 36,2 mL et $pH_{(eq)}$ = 7,8.

3. Dosage colorimétrique

On utilise le même dispositif expérimental que pour le dosage précédent, mais sans pH-mètre et de préférence avec un erlenmeyer. On ajoute dans l'erlenmeyer quelques gouttes d'un indicateur coloré. ▶ activité 2 p. 87

Un **indicateur coloré** acido-basique est une espèce chimique qui change de couleur en fonction du pH du milieu.

A Principe

Dans un dosage colorimétrique acido-basique, on observe un **changement de couleur** (nommé **virage**) de la solution à l'équivalence ▶ doc. 4. Il est provoqué par le changement de couleur de l'indicateur coloré.

B Choix de l'indicateur coloré

Un indicateur coloré convient pour repérer l'équivalence d'un titrage s'il change de couleur à l'équivalence. Pour pouvoir être utilisé pour titrer une solution, sa **zone de virage** ▶ doc. 5 doit donc contenir le **pH à l'équivalence**.

▶ Exemple

Pour repérer l'équivalence du dosage relevé au doc. 3, on choisit, parmi les indicateurs colorés proposés dans le doc. 5, le rouge de crésol, car sa zone de virage entre 7,2 et 8,8 contient le pH à l'équivalence (ici de 7,8), ce qui n'est pas le cas des autres indicateurs colorés.

2 Zoom sur la burette graduée

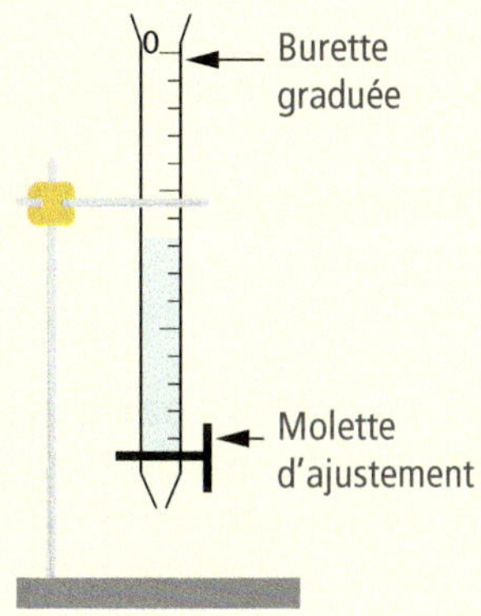

Pour verser la solution titrante, on utilise une burette graduée, qui permet un réglage très fin au moment du saut de pH.

3 Méthode des tangentes

Consulter l'animation
▶ labolycee.org/anims/methode-tangente.swf

4 Astuce pour repérer la zone de virage

Pour mieux apprécier le changement de couleur de l'indicateur coloré (ici le rouge de crésol), placer un morceau de papier blanc sous l'erlenmeyer.

5 Quelques indicateurs colorés

	Zone de virage		
Hélianthine	Rouge	3,1-4,4	Jaune
Bleu de bromothymol	Jaune	6,0-7,6	Bleu
Rouge de crésol	Jaune	7,2-8,8	Rouge
Phénolphtaléine	Incolore	8,2-10	Rose fuchsia

L'ESSENTIEL

Qu'est-ce qu'un dosage ?

Réaliser un dosage, c'est **déterminer**, avec la plus grande précision possible, la **concentration molaire** d'une espèce chimique dissoute dans une solution ou la **quantité de matière** de cette espèce chimique dans un volume donné.

Dosage par titrage

- Un **dosage par titrage** est une **technique de dosage** mettant en jeu une réaction chimique.
- La **réaction de titrage** doit être **unique**, **totale** et **rapide**.
- L'**équivalence d'un titrage** est atteinte lorsque l'on a réalisé un mélange **stœchiométrique** du réactif titrant et du réactif titré.

Dosage pH-métrique

L'**équivalence** se détermine **graphiquement**, grâce à la **méthode des tangentes**.

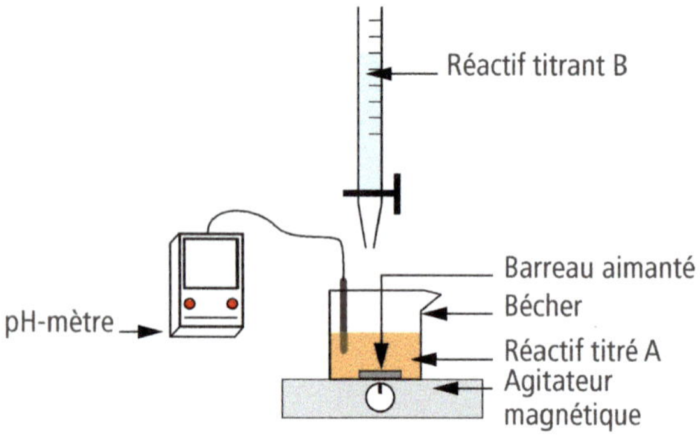

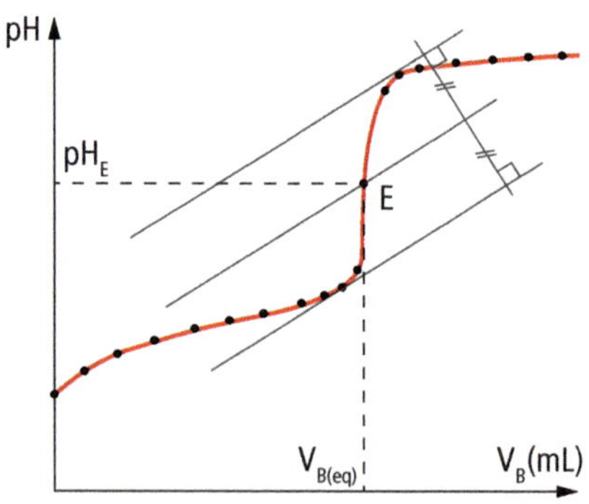

Dosage colorimétrique

L'**équivalence** se détermine visuellement grâce au **changement de couleur d'un indicateur coloré**.

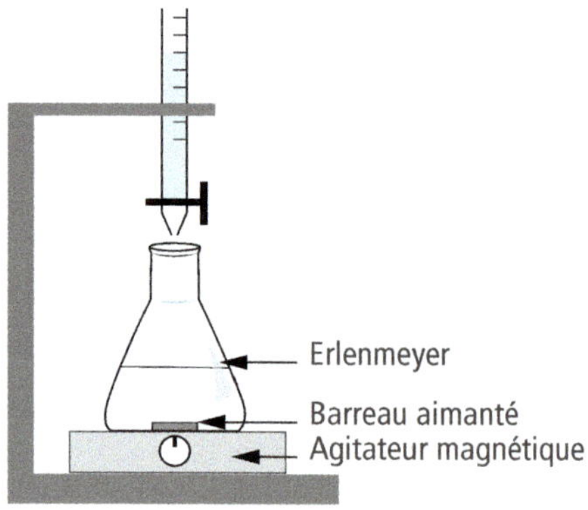

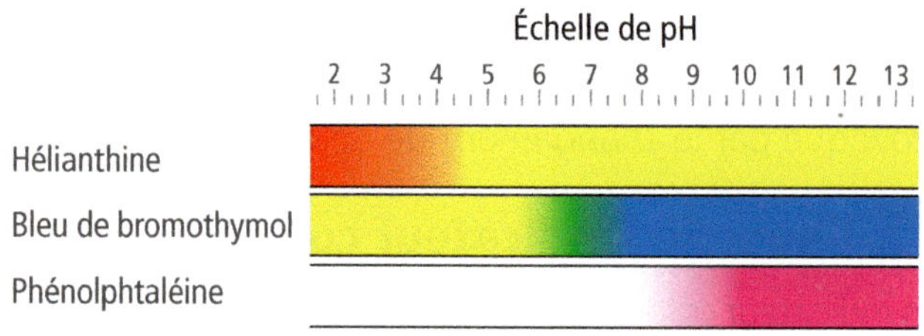

Le **pH à l'équivalence** doit être **compris dans la zone de virage** de l'indicateur coloré.

Exploitation d'un titrage

Lorsque le milieu réactionnel atteint l'équivalence d'un dosage acido-basique de réaction support aA + bB → produits, les relations suivantes sont vérifiées :

$$\frac{n_A}{a} = \frac{n_{B(eq)}}{b}$$

- n_A : Quantité du réactif titré en début de dosage
- $n_{B(eq)}$: Quantité de réactif titrant ajoutée à l'équivalence

ET

$$\frac{C_A V_A}{a} = \frac{C_B V_{B(eq)}}{b}$$

- C_A : Concentration en mol/L du réactif A
- V_A : Volume de la solution titrée en début de dosage, en mL
- C_B : Concentration en mol/L du réactif B
- $V_{B(eq)}$: Volume de solution titrante versée à l'équivalence, en mL

Avec a et b, coefficients stœchiométriques respectifs des réactifs A et B

EXERCICES

Comprendre le cours ► p. 88-89

A. Répondre par vrai ou par faux. Rectifier la formulation si nécessaire.

1. En début de dosage, la solution titrante est placée dans un bécher.

2. En début de dosage, la solution titrée est placée dans un bécher.

3. Lors d'un dosage pH-métrique, on trace la courbe pH = f (volume versé).

4. Lors d'un dosage colorimétrique, on ajoute quelques gouttes d'indicateur coloré juste avant l'équivalence.

5. Un indicateur coloré est une espèce chimique qui prend une couleur en milieu basique et une autre couleur en milieu acide.

6. L'équivalence est le moment du titrage où les réactifs sont introduits dans des proportions stœchiométriques.

7. Un indicateur coloré doit prendre une couleur différente avant et après l'équivalence pour être utilisable.

8. Lors du dosage d'un acide :
   a. l'acide se place dans le bécher et la base dans la burette.
   b. la solution titrée est prélevée grâce à une pipette jaugée.
   c. on verse la solution titrante dans la burette.

B. Légender le schéma du dosage pH-métrique.

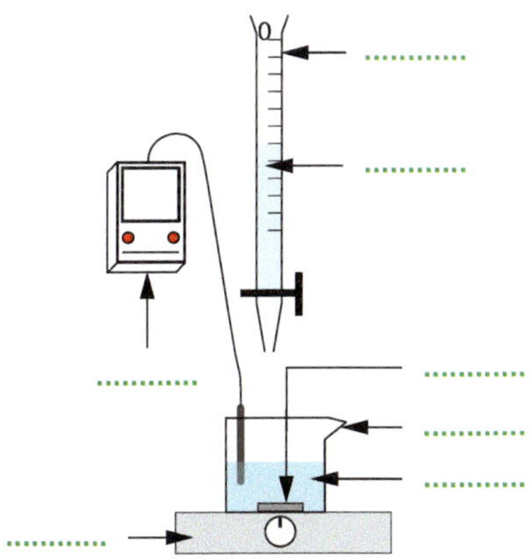

C. Choisir un indicateur coloré.

9. Pour le dosage colorimétrique représenté dans le graphique ci-dessous, quel indicateur coloré faut-il utiliser ?

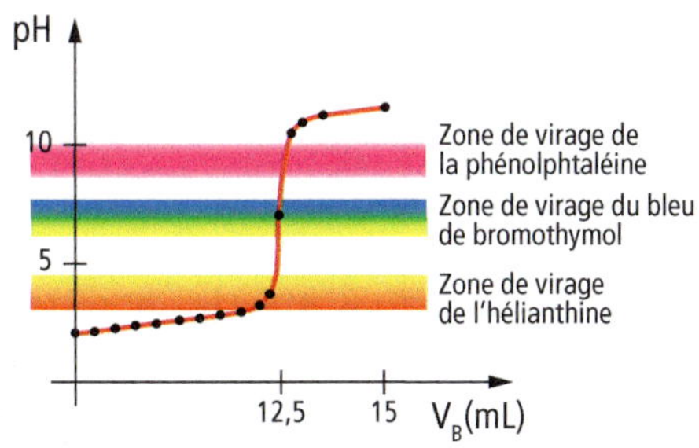

10. Quel changement de couleur observera-t-on ?

D. Trouver la relation à l'équivalence.

Une solution d'acide chlorhydrique S_A ($H_3O^+_{(aq)} + Cl^-_{(aq)}$) est titrée par une solution de soude S_B ($Na^+_{(aq)} + HO^-_{(aq)}$).
L'équation de réaction du titrage est : $H_3O^+_{(aq)} + HO^-_{(aq)} \rightarrow 2\ H_2O_{(l)}$.

11. Donner la relation à l'équivalence entre n_A et $n_{B(eq)}$.

12. Donner l'expression de C_A en fonction de C_B, $V_{B\,(eq)}$ et V_A.

E. Appliquer la méthode des tangentes.

13. Pour chaque titrage ci-contre, trouver le volume à l'équivalence à l'aide de la méthode des tangentes.

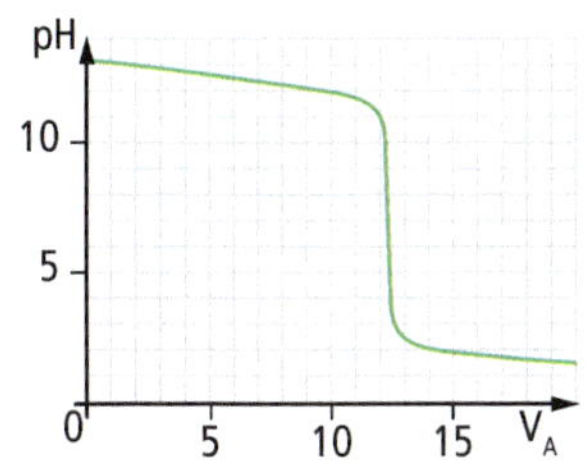

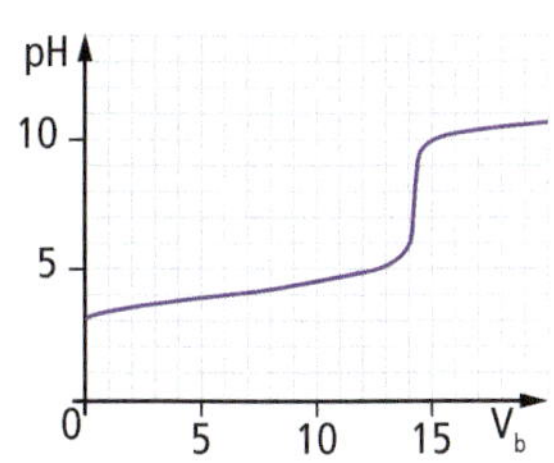

EXERCICES

Appliquer le cours

Dosage acido-basique ▸ cours 1 p. 88

1 Analyse d'un comprimé d'aspirine

Le principe actif d'un comprimé d'aspirine est l'acide acétylsalicylique, de formule $C_9H_8O_4$ (noté ici AH), de masse molaire : $M_{C_9H_8O_4} = 180$ g.mol^{-1}.
On dispose de 500,0 mL d'une solution S_A obtenue par dissolution d'un comprimé d'Aspirine 500. On réalise le titrage pH-métrique de l'acide acétylsalicylique contenu dans $V_A = 20{,}0$ mL de solution S_A par une solution d'hydroxyde de sodium ($Na^+_{(aq)}$ $HO^-_{(aq)}$), de concentration : $C_B = 1{,}00 \cdot 10^{-2}$ mol.L^{-1}.
Le volume équivalent $V_{B(eq)}$ trouvé est de 10,2 mL.
L'équation support du dosage est :

$$\underset{\text{acide acétylsalicylique}}{C_9H_8O_{4(aq)}} + \underset{\text{ion hydroxyde}}{HO^-_{(aq)}} \rightarrow \underset{\text{ion acétylsalicylate}}{C_9H_7O^-_{4(aq)}} + \underset{\text{eau}}{H_2O_{(l)}}$$

soit :

$$AH_{(aq)} + HO^-_{(aq)} \rightarrow A^-_{(aq)} + H_2O_{(l)}$$

1. **Donner la relation à l'équivalence entre n_{AH} et $n_{B(eq)}$.**

2. **Connaissant la masse molaire de l'acide acétylsalicylique, en déduire la masse d'acide présente dans cet échantillon.**

3. **En déduire la masse d'acide présente dans un comprimé d'aspirine. Est-ce en accord avec l'appellation Aspirine 500 (en cas d'écart, évaluer quelles erreurs ont pu être commises lors de ce dosage) ?**

Dosage pH-métrique ▸ cours 2 p. 89

2 Dosage d'une solution d'ammoniaque

On souhaite déterminer la concentration C_S d'une solution d'ammoniaque $NH_{3(aq)}$. Pour cela, on procède à un titrage pH-métrique. Les résultats expérimentaux sont reportés sur le graphique ci-dessous.

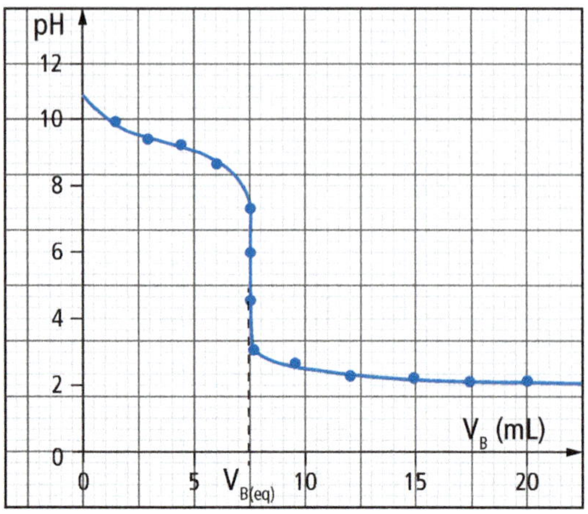

On dose un volume $V_S = 10{,}0$ mL de solution d'ammoniaque par une solution d'acide chlorhydrique ($H_3O^+_{(aq)} + Cl^-_{(aq)}$), de concentration : $C_A = 2{,}00 \cdot 10^{-2}$ mol.L^{-1}.
L'équation de la réaction support du titrage est :

$$NH_{3(aq)} + H_3O^+_{(aq)} \rightarrow NH^+_{4(aq)} + H_2O_{(l)}$$

1. **Faire le schéma du montage. Identifier la solution titrée et la solution titrante.**

2. **Écrire la relation à l'équivalence entre la quantité de matière d'ammoniaque initiale et celle d'acide versée à l'équivalence.**

3. **Montrer que : $C_S = \dfrac{C_A V_{A(eq)}}{V_S}$.**

4. **Calculer C_S.**

Dosage colorimétrique ▸ cours 3 p. 89

3 Titrage de l'acide lactique

Un lait frais ne contient pas d'acide lactique, mais, avec le temps, sous l'action des bactéries, le lactose se transforme en acide lactique (noté AH). La concentration en acide lactique doit être inférieure à 1,8 g.L^{-1} pour que le lait soit considéré comme frais.

En présence d'un indicateur coloré, la phénolphtaléine, l'acide lactique est titré par une solution d'hydroxyde de sodium ($Na^+_{(aq)} + HO^-_{(aq)}$), de concentration : $C_B = 5{,}00 \cdot 10^{-2}$ mol.L^{-1}. L'évolution du pH d'un prélèvement de volume 20,0 mL de lait en fonction du volume V_B de soude ajouté révèle que l'équivalence est atteinte pour $V_B = 12{,}0$ mL.
L'acide lactique a pour masse molaire 90,0 g.mol^{-1}.
La réaction du titrage est : $AH_{(aq)} + HO^-_{(aq)} \rightarrow A^-_{(aq)} + H_2O_{(l)}$.

1. **Déterminer la quantité de matière d'acide lactique présente dans le volume V_A de lait analysé.**

2. **En déduire la quantité présente dans 1 L de lait.**

3. **En déduire la masse d'acide lactique présente dans 1 L de lait. Conclure.**

Exercice résolu

Le miel

D'après E4, métropole, Réunion, Mayotte, 2016

Énoncé

Plusieurs acides entrent dans la composition d'un miel. La teneur en acidité libre dans un miel est donnée en milliéquivalents par kg ($meq.kg^{-1}$). Elle correspond à la quantité d'ions hydroxyde $HO^-_{(aq)}$, en millimoles ($1{,}00 \cdot 10^{-3}$ mol), qu'il faudrait introduire pour doser 1 kg de miel. Selon la réglementation européenne, la teneur en acidité libre doit être inférieure à 40 $meq.kg^{-1}$. L'étude de l'acidité d'un miel permet d'identifier une éventuelle dégradation du produit.

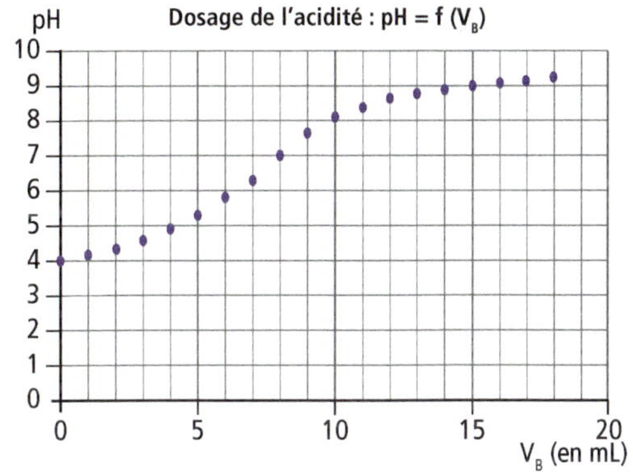

Un laboratoire effectue la détermination de l'acidité d'un miel par un dosage acido-basique à l'aide des étapes suivantes :

1) Prélèvement de 5,00 g de miel et dissolution dans de l'eau distillée.

2) Dosage par une solution d'hydroxyde de sodium (NaOH), de concentration molaire en ions $HO^-_{(aq)}$: $C_B = 1{,}00 \cdot 10^{-2}$ $mol.L^{-1}$.

3) Suivi de l'évolution du pH à l'aide d'un pH-mètre.

1. Donner la formule et le nom de l'ion responsable de l'acidité d'un milieu.

2. Indiquer l'équation chimique de la réaction du dosage entre ces ions et les ions hydroxyde $HO^-_{(aq)}$.

3. Déterminer la valeur du volume équivalent $V_{B(eq)}$ avec la méthode des tangentes.

4. En déduire que la quantité de matière d'ions hydroxyde à l'équivalence $n_{HO^-(eq)}$ est égale à $8{,}0 \cdot 10^{-5}$ mol.

5. Cette quantité a servi à doser l'acidité de 5,00 g de miel. Montrer que pour doser 1 kg de miel, il en faudrait environ 16 mmol.

6. Indiquer si ce miel répond à la réglementation européenne.

Solution

1. L'ion responsable de l'acidité d'un milieu est l'ion oxonium, de formule H_3O^+.

2. La réaction chimique en jeu est :

$$H_3O^+_{(aq)} + HO^-_{(aq)} \rightarrow 2\ H_2O_{(l)}$$

3. Avec la méthode des tangentes, on trouve : $V_{B(eq)} = 8{,}0$ mL.

4. À l'équivalence, on a :

$$n_{B(eq)} = [HO^-] \times V_{B(eq)} = 1{,}00 \cdot 10^{-2} \times 8{,}0 \cdot 10^{-3} = 8{,}0 \cdot 10^{-5} \text{ mol}$$

5. Il en faudra une quantité : 1 000 / 5,00 = 200 fois plus élevée, soit :

$$8{,}0 \cdot 10^{-5} \times 200 = 16 \cdot 10^{-3} = 16 \text{ mmol}$$

6. Le miel répond à la norme car la teneur en acide libre est inférieure à 40 $meq.kg^{-1}$ (on trouve 16 $meq.kg^{-1}$).

Analyser

Un acide est une espèce chimique susceptible de libérer un ou plusieurs ions $H^+_{(aq)}$ selon Brønsted.

► p. 62

$$H^+_{(aq)} + H_2O_{(l)} \rightarrow H_3O^+_{(aq)}$$

C'est une réaction acido-basique entre une espèce acide ($H_3O^+_{(aq)}$) et une espèce basique ($HO^-_{(aq)}$).

Réaliser

Utiliser la formule : $n = C \times V$.
Attention aux unités :
8,0 mL = $8{,}0 \cdot 10^{-3}$ L.

Utiliser la relation de proportionnalité :
1 000 = 200 × 5.

Critiquer

Comparer le résultat obtenu à la valeur de référence.

S'entraîner

* 1 Teneur en acide lactique d'un lait

D'après E4, Polynésie, 2014

Un lait frais ne contient pas d'acide lactique. Cependant, en vieillissant, le lactose présent dans le lait se transforme lentement en acide lactique sous l'action de bactéries. Ainsi, moins un lait est frais, plus son acidité est grande.

1. Un lait a un pH dont la valeur est comprise entre 3 et 4 (détermination au papier pH). **Donner, en le justifiant, la nature (acide ou basique) de ce lait.**

2. Pour déterminer précisément la teneur en acide lactique de ce lait, on procède à un dosage colorimétrique par une réaction acido-basique. La solution titrante est une solution aqueuse basique de soude. L'équivalence a lieu pour une valeur du pH = 8,5.

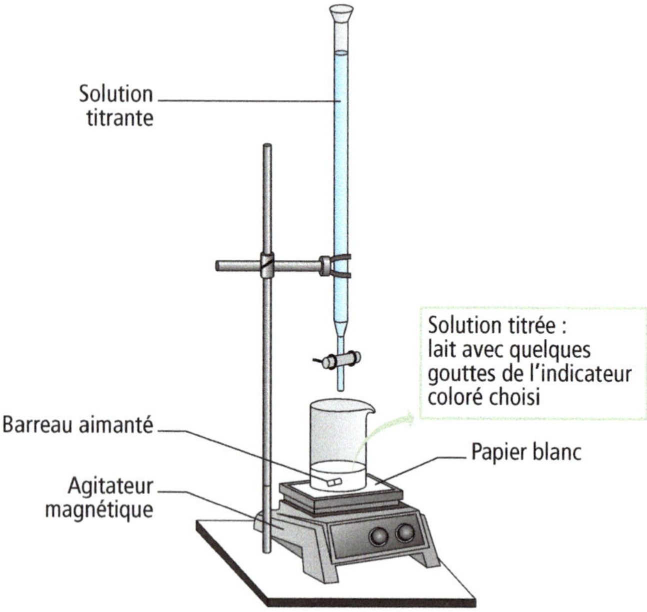

Indicateurs colorés			
Indicateur	Intervalle de changement de pH	Couleur de la forme acide	Couleur de la forme basique
Hélianthine	3,1-4,4	Rouge	Jaune
Rouge de méthyle	4,4-6,2	Rouge	Jaune
Phénol-phtaléine	8,0-10,0	Incolore	Rose fuchsia

a. Donner, en le justifiant, le nom de l'indicateur coloré choisi pour effectuer ce dosage.

b. Indiquer la couleur du contenu du bécher en début de dosage, et dire précisément comment est repérée l'équivalence.

** 2 Dosage de l'acide chlorhydrique par la soude

On réalise le dosage de 20 mL d'acide chlorhydrique par la soude. Les résultats sont notés dans le tableau ci-dessous :

Volume de soude V en cm^3	0	4	8	12	16	18
pH	1	1,2	1,4	1,6	2	2,3

Volume de soude V en cm^3	19,8	20	20,2	22	30	40
pH	3,3	7	10,7	11,7	12,3	12,5

1. Faire un schéma légendé du montage.

2. Tracer la courbe pH = f(V) sur du papier millimétré.

3. Déterminer le volume de soude versé à l'équivalence à l'aide de la méthode des tangentes.

4. Sachant que la concentration de la soude est : C_B = 0,0500 mol/L, calculer la quantité d'ions $HO^-_{(aq)}$ versée à l'équivalence.

5. En déduire la quantité d'acide présent au début du dosage et déterminer la concentration de la solution d'acide chlorhydrique dosée.

6. Si l'on devait faire un dosage colorimétrique, quel indicateur pourrait-on choisir ? Justifier.

▶ tableau de l'exercice 1

** 3 Titrage de l'acide ascorbique par suivi pH-métrique

On souhaite vérifier l'indication figurant sur une boîte de comprimés de vitamine C (acide ascorbique, de formule brute $C_6H_8O_6$) vendue en pharmacie : le fabricant annonce que la masse d'acide ascorbique est de 500 mg par comprimé.

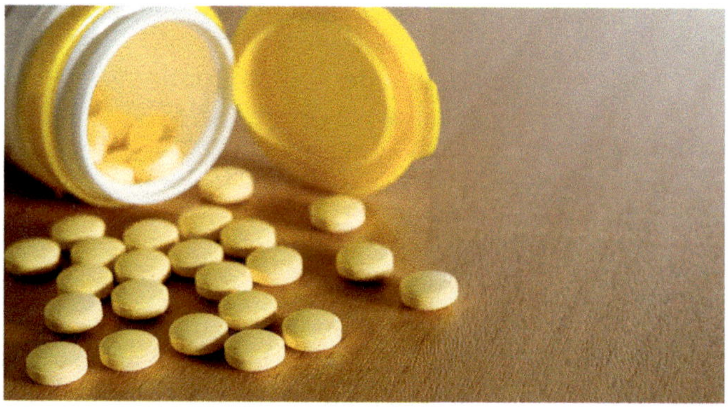

Un comprimé de vitamine C est écrasé dans un mortier. La poudre est ensuite dissoute dans une fiole jaugée de 200,0 mL que l'on complète avec de l'eau distillée jusqu'au trait de jauge en homogénéisant le mélange. On obtient la solution S.
On prélève 10,0 mL de cette solution que l'on titre avec une solution d'hydroxyde de sodium ($Na^+_{(aq)}$ + $HO^-_{(aq)}$), de concentration molaire : $1{,}00 \cdot 10^{-2}$ mol.L^{-1}.
On suit le titrage par pH-métrie. Le graphique indiquant l'évolution du pH en fonction du volume de solution d'hydroxyde de sodium versé est représenté ci-dessous.

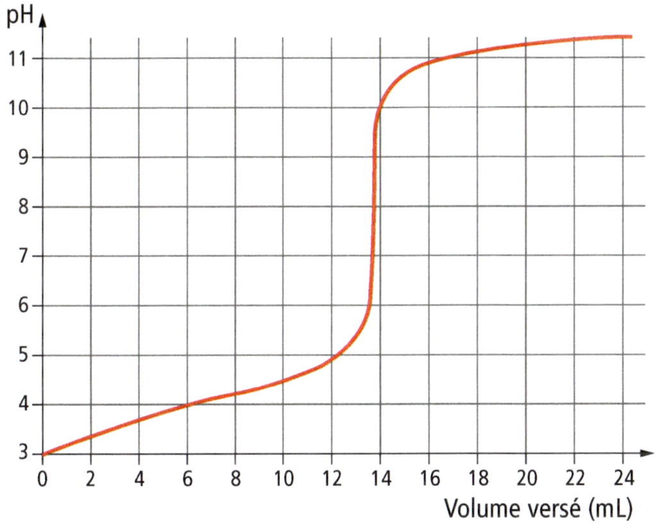

L'acide ascorbique sera noté AH dans la suite de l'exercice.
Données : Masses molaires atomiques en g.mol^{-1} :
$M_H = 1{,}0$; $M_C = 12{,}0$; $M_O = 16{,}0$.

1. **Écrire l'équation de la réaction support de ce titrage.**

2. **À partir du protocole mis en œuvre et des résultats obtenus, déterminer la masse d'acide ascorbique contenue dans le comprimé. Comparer le résultat à la masse annoncée par le fabricant.**

3. **Parmi les indicateurs colorés proposés ci-dessous, lequel utiliser pour le titrage de l'acide ascorbique par la solution d'hydroxyde de sodium effectué précédemment ? Justifier la réponse et préciser comment l'équivalence est repérée.**

Indicateur coloré	Teinte acide	Zone de virage	Teinte basique
Hélianthine	Rouge	3,1-4,4	Jaune
Vert de bromocrésol	Jaune	3,8-5,4	Bleu
Bleu de bromothymol	Jaune	6,0-7,6	Bleu
Rouge de crésol	Jaune	7,2-8,8	Rouge
Phénolphtaléine	Incolore	8,2-10,0	Rose
Rouge d'alizarine	Violet	10,0-12,0	Jaune
Carmin d'indigo	Bleu	11,6-14,0	Jaune

*** 4 Acidité des bonbons

D'après E4, métropole, Réunion, Mayotte, 2017

Pour que les sucreries du paquet ci-contre puissent posséder les propriétés affichées sur l'emballage, chaque bonbon (de masse m = 3,0 g) est enrobé d'acide citrique. C'est un acide présent dans le citron, à l'origine de l'acidité de ce fruit. Bastien dit à son frère Julian : « J'ai l'impression qu'un de ces bonbons est aussi acide qu'un demi-citron ! » Pour déterminer si cette affirmation est fondée, un dosage de l'acide contenu dans un bonbon va être effectué.

Données :
Acide citrique : formule brute : $C_6H_8O_7$; masse molaire : 192 g.mol.
Jus de citron : la masse d'acide citrique contenue dans le jus d'un citron est de l'ordre de 4 à 5 g.

Protocole de dosage :
- Dissoudre un bonbon dans 1,0 L d'eau. On obtient une solution S_0 contenant, entre autres, l'acide citrique du bonbon à l'état dissous.
- Prélever à la pipette jaugée un volume V_A = 10,0 mL de cette solution et le placer dans un erlenmeyer avec quelques gouttes de phénolphtaléine.
- Y verser à l'aide d'une burette graduée une solution de soude, de concentration molaire : $C_B = 5{,}0 \cdot 10^{-2}$ mol.L^{-1}.

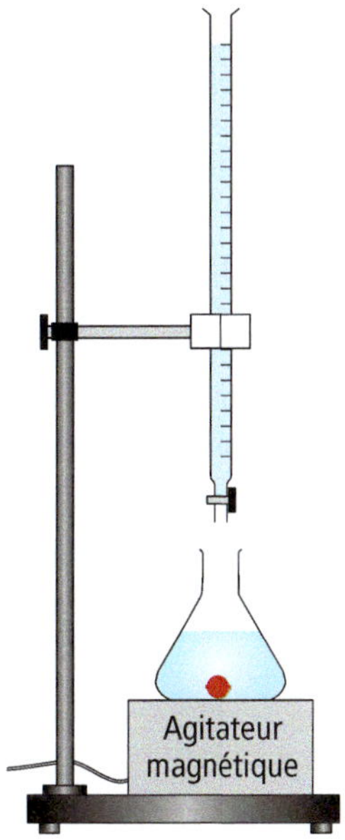

Résultat du dosage :
Le volume équivalent de soude versé a pour valeur : $V_{B(eq)}$ = 9,2 mL.

1. **À propos de l'acide citrique**

Citer deux autres fruits contenant de l'acide citrique. Justifier votre réponse.

2. Dosage

a. Recopier et compléter le montage précédent.

b. Montrer que la quantité de matière (ou nombre de moles) de soude versée à l'équivalence a pour valeur : $n_{B(eq)} = 4{,}6 \cdot 10^{-4}$ mol.

c. La quantité de matière n_A (ou nombre de moles) d'acide citrique contenue dans la solution S_0 est donnée par la relation : $n_A = 33{,}3 \times n_{B(eq)}$. En déduire la masse d'acide citrique contenue dans un bonbon Têtes brûlées®.

d. Indiquer, en vous appuyant sur les informations contenues dans le document, si Bastien a raison quand il dit : « J'ai l'impression qu'un de ces bonbons est aussi acide qu'un demi-citron ! »

*** 5 Betterave sucrière

Afin de vérifier la teneur en saccharose du jus obtenu par pressage des cossettes de betterave sucrière, le technicien du laboratoire d'une usine de transformation effectue un dosage. Le pourcentage massique (ou teneur) attendu doit être compris entre 10 et 15 %.

Dosage du saccharose contenu dans le jus sucré obtenu après extraction

• Le jus est tout d'abord transformé, par voie fermentaire, en une solution d'acide lactique appelée S.
• Cette solution est ensuite diluée exactement 16 fois : on obtient alors une solution diluée d'acide lactique nommée S_1.
• Un volume V_A = 20,0 mL de cette solution d'acide lactique S_1 est titré par une solution d'hydroxyde de sodium ($Na^+_{(aq)}$, $OH^-_{(aq)}$), de concentration : $C_B = 5{,}00 \cdot 10^{-2}$ mol.L^{-1}.
• Le dosage est suivi par pH-métrie. Le graphique suivant présente l'évolution du pH au cours du dosage : pH = f (V_B).

Concentration massique en fonction du pourcentage massique de solutions sucrée

Pourcentage massique (%)	Concentration massique (g/L)
10,0	79,87
10,5	85,0
10,9	90,13
11,4	95,26
12,4	105,52
12,9	110,65
13,0	112,90
13,8	120,91

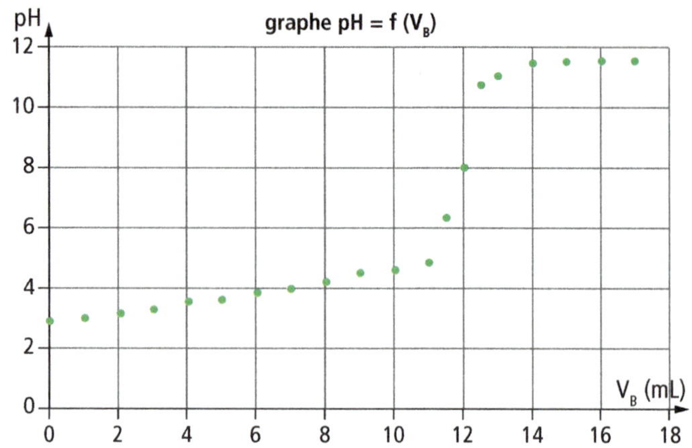

1. Dosage acido-basique de la solution S_1 d'acide lactique

a. Écrire l'équation de la réaction acido-basique du dosage sachant que l'acide lactique noté AH est transformé en ions $A^-_{(aq)}$ et qu'il est dosé par la base $HO^-_{(aq)}$.

b. En utilisant la courbe, déterminer le volume $V_{B(eq)}$ d'hydroxyde de sodium versé à l'équivalence.

c. En vous appuyant sur la réaction support du dosage, trouver la relation entre C_A, V_A, C_B et $C_{B(eq)}$ à l'équivalence.

d. Calculer la valeur de C_A.

2. Détermination de la teneur en saccharose du jus

a. Calculer la concentration molaire C de la solution S en acide lactique.

b. L'acide lactique obtenu par fermentation a une concentration double de celle du saccharose.
Montrer que la concentration en saccharose du jus sucré est : $C_S = 0{,}24$ mol.L^{-1}.

c. En déduire la concentration massique C_m en saccharose. $C_m = C_s \times M$, où M est la masse molaire du saccharose. On donne M = 342 g.mol^{-1}.

d. En vous appuyant sur le tableau, indiquer si la teneur en saccharose du jus extrait est conforme à la valeur attendue.

POUR ALLER PLUS LOIN

Contrôle de qualité par dosage

1 Contrôle de qualité d'un vin

Le vin peut contenir naturellement divers acides : l'acide tartrique, majoritaire, ainsi que les acides malique, lactique, succinique, citrique, etc., et l'acide acétique, qui apporte au vin une aigreur désagréable. Les sensations perçues sont différentes selon les acides présents et leurs proportions par rapport aux autres substances.
Avant la récolte, le dosage de l'acidité totale et du taux de sucre sur le raisin permet de contrôler l'évolution de sa maturité.
Après la récolte, le dosage de l'acidité totale sur le moût ou sur le vin permet de surveiller l'avancement des fermentations et même d'apporter des corrections.

2 Acidité totale d'un vin

L'acidité du vin se mesure en g/L. Elle est déterminée sur un échantillon de vin, en amenant le pH de cet échantillon à 7,0 par addition d'une solution d'hydroxyde de sodium ($Na^+_{(aq)}$, $HO^-_{(aq)}$) de concentration 0,1 mol.L^{-1}. Le volume de solution d'hydroxyde de sodium ajouté permet de déterminer l'acidité totale du vin. Un vin de table est propre à la consommation si son acidité totale ne dépasse pas 9,0 g.L^{-1}.

3 Analyses en laboratoire

Les viticulteurs font appel à des laboratoires d'analyses de chimie pour contrôler l'acidité du vin, ou effectuent eux-mêmes la manipulation s'ils possèdent le matériel adéquat. Selon les résultats, les viticulteurs peuvent procéder à certaines corrections.
Le laboratoire d'analyses œnologiques de terrain est un laboratoire de très haute technologie.

- Il permet l'analyse de tous les produits depuis les raisins jusqu'au vin fini.
- Les échantillons sont récupérés et acheminés au laboratoire par l'œnologue.
- Les résultats sont transmis par e-mail en une demi-journée.

7 L'eau, une ressource en danger

Tester les prérequis

Choisir la ou les bonnes réponses.

1 Qu'est-ce que la solubilité ?

a. La masse maximale de soluté qui peut être dissoute dans 1 litre de solution.

b. La masse de 1 litre de solution.

c. La masse totale de soluté et de solvant composant une solution.

2 Deux espèces chimiques sont miscibles si :

a. elles forment un mélange homogène.

b. elles forment un mélange hétérogène.

c. elles ont le même état physique.

3 Qu'est-ce qu'un mélange hétérogène ?

a. Un mélange dont on peut distinguer à l'œil nu les différents constituants.

b. Un mélange dont on ne peut pas distinguer à l'œil nu les différents constituants.

c. Un mélange entre deux liquides non miscibles.

4 Dans une tasse de café chaud, le morceau de sucre :

a. disparaît.

b. se dissout.

c. fond.

5 Dans un bol, l'huile se trouve au-dessus du vinaigre car :

a. elle est moins dense que le vinaigre.

b. elle est plus dense que le vinaigre.

c. elle a été versée après le vinaigre.

6 L'huile et le vinaigre peuvent être séparés par :

a. filtration.

b. décantation.

c. évaporation.

Pollution des eaux par les plastiques : un danger pour la faune marine.

L'eau sera-t-elle toujours d'assez bonne qualité pour les humains ?

Objectifs

- **Identifier les différentes sources de pollution des eaux.**
  ▶ Activité documentaire 1 : Traitement des pollutions dans le bassin Artois-Picardie p. 100
- **Observer les effets de la pollution de l'eau.**
  ▶ Activité documentaire 2 : Effluents agricoles : impacts sanitaires et environnementaux p. 101
- **Connaître les techniques de traitement de l'eau.**
  ▶ Activité expérimentale 3 : Fonctionnement d'une station d'épuration p. 102
  ▶ Activité documentaire 4 : Fonctionnement d'une station de phytoépuration p. 103

1 Traitement des pollutions dans le bassin Artois-Picardie

● Dans le bassin Artois-Picardie, la faiblesse des courants dans les cours d'eau favorise l'accumulation de polluants. Jusqu'à la fin des années 1980, certaines rivières étaient en piteux état, et les riverains se plaignaient des odeurs.

En quoi l'homme est-il responsable de cette dégradation ? Comment y remédier ?

1 Macropolluants

L'azote et le phosphore sont des **macropolluants** d'origine organique. Ils sont issus des rejets d'eaux usées des villes, de l'agriculture ou de l'industrie. En cas de forte pollution et en l'absence de renouvellement des eaux, le dioxygène se solubilise moins dans l'eau, d'où des effets néfastes sur la faune et la flore. La matière organique s'accumule et se décompose alors en l'absence de dioxygène, ce qui crée de mauvaises odeurs.

2 Mesures antipollution

Pour éviter ces dégradations, des mesures ont été prises dans les années 1970, notamment concernant l'assainissement des eaux usées.

Ces efforts ont été accompagnés au niveau européen par des directives visant à limiter les quantités de pesticides utilisées.

L'amélioration de la composition chimique des cours d'eau est notable. Les indicateurs biologiques progressent également : la quantité de dioxygène dissous permet à divers organismes, dont les poissons, de repeupler des cours d'eau qu'ils avaient désertés.

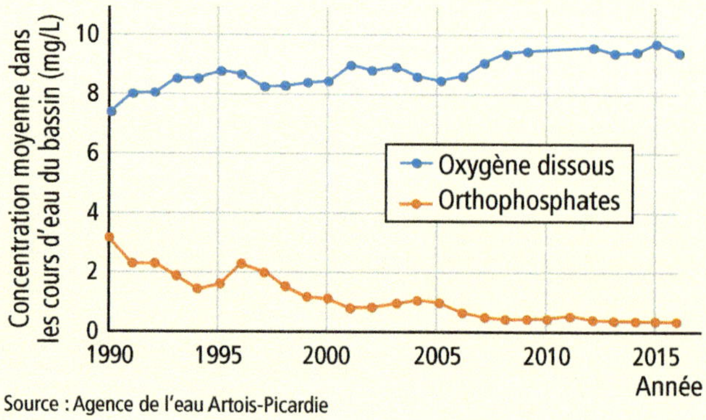

Source : Agence de l'eau Artois-Picardie

3 Pollution persistante

Malgré les bons résultats obtenus grâce aux mesures prises, les bassins demeurent affectés par la **pollution historique**. En particulier, les **polluants métalliques** (mercure, cadmium, plomb) se sont accumulées au fil du temps au fond des rivières. Initialement présents sous forme non toxique pour les organismes, ces métaux risquent de devenir plus nocifs le long des chaînes alimentaires dès augmentation du taux de dioxygène. Les nappes phréatiques sont affectées par un problème de **persistance** : les polluants qui ne sont pas dégradés naturellement s'infiltrent petit à petit dans le sol. Il existe donc un phénomène de latence dans l'évolution de la pollution des eaux souterraines. Typiquement, on trouve encore aujourd'hui de l'atrazine, herbicide interdit en 2003, dans les nappes phréatiques.

Questions

› Analyser

1. Citer trois sources de pollution de l'eau (doc. 1).

2. Définir le terme « macropolluant » (doc. 1 et Internet).

3. Citer une solution technique mise en œuvre pour limiter la pollution des cours d'eau (doc. 2).

4. Quels sont les indicateurs qui montrent une amélioration de l'état des cours d'eau (doc. 2) ?

› Critiquer

5. Le doc. 2 semble contredire l'impression d'un accroissement de la pollution. À l'aide du doc. 3, préciser en quelques lignes les arguments qui permettent de justifier ou au contraire de nuancer cette impression.

6. Les scientifiques estiment que le changement climatique en cours amplifie la pollution des cours d'eau. Formuler une hypothèse pour expliquer ce phénomène.

2 Effluents agricoles : impacts sanitaires et environnementaux

● L'épandage d'engrais chimiques dans les champs vise à améliorer les rendements de production en apportant de l'azote, du phosphate et du potassium (NPK) aux terres cultivables. Les surplus et les déchets azotés sont transportés par l'eau.

Quels impacts a cet apport d'engrais NPK sur la santé et l'environnement ?

1 Surplus azoté en France en 2010

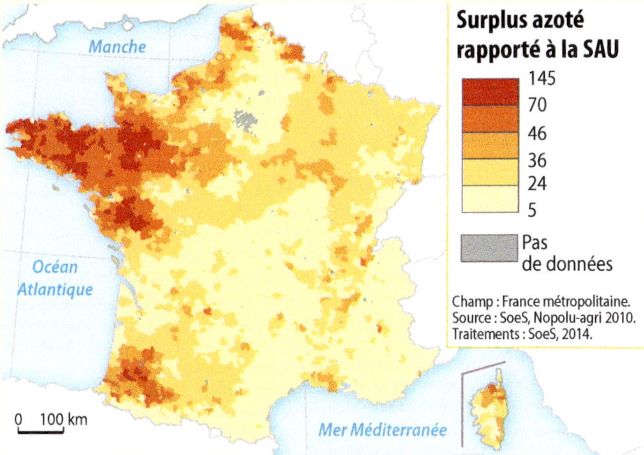

2 Effets sanitaires

L'exposition aux produits phytosanitaires est un facteur de risque favorisant l'apparition de pathologies chez les adultes et lors du développement des enfants.

À partir de 25 mg/L de nitrates, l'INVS (Institut de veille sanitaire) déconseille la consommation d'eau aux femmes enceintes et aux nourrissons (risques de fausses couches, malformations congénitales, leucémies, tumeurs cérébrales). L'exposition aux nitrites réduit la capacité d'oxygénation des tissus. Les nitrosamines sont la cause de cancers chez certaines espèces animales, mais cela n'a pas encore été mis en évidence chez l'homme. Des études épidémiologiques ont démontré le risque accru de troubles de la reproduction ou d'effets neurologiques.

3 Eutrophisation des milieux aquatiques

- Température basse
- Oxygénation importante
- Faune diversifiée et abondante
- Fond de roches, de graviers, de sables

- Température élevée
- Oxygénation peu importante
- Faune peu diversifiée et peu abondante
- Envasement, prolifération d'algues

Questions

› Réaliser

1. Sachant que la surface totale de SAU en France est de 29 millions d'ha, calculer la quantité d'azote moyenne non consommée par les cultures en 2010 (doc. 1).

› Analyser

2. a. Proposer une définition de l'eutrophisation (doc. 3).

b. Expliquer ce que devient le surplus azoté (doc. 2 et 3).

› Rendre compte

3. Recopier, puis compléter le tableau suivant (doc. 2 et 3) :

Facteurs responsables	Effets sur la santé ou l'environnement
......	......

3 Fonctionnement d'une station d'épuration

● Après avoir été utilisée par l'industrie, l'agriculture et les ménages, une partie de l'eau ainsi salie est rejetée dans les égouts et dirigée vers une station d'épuration pour être partiellement traitée.

Comment laver l'eau sale ?

1 Qu'est-ce qu'une station d'épuration ?

C'est une installation destinée à épurer les eaux usées avant leur retour dans le milieu naturel.
Le but du traitement est de séparer l'eau des substances indésirables pour le milieu naturel.

2 Protocole : étapes de purification d'une eau

1. Tamisage
Verser de l'eau brute (eau, humus, terre argileuse, brindilles et petits cailloux) dans un bécher sur lequel on aura tendu un morceau de tulle ou un voilage.

2. Floculation
Ajouter une solution de sulfate d'aluminium à l'eau recueillie dans le bécher. Laisser reposer.

3. Filtration
Filtrer le contenu du bécher et noter l'aspect du filtrat.

3 Étapes du fonctionnement d'une station d'épuration

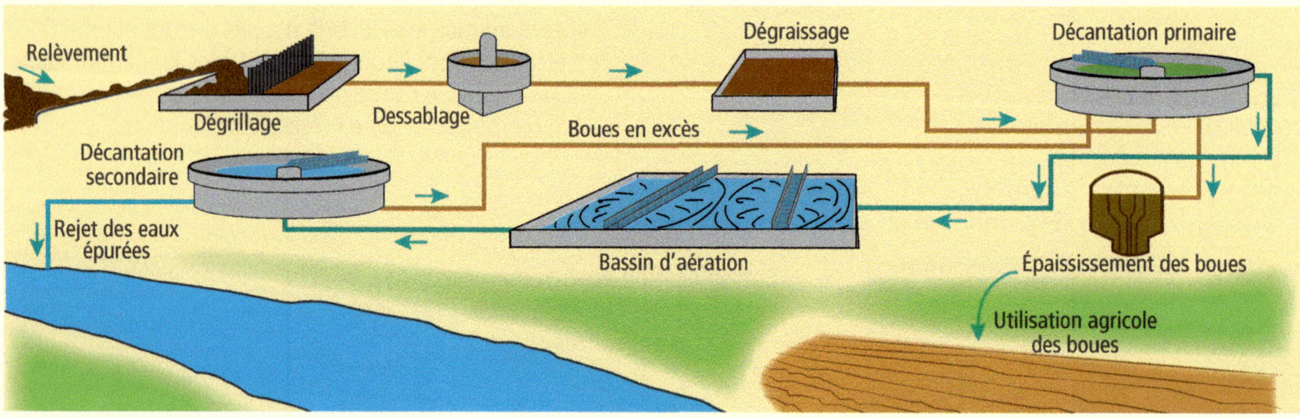

Questions

Analyser

1. a. Quel est le rôle d'une station d'épuration (doc. 1) ?
b. Par quelles techniques élimine-t-on les sables, les huiles ? Nommer les étapes correspondantes (doc. 3).

Réaliser

2. Mettre en œuvre le protocole (doc. 2). Regrouper les observations dans un tableau.

Rendre compte

3. Recopier et compléter le diagramme suivant pour résumer les principales étapes du traitement des eaux usées (doc. 2 et 3) permettant le rejet final dans la nature.

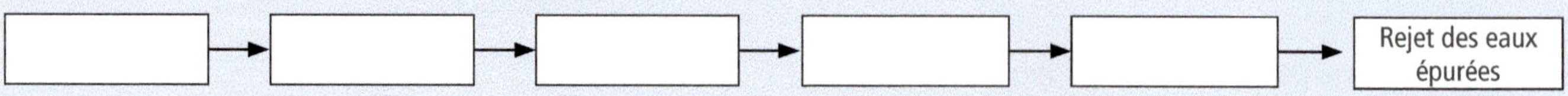

4 Fonctionnement d'une station de phytoépuration

● La phytoépuration met à profit le pouvoir épurateur des plantes pour traiter les eaux usées.

Comment les plantes nous aident-elles à purifier l'eau sale ?

1 Qu'est-ce que la phytoépuration ?

Ensemble de techniques naturelles issues de la combinaison des végétaux du sol et des micro-organismes, la phytoépuration permet surtout de traiter les nitrates, les phosphates et les métaux.

Elle se déroule dans un écosystème créé spécifiquement pour cela.

▸ jardinage.lemonde.fr

2 Étapes du fonctionnement d'une station de phytoépuration

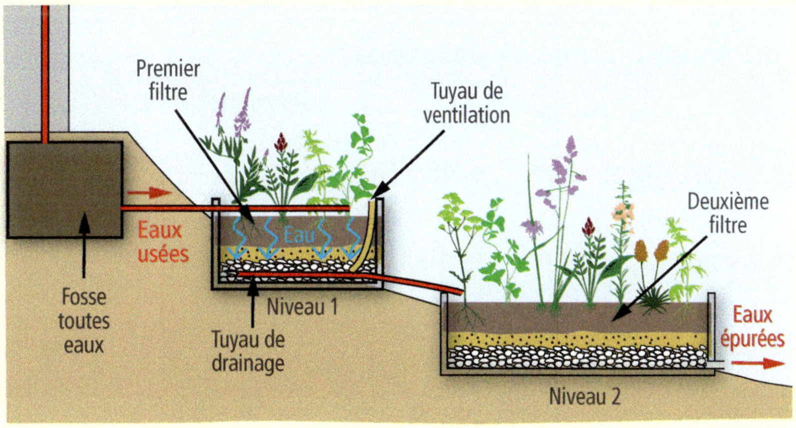

3 Fonctionnement d'une station de phytoépuration

Le système dirige les eaux usées vers des filtres formés par des espèces végétales soigneusement sélectionnées et capables d'absorber les polluants (bambous, roseaux, massettes, laîches…).

Ces filtres plantés, qui reproduisent un écosystème épuratoire naturel, traitent les eaux usées en plusieurs étapes :
- le prétraitement : les graviers et les racines des roseaux retiennent les grosses particules à la surface ;
- le traitement des composés chimiques dans plusieurs bassins remplis de substrat et de plantes : ces dernières absorbent les nitrates et les phosphates contenus dans les urines et les matières fécales. Le traitement chimique naturel permet aussi la décomposition de certains polluants ménagers ;
- le traitement biologique : les bactéries décomposent les dépôts accumulés au niveau des racines des végétaux afin de les transformer en éléments nutritifs pour ces plantes.

▸ consoglobe.fr

Questions

› Analyser

1. a. Quel est le principe de fonctionnement d'une station de phytoépuration (doc. 1) ?
b. Nommer les polluants que permet de traiter en particulier une station de phytoépuration (doc. 1).
c. Que permet le prétraitement (doc. 3) ?

› Réaliser

2. Construire un diagramme annoté qui explique le fonctionnement d'une station de phytoépuration et qui met en évidence les différentes étapes du traitement des eaux usées (doc. 2 et 3). On pourra s'inspirer du diagramme de l'activité 3, question 3 ▸ p. 102.

› Rendre compte

3. Sous la forme d'un tableau, comparer une station d'épuration classique ▸ activité 3 p. 102 et une station de phytoépuration, en mettant en évidence les similitudes et les différences.

1. Qu'est-ce que la pollution de l'eau ?

De par ses propriétés physico-chimiques, l'eau est un **excellent solvant**. Ainsi, une multitude de composés peuvent se dissoudre ou se diluer dans l'eau et, dans certains cas, la polluer.

Une eau est dite **polluée** lorsqu'elle contient des matières qui **dégradent sa qualité**. Toutes les matières qui ne peuvent être dégradées par l'eau naturellement sont considérées comme de la pollution. ▶ doc. 1

1 Les différentes formes de pollutions

Les pollutions peuvent être de différentes natures : physique, chimique ou biologique.

	Physiques	Chimiques	Biologiques
Pollutions	· Objets plastiques	· Hydrocarbures	· Bactéries
	· Déchets humains	· Pesticides	· Germes
	· Élévation de température	· Détergents	· Virus

2. D'où vient cette pollution ?

A Pollution domestique

On distingue deux types d'eaux usées domestiques :
– les **eaux ménagères**, qui proviennent des salles de bains et des cuisines, et qui sont généralement chargées de graisses, de débris organiques, de détergents, de solvants ;
– les **eaux-vannes**, qui viennent des toilettes et sont chargées de diverses matières organiques azotées et de germes fécaux.

B Pollution agricole

Elle est liée à :
– l'**élevage intensif** qui entraîne un excédent de déjections animales au-delà de la capacité d'absorption des terres. Ces déjections constituent une source de pollution des nappes phréatiques et des cours d'eau ;
– l'**utilisation accrue de produits apportés** comme des engrais (phosphate et nitrate) et des produits phytosanitaires (fongicides et pesticides), qui causent des dégâts sur les milieux aquatiques.

Le saviez-vous ?
En France, 50 % de la pollution de l'eau est d'origine agricole, 35 % est d'origine domestique, et 15 % d'origine industrielle.

C Rejets industriels

– Les **industries agroalimentaires** rejettent des matières organiques polluantes (des matières réductrices qui appauvrissent l'eau en dioxygène, des acides organiques, etc.), du sel et des matières en suspension non biodégradables.
– Les **industries lourdes** rejettent des métaux (Pb, Cd, Ni, etc.) qui génèrent une pollution toxique et persistante.
– Les **industries chimiques** rejettent des hydrocarbures et des produits secondaires de synthèse.
– Les **centrales thermiques** et l'**industrie sidérurgique** contribuent au réchauffement de l'eau. Il s'agit d'une pollution physique.

3. Effets de la pollution

La pollution de l'eau engendre des **risques** pour la **santé humaine** et pour l'**environnement**.

A Risques pour la santé

Le contact et la consommation d'une eau polluée ont un **effet direct** sur la santé. Mais les aliments peuvent également véhiculer les polluants de l'eau, qui touchent ainsi le consommateur : il s'agit d'un **effet indirect**.

Les effets de la consommation d'une eau polluée peuvent apparaître **à court terme ou à long terme** en raison de l'accumulation dans l'organisme des polluants. ▸ doc. 2

B Risques pour l'environnement

En voulant remédier à un problème comme l'attaque d'un ravageur à l'aide d'un insecticide, c'est également l'**élimination d'espèces utiles** comme les pollinisateurs qui est en jeu. Ainsi, les insectes auxiliaires naturels de culture sont aujourd'hui menacés.

De même, la surconsommation d'engrais entraîne la présence de nitrate et de phosphate, et provoque l'eutrophisation des cours d'eau par le développement d'algues. **Chaque déséquilibre écologique provoque le déclin d'espèces vivantes**.

Les polluants de l'eau sont responsables de l'**augmentation des cas d'allergies et de cancers**. Ils dégradent la qualité des milieux aquatiques et des sols, et provoquent ainsi le déclin de la biodiversité.

4. Comment traiter l'eau polluée ?

Dans une station d'épuration, le **dégrillage** enlève les déchets solides les plus volumineux, le **dessablage** élimine les sables et les solides les plus petits, le **dégraissage** supprime les matières ayant une densité inférieure à 1, c'est-à-dire à la densité de l'eau. Les **micro-organismes** biologiques ▸ doc. 3 traitent certains polluants. Une décantation finale permet d'éliminer les matières organiques produites par les bactéries. Les **boues d'épuration** obtenues sont généralement utilisées sous forme d'engrais dans les cultures. L'eau épurée est rejetée dans le milieu naturel.

La **station d'épuration** a pour objectif d'épurer l'eau pour qu'elle retrouve son équilibre, en dégradant ou en **éliminant une partie de la pollution**. ▸ activité 3 p. 102 Certains polluants ne peuvent être supprimés dans ces stations, d'où la nécessité de faire évoluer les techniques et les usages.

Il existe des alternatives à la station d'épuration classique. ▸ activité 4 p. 103

2 Pollution des cours d'eau

Rivière polluée en Inde.

Le risque pour la santé n'est pas seulement lié à l'ingestion. Le contact avec des polluants peut causer des allergies, des brûlures, des irritations, des maux de tête, des vomissements, des diarrhées, de l'asthme, et une exposition prolongée peut provoquer une baisse de fertilité, des cancers, ou encore des malformations congénitales.

3 Micro-organismes épurants

Dans les stations d'épuration, les bactéries de type protéobactéries sont prédominantes.

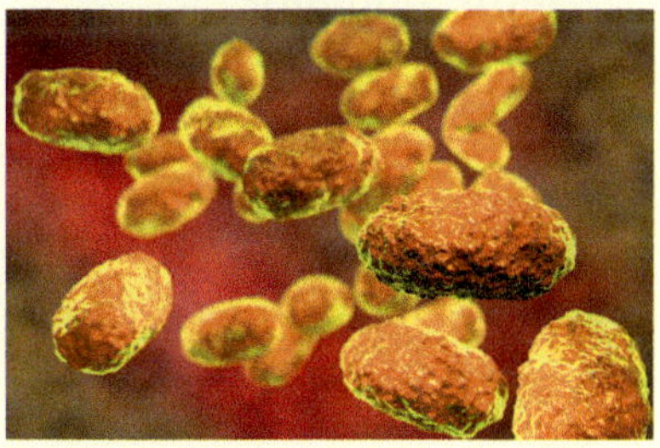

L'ESSENTIEL

Origines de la pollution

Étant un excellent solvant, **l'eau est vulnérable aux polluants**.

Industries chimiques et pétrochimiques	Pollutions domestiques	Industries minières et métallurgiques	Élevage hors-sol (porcheries...)

Pratiques agricoles intensives	Décharges d'ordures	Eaux usées des grandes villes	Accidents de transport

Les industries, l'agriculture intensive et les individus sont les principales sources de pollution de l'eau.

Effets de la pollution de l'eau

La pollution déséquilibre le milieu naturel, provoquant ainsi le déclin de nombreuses espèces vivantes, **animales** et **végétales**. La pollution a aussi des impacts sur la **santé humaine**.

Dépollution de l'eau

Les stations d'épuration traitent les eaux par des **procédés physico-chimiques** et grâce aux **micro-organismes biologiques**. Les techniques évoluent pour améliorer les traitements.

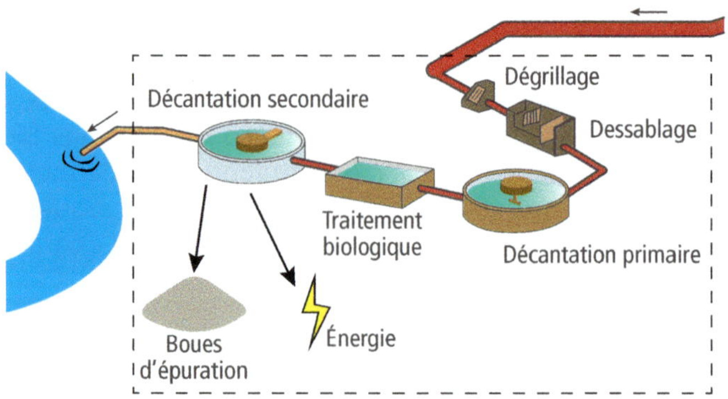

Toute la pollution ne passe pas par les stations d'épuration. De plus, beaucoup de polluants spécifiques ne peuvent être traités dans ces stations. Il est donc important que **chacun participe à la protection de la ressource eau**.

EXERCICES

Comprendre le cours ► p. 104-105

A. Compléter la grille de mots croisés (fournie par l'enseignant) et trouver le mot caché (cases vertes).

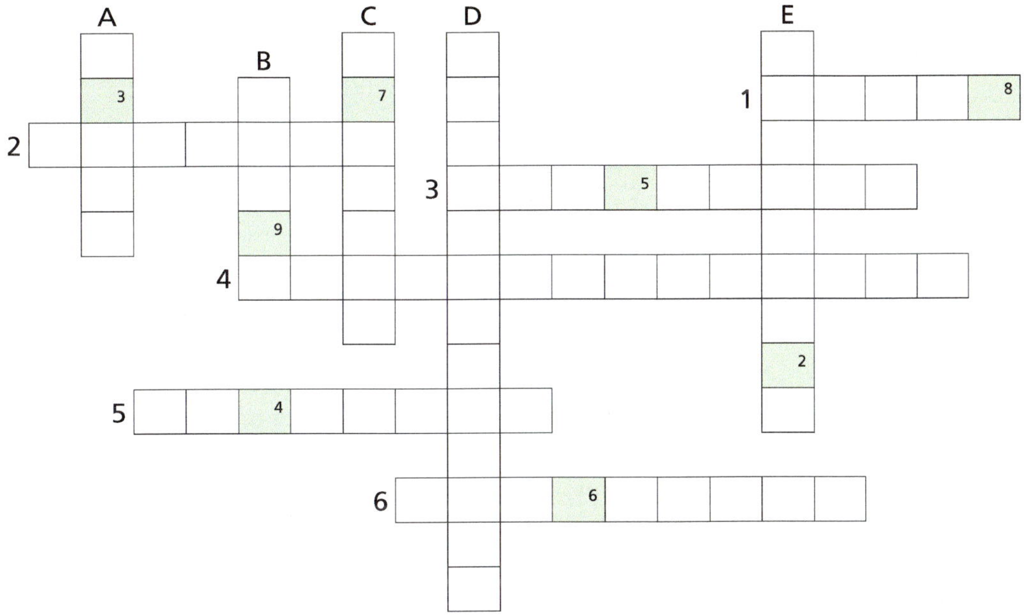

1. Préfixe d'origine grecque indiquant une relation avec les plantes.
2. Caractéristique de l'eau lui permettant de dissoudre un composé chimique.
3. Secteur d'activité émettant des métaux lourds.
4. Phénomène provoqué dans le milieu aquatique par une augmentation des substances nutritives.
5. La consommation d'une eau polluée peut engendrer chez l'homme des ....
6. Produit chimique utilisé en agriculture pour lutter contre les parasites animaux et végétaux nuisibles.

A. Ensemble des plantes d'une région, d'un milieu.
B. Ensemble des espèces animales vivant dans un espace géographique ou un habitat déterminé.
C. Ions présents dans les engrais azotés.
D. Ensemble des éléments (biotiques ou abiotiques) qui entourent un individu ou une espèce.
E. Action d'éliminer les impuretés contenues dans l'eau

Mot caché :

P	2	3	4	5	6	7	8	9

B. Recopier et compléter le texte suivant à l'aide des mots de la grille de mots croisés et du mot caché.

Avec le développement de l'agriculture intensive, l'homme a eu de plus en plus recours aux produits ....-sanitaires pour augmenter la productivité de ses exploitations. Cette nouvelle pratique a des conséquences sur l'............, qu'il s'agisse d'espèces animales (............) ou végétales (............), et sur l'homme, avec une exposition plus forte aux risques de .... L'utilisation d'engrais et de .... en excès favorise la production de .... dans le sol, ions qui vont s'épandre facilement dans le milieu : l'eau constitue en effet un parfait .... Les cours d'eau connaissent alors un bouleversement de leur équilibre et une perte de leur biodiversité (phénomène d'............). L'agriculture n'est pas le seul secteur polluant. Les stations d'........... permettent de retraiter les eaux usées avant leur réintroduction dans la nature.

Appliquer le cours

Qu'est-ce que la pollution de l'eau ?

▶ cours 1 p. 104

1 De quel type de pollution s'agit-il ?

Recopier le tableau ci-dessous et classer les polluants de l'eau suivants dans la bonne catégorie : micro-organismes, débris insolubles et non dégradables, matières organiques, produits organiques persistants, nitrate et phosphate, métaux lourds, acides nitrique et sulfurique, eaux chaudes rejetées par les centrales thermiques et nucléaires, hydrocarbures

Polluant biologique	Polluant physique	Polluant chimique

D'où vient cette pollution ? ▶ cours 2 p. 104

2 Pollution des eaux souterraines

D'après ES, Métropole, 2002

Le tableau ci-dessous montre les teneurs en nitrate mesurées dans l'eau du sous-sol de diverses zones.

Occupations de la zone	Nombres de points étudiés	Gammes des teneurs en nitrate observées en $mg.L^{-1}$ d'eau du sous-sol
Forêt ancienne	30	0-8
Bocage	80	1,5-15
Polyculture-élevage	30	3-19
Culture intensive	200	15-130
Zone agricole semi-urbanisée	50	20-150
Zone industrielle et urbaine	20	25-150

Rapport du groupe de travail Activités agricoles et qualité des eaux, ministère de l'Agriculture et de l'Environnement

1. Déterminer les deux origines principales de la pollution des nappes phréatiques.

2. Nommer le phénomène qui se produit dans un milieu aquatique enrichi en ions nitrate.

3 Eau d'un village

D'après ES (sujet zéro), 2012

Le maire d'un village a émis un avis déconseillant provisoirement la consommation de l'eau du robinet à la suite des analyses suivantes :

Paramètre	Valeur	Limite de qualité	Référence de qualité
Ammonium (NH_4^+)	< 0,04 mg/L		≤ 0,1 mg/L
Bactéries coliformes	1/100 mL		≤ 0/100 mL
Carbone organique total	1,5 mg/L		≤ 2 mg/L
Escherichia coli	0/100 mL	≤ 0/100 mL	
Fer total	< 20 µg/L		< 200 µg/L
Nitrates (NO_3^-)	65 mg/L	≤ 50 mg/L	
Température de l'eau	10,0 °C		≤ 25 °C
pH	8,05		≥ 6,5 et ≤ 9

1. Justifier l'avis émis par le maire.

2. Classer ces pollutions selon leur type.

3. Expliquer comment l'apport d'azote par les agriculteurs peut être source de pollution de l'eau.

Effets de la pollution ▶ cours 3 p. 105

4 Plomb

Le plomb a été ajouté à l'essence dès les années 1920.
Il a été très utilisé dans les canalisations et beaucoup d'habitations en contiennent encore.
Il s'accumule très rapidement dans l'environnement et son ingestion ou inhalation peut affecter le développement fœtal chez la femme enceinte ou diminuer les capacités cognitives chez l'enfant.
Le plomb est aussi toxique pour la faune, notamment les invertébrés d'eau douce et les oiseaux.

1. Quelles sont les sources de pollution au plomb ?

2. Dans le cas du plomb, expliquer comment la pollution de l'air devient une pollution de l'eau.

3. En quoi le plomb est-il dangereux pour l'homme ? pour l'environnement ?

Comment traiter l'eau polluée ? ▶ cours 4 p. 105

5 Fonctionnement d'une station d'épuration

Associer chaque nom d'étape à sa définition.

Dégriller	•	•	Séparer l'eau épurée de ses micro-organismes.
Décanter	•	•	Faire remonter les huiles à la surface pour ensuite les racler.
Traiter biologiquement	•	•	Utiliser des micro-organismes pour éliminer des polluants.
Dégraisser	•	•	Éliminer les plus gros débris.

Exercice résolu

Pollution des eaux par les nitrates

D'après ES, Pondichéry, 2004

Énoncé

L'eau d'une nappe phréatique ne contient naturellement pas de composés azotés. En effet, ceux-ci, provenant de la décomposition de la matière vivante par les micro-organismes, sont transformés en azote gazeux libéré dans l'atmosphère, ou restent piégés dans le sol lorsqu'ils sont en faible quantité. C'est l'augmentation artificielle de la quantité de composés azotés qui produit un excès d'azote entraîné vers la nappe. Cet azote, souvent d'origine agricole, se trouve sous la forme de nitrate et sels d'ammonium.
Un excès de nitrate présente des risques pour la santé des nourrissons. Lorsqu'ils sont transformés en nitrite lors de l'ébullition de l'eau dans une casserole, puis ingérés avec le lait d'un biberon, par exemple, ils peuvent se combiner à l'hémoglobine et provoquer une cyanose chez le nouveau-né.

1. **Quelle est l'origine principale de la pollution au nitrate ?**

2. **Donner la formule chimique des ions nitrate.**

3. **Sous quelle forme se trouve l'azote véhiculé vers la nappe phréatique ?**

4. **Quel est l'impact de la pollution aux ions nitrate sur la santé des nourrissons ?**

5. **Quel type de station d'épuration est le mieux adapté à cette forme de pollution ? Justifier.**

6. La pollution aux ions nitrate induit également l'eutrophisation des milieux aquatiques. **Définir ce phénomène, puis expliquer l'effet qu'il produit sur les milieux touchés.**

Solution

1. Cette pollution est d'origine agricole.

2. NO_3^-.

3. L'azote véhiculé dans la nappe phréatique se trouve sous forme de nitrate et de sels d'ammonium.

4. La pollution des eaux par les ions nitrate peut provoquer la cyanose du nourrisson (enfant bleu).

5. Pour ce type de pollution, on peut penser à une station de phytoépuration, qui a la capacité de traiter les ions nitrate.

6. L'eutrophisation est une dégradation d'un milieu aquatique liée à un apport excessif de substances nutritives, en particulier d'azote et de phosphore. L'augmentation de la quantité de nutriments favorise la prolifération d'algues et diminue le niveau de dioxygène dissous dans l'eau, ce qui perturbe les équilibres biologiques, et entraîne la mort de la faune et de la flore du milieu aquatique.

Rendre compte
Écrire la formule chimique d'un composé ionique.

Analyser
Rechercher dans le texte d'où provient l'azote présent dans les nappes phréatiques, et identifier la forme qu'il prend à ce moment.

Repérer dans le texte les conséquences de la consommation de nitrate.

Rendre compte
Faire un choix argumenté fondé sur ses connaissances.

Définir un phénomène de pollution et connaître ses conséquences sur l'environnement.

S'entraîner

* 1 Micropolluants

D'après ST2S Antilles, Guyane, 2018

Les prélèvements réalisés par les organismes de contrôle de la qualité de l'eau sont souvent effectués après la station d'épuration. Lorsque ces contrôles montrent la persistance de micropolluants, des techniques de traitement complémentaires sont utilisées pour les éliminer. La désinfection par rayonnement UV fait partie de ces techniques.

1. **Rechercher la définition d'un micropolluant.**

2. **Donner la signification du sigle UV.**

3. **Rechercher une source de rayonnement UV.**

4. L'efficacité maximale de la désinfection UV est atteinte lorsque les photons émis ont une énergie voisine de $7{,}80 \times 10^{-19}$ J. L'énergie d'un photon peut se calculer avec la formule :

$$E = \frac{h \times c}{\lambda}$$

où λ est la longueur d'onde, avec $h = 6{,}62 \times 10^{-34}$ J·s, et $c = 3{,}00 \times 10^{8}$ m/s. **Montrer que pour une efficacité maximale de la désinfection UV, la longueur d'onde du rayonnement utilisé vaut environ $\lambda = 255$ nm.**

* 2 Marée noire

Les marées noires surviennent lors d'accidents, de naufrages ou du nettoyage des cuves de pétroliers. Le pétrole se rassemble en nappes à la surface de l'eau et est entraîné par les courants. L'arrivée de ces nappes sur les plages ou les récifs est une catastrophe pour la faune et la flore.
Une des techniques de traitement des marées noires est l'encerclement par des barrages flottants, suivi du pompage de ces nappes.

Données : La densité de l'eau de mer est de 1,3.

Propriétés physico-chimiques du pétrole :

Solubilité dans l'eau	Densité
Insoluble	Entre 0,6 et 0,8

1. **Quelles sont les causes des marées noires ?**

2. **Quelles en sont les conséquences ?**

3. **Pourquoi le pétrole se rassemble-t-il en nappes ?**

4. **Pourquoi le pétrole flotte-t-il à la surface de l'eau ?**

5. **Critiquer l'efficacité de la méthode utilisée pour éviter les marées noires.**

** 3 Mercure et or

• L'extraction artisanale de l'or (orpaillage) à petite échelle est une activité très polluante à cause de l'utilisation du mercure dans son procédé :
– Le minerai qui contient l'or est d'abord concassé finement pour former un « sable ».
– Une grande quantité de mercure est ajoutée à ce sable, de manière à former un amalgame* avec l'or.
– L'amalgame est récupéré, et le reste du sable rejeté en rivière.
– L'amalgame est ensuite chauffé pour faire évaporer le mercure, et ne conserver que l'or.

***Amalgame** : alliage de mercure avec un autre métal (ces alliages ont la particularité de se former facilement à température ambiante).

• Le mercure est un métal très toxique pour l'homme, et tout particulièrement pour les jeunes enfants, les femmes enceintes et les personnes âgées. La forme gazeuse du mercure est particulièrement nocive, car elle pénètre dans les poumons, le sang et le cerveau.

Données :

Métaux	Températures de fusion	Températures d'ébullition
Mercure	−38 °C	356 °C
Or	1 064 °C	2 856 °C

1. **Lors de quelles étapes le mercure est-il relâché dans l'environnement ?**

2. **Sous quelle forme celui-ci est-il libéré ?**

3. **Pourquoi cette diffusion est-elle un problème ?**

4. **Expliquer en quelques lignes le rapport entre la consommation de poisson et les concentrations de mercure détectées chez l'homme.**

5. **Lors de la dernière étape, quelle est la température de chauffage minimale nécessaire à la réalisation du procédé ?**

6. **Existe-t-il une température maximale à ne pas dépasser ? Pourquoi ?**

7. Pour extraire 0,99 g d'or, on doit ajouter 3,66 g de mercure au sable, et 2,37 g de mercure restent présents dans l'amalgame. **Calculer la masse de mercure non utilisée lors de l'amalgamation.**

** 4 Chlordécone

D'après ES/L, Nouvelle-Calédonie, 2016

Entre 1981 et 1993, le chlordécone, pesticide organochloré, a été utilisé dans les bananeraies aux

Caraïbes pour lutter contre le charançon, un insecte qui occasionne des dégâts considérables aux plants de bananier qu'il infeste. Son utilisation est interdite depuis 1993 pour des raisons sanitaires.
À température ambiante et à pression atmosphérique normale, le chlordécone se présente sous forme de cristaux blancs.
Sa solubilité dans l'eau est d'environ 0,002 g/L. Par conséquent, la teneur en chlordécone des eaux de ruissellement et des eaux de lessivage est faible.
La molécule de chlordécone se fixe préférentiellement sur le carbone de la matière organique présente dans les sols, les sédiments, l'eau et les êtres vivants. Cette molécule peut aussi être piégée dans les interstices des argiles. Dans les sols et les sédiments, le processus primaire de décomposition du chlordécone par les micro-organismes (ou biodégradation) est minime. Cette molécule n'est pas dégradée par la lumière.
À forte dose, cette molécule peut provoquer les effets suivant chez l'être humain :
– des troubles neurologiques et une perturbation du fonctionnement du foie ;
– le cancer de la prostate chez les hommes ;
– un raccourcissement de la durée de gestation chez les femmes, et donc un risque accru de prématurité, avec les nombreux problèmes de santé associés (troubles respiratoires, risques d'infections augmentés, altération du développement du cerveau, etc.).

1. **Expliquer pourquoi, malgré l'arrêt de l'utilisation de ce produit phytosanitaire depuis 1993, le chlordécone persiste encore dans l'environnement.**

2. **En utilisant les données suivantes, dire quels produits sont encore impropres à la consommation à cause du chlordécone.**

Milieux ou organismes	Teneurs en chlordécone
Eau de rivière	0,17 à 6,6 μg/L
Eau souterraine	0,01 à 0,03 μg/L
Patate douce	300 μg/kg
Banane	< 1 μg/kg
Poisson de rivière	4 μg/kg
Poisson de mer	31 μg/kg

Teneur maximale autorisée en chlordécone dans l'eau destinée à la consommation humaine : 0,1 μg/L

Teneur maximale autorisée en chlordécone dans les sols, végétaux et animaux par le ministère de l'Agriculture : 20 $\mu g \cdot kg^{-1}$.

5 Station de potabilisation de l'eau

Voici le schéma de fonctionnement d'une station de potabilisation :

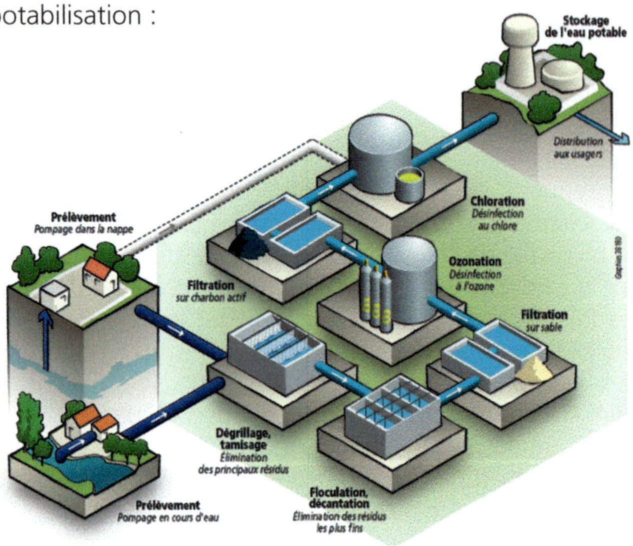

À l'aide de ce schéma et de ses connaissances, répondre aux questions suivantes :

1. D'où proviennent les eaux à traiter ?

2. Quels sont les traitements semblables à ceux de la station d'épuration ?

3. À quoi servent l'ozonation et la chloration ?

4. Où sont acheminées les eaux après traitement ?

5. Dresser un tableau afin de déterminer les points communs et les différences entre une station d'épuration et une station de production d'eau potable.

6 Station d'épuration originale

D'après ES, Afrique, 2016

1. À l'aide des documents de l'activité 4 ▶ p. 103, justifier l'intérêt de choisir des plantes capables d'absorber les ions nitrate et phosphate.

2. D'où proviennent majoritairement les ions nitrate présents dans l'eau ?

On se propose de tester l'efficacité d'un système de phytoépuration de ce type, en réalisant un dosage de l'azote total de la matière organique contenue dans les eaux épurées à la sortie du dernier bassin.

Pour cela, l'échantillon d'eau épurée est minéralisé pour que l'élément azote se retrouve sous forme d'ammoniaque, puis la solution obtenue est dosée par la méthode dite de « dosage par comparaison ».

Protocole expérimental

On prélève un volume V_{eau} = 20,0 mL de solution témoin contenant de l'azote, dont la concentration massique C_0 est de 30 mg/L. On ajoute quelques gouttes de bleu de bromothymol, puis on effectue un dosage avec une solution d'acide chlorhydrique. On observe un changement de couleur pour un volume d'acide versé V_1 = 18,2 mL.

On prélève ensuite un échantillon d'eau épurée de même volume, V_{eau} = 20,0 mL à la sortie du dernier bassin, et on effectue le dosage de la même façon que pour la solution témoin. Pour observer le même changement de couleur, il faut verser un volume V_2 = 7,1 mL d'acide.

Remarque : La concentration massique en azote est proportionnelle au volume d'acide versé pour un volume d'eau prélevé identique.

3. Quel type de réaction se produit entre l'acide chlorhydrique et l'ammoniac ?

4. Quel type de dosage est utilisé dans le protocole ?

5. Quel est l'indicateur utilisé ?

6. Calculer la concentration massique en azote dans l'eau épurée.

7. À l'aide du tableau ci-dessous, en déduire si l'une des normes européennes est respectée.

Normes européennes

Paramètres	Concentrations maximales admissibles
Azote total	15
Phosphore total	2
Total des matières solides en suspension	35

POUR ALLER PLUS LOIN

Dosage des ions nitrate dans une eau

L'ion nitrate (NO_3^-) est l'aliment azoté de base de la plante et la clé de rendements élevés. Les ions nitrate que les racines trouvent dans le sol ont diverses origines : la dégradation de l'humus, la matière organique (fraîche ou compostée) apportée comme fertilisant ou l'azote nitrique des engrais azotés chimiques.
Si les ions nitrate sont dangereux, ce n'est pas par eux-mêmes, mais parce qu'ils peuvent donner naissance à des composés infiniment plus toxiques : les ions nitrite (NO_2^-) et les nitrosamines.

1 Coloration des ions nitrate

En présence d'acide 2,4-phénoldisulfonique, les ions NO_3^- réagissent avec l'apparition d'une coloration jaune.
La concentration en ions NO_3^- de cette solution peut alors être déterminée par la mesure de son absorbance (mesure de sa capacité à absorber une lumière qui le traverse) à l'aide d'un spéctophotomètre.

Pour assurer une bonne coloration, suivre le protocole suivant :

1. Prélever précisément 50 mL de solution étalon E (de concentration en NO_3^- connue) dans un bécher de 100 mL. Faire évaporer à sec sur une grande plaque chauffante.
2. Ajouter au résidu, après refroidissement, 2 mL précisément de réactif (acide phénoldisulfonique ou APD), avec précaution. Laisser réagir quelques minutes.
   Remarque : On voit une coloration jaune pâle apparaître.
3. Avec beaucoup de précaution et sous hotte, ajouter goutte à goutte 10 mL de soude concentrée (à 10 mol/L).
   Remarque : En milieu basique, la coloration devient beaucoup plus intense.
4. Transférer dans une fiole de 100 mL et compléter avec de l'eau distillée. On obtient ainsi la solution mère S_0.
5. Suivre le même protocole pour l'eau à tester.
   On appelle S_{test} la solution ainsi obtenue.

2 Dilution de la solution mère

On dispose de la solution mère S_0 précédente. Préparer 100 mL des solutions S_1, S_2, S_3, S_4 et S_5 par dilution à partir des proportions suivantes :

Solution	S_1	S_2	S_3	S_4	S_5
Volume de S_0 (en mL)	1,0	2,0	3,0	4,0	5,0
Eau distillée	Compléter pour obtenir 100 mL de solution totale.				

Questions

› Réaliser

1. En utilisant un spectrophotomètre, mesurer l'absorbance A des solutions S_0, S_1, S_2, S_3, S_4, S_5, S_{test}.
2. Recopier, puis compléter le tableau ci-dessous rassemblant les résultats des différentes mesures.

Solution	S_0	S_1	S_2	S_3	S_4	S_5
Concentration C en NO_3^- (g/l)						
Absorbance A						

3. À l'aide de ces valeurs, tracer sur du papier millimétré ou à l'aide d'un logiciel tableur-grapheur la courbe représentant l'absorbance A en fonction de la concentration C.

› Analyser

4. À l'aide du graphique et de la valeur d'absorbance, déterminer la concentration en ions nitrate de la solution test (S_{test}).

8 La qualité des eaux naturelles

Tester les prérequis

Choisir la ou les bonnes réponses.

1 Quelle espèce chimique permet de détecter la présence d'eau ?
a. Le sulfate de fer **b.** Le sulfate de cuivre **c.** Le sulfate de cuivre anhydre

2 Afin de vérifier la qualité de l'eau d'un aquarium, on peut mesurer :
a. son pH. **b.** sa dureté. **c.** sa conductivité.

3 Peut-on dissoudre un gaz dans l'eau pour la rendre gazeuse ?
a. Non, le gaz et l'eau forment un mélange hétérogène.
b. Oui, le gaz sera appelé le soluté, et l'eau le solvant.
c. Oui, le gaz peut être soluble dans l'eau.

4 Qu'est-ce qu'un ion ?
a. C'est un atome ou un groupe d'atomes ayant gagné ou perdu un ou plusieurs électrons.
b. C'est une espèce chimique chargée.
c. C'est une molécule.

5 Pour identifier certains ions, on peut former par réaction chimique :
a. un liquide. **b.** un précipité. **c.** une solution.

6 L'eau est le solvant dans une solution :
a. organique. **b.** liquide. **c.** aqueuse.

7 Avant d'être rejetée dans son milieu naturel, l'eau doit être traitée dans :
a. une station de potabilisation.
b. une station d'épuration.
c. une station de recyclage.

8 Avant de consommer l'eau extraite de son milieu, celle-ci peut être traitée dans :
a. une station de potabilisation.
b. une station d'épuration.
c. une station de recyclage.

Usine d'embouteillage d'eau minérale.

Comment déterminer la qualité d'une eau naturelle ?

Objectifs

- **Étudier les constituants d'une eau minérale.**
  ▶ Activité documentaire 1 : Normes de potabilité d'une eau p. 116
- **Connaître les paramètres de qualité d'une eau.**
  ▶ Activité documentaire 2 : Qualité des eaux de certains lacs p. 117
- **Identifier les facteurs de dégradation de la qualité de l'eau.**
  ▶ Activité documentaire 3 : Pollution par les engrais p. 118
- **Caractériser la qualité de l'eau dans l'industrie.**
  ▶ Activité documentaire 4 : Qualité de l'eau et industrie p. 119

1 Normes de potabilité d'une eau

En France, il n'est pas rare d'observer des personnes se désaltérant sans précaution dans une rivière ou à une fontaine publique. Pourtant, toute eau n'est pas bonne à boire.

Quelle eau est considérée comme potable ?

1 Critères de potabilité

Pour définir si une eau est **potable**, la législation européenne fixe un certain nombre de **normes**.

Les **critères de potabilité** sont répartis en différentes catégories :

- **qualité organoleptique** (saveur, odeur, couleur...) ;
- **qualité microbiologique** (absence de micro-organismes pathogènes) ;
- **paramètres physico-chimiques** (pH, température, minéralisation...) ;
- **composition chimique** : concentration maximale de certaines substances toxiques ou indésirables (métaux lourds, nitrate, phosphate, pesticides, hydrocarbures...).

Pour vérifier le respect de ces normes, les services comme la **direction des Affaires sanitaires et sociales** réalisent des **contrôles sanitaires** ponctuels.

2 Eaux de consommation en France

En France, on distingue souvent les eaux embouteillées (eaux de source et eaux minérales) et l'eau du robinet. Ces eaux proviennent pour une grande part de nappes souterraines protégées. Elles ont une composition en sels minéraux variable selon leur site de captage. Leur minéralisation totale reste contrôlée et limitée à 1 500 mg/L. Les eaux minérales doivent répondre à des normes plus strictes et conserver toujours la même composition. Les eaux faiblement minéralisées (résidu sec inférieur à 500 mg/L) conviennent à tous, même aux nourrissons, dont les reins immatures ne supportent pas l'excès de minéraux. Les eaux moyennement ou très minéralisées complètent les apports alimentaires (calcium, magnésium...), mais risquent parfois de surcharger l'organisme (sodium, fluor). Il faut donc les choisir selon ses besoins. Sauf carence identifiée, il est conseillé d'alterner les marques.

3 Eau minérale et normes de potabilité

Minéralisation en mg/L de l'eau Contrex*

Ion	Calcium	Magnésium	Fluorure	Sulfate	Sodium	Hydrogénocarbonate	Nitrate	Potassium
Concentration massique en mg/L	486	84	10	1 187	9,1	403	2,7	3,2

Normes de potabilité pour les eaux du robinet et les eaux de source (arrêtés du 11 janvier 2007)**

Ion	Chlorure	Sulfate	Magnésium	Sodium	Potassium	Nitrate	Fluorure
Teneur maximale en mg/L	200	250	50	150	12	50	1,5

* Résidu sec à 180 °C : 2 125 mg/L ** Résidu sec à 180 °C : 1 500 mg/L

Questions

Analyser

1. a. Indiquer la provenance des eaux de consommation (doc. 2).

b. Justifier pourquoi toutes les eaux n'ont pas la même composition en sels minéraux (doc. 2).

c. Citer quatre sels minéraux présents dans une eau de consommation (doc. 3).

d. Pourquoi faut-il choisir avec vigilance l'eau destinée aux nourrissons (doc. 2) ?

Critiquer

2. Expliquer pourquoi l'eau Contrex n'est pas potable au sens des arrêtés du 11 janvier 2007 (doc. 1 et 3).

2 Qualité des eaux de certains lacs

● L'expression « pluie acide » ▶ chap. 4 p. 69 désigne toute forme de précipitation acide (pluie, neige, brouillard, etc.).

Quelles sont les conséquences des pluies acides sur les milieux aquatiques ?

1 Origine des pluies acides

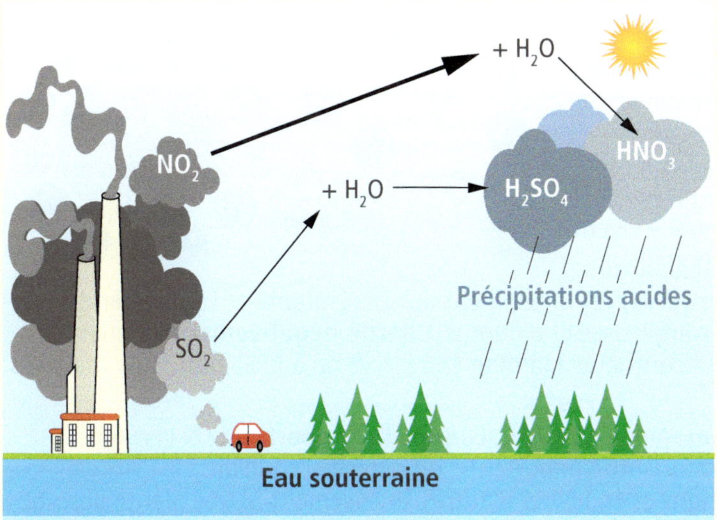

Réactions chimiques :

$$3\,NO_{2(g)} + H_2O_{(l)} \rightarrow 2\,HNO_{3(aq)} + NO_{(aq)}$$

et

$$2\,SO_{2(g)} + O_{2(g)} \rightarrow 2\,SO_{3(g)}$$

$$SO_{3(g)} + H_2O_{(l)} \rightarrow H_2SO_{4(aq)}$$

2 Impacts sur l'eau

L'acidification des lacs augmente au printemps, car la fonte des neiges entraîne les polluants déposés au sol, qui s'ajoutent à la pollution par la pluie. Les premiers à souffrir de cette baisse de pH sont les œufs : beaucoup n'éclosent pas ou donnent des alevins non viables. Par exemple, la rivière Vikedal en Norvège a atteint un pH de 3,8, alors qu'habituellement il est compris entre 6 et 8. La truite et la perche ont déserté la moitié des 4 000 lacs de l'Ontario au Canada. Les saumons ne survivent plus dans 9 rivières de la Nouvelle-Écosse (province canadienne) où ils prospéraient autrefois. Un lac touché par la pollution acide est étonnamment transparent. Comme il ne reste presque plus d'êtres vivants dans le lac, et que les poussières et sédiments sont souvent retenus dans son lit par certaines mousses qui survivent dans les eaux acides, son eau devient transparente comme le cristal.

3 Une solution : le chaulage

L'ajout de chaux vive $CaO_{(s)}$ permet de rééquilibrer le pH des eaux de lacs et de rivières. Après réaction avec l'eau, la chaux vive donne de la chaux éteinte :

$$Ca^{2+}_{(aq)}, 2\,HO^-_{(aq)}$$

Questions

› Réaliser

1. Calculer la concentration en acide chlorhydrique d'une solution d'acide chlorhydrique de même pH que la rivière Vikedal (doc. 2 et chap. 4 ▶ p. 63).

› Analyser

2. a. Pourquoi l'eau d'un lac acide paraît-elle pure (doc. 3) ?

b. Expliquer l'effet de l'ajout de chaux vive sur l'acidité des lacs. Justifier par une équation de réaction (doc. 3 et chap. 4 ▶ p. 62).

› Rendre compte

3. En utilisant l'ensemble des documents, rédiger un paragraphe argumenté d'une dizaine de lignes expliquant les origines, les effets et l'une des solutions apportées à l'acidification de certains lacs.

3 Pollution par les engrais

● Le sol des champs s'appauvrit en éléments nutritifs du fait de la culture. Il est nécessaire de suppléer à cet appauvrissement.

Pourquoi un apport trop important d'engrais contribue-t-il à la pollution de certaines nappes phréatiques ?

1 Composition des engrais

Les engrais sont des mélanges d'éléments nutritifs destinés à augmenter le rendement et la qualité des cultures. Les éléments de base de la plupart des produits du commerce sont l'**azote** (N), le **phosphore** (P) et le **potassium** (K). On parle d'ailleurs d'engrais **NPK** pour désigner les produits associant ces trois éléments chimiques. L'azote contribue au développement des parties aériennes de la plante (feuillage) et s'utilise au printemps pour stimuler le démarrage de la végétation. Le phosphore accroît la résistance générale des plantes et participe à la croissance des racines. Quant au potassium, il favorise la floraison et le développement des fruits.

2 Comment le sol retient-il les minéraux ?

Le sol n'est pas une matière inerte, il est le lieu d'échanges constants entre les minéraux, les végétaux et les animaux qui y vivent.

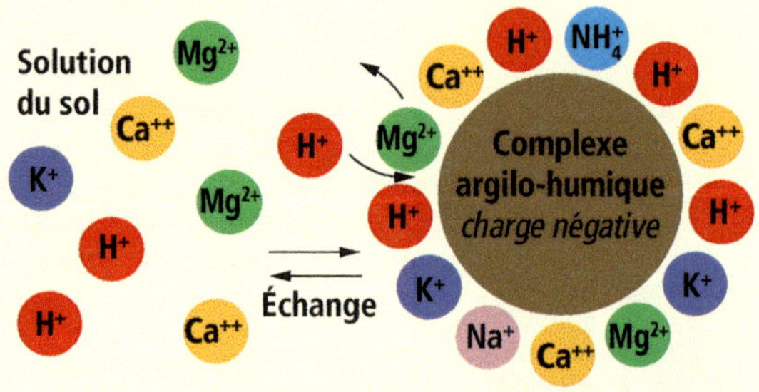

Le **complexe argilo-humique (CAH)** est un élément du sol résultant de l'agglomération de particules argileuses et d'humus. **Chargé négativement**, il retient les cations, et contribue à la mise en réserve ou à la libération de matières nutritives pour les végétaux.

Fonctionnement du CAH : Lorsque l'on apporte au sol certains cations en quantité importante, on déplace l'équilibre : le CAH va fixer ces ions et en libérer d'autres. Inversement, si une plante absorbe certains minéraux présents dans l'eau, le CAH va en libérer jusqu'à ce qu'un nouvel équilibre soit atteint.

3 Besoins d'une plante

Pour vivre, une plante a besoin d'**eau**, de **sels minéraux**, d'**air**, de **lumière** (directe ou indirecte) et de **chaleur**. Les **engrais** fournissent des sels minéraux aux plantes lorsqu'elles en manquent.

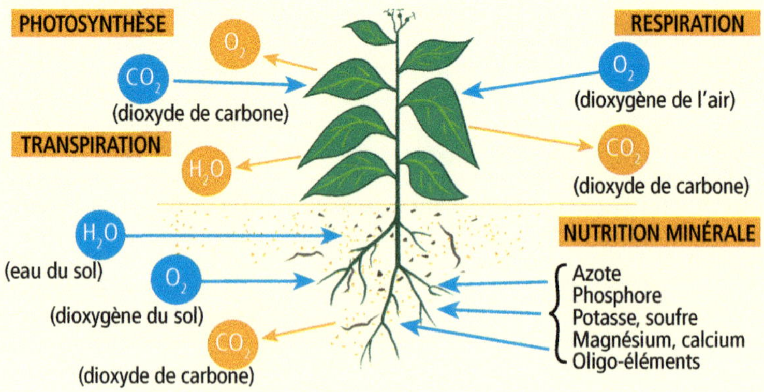

Questions

› Analyser

1. Donner le signe de la charge du complexe argilo-humique. Indiquer le type d'ions retenus par celui-ci (doc. 2).

2. Les ions nitrate NO_3^- et les ions calcium Ca^{2+} sont-ils susceptibles d'être piégés par le complexe argilo-humique ? Justifier (doc. 2).

› Rendre compte

3. Justifier que l'engrais contient de l'azote N sous forme d'ions nitrate NO_3^- (doc. 1, 2 et 3).

4. Expliquer pourquoi un apport important d'engrais NPK juste après le semis a pour conséquence une augmentation de la teneur en nitrate de la nappe phréatique, rendant l'eau non potable (doc. 1 et 2).

4 Qualité de l'eau et industrie

● Dans l'industrie pharmaceutique, l'eau joue un rôle dans la composition du produit lui-même, dans le procédé de production et dans le nettoyage. Ainsi, les exigences vis-à-vis de la qualité de l'eau sont élevées.

Quelle eau utiliser dans l'industrie pharmaceutique ?

1 Eau ultra-pure

La qualité de l'eau du réseau est insuffisante pour l'industrie pharmaceutique, parce qu'elle contient des sels dissous, des matières organiques, des particules et des micro-organismes qui polluent, voire détruisent les produits ou les procédés. L'industrie pharmaceutique utilise de l'eau ultra-pure de qualité élevée, qui doit répondre à des exigences réglementaires très strictes. L'eau ultra-pure ne contient par définition que des molécules H_2O, ainsi que des ions H^+ et OH^- en équilibre. ▸ chap. 5 p. 74 De ce fait, la conductivité de l'eau ultra-pure est d'environ 0,054 µS/cm à 25 °C. ▸ chap. 3 p. 47

2 Fabrication de l'eau ultra-pure

La distillation constitue le plus souvent le traitement physico-chimique ultime d'une filière de production d'eau purifiée. L'eau obtenue est d'une très grande pureté physico-chimique et microbiologique ; sa conductivité est extrêmement faible. L'eau distillée est produite par chauffage, évaporation, puis liquéfaction sur une paroi froide de l'eau introduite dans l'appareil.

3 Traitement aux UV

L'eau utilisée dans l'industrie pharmaceutique est soumise à des critères particuliers. C'est pour cette raison qu'il faut procéder à la désinfection aux ultraviolets. L'eau obtenue par ce traitement est pauvre en germes.

4 Préparation d'un médicament pour injection

a. Prélever à l'aide d'une seringue la totalité du flacon contenant l'eau ultra-pure pour injection.

b. Injecter tout le contenu de la seringue dans le flacon contenant la poudre.

c. Agiter doucement jusqu'à ce que la poudre soit totalement dissoute.

d. Aspirer toute la solution dissoute.

e. Purger, puis administrer.

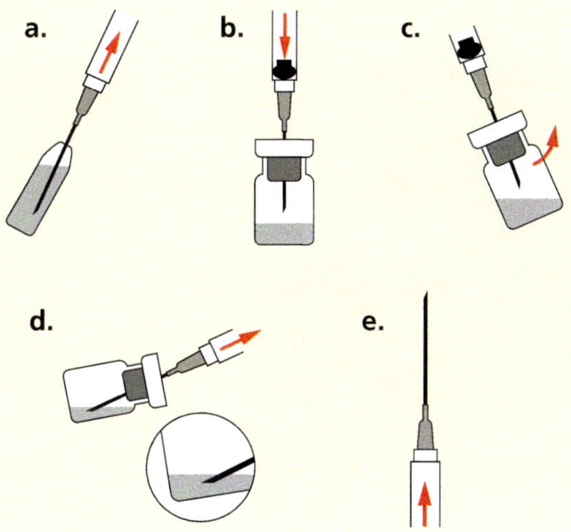

Questions

› Analyser

1. Quel type d'eau est utilisé par l'industrie pharmaceutique (doc. 1) ?

2. Détailler les traitements subis par l'eau pour en ôter toute source pathogène (doc. 2 et 3).

3. Donner le nom de la technique opératoire illustrée dans le doc. 4.

4. Identifier le soluté et le solvant dans la préparation présentée dans le doc. 4.

› Réaliser

5. Rechercher un autre domaine industriel utilisant de l'eau ultra-pure.

COURS

1. Qu'est-ce qu'une eau potable ?

Pour rendre l'eau potable, on applique des **traitements** qui, s'ils peuvent varier suivant l'origine et la qualité de l'eau, obéissent tous au même principe : on élimine les matières contenues dans l'eau par étapes successives, jusqu'aux organismes microscopiques comme les virus et les microbes. Toutes ces étapes sont effectuées dans une usine de production d'eau potable.

L'eau potable est une eau qui ne doit pas porter atteinte à celui qui la consomme. Elle doit répondre à une série de critères définis par les arrêtés du 11 janvier 2007 du ministère de la Santé. ▶ doc. 1

Le saviez-vous ?

Une usine de **traitement des eaux** ou de **potabilisation** n'est pas une station d'épuration.
Elle ne « nettoie » pas les eaux usées, mais rend potable des eaux de captage avant de les envoyer dans le réseau de distribution.
▶ chap. 7, exercice 5 p. 112

1 Critères de qualité d'une eau potable

Paramètres organoleptiques	Paramètres physico-chimiques	Paramètres chimiques	Paramètres microbiologiques	Paramètres micropolluants
Coloration, odeur, turbidité, saveur	Température, pH, conductivité, minéralisation (chlorure, sulfate, nitrate...)	Substances indésirables, toxiques	Substances pathogènes (microbes, virus)	Substances néfastes pour l'environnement

L'eau potable fait l'objet de contrôles sanitaires au point de captage, en production et en cours de distribution. ▶ doc. 2 Ces **analyses** sont effectuées par les agences régionales de santé (ARS).

2 Malette d'analyse chimique permettant d'effectuer les tests de qualité sur le terrain

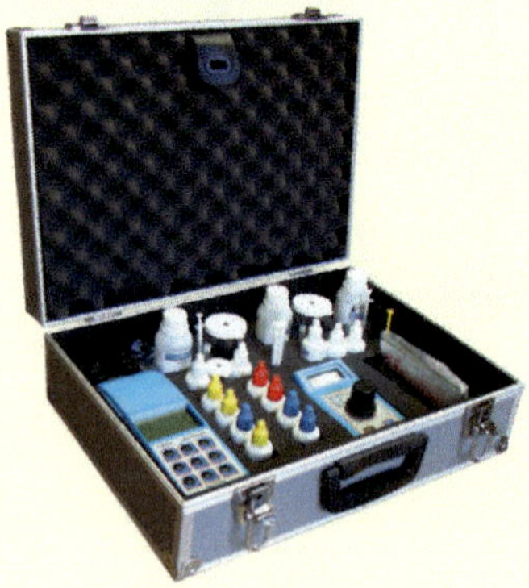

2. Qualité de l'eau sur notre planète

L'eau est un élément essentiel pour le développement de la vie. En raison de son **caractère vital**, l'eau consommée doit être de bonne qualité sanitaire afin d'éviter la contamination de notre alimentation, et donc le développement de maladies souvent graves.

- Plus de 80 % des égouts des pays en voie de développement sont déversés sans traitement dans le milieu naturel.
- Les populations urbaines devraient augmenter fortement : les capacités de certains captages pourraient devenir insuffisantes, entraînant des pénuries d'eau.
- De nombreuses industries très polluantes sont délocalisées vers les pays émergents n'ayant pas de normes environnementales.

La qualité de l'eau baisse partout dans le monde en raison surtout des activités de l'homme : la croissance démographique toujours plus importante, l'urbanisation rapide, le rejet d'organismes pathogènes et de produits chimiques provenant des industries contribuent fortement à la détérioration de la qualité de l'eau.

L'eau insalubre, l'assainissement insuffisant et le manque d'hygiène causent environ 842 000 morts chaque année (OMS/UNICEF, 2014).

3. Changements climatiques et qualité de l'eau

Les conséquences du réchauffement climatique se font sentir par la modification de la **qualité** et de la **quantité** d'eau disponible. Des liens existent entre ces deux enjeux. Les inondations, la sécheresse et la pollution de l'eau sont aggravées par la dégradation de la végétation, des sols, des rivières et des lacs.

Il s'agit de la crise la plus grave que l'homme aura à affronter dans les années à venir.

Le saviez-vous ?

Pour connaître la **qualité de l'eau de sa commune**, on peut se rendre en mairie ou consulter le site officiel de l'administration française :
▶ solidarites-sante.gouv.fr/sante-et-environnement/eaux/article/qualite-de-l-eau-potable

4. Accords nationaux et internationaux sur l'eau

La réglementation sert de support à la mise en œuvre des politiques publiques dans le domaine de l'eau et des milieux aquatiques. Elle permet la mise en place d'actions concrètes. La réglementation s'exprime à différentes échelles :

- au niveau local, la police de l'eau est un service de l'État dirigé par le préfet du département et qui contrôle tous les domaines liés à l'eau ;
- au niveau national ▶ doc. 3 ;
- au niveau international. ▶ doc. 4.

3 Loi du 3 janvier 1992 (France)

« L'eau fait partie du patrimoine commun de la nation. Sa protection, sa mise en valeur et le développement de la ressource utilisable, dans le respect des équilibres naturels, sont d'intérêt général. (...) chaque personne physique, pour son alimentation et son hygiène, a le droit d'accéder à l'eau potable dans des conditions économiquement acceptables par tous. »

4 Journée mondiale de l'eau

Thème 2018 : *« L'eau : la réponse est dans la nature. »*

La Journée mondiale de l'eau met l'accent sur l'importance de l'accès universel à des installations d'eau potable, d'assainissement et d'hygiène dans les pays en développement. La journée est également consacrée à la promotion de la gestion durable des ressources en eau douce.

L'ESSENTIEL

L'eau potable est un enjeu majeur pour le développement durable.

Les critères de qualité de l'eau à respecter (concentration en ions chlorure, nitrate, phosphate, pH, température, etc.) dépendent de son usage (domestique, industriel, agricole).

Une eau est dite potable lorsqu'elle ne présente aucun danger pour la santé des consommateurs.

Critères de qualité d'une eau domestique

En France, toutes les eaux de consommation doivent répondre aux mêmes normes de qualité, à l'exception des eaux minérales naturelles qui peuvent présenter des caractéristiques particulières.

Les critères de qualité, très stricts, sont fixés par le ministère de la Santé. Les **normes** portent sur :

- **la qualité microbiologique** : l'eau ne doit contenir ni parasite, ni virus, ni agent pathogène ;
- **la qualité chimique** : les substances chimiques autres que les sels minéraux font l'objet de normes très sévères. Elles sont recherchées à l'état de trace (millionième de gramme par litre) car elles présentent un risque pour la santé ;
- **la qualité physique** et gustative : l'eau doit être limpide, claire, aérée, et ne doit présenter ni saveur ni odeur désagréable. Cependant, une eau qui ne satisfait pas pleinement ces critères ne présente pas forcément de risque pour la santé.

Qualité de l'eau dans le monde

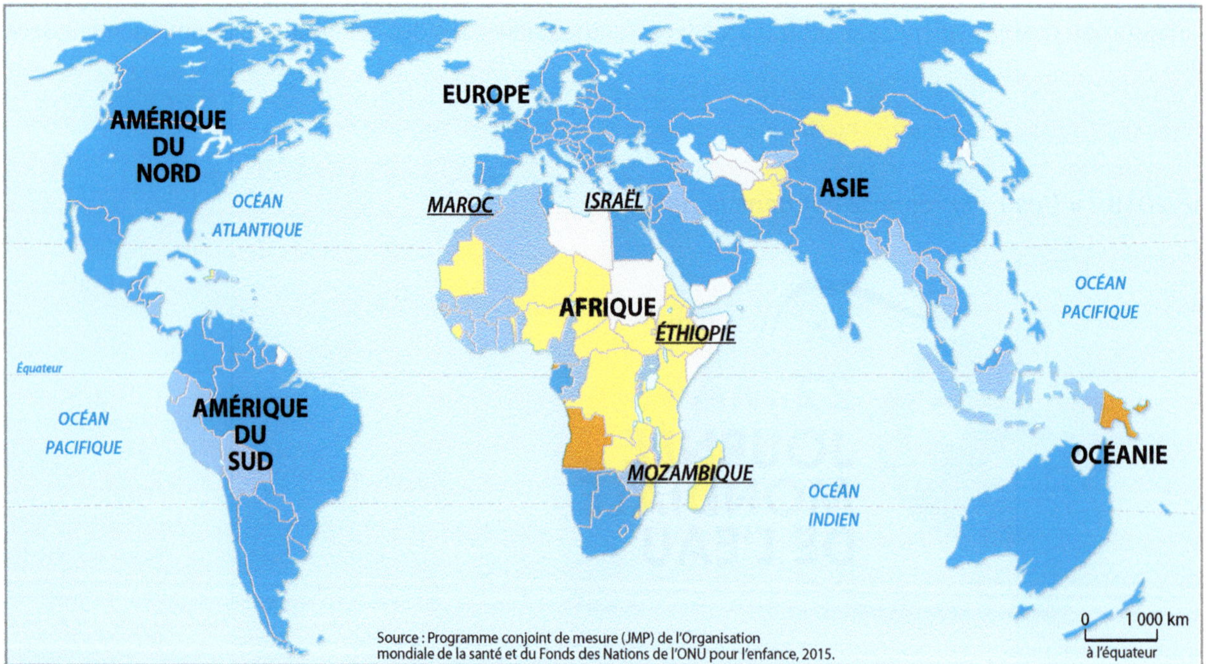

Source : Programme conjoint de mesure (JMP) de l'Organisation mondiale de la santé et du Fonds des Nations de l'ONU pour l'enfance, 2015.

Pourcentage de la population ayant accès à des sources d'eau potable (2015)

- Plus de 90 %
- De 75 à 90 %
- De 50 à 75 %
- Moins de 50 %
- Absence de données
- MAROC : Exemple de pays ayant mis en place des solutions innovantes pour une meilleure gestion de l'eau

Comprendre le cours ► p. 120-121

A. Recopier les phrases avec le ou les termes corrects.

1 La potabilité d'une eau dépend de **sa teneur en minéraux/ses caractéristiques chimiques et microbiologiques**.

2 La qualité chimique répond à **des normes/une origine géographique**.

3 Toutes les eaux de source présentent des caractéristiques **semblables/différentes**.

B. Compléter la grille de mots croisés (fournie par l'enseignant) et trouver le mot caché (colonne verte).

1. Grandeur qui caractérise l'acidité d'une eau.
2. Si l'eau contient des virus, sa qualité .... est mauvaise.
3. La .... d'une eau répond à plusieurs critères
4. La mauvaise qualité de l'eau peut avoir des conséquences graves sur la .... des consommateurs.
5. L'eau en .... coûte beaucoup plus cher que l'eau du robinet.
6. Une eau .... contient des sels minéraux
7. Une eau doit respecter des .... pour pouvoir être le mot caché.

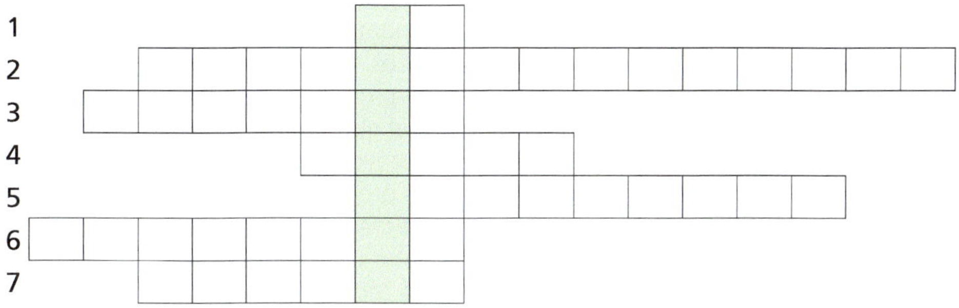

4 Le mot à trouver est : _ _ _ _ _ _ _ _ .

C. Analyses chimiques de l'eau du robinet et normes de potabilité

	Ions nitrate	Ions sodium	Ions fluorure	Ions chlorure
Eau de Mulhouse	9,2 mg/L	8,7 mg/L	Concentration inférieure à 0,1 mg/L	Concentration inférieure à 250 mg/L
Normes de potabilité	Concentration inférieure à 50 mg/L	Concentration inférieure à 200 mg/L	Concentration inférieure à 1,5 mg/L	Concentration inférieure à 250 mg/L

	Dureté	pH	Pesticides	Bactéries
Eau de Mulhouse	10 °f (eau douce)	6,9	Non détectés	Non détectées
Normes de potabilité	Maximale 30 °f	Entre 6,5 et 9	Concentration inférieure à 0,1 µg/L	Absence exigée

► www.ars.alsace.sante.fr, 2012

5 Indiquer si l'eau de Mulhouse est potable. Justifier la réponse.

EXERCICES

Appliquer le cours

Normes de potabilité d'une eau ▶ cours 1 p. 120 et activité 1 p. 116

1 Différentes eaux

Volvic Analyse caractéristique en mg	Perrier - Eau minérale renforcée au gaz de la source
Calcium : 11,5 ; Chlorure : 13,5 ; Magnésium : 8,0 ; Nitrate : 6,3 ; Sodium : 11,6 ; Sulfate : 8,1 ; Potassium : 6,2 ; Silice : 31,7 ; Bicarbonate : 71,0 Minéralisation totale : 130 mg/L (résidu sec à 180 °C) – pH7	Minéralisation caractéristique en mg/L : Ca^{2+} : 160 ; Mg^{2+} : 4,2 ; Na^{+} : 9,5 ; HCO_3^- : 460 ; SO_4^{2-} : 33 ; Cl^- : 22 ; K^+ : < 1 ; NO_3^- : 7,8 ; résidu sec à 180 °C : 480 mg/L

L'eau en bouteille se présente sous deux formes principales : l'eau de source et l'eau minérale, potables à l'état naturel, issues des nappes souterraines. Aucune ne subit de traitement chimique. L'eau minérale est tenue à une stabilité en sels minéraux et oligoéléments, mais pas l'eau de source. L'eau gazeuse peut être naturellement gazeuse ou bénéficier d'un ajout de gaz carbonique, provenant de la source ou non.

1. **Expliquer la principale différence entre une eau de source et une eau minérale.**

2. **Indiquer les trois moyens d'obtenir une eau gazeuse.**

3. **Quelle grandeur permet de déterminer l'acidité ou la basicité d'une eau ? L'eau minérale Volvic est-elle acide, basique ou neutre ? Pourquoi ?**

4. L'eau Perrier est gazeuse. **Indiquer l'origine du gaz.**

5. L'eau minérale Perrier contient du calcium. **À l'aide des étiquettes, indiquer la quantité des ions calcium contenue dans 1 L d'eau Perrier. Sachant que l'on a besoin d'environ 850 mg de calcium par jour, combien d'eau Perrier faudrait-il boire pour couvrir 100 % des besoins en calcium ?**

Changements climatiques et qualité de l'eau ▶ cours 3 p. 121

2 Influence de la température sur la qualité de l'eau

La température de l'eau influe sur certains paramètres, et en premier lieu sur le dioxygène dissous indispensable à la vie aquatique : plus la température de l'eau s'élève, plus la quantité de dioxygène dissous diminue.
Les poissons ne peuvent survivre à des températures trop élevées (27 °C pour la truite de rivière, 28 °C pour le brochet et 38 °C pour la carpe).
La pollution thermique peut avoir pour origine des rejets d'eaux chaudes urbains ou industriels dans le cours d'eau. En période estivale, le réchauffement brutal par le soleil des eaux d'une rivière en mauvais état et peu oxygénée peut aboutir à un choc thermique entraînant une mortalité piscicole spectaculaire.

▶ notre-planete.info

1. **Comment évolue la teneur en dioxygène dissous en fonction de la température ?**

2. **Quelle est l'origine principale de cette hausse de température ?**

3. **En quoi le dérèglement climatique peut intensifier ce phénomène ?**

4. **Rechercher une mesure paysagère permettant de limiter cette hausse de température en période estivale.**

Accords nationaux et internationaux sur l'eau ▶ cours 4 p. 121

3 Zone de captage

Pour assurer la qualité de l'eau, des périmètres de protection sont établis par les ARS (agences régionales de santé) autour des sites de captage d'eau. Cette protection comporte trois niveaux :

- Le périmètre de protection immédiate : site de captage clôturé appartenant à une collectivité publique, dans la majorité des cas.
- Le périmètre de protection rapprochée : secteur plus vaste (en général quelques hectares) où toute activité susceptible de provoquer une pollution est interdite.
- Le périmètre de protection éloignée : facultatif, ce périmètre est créé si certaines activités sont susceptibles d'être à l'origine de pollutions importantes. Ce secteur correspond généralement à la zone d'alimentation du point de captage, voire à l'ensemble du bassin-versant.

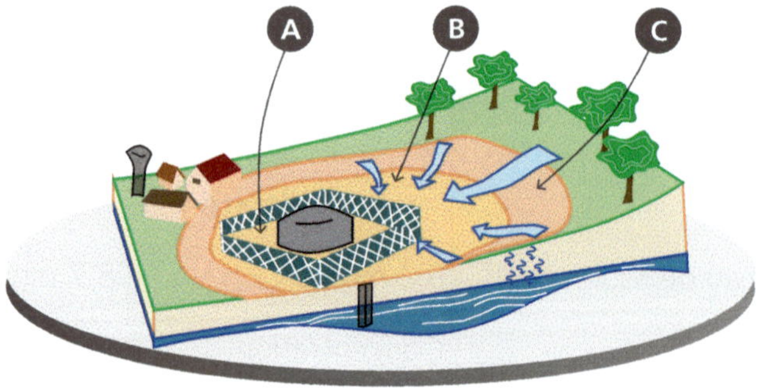

1. **Faire correspondre à chaque zone A, B et C du schéma le périmètre de protection qui lui est attribué. Justifier par une phrase.**

2. **Suggérer une raison pour laquelle il faut établir des zones de protection.**

3. **L'eau une fois captée est-elle directement envoyée dans le réseau de distribution d'eau potable ?**

Exercice résolu

Eau minérale et pathologie

D'après Bac ES/L Pondichéry, 2012

Énoncé

Notre alimentation et les boissons doivent nous assurer un apport environ égal à 2,5 L d'eau par jour pour le bon fonctionnement de notre organisme.

1 Effets thérapeutiques de certaines eaux de consommation

Certaines eaux minérales, riches en magnésium, sont à privilégier en cas de fatigue ou de constipation, celles riches en sodium sont à modérer quand on surveille ses apports en sel en cas de troubles cardiovasculaires, et celles riches en fluor (bon pour l'émail des dents) peuvent devenir néfastes à trop forte dose.

2 Norme de potabilité d'une eau de consommation

Ions	Concentration maximale admissible en mg/L
Sodium	200
Sulfate	250
Chlorure	200
Nitrate	50
Fluorure	1,5

3 Extrait de la composition de l'eau du robinet de Mme X et de deux eaux minérales

Ions	Eau du robinet de Mme X Concentration en mg/L	Eau minérale A Concentration en mg/L	Eau minérale B Concentration en mg/L
Magnésium Mg^{2+}	15	110	95
Sodium Na^{+}	10	14	255
Potassium K^{+}	24	4	50
Sulfate SO_4^{2-}	90	1 479	143
Chlorure Cl^{-}	10	11	38
Fluorure F^{-}	0,6	0,4	2

À l'aide des documents et de vos connaissances, répondre aux questions suivantes :

1. En argumentant, expliquer si les eaux minérales A et B respectent les normes de potabilité.

2. Mme X présente des risques cardiovasculaires et souffre fréquemment de constipation. Sa voisine lui conseille de boire régulièrement de l'eau minérale A ou B. Par goût, elle décide d'acheter de l'eau minérale B. **Mme X a-t-elle raison ?**

Solution

1. Les eaux A et B ne respectent pas les critères de potabilité du doc. 2, car A a une concentration massique en ions sulfate supérieure à la limite autorisée. B a une concentration massique en ions sodium et fluorure supérieure à la limite autorisée.

Analyser
Comparer les concentrations en ions de l'eau A avec les concentrations maximales du doc. 2 ; puis faire de même pour l'eau B.

2. Mme X a des problèmes cardiovasculaires, elle doit donc boire une eau à faible teneur en ions sodium. Parmi les trois eaux présentées, l'eau du robinet et l'eau A ont une faible teneur en ions sodium. De plus, Mme X souffre de constipation, il lui faut donc une eau riche en ions magnésium, telle que les eaux A et B. Il est donc conseillé à Mme X de boire l'eau A, car l'eau B convient pour la constipation, mais risquerait d'aggraver ses problèmes cardiovasculaires.

Analyser
Il faut s'intéresser aux concentrations en ions sodium et magnésium des eaux A et B.

S'entraîner

** 1 Eau en bouteille ou eau du robinet ?

Doc. 1 Qualité de l'eau du robinet

Des enquêtes spécifiques montrent que, dans certaines régions, 46 % des consommateurs préfèrent l'eau en bouteille, dont 22,6 % du fait de la pollution (craintes de produits toxiques et de risques pour la santé).

▶ *Revue du BRGM*, mars 2007 (BRGM : bureau de Recherches géologiques et minières)

L'eau du robinet est le produit alimentaire le plus surveillé. Elle est soumise à de multiples analyses, depuis son origine jusqu'au robinet, et à des contrôles quotidiens.
L'odeur d'eau de Javel qui se dégage parfois de l'eau du robinet est due au chlore ajouté à l'eau.

▶ www.ecologie.gouv.fr

Doc. 2 Prix de l'eau

Lorsque vous achetez une bouteille d'eau, ce n'est pas le liquide que vous payez le plus cher, mais l'emballage qui finira à la poubelle (coût du liquide : 20 % ; coût de l'emballage : 80 %).

▶ www.ecologie.gouv.fr

Comparaison du prix moyen de l'eau selon les associations rassemblées au sein de la maison de la Consommation et de l'Environnement :

	Eau du robinet	Eau minérale en bouteille
Prix moyen pour 1,5 L de boisson par jour (en euros/an/personne)	1,87	240

▶ www.lexpress.fr

Doc. 3 Eau en bouteille et environnement

L'eau en bouteille, en plus de son prix élevé, engendre un coût énergétique important : le plastique utilisé dans la fabrication de la bouteille, le polyéthylène téréphtalate (PET), un dérivé du pétrole brut, nécessite plusieurs millions de litres de pétrole par an. En effet, il faut près de 2 kg de pétrole brut pour fabriquer 1 kg de PET ; et 1 kg de PET permet de produire 30 bouteilles d'eau en plastique.
L'industrie de l'eau en bouteille produit chaque année plusieurs milliers de tonnes de déchets. Cette eau parcourt en moyenne 300 km, de l'embouteillage au recyclage. L'eau du robinet, qui ne requiert aucun emballage, donc pas de pétrole, permettrait d'économiser environ 10 kg de déchets par an et par personne par rapport à l'eau embouteillée.

▶ www.lexpress.fr

Répondre aux questions par des phrases. Justifier chaque réponse à l'aide des documents.

1. Pourquoi certaines personnes préfèrent-elles ou doivent-elles boire de l'eau en bouteille ?

2. Combien coûte l'eau en bouteille par rapport à l'eau du robinet ?

3. L'eau en bouteille est-elle meilleure pour la santé ?

4. L'industrie de l'eau en bouteille est-elle polluante ?

** 2 Qualité de l'eau et santé : l'effet des nitrite

D'après E4, Nouvelle-Calédonie, 2016

Chez le nourrisson, les ions nitrate ont été incriminés dans la survenue de la méthémoglobinémie (ou maladie bleue). La formation des ions nitrite, à partir des nitrates ingérés, provoque une moindre capacité des globules rouges à fixer et transporter le dioxygène. Lorsque les taux de nitrate sont très élevés, l'hémoglobine est dégradée par les ions nitrite. [...] Les jeunes enfants sont les plus affectés, montrant des signes de couleur bleue autour de la bouche, des mains et des pieds, ayant des problèmes de respiration, des vomissements et maux de tête. Dans les cas extrêmes, il y a une léthargie marquée, une augmentation de la production de salive, des pertes de conscience, certains cas peuvent être mortels.

[...] Dernièrement, il a été montré que le risque de méthémoglobinémie était en réalité plus lié à la pollution bactériologique de l'eau, qu'à la présence de nitrate. En effet, la transformation de l'ion nitrate en ion nitrite pourrait également avoir lieu dans l'eau quand celle-ci est fortement chargée en micro-organismes. Certaines études ont montré, dans le cas d'une consommation d'eaux de puits atteignant près de 40 fois la norme (2 000 mg/kg), l'absence de méthémoglobinémie quand de simples mesures d'hygiène alimentaire (faire bouillir au préalable l'eau du biberon...) étaient respectées. Aujourd'hui, en France, un biberon préparé avec l'eau du robinet respectant la réglementation ne présente donc aucun risque sanitaire pour les nouveau-nés.

▶ Tableau de bord Santé-environnement, région Rhône-Alpes.

1. Rappeler, en vous appuyant sur le document, le rôle des globules rouges dans l'organisme.

2. Présenter les conséquences des ions nitrite, à plus ou moins forte dose, sur l'organisme.

3. Expliquer en quoi la pollution bactériologique de l'eau ou des aliments peut favoriser la méthémoglobinémie.

4. Proposer au moins trois recommandations pour limiter les risques de contaminations bactériennes dans l'alimentation des nourrissons.

Culture hors-sol ou hydroponique

Le mot **hydroponique** est un terme qui vient du latin : *hydro* signifie « eau », et *ponos* « travail » ou « effort ». La culture hydroponique est donc une technique qui consiste à faire pousser des végétaux sans terre, idéalement dans l'eau.

1 Fonctionnement

Dans les cultures hors-sol ou sans sol, les végétaux effectuent leur cycle complet de production sans que leur système racinaire soit en contact avec leur environnement naturel : le sol.
Dans la plupart des systèmes hors-sol, les racines des végétaux se développent sur un support solide (ou substrat généralement inerte). L'alimentation est assurée par un arrosage au goutte-à-goutte avec une solution nutritive, de bonne qualité, qui apporte l'eau, le dioxygène dissous, et les éléments minéraux indispensables. Cette solution nutritive est constituée d'eau enrichie par des engrais solubles qui respectent les besoins spécifiques des végétaux. Lorsque la plante a puisé dans cette solution nutritive ce dont elle a besoin, il reste la solution de drainage. Cette culture ne nécessite aucun herbicide, ni fongicide, ni pesticide.

2 Pollinisation vibratile

Dans les serres, il est nécessaire de favoriser la nouaison, la phase initiale de la formation du fruit, c'est-à-dire le moment où l'ovaire de la fleur se transforme en fruit après la fécondation. Le rendement dépend en effet de la bonne pollinisation des fleurs ; or celle-ci, pour pallier l'absence de vent, peut être obtenue en faisant vibrer les plantes pour favoriser la dispersion du pollen.
Il y a cependant une meilleure fécondation lorsqu'un insecte spécialiste de la pollinisation par vibration visite les fleurs. Habituellement, c'est un bourdon : il s'agrippe à la fleur, fait vibrer ses muscles de vol, et cette vibration libère le pollen, assurant la fécondation.
Dans les serres de production de tomates, on installe d'ailleurs des ruches de bourdons pour assurer la pollinisation.

3 Regard critique

Les cultures hors-sol permettent la maîtrise de plusieurs facteurs du milieu et une forte productivité. Leur récent développement s'accompagne malheureusement de rejets importants de solution de drainage dans les cours d'eau ou les nappes souterraines. Pour limiter ce problème tout en bénéficiant des avantages de la culture hors-sol, il est recommandé d'estimer le plus précisément possible les besoins hydriques et minéraux de la plante et de recycler la solution de drainage.

Installation d'un adoucisseur d'eau

D'après Bac S, Liban, 2018, et Bac L/ES, 2016

Une eau dite « dure » présente de nombreux inconvénients pour un usage domestique, en favorisant la formation de dépôts de tartre qui endommagent les appareils électroménagers et diminuent leurs performances. Il est possible de réduire la dureté de l'eau en installant un adoucisseur d'eau sur la canalisation d'alimentation en eau froide.

Une famille de quatre personnes qui consomme en moyenne 500 L d'eau par jour fait appel à un technicien pour l'aider à choisir l'adoucisseur le plus adapté à sa consommation et à la dureté de l'eau.
Le technicien prélève donc un échantillon d'eau qu'il va analyser au laboratoire.
Il réalise le titrage de 20,0 mL de l'eau du réseau d'alimentation par une solution d'EDTA, de concentration molaire $c = 5{,}00 \times 10^{-3}$ mol.L^{-1}, après avoir ajouté 50 mL d'une solution tampon de pH égal à 10 et quelques gouttes de solution de noir ériochrome T (NET) dans le milieu réactionnel. Il obtient un volume équivalent $V_E = 12{,}1$ mL.
Les réactions, supports du titrage des ions calcium et magnésium, peuvent être modélisées à l'aide des équations suivantes :

$$Ca^{2+}_{(aq)} + Y^{4-}_{(aq)} \rightarrow CaY^{2-}_{(aq)} \quad \text{et} \quad Mg^{2+}_{(aq)} + Y^{4-}_{(aq)} \rightarrow [MgY]^{2-}_{(aq)}$$

Pour chaque question :
– relever ce qui est demandé ;
– repérer les données utiles dans tout le sujet (énoncé, documents, annexes) ;
– lister ces données utiles.
Attention, certaines données ne sont pas à utiliser !

1 Sachant que $[Ca^{2+}] + [Mg^{2+}] = \dfrac{c \cdot V_E}{V_{eau}}$, calculer la teneur en ions calcium et magnésium de cette eau.

Question	Données et mots-clés	Où?
$[Ca^{2+}] + [Mg^{2+}]$?	- Concentration c - Volume équivalent V_E - Volume d'eau V_{eau}	Énoncé

2 Montrer que le TH de l'eau utilisée est de 30,3 °f.

Question	Données et mots-clés	Où ?
TH ?	- Attention, les concentrations doivent être en mmol/L.	Doc. 2
	- 1 mmol = 10^{-3} mol	Résultat de la question 1

3 Quel sera l'adoucisseur le mieux adapté à cette famille ?

Question	Données et mots-clés	Où ?
Type d'adoucisseur ?	- Nombre de personnes et dureté	Doc. 3 et résultat de la question 2
	- Modèle d'adoucisseur	Doc. 4

4 Quel sera le nombre moyen de jours entre deux cycles de régénération pour l'adoucisseur choisi ?

Question	Données et mots-clés	Où?
Cycle ? Nombre de jours ?	- Pouvoir d'échange et dureté de l'eau	Doc. 4 et question 2
	- Cycle et volume d'eau consommé par jour par famille	Déterminé auparavant et énoncé

1 Principe de l'adoucissement de l'eau

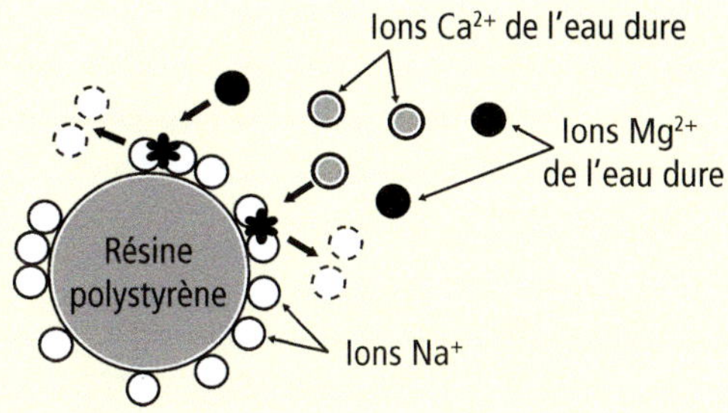

L'adoucissement est la technique utilisée pour abaisser le titre hydrotimétrique (TH) de l'eau, dont la valeur traduit la concentration en ions calcium Ca^{2+} et en ions magnésium Mg^{2+}. L'adoucisseur est un appareil qui utilise une résine polystyrène échangeuse d'ions, et dont le principe consiste à remplacer les ions calcium et magnésium de l'eau par des ions sodium Na^{+} fournis par la résine.
Au fur et à mesure du passage de l'eau du réseau, les résines se saturent en ions calcium et magnésium ; il est alors nécessaire de procéder à une régénération.

2 Dureté d'une eau

La dureté d'une eau – ou titre hydrotimétrique (TH) – correspond à la concentration molaire totale en ions calcium et magnésium. Elle s'exprime en degrés hydrotimétriques français (°f) :

$$\mathbf{TH(°f) = 10 \times ([Ca^{2+}] + [Mg^{2+}])}$$, avec les concentrations molaires exprimées en $mmol.L^{-1}$

3 Volume de la résine (exprimé en L) en fonction du type d'eau et du nombre de personnes

		Nombre de personnes dans le foyer				
		1 ou 2	3	4	5	6 à 8
Type d'eau	Eau faiblement dure : < 18 °f	8 L	8 L	8 L	18 L	18 L
	Eau moyennement dure : 18 à 27 °f	8 L	8 L	18 L	18 L	26 L
	Eau dure : 27 à 36 °f	8 L	18 L	18 L	26 L	
	Eau très dure : 36 à 45 °f	18 L	18 L	26 L		
	Eau extrêmement dure : 45 à 50 °f	18 L	26 L			

4 Adoucisseurs commerciaux

Le « cycle » d'un adoucisseur est le volume d'eau adoucie qu'il est possible d'obtenir entre deux régénérations. Ce cycle, exprimé en m^3, se calcule par la formule suivante :

$$\text{Cycle} = \frac{\textbf{pouvoir d'échange de l'appareil}}{\textbf{dureté de l'eau}}$$

Modèle de l'adoucisseur	Volume de résine (L)	Pouvoir d'échange (m^3.°f)
01	18	44
02	18	99
03	26	138

ÉTUDE DE CAS N°2

Contrôle du pH de l'eau des aquariums

D'après E4, Métropole, 2018

Certaines fermes verticales utilisent le principe de l'aquaponie, c'est-à-dire la culture de végétaux associée à de l'élevage de poissons. Les déjections des poissons servent d'engrais pour le végétal cultivé au-dessus de l'aquarium.

Donnée : Masse molaire de l'élément calcium : M = 40 g.mol^{-1}.

1 Dans l'eau, les déjections des poissons produisent des ions ammonium ($NH^+_{4(aq)}$). Ces ions ammonium peuvent se transformer en ammoniac $NH_{3(g)}$.

a. Recopier et compléter l'équation chimique qui traduit cette transformation :

$$NH^+_{4(aq)} \rightarrow NH_{3(g)} + \text{.........}$$

b. En s'appuyant sur les informations des doc. 2 et 3, expliquer pourquoi le pH de l'eau des aquariums ne doit pas avoir une valeur qui dépasse 9,2.

c. Donner le nom d'un dispositif qui permet de contrôler régulièrement la valeur du pH de l'eau.

d. Lorsque le pH de l'eau des aquariums a une valeur trop élevée, il faut faire diminuer celle-ci. **Choisir parmi les propositions suivantes celle qui est adaptée :**
- On ajoute dans les aquariums une solution basique.
- On ajoute dans les aquariums une solution acide.
- On ajoute dans les aquariums une solution de chlorure de sodium.
- On refroidit l'eau des aquariums.

2 L'élevage des tilapias nécessite une eau d'une qualité spécifique, comme indiqué dans le doc. 3. Son analyse est confiée à un laboratoire chargé, entre autres, de déterminer sa dureté. Il s'agit d'un dosage colorimétrique des ions calcium Ca^{2+}, qui utilise la réaction de ces ions sur une espèce notée Y^{4-}.

La réaction du dosage est : $Ca^{2+} + Y^{4-} \rightarrow CaY^{2-}$

Protocole du dosage pour déterminer la concentration molaire C_1 de l'eau en ions calcium :
Prélever un volume V_1 = 100,0 mL de l'eau à analyser, le placer dans un bécher en présence d'une solution tampon, avec quelques gouttes d'un indicateur coloré. Mettre l'ensemble sous agitation. Verser, à l'aide d'une burette graduée, un volume V_2 de la solution de Y^{4-}, de concentration molaire $C_2 = 1{,}0 \times 10^{-2}$ mol/L. L'équivalence est obtenue pour un volume $V_{2(eq)}$ = 9,3 mL.

Annexe

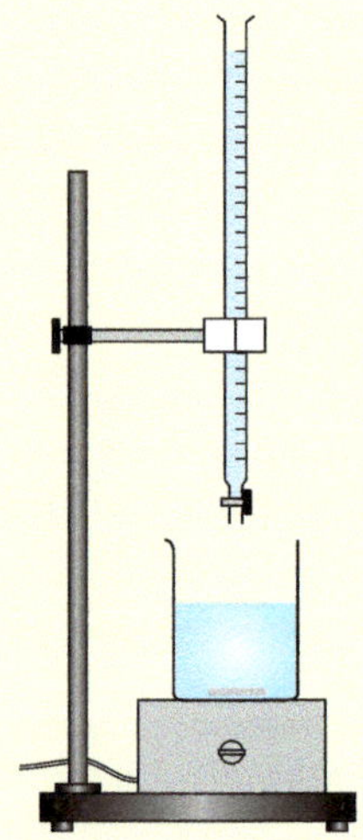

a. Recopier, puis annoter le schéma de montage du dosage situé dans l'annexe.

b. Justifier la relation que l'on peut écrire à l'équivalence : $C_1 \times V_1 = C_2 \times V_{2(eq)}$

c. Calculer la valeur numérique de C_1.

d. Après avoir évalué la concentration massique de l'eau en ions calcium, et en s'appuyant sur les données du doc. 3, expliquer pourquoi l'eau analysée n'est pas adaptée à l'élevage des tilapias.

1 Principe de l'aquaponie

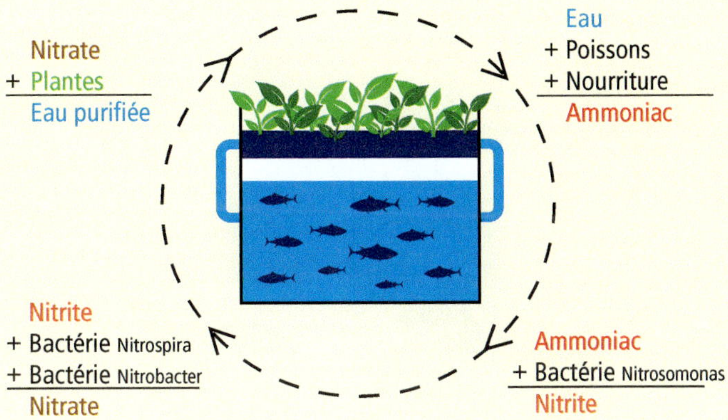

2 À propos de l'ammoniac

Pictogrammes extraits de la fiche toxicologique de l'ammoniac NH_3	Diagramme de prédominance des espèces NH_4^+ et NH_3
	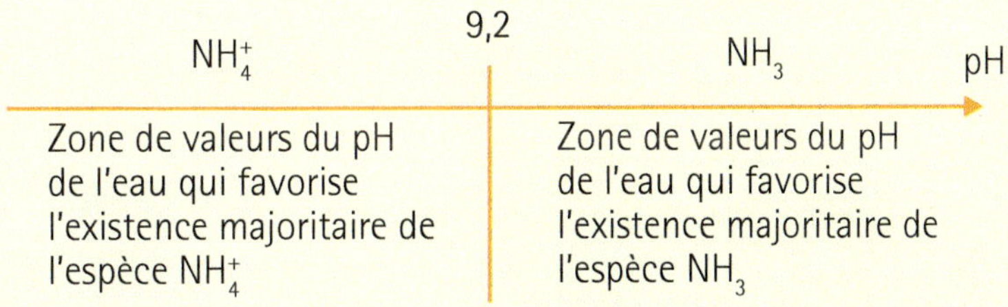

▶ www.inrs.fr

3 Qualité de l'eau pour l'élevage des tilapias

Paramètre	Intervalle
Température	28-32 °C
Transparence	25-40 cm
Alcalinité*	90-250 mg/L
Dureté	60-120 mg/L en ions calcium Ca^{2+}
Ions ammonium	0,1-0,3 mg/L
Oxygène dissous	4-7 mg/L
pH	6,5-8,8

* L'alcalinité de l'eau désigne sa concentration en ions carbonate et bicarbonate.

▶ www.ctaquaculture.tn

PARTIE II

Les BIOMOLÉCULES

Jardins sur le toit d'un immeuble. La population planétaire atteindrait 9 milliards d'humains en 2050. Satisfaire ses besoins alimentaires vitaux est un enjeu majeur et les terres disponibles ne sont pas illimitées, d'où l'importance de pratiquer une agriculture durable et qui préserve les écosystèmes.

Les aliments fournissent les glucides, lipides et protides nécessaires au fonctionnement de notre organisme. Il est donc important que les pratiques agricoles conservent les qualités nutritives des aliments : les pommes d'aujourd'hui contiendraient cent fois moins de nutriments que celles des années 1950.

Pour développer de nouvelles méthodes de culture, de conservation et de transport des denrées alimentaires, la connaissance des propriétés chimiques des produits alimentaires est donc essentielle.

dans les ALIMENTS

9 La classification des biomolécules

Tester les prérequis

Choisir la ou les bonnes réponses.

1 Dans le langage courant, les glucides sont :

a. des graisses. **b.** des sucres. **c.** des huiles.

2 Sous l'effet de la chaleur, le sucre :

a. caramélise. **b.** blanchit. **c.** coagule.

3 L'huile d'olive est ………… à l'eau.

a. non miscible **b.** solide **c.** miscible

4 L'huile de colza est riche en :

a. lipides. **b.** glucides. **c.** protides.

5 Une molécule qui aime l'eau est :

a. hydrophobe. **b.** hémophile. **c.** hydrophile.

6 Le beurre est un aliment naturellement :

a. sucré. **b.** gras. **c.** salé.

7 Les huiles sont des graisses :

a. liquides. **b.** solides. **c.** fluides.

8 L'aliment le plus riche en protéines est :

a.

b.

c.

Le lait est composé d'eau, de sels minéraux, de vitamines, ainsi que d'un ensemble de biomolécules. Il contient notamment des glucides (principalement du lactose), des protides (caséine et séroprotéines) et des lipides (sous diverses formes).

Quelles sont les biomolécules présentes dans l'alimentation et comment les classe-t-on ?

Objectif

Se familiariser avec les différentes familles de biomolécules présentes dans les aliments et leurs rôles.

1 Les biomolécules dans les aliments

● Le corps humain a besoin pour fonctionner de substances alimentaires appelées nutriments : ce sont l'eau, les sels minéraux, les oligo-éléments, les vitamines, les lipides, les glucides et les protides. Ces trois derniers nutriments sont des biomolécules.

Quel est le rôle des biomolécules dans l'organisme ?

1 Les aliments, source d'énergie

Les humains et les animaux puisent l'énergie chimique indispensable au fonctionnement de leur organisme dans les aliments.
Cette énergie est **transformée** en énergie mécanique, électrique, thermique et chimique. Pour les mammifères, par exemple, l'énergie chimique issue des aliments est transformée par les muscles en énergie mécanique qui permet le mouvement. L'organisme stocke l'énergie non utilisée dans les molécules de glycogène (un glucide) au niveau des muscles et du foie, ainsi que dans les graisses de réserve (lipides) dans les tissus adipeux.

2 Rôle des biomolécules

- L'énergie libérée par les glucides (1 g de glucides fournit **4 kcal**, soit 17 kJ) permet la contraction musculaire, le fonctionnement du cerveau entre autres.
- Les lipides ont également un rôle énergétique (1 g de lipides fournit **9 kcal**, soit 38 kJ). L'énergie libérée par ces macromolécules intervient par exemple dans la thermorégulation. Les lipides permettent aussi le transport de certaines vitamines dans le sang.
- Le rôle énergétique des protides est égal à celui des glucides (1 g de protides correspond à **4 kcal**). Les protides sont essentiels pour la croissance, le renouvellement et la réparation des tissus, le système immunitaire, la synthèse des hormones...

3 Repas équilibré

Les besoins quotidiens de l'être humain en glucides sont de 4 g par kg et par jour. Pour un bon équilibre alimentaire, les glucides doivent représenter environ 55 % de l'apport énergétique journalier, contre 15 % pour les protides et 30 % pour les lipides.

Exemple d'un menu équilibré :

Salade de haricots verts (200 g)
Escalope de poulet (150 g) sur son lit de pommes de terre (125 g)
Yaourt de la ferme (125 g)
Pomme du verger

Questions

› Analyser

1. a. Donner le nom des différents nutriments qui composent un aliment (doc. 2).
b. Quel nom est donné aux glucides, lipides et protides (doc. 2) ?
c. Dans quelles biomolécules l'énergie chimique non utilisée par l'organisme est-elle stockée (doc. 1) ?

› Réaliser

2. a. Calculer en grammes les besoins journaliers en glucides d'un individu qui pèse 85 kg (doc. 3).
b. Donner en kilocalories puis en kilojoules la quantité d'énergie libérée lors de la consommation de 50 g de lipides.

› Rendre compte

3. a. Recopier et compléter le tableau suivant :

	Glucides	Lipides	Protides
Rôles			
Apports caloriques			

b. Construire un diagramme circulaire qui présente en pourcentages les apports quotidiens en glucides, lipides et protides nécessaires au bon fonctionnement du corps humain (doc. 3).
c. On considère qu'un repas est composé de 500 g de biomolécules. Déterminer les masses de glucides, lipides et protides apportées par ce repas s'il est équilibré.

2 Classification et propriétés des glucides

● Les glucides sont constitués d'atomes de carbone (C), d'hydrogène (H) et d'oxygène (O). Il en existe plusieurs types dans les aliments que nous consommons.

Comment classe-t-on les glucides ?

1 Classification et rôle des glucides

Il existe deux catégories de glucides :

- les oses ou glucides simples tels que le fructose dans les fruits ;
- les osides :
  - les glucides composés comme le lactose dans le lait, le saccharose qui constitue le sucre de table,
  - les glucides complexes comme l'amidon dans la farine et la cellulose dans les légumes.

2 Caramélisation

Le caramel est le mélange de glucides composés obtenus grâce à plusieurs transformations chimiques.

La première réaction a pour réactif le saccharose, biomolécule constituant le sucre de table.

Celui-ci, dissous dans une eau légèrement acide, se transforme rapidement en glucose et en fructose sous l'effet de la chaleur (idéalement environ 160 °C).

Ces deux glucides simples subissent alors d'autres transformations qui conduisent à la formation du caramel.

Questions

Analyser

1. a. Préciser le principe utilisé pour classer les glucides.
b. Indiquer quels processus ont lieu lors d'une caramélisation.
c. Lors de la première étape de la caramélisation, en quoi est transformé le saccharose ?

Rendre compte

2. a. Recopier et compléter le schéma suivant afin de retrouver la classification des glucides (doc. 1).

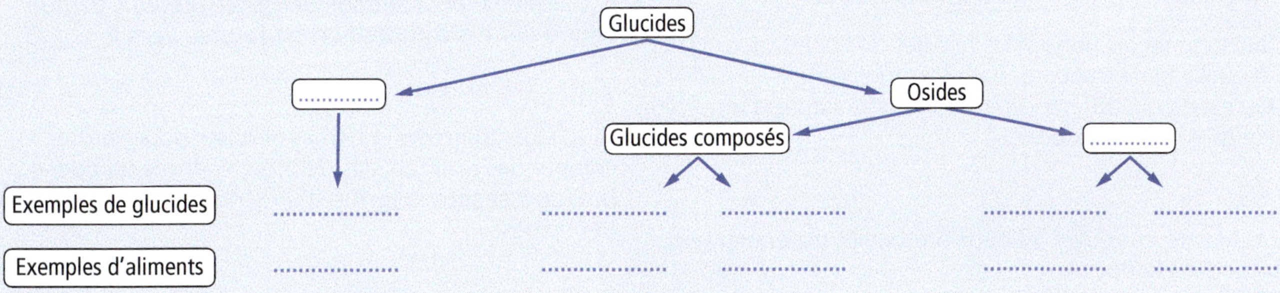

b. À l'aide d'un diagramme, expliquer le procédé de caramélisation.

3 Classification et propriétés des lipides

● Les lipides, appelés communément graisses, peuvent être d'origine végétale (olives, arachides, avocat, tournesol, colza...) ou animale (viande, poisson, beurre...).

Comment classe-t-on les lipides ?

1 Classification des lipides

Les **lipides** sont composés d'atomes de carbone (C), d'hydrogène (H) et d'oxygène (O). Il existe deux familles de lipides :

- Les lipides **simples** sont des esters d'acides gras et d'un alcool, comme les triglycérides (esters de trois acides gras et du glycérol). Ils constituent 90 % des lipides.
- Les lipides **complexes** sont composés d'acides gras, d'alcool et d'une partie non lipidique.

2 Qu'est-ce qu'un acide gras ?

Les **acides gras**, acides carboxyliques à longue chaîne carbonée, constituent l'**unité de base** des lipides. On distingue les acides gras saturés, qui n'ont aucune double liaison sur la chaîne carbonée (acide palmitique dans l'huile de palme), des acides gras insaturés, qui possèdent une ou plusieurs doubles liaisons (acide linolénique dans le poisson).

3 Composition de 10 g de beurre

- Eau : 1,6 g
- Lipides : 8,29 g (dont acides gras saturés et insaturés et triglycérides)
- Glucides : 0,05 g
- Protides : 0,07 g
- Minéraux : 0,7 g
- Vitamines : 121 µg

4 Propriété des lipides

Les lipides sont **insolubles dans l'eau** et le vinaigre, mais solubles dans d'autres liquides comme l'acétone et l'éther.

Expérience 1 :

1. Mélanger dans un bécher 5 mL de vinaigre et 5 mL d'huile.
2. Agiter le mélange.

Expérience 2 :

1. Réunir dans un bol un jaune d'œuf, une pincée de sel et une autre de poivre, puis mélanger au fouet.
2. Ajouter une cuillerée à café de jus de citron ou de vinaigre, et une cuillerée à café de moutarde.
3. Incorporer 10 cl d'huile en un mince filet, en fouettant énergiquement.

Questions

Analyser

1. a. Nommer les principales familles de lipides (doc. 1).
b. À quelle famille appartiennent les triglycérides (doc. 1) ?
c. Qu'est-ce qui différencie un acide gras saturé d'un acide gras insaturé (doc. 2) ?

Réaliser

2. a. Mettre en œuvre les deux protocoles expérimentaux décrits dans le doc. 4.
b. Réaliser une recherche sur Internet afin de trouver une explication aux résultats obtenus.
c. Calculer le pourcentage de lipides présents dans le beurre dont la composition est fournie dans le doc. 3.

Rendre compte

3. a. Construire des schémas annotés pour rendre compte des résultats des deux expériences du doc. 4.
b. Proposer sous la forme d'un schéma une classification des lipides.

4 Classification des protides

● Les protides sont les constituants fondamentaux de la matière vivante (du grec *protos*, « premier »). Ils sont la seule source d'azote de l'organisme ; l'azote est nécessaire à la constitution des protéines de l'organisme comme l'insuline, l'hémoglobine ou encore la kératine.

Comment classe-t-on les protides ?

1 Classification des protides

Les **protides** sont constitués principalement d'atomes de carbone, d'hydrogène, d'oxygène et d'azote.

- Les **acides aminés** sont les protides les plus simples. Ils en constituent l'unité de base. Ce sont des substances organiques avec les groupes fonctionnels amino et carboxyle. ▶ chap. 10 p. 152
- L'enchaînement de quelques acides aminés par des liaisons peptidiques donne naissance aux **peptides** (nommés aussi chaînes peptidiques), qui se divisent en oligopeptides et en polypeptides.
- Les longues chaînes peptidiques, parfois associées entre elles et avec d'autres éléments, se replient dans l'espace en formant des structures complexes aux propriétés biologiques particulières : les **protéines**.

2 Différents types de protides

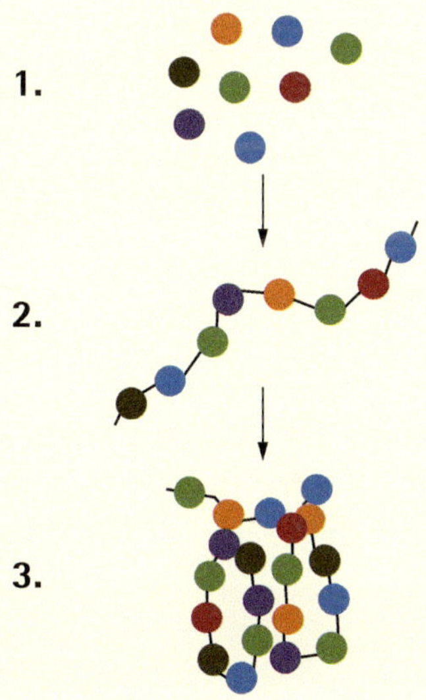

3 Qu'est-ce qu'une protéine ?

Une protéine est une molécule constituée par la réaction d'une ou plusieurs chaînes d'acides aminés liés entre eux par des liaisons peptidiques.
La ou les chaînes peptidiques forment dans l'espace 3D une configuration complexe qui confère à la protéine des propriétés biologiques intéressantes pour l'organisme. Par exemple, les enzymes, catalyseurs de réactions chimiques dans le corps, sont des protéines.

- Les holoprotéines, comme l'albumine de l'œuf, résultent uniquement de la combinaison d'acides aminés.
- Les hétéroprotéines, comme la caséine du lait, contiennent une partie non peptidique, par exemple des ions calcium.

Questions

Analyser

1. a. Donner le symbole des quatre principaux éléments chimiques qui composent un protide (doc. 1).
b. Qu'est-ce qu'une protéine (doc. 3) ?
c. Quelle est la différence entre une holoprotéine et une hétéroprotéine (doc. 3) ?

Réaliser

2. a. Attribuer à chaque numéro du doc. 2 le type de protide qui lui correspond.
b. Rechercher sur Internet deux aliments d'origine végétale et deux aliments d'origine animale qui contiennent des protides. Nommer pour chacun d'eux les protides qui les composent.

Rendre compte

3. Représenter sous la forme d'un schéma une classification des protides.

Le saviez-vous ?

Les **glucides simples** sont aussi appelés **oses** ou **monosaccharides**.
Les **glucides composés** sont aussi appelés **diholosides** ou **disaccharides**.
Les **glucides complexes** sont aussi appelés **polyholosides** ou **polysaccharides**.

Les aliments sont composés d'eau, de vitamines, de sels minéraux, d'oligo-éléments et de molécules plus complexes appelées **biomolécules**.

Les **biomolécules** sont des composés chimiques que l'on trouve dans les organismes vivants. Elles comprennent entre autres les **glucides**, les **lipides** et les **protides**.

1. Glucides

Les **glucides**, ou sucres, sont composés de carbone (C), d'oxygène (O) et d'hydrogène (H). Ils ont pour rôle essentiel d'apporter de l'**énergie** aux cellules (1 g de glucides apporte une énergie chimique de 4 kcal, soit 17 kJ).

A Classification

Groupes de glucides		Exemples de glucides	Exemples d'aliments
Oses	**Glucides simples**	Glucose et fructose	Miel, fruits et légumes
		Galactose	Lait
Osides	**Glucides composés :** association de deux molécules d'oses	Saccharose : glucose + fructose	Canne à sucre, betterave sucrière
		Lactose : galactose + glucose	Lait
		Maltose : glucose + glucose	Malt (orge germé), bière
	Glucides complexes : association de plusieurs molécules d'oses	Amidon	Pomme de terre, riz, maïs, blé
		Cellulose	Fruits et légumes
		Glycogène	Pomme de terre, riz, maïs, blé

B Propriétés

– **Solubilité :** les glucides simples et composés sont solubles dans l'eau, contrairement aux glucides complexes.
– **Caramélisation :** le saccharose, lorsqu'il est chauffé au-delà de 160 °C, se décompose en molécules plus simples (glucose et fructose). Ce processus s'accompagne d'une couleur brune et de fumées.

2. Lipides

Les **lipides** sont les biomolécules les plus **énergétiques** (1 g de lipides fournit une énergie chimique de 9 kcal ou 38 kJ).

En plus de leur fonction énergétique, ils maintiennent par exemple la température du corps, interviennent dans le transport de certaines vitamines et la fabrication de certaines hormones.

A Classification

- Les **acides gras** constituent l'unité de base des lipides. On distingue les **acides gras saturés**, qui ne comportent aucune double liaison (double trait sur la formule chimique ► Exemple p. 157) sur la chaîne carbonée (comme l'acide stéarique dans le lait), des **acides gras insaturés**, qui comportent une ou plusieurs doubles liaisons sur la chaîne carbonée (comme l'acide arachidonique dans l'huile de foie de morue).

Remarque
Deux acides gras (**acides linoléique** et **linolénique**) sont dits essentiels car ils ne peuvent pas être synthétisés par l'organisme humain et doivent donc être apportés par l'alimentation.

- Les **lipides simples** sont obtenus par estérification de trois acides gras et d'un alcool (le glycérol). Les plus connus sont les triglycérides (90 % des lipides). ▶ doc. 1
- Les **lipides complexes** sont des composés d'alcools, d'acides gras et d'autres molécules non lipidiques. ▶ doc. 2

B Propriétés

Les lipides sont moins denses que l'eau. Par ailleurs, ils ne sont pas miscibles à l'eau mais le sont aux solvants organiques tels que l'acétone et l'éther.

3. Protides

Les protides sont des biomolécules essentiellement composées de quatre éléments : C (carbone), H (hydrogène), O (oxygène) et N (azote). Ils peuvent être d'origine animale (viande, poisson, œuf...) ou végétale (céréales, soja...).

A Classification

- Les **acides aminés** sont les **unités de base** de tous les protides.
- Les **peptides** sont des chaînes courtes d'acides aminés, nommées aussi **chaînes peptidiques**. ▶ doc. 3

3 L'insuline

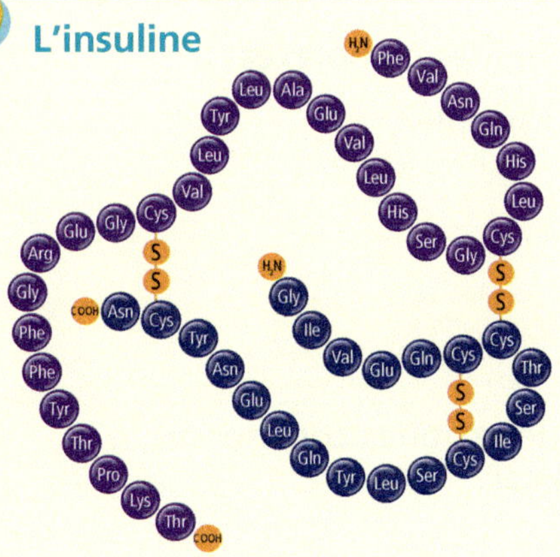

L'insuline est constituée de deux chaînes peptidiques reliées entre elles par des atomes de soufre. Dans le corps humain, elle permet la régulation de la glycémie, c'est-à-dire du taux de sucre.

- Les **protéines** sont des molécules formées d'une ou plusieurs chaînes peptidiques. Si une protéine contient uniquement des chaînes peptidiques, c'est une **holoprotéine**. Si elle contient, en plus, une partie non peptidique, c'est une **hétéroprotéine**.

B Rôle

Les protides interviennent dans le renouvellement des tissus et des cellules, dans le transport de molécules (par exemple le dioxygène par une protéine appelée hémoglobine), dans la fabrication d'hormones, d'enzymes et d'anticorps. Ils jouent également un rôle énergétique (1 g de protides fournit 17 kJ ou 4 kcal).

1 Lipides simples

Le beurre est riche en lipides simples (triglycérides).

Vocabulaire
L'**estérification** est la réaction chimique entre un acide carboxylique et un alcool.

2 Lipides complexes

Les cacahuètes sont riches en lipides complexes.

Le saviez-vous ?
Les **acides aminés (AA)** sont une famille de petites molécules.
▶ chap. 10, doc. 3 p. 157
Il existe 22 acides aminés, tous codés par trois lettres. Par exemple, l'alanine s'écrit Ala, la cystéine Cys, etc.

L'ESSENTIEL

Glucides

- Composés principalement de 3 éléments chimiques : C, H, O
- 1 g de glucides fournit 4 kcal.

Oses (Glucides simples)

▶ **Exemples :**
– Glucose et fructose (fruits)
– Galactose (lait)

Osides

- **Glucides composés** (association de 2 sucres simples)

▶ **Exemples :**
– Saccharose (sucre)
– Lactose (lait)

- **Glucides complexes** (association d'au moins 3 sucres simples)

▶ **Exemples :**
– Amidon (blé)
– Cellulose (menthe)

Lipides

- Composés principalement de 3 éléments chimiques : C, H, O
- 1 g de lipides apporte 9 kcal.
- Non miscibles à l'eau, mais miscibles à l'acétone et l'éther

Acides gras

- Acides gras saturés

▶ **Exemple :**
Acide palmitique (huile de palme, graisses végétales et animales)

- Acides gras insaturés

▶ **Exemple :**
Acide oléique (huiles animales et végétales)

Composants de base des

Lipides

- Lipides simples

▶ **Exemple :**
Triglycéride comme la palmitine (huile de palme)

- Lipides complexes

▶ **Exemple :**
Lécithine (jaune d'œuf)

Protides

- Composés principalement de 4 éléments chimiques : C, H, O, N.
- 1 g de protides correspond à 4 kcal.

Protéines

- Holoprotéines

▶ **Exemple :** Albumine (blanc d'œuf)

- Hétéroprotéines

▶ **Exemple :** Caséine (lait)

Peptides

- Oligopeptides

▶ **Exemple :** Ocytocine (stimule les glandes mammaires)

- Polypeptides

▶ **Exemple :** Glucagon (régule la glycémie)

Acides aminés

▶ **Exemple :**
Valine (petits pois)

Comprendre le cours ▶ p. 140-141

A. Compléter la grille de mots croisés (fournie par l'enseignant) et trouver le mot caché (colonne verte).

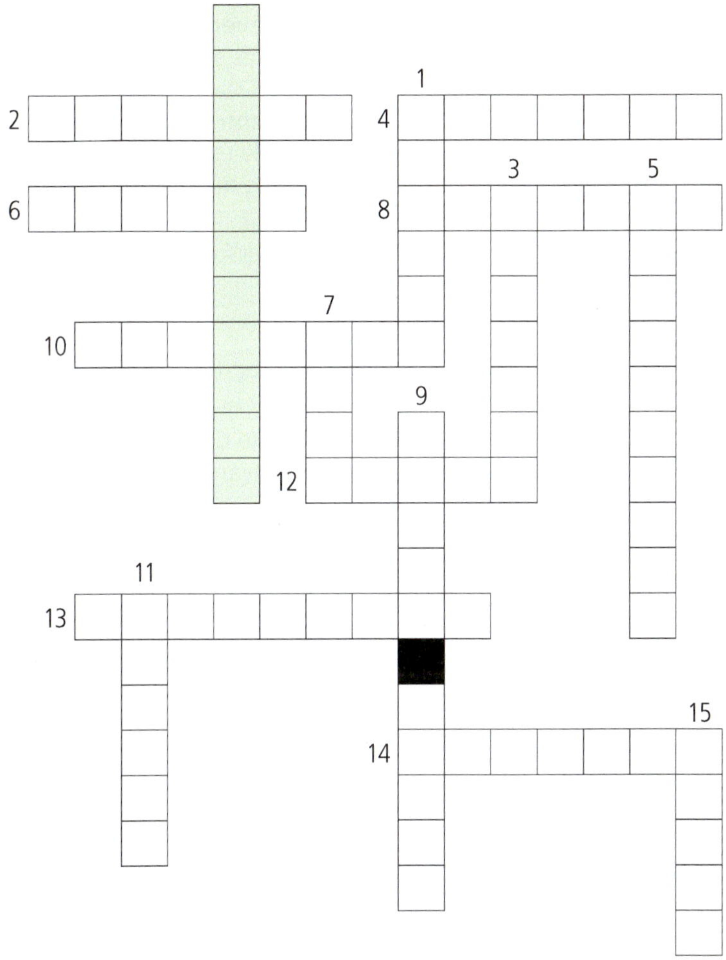

Verticalement

1. Nom qui désigne un corps gras.
3. Famille de biomolécules composées d'atomes de carbone, hydrogène, azote et oxygène.
5. Terme qui désigne également un glucide composé.
7. Terme qui désigne également des glucides simples.
9. Unité de base d'un protide.
11. Désigne un acide gras n'ayant aucune double liaison sur la chaîne carbonée.
15. Corps résultant de l'action d'un acide carboxylique sur un alcool.

Horizontalement

2. Glucide simple présent dans le miel.
4. Glucide composé présent dans le lait.
6. Glucide complexe présent dans le blé.
8. Enchaînement d'acides aminés.
10. Glucide simple présent dans les fruits.
12. Nom donné à un glucide dans le langage courant.
13. Terme qui qualifie un acide gras non synthétisé par le corps.
14. Glucide composé présent dans l'orge.

1 Le mot caché est : B _ _ _ _ _ _ _ _ _ _ .

B. Choisir la bonne réponse.

2 Le glucose est un sucre :
a. simple. b. composé. c. complexe.

3 L'unité de base d'un protide est un :
a. acide gras. b. acide carboxylique. c. acide aminé.

4 Un triglycéride est un ester de trois acides gras et d'un alcool qui est :
a. le butanol. b. le glycérol. c. l'éthanol.

Appliquer le cours

Glucides ► cours 1 p. 140

1 Classification des glucides

Recopier le schéma, puis le compléter avec les termes suivants : *glucose, lactose, cellulose, saccharose et fructose.*

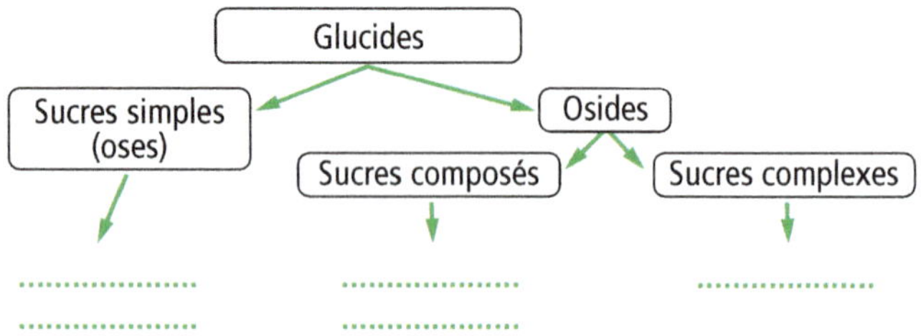

2 Agrocarburant

D'après E8 Bac STAV, Métropole, Antilles, Guyane, Réunion, 2013

Un agrocarburant est un carburant produit à partir de matières organiques issues de l'agriculture. Il existe actuellement deux filières principales : la filière sucre et la filière huile.

Dans la filière sucre, le bioéthanol est un agrocarburant destiné aux moteurs à essence : l'essence sans plomb SP 95 E10 peut contenir jusqu'à 10 % en volume d'éthanol. Les végétaux contenant du saccharose (betterave, canne à sucre…) ou de l'amidon (blé, maïs…) peuvent être transformés en bioéthanol, après fermentation de sucres simples.

Dans le texte ci-dessus, relever le nom des glucides cités, puis les situer dans la classification des glucides.

3 Barbe à papa

Voici une recette pour fabriquer de la barbe à papa :

- 100 g de sucre en poudre (ou sucre aromatisé)
- 1 cuillerée à soupe de colorant alimentaire en poudre
- 10 bâtonnets en bois de 30 cm
- 1 machine à barbe à papa

1. **Nommer le glucide utilisé dans la fabrication de cette barbe à papa.**

2. **Situer ce sucre dans la classification des glucides.**

3. 1 g de glucides libère une énergie de 4 kcal. **Calculer l'apport calorique d'une barbe à papa si on suppose que le colorant alimentaire n'apporte pas d'énergie.**

Lipides ► cours 2 p. 140

4 Vrai ou faux

Indiquer si chaque affirmation suivante est vraie ou fausse, puis corriger l'éventuelle erreur.

1. Les molécules de lipides sont constituées des atomes suivants : C, H, O, N.

2. La molécule d'alcool entrant le plus souvent dans la composition d'un lipide est l'éthanol.

3. 1 g de lipides libère une quantité d'énergie égale à 9 kcal.

4. Les lipides sont miscibles à l'eau.

5 Huile de table

D'après BTSA Industries agroalimentaires et biotechnologies, Métropole, 1996

L'étiquette d'une bouteille d'huile de table porte, entre autres, les indications suivantes, pour 100 g d'huile :

Protéines : 0 g ; **Glucides :** 0 g
Lipides : 100 g, *dont* : 15 % de lipides saturés
20 % de lipides mono-insaturés
65 % de lipides poly-insaturés (acides gras essentiels)

1. **Donner une définition générale de la famille des lipides. Indiquer trois exemples d'aliments riches en lipides.**

2. **L'huile est essentiellement constituée de** ***triglycérides*****. Définir ce dernier mot.**

3. **Donner la signification des termes « saturés » et « insaturés » qui figurent sur l'étiquette.**

4. 1 g de lipides libère une énergie de 38 kJ. **Calculer l'apport calorique de 100 g de cette huile.**

Protides ► cours 3 p. 141

6 Identification d'un protide

Parmi les noms des biomolécules suivantes, trouver ceux qui désignent des protides.

• Acide aminé	• Glucose
• Dipeptide	• Protéine
• Polypeptide	• Acide gras
• Amidon	• Alcool

Exercice résolu

Lait de vache

Énoncé

Le lait de vache est largement utilisé dans l'alimentation humaine, notamment dans la fabrication des yaourts, du beurre, du fromage et de la crème fraîche.

Pour certains éleveurs, les deux caractéristiques principales qui font la qualité du lait de leurs vaches sont le taux protéique (TP) et le taux de matière grasse, appelé également taux butyreux (TB), qui influencent fortement l'aptitude du lait à être transformé en fromage. On estime que pour un lait destiné à la fabrication de fromage, le rapport TB/TP doit se situer entre 1,1 et 1,2.

1. **Nommer les différentes familles de biomolécules citées dans les documents.**

2. **Donner le nom du glucide du lait, puis le situer dans la classification des glucides.**

3. **Calculer la masse moyenne de 1 L de lait.**

4. **Calculer l'apport calorique de la consommation de 200 mL de lait.**

5. **Construire un diagramme circulaire qui représente en pourcentages les différents constituants du lait de vache.**

6. **Ce lait peut-il être destiné à la fabrication de fromage ?**

1 **Composition moyenne en g de 1 L de lait**

- Eau .... **900 g**
- Sels minéraux .... **9 g**
- Glucides .... **50 g**
- Lipides .... **38 g**
- Hétéroprotéines (caséine) .... **27 g**
- Holoprotéines (globulines, albumines) .... **6 g**

2 **Apport calorique des différentes molécules qui composent le lait**

Composition	Apport calorique pour 1 g de matière
Lipides	9 kcal
Glucides	4 kcal
Protides	4 kcal

Solution

1. Les différentes familles biochimiques citées sont : les glucides, les lipides et les protides.

2. Le glucide du lait est le lactose. C'est un glucide composé.

3. La masse de 1 L de lait est en moyenne égale à 1 030 g (900 + 9 + 38 + 50 + 6 + 27).

4. L'apport calorique lors de la consommation de 200 mL de lait est égal à 134,8 kcal, car, pour 1 L, on obtient : 38 × 9 + 50 × 4 + 33 × 4 = 674, et donc pour 200 mL on aura :

$$\frac{674}{5} = 134,8 \text{ kcal.}$$

5. Voir le schéma ci-contre.

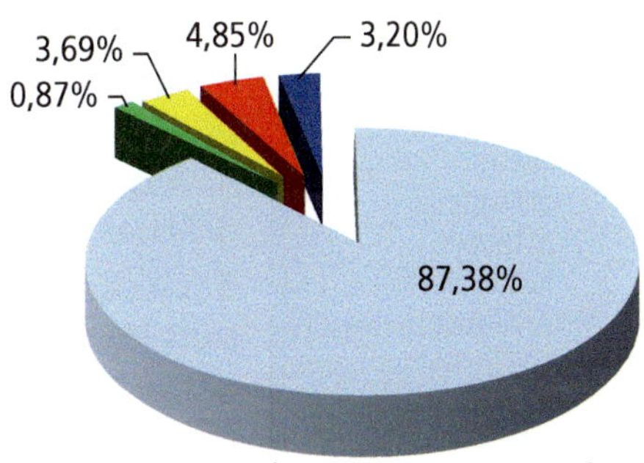

6. On lit sur le diagramme que TB ≈ 3,7 % et TP ≈ 3,2 %.

$$\frac{TB}{TP} = \frac{3,7}{3,2} \approx 1,16 < 1,2.$$

Ce lait peut donc être destiné à la fabrication du fromage.

Analyser
Lire attentivement l'énoncé et surligner les mots clés, puis extraire ensuite les informations demandées.

Réaliser
Multiplier la masse de chaque biomolécule par son apport calorique, puis additionner le tout.

Pour la réalisation du graphique, convertir tout d'abord en pourcentages la portion de chaque biomolécule (exemple des glucides : $\frac{50 \times 100}{1030} \approx 4,9\ \%$).

Critiquer
Utiliser les données de l'énoncé afin de conclure.

S'entraîner

* 1 Sucres et sucre

D'après E8 Bac STAV, Polynésie, 2011

En 2008, l'Union européenne a produit environ 17 millions de tonnes de sucre. La majeure partie de ce sucre est obtenue à partir de la betterave sucrière.

Selon qu'il est employé au pluriel ou au singulier, le terme « sucre(s) » prend une signification différente.

Au pluriel, les sucres sont les glucides qui constituent, à côté des protides, des lipides et de l'eau, les quatre principaux nutriments de l'organisme humain. Ces glucides englobent des substances fort diverses allant de la cellulose au sucre proprement dit, en passant par l'amidon et le glucose. Ce sont des molécules organiques résultant d'un ensemble de réactions chimiques consécutives à l'utilisation de l'énergie solaire par la chlorophylle des plantes vertes, lorsque celles-ci réalisent la photosynthèse. Certains sont simples comme le glucose, très répandu dans la nature (miel, fruits...), le fructose et le galactose ; d'autres sont composés comme le saccharose, le lactose et le maltose.

L'appellation sucre, au singulier, désigne couramment le saccharose.

1. Donner le nom des quatre groupes de nutriments cités dans le texte.

2. Relever dans le texte le nom des différents glucides.

3. Établir une classification de ces glucides.

** 2 Composition du miel

Le miel des abeilles est un produit naturel très riche en glucides ; sa composition est donnée par le diagramme ci-dessous :

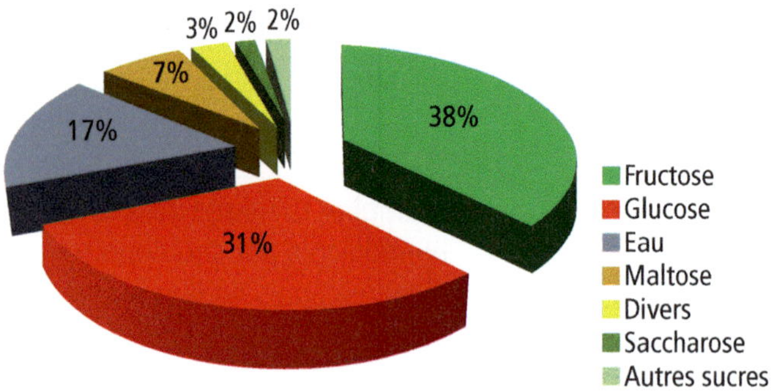

1. Donner la liste des principaux glucides présents dans le miel, puis les situer dans la classification des glucides.

2. Calculer le pourcentage total de glucides dans le miel.

3. Calculer la masse en g de glucides contenue dans 10 g de miel.

4. 1 g de glucides libère 17 kJ d'énergie. **Calculer l'apport calorique induit par la consommation de 10 g de miel.**

** 3 Cacahuètes grillées

Les cacahuètes grillées figurent parmi les apéritifs incontournables. Elles sont à consommer avec modération car elles sont très riches en lipides.
Le tableau ci-dessous donne les valeurs nutritionnelles pour 100 g de cacahuètes.

Pour 100 g	Valeurs
Énergie	**554 kcal**
Protéines	24,5 g
Glucides, dont : glucose et saccharose amidon	7,5 g 4,2 g 3,3 g
Fibres	11,4 g
Lipides, dont : acides gras saturés acides gras mono-insaturés acides gras poly-insaturés	47,3 g 7,6 g 18,7 g 18,8 g
Sels minéraux	1,86 g
Vitamines	0,13 g

Données : 1 g de glucides apporte 4 kcal ; 1 g de protides apporte 4 kcal ; 1 g de lipides apporte 9 kcal.

1. Les cacahuètes grillées sont très caloriques. **Expliquer pourquoi, d'après leur composition en biomolécules.**

2. **À quelle famille biochimique appartiennent les graisses ?**

3. **La cacahuète contient des glucides. Les nommer, puis les situer dans la classification des glucides.**

4. L'acide arachidonique, qui est un acide gras insaturé, fait partie des lipides de la cacahuète. **Définir les termes *acide gras* et *insaturé*.**

5. Les protéines font partie de la composition de la cacahuète.

a. **À quelle famille de biomolécules appartiennent les protéines ?**

b. **Les situer dans la classification de ce groupe de biomolécules.**

6. **Calculer l'apport calorique de 150 g de cacahuètes.**

** 4 Effort physique

Les efforts physiques nécessitent de l'énergie, puisée dans les aliments au cours de transformations chimiques. Les besoins énergétiques journaliers d'un être humain sont estimés à 11 500 kJ, mais, lors d'un effort physique, ces besoins augmentent considérablement.

L'une des principales réserves d'énergie est le glycogène, molécule stockée dans les muscles (environ 400 g pour un individu moyen) et le foie (environ 100 g).

Durant un effort physique le glycogène libère du glucose, qui va produire de l'énergie selon deux processus simplifiés envisageables : l'un se produit lors d'efforts intenses et brefs – c'est le processus anaérobie –, et l'autre lors d'efforts longs et endurants – c'est le processus aérobie. Ce dernier libère une quantité d'énergie que l'on estime à 2 800 kJ pour 180 g de glucose.

Les muscles transforment une partie de l'énergie chimique puisée dans les aliments (25 % environ) en énergie mécanique. Une partie de l'énergie produite est utilisée lors de l'effort musculaire, tandis que le reste se perd sous forme de chaleur. Cette dernière va avoir pour effet d'augmenter la température du corps et de déclencher un mécanisme réflexe de sudation, grâce auquel l'eau expulsée rafraîchit le corps, atténuant cette augmentation de température.

1. **Nommer les glucides cités dans le texte, puis les situer dans la classification des glucides.**

2. **Rechercher, éventuellement sur Internet, ce que signifient les expressions « processus aérobie » et « processus anaérobie ».**

3. Lorsqu'une substance contient du carbone, sa combustion complète dans le dioxygène produit du dioxyde de carbone et de l'eau. **Dans lequel des deux processus évoqués ci-dessus la transformation chimique peut-elle être considérée comme une combustion complète ?**

4. **Calculer la valeur de l'énergie chimique obtenue par la combustion de 200 g de glucose.**

5. **Déterminer la masse de glucose qu'il serait nécessaire de consommer pour couvrir les besoins moyens journaliers en énergie d'un être humain si le glucose constituait l'unique source d'énergie apportée par l'alimentation. Que suggère ce résultat ?**

6. **Quelles sont les autres sources d'énergie possibles pour le corps ?**

** 5 Beurre ou margarine ?

La matière grasse préférée des Français reste de loin le beurre, malgré sa mauvaise réputation : il serait en effet responsable de l'augmentation du taux de cholestérol dans l'organisme. Mais son équivalent végétal, la margarine, est-elle plus saine ?

Doc. 1 Extrait d'une étiquette d'une plaquette de margarine

	Valeurs énergétiques	Pour une portion de 10 g
Informations nutritionnelles		52,5 kcal (216 kJ)
	Protéines Glucides	0,2 g 0,2 g
	Lipides, dont : – saturés – mono-insaturés – poly-insaturés – trans	5,8 g 2,4 g 2,4 g 0,9 g < 0,1 g
	Fibres Sodium Vitamine E (% AJR*)	0 g 0,014 g 0,7 mg (6 %)

*AJR : Apports journaliers recommandés

Doc. 2 Extrait d'une étiquette d'une plaquette de beurre

Naturellement riche en vitamine A
Valeur nutritionnelle pour 100 g :

Énergie : 3 043 kJ (740 kcal)
Protéines : 0,5 g
Glucides : traces
Lipides : 82 g,
dont acides gras saturés : 57 g
Vitamine A : 780 µg

Donnée : 10 g de beurre couvrent 11 % des besoins quotidiens en vitamine A d'un adulte (d'après ANC pour la population française 2001).

1. **Indiquer la différence d'origine entre le beurre et la margarine.**

2. **Quelle est la différence principale entre le beurre et la margarine en termes de composition ?**

3. Les lipides du beurre sont représentés par des acides gras et des triglycérides. **Situer les acides gras dans la classification des lipides.**

4. **Calculer l'apport calorique de 100 g de margarine.**

5. **Conclure.**

6 Aliments et énergie

Pour pouvoir fonctionner et notamment se mouvoir, le corps a besoin d'énergie. Il la puise dans l'alimentation. Chaque aliment n'apporte pas la même quantité d'énergie. Cette énergie est exprimée en calories. Lorsque l'apport calorique est plus important que les besoins du corps, l'énergie est stockée notamment sous forme de graisse. Pour des raisons médicales, une personne suit un régime à 700 kcal par repas. Le tableau suivant indique ce qu'elle a mangé au déjeuner.

Aliments	Quantités (en g)	Apports caloriques pour 1 g (en kcal)
Côtelette	125	3,3
Épinards	150	0,32
Fromage	45	1,2
Pomme	120	0,52

1. Le fromage contient des triglycérides.
À quelle famille biochimique appartiennent les triglycérides ?

2. Dans les côtelettes, on trouve de la myosine, qui est une protéine composée uniquement d'acides aminés.

a. À quelle famille biochimique appartiennent les protéines ?

b. Situer la myosine dans la classification des protéines.

3. Calculer l'apport calorique du repas.

4. Modifier les quantités pour que le régime soit davantage respecté.

5. Les besoins nutritionnels du corps humain sont divers. En plus d'être source d'énergie, l'alimentation permet d'apporter certains constituants nécessaires à l'équilibre du corps. Un adulte doit consommer en moyenne 70 g de protides par jour, 275 g de glucides et 85 g de lipides. Il est conseillé de prendre trois repas par jour pour un apport calorique de 25 % au petit déjeuner, 45 % au déjeuner et 30 % au dîner.
Pour les trois groupes d'aliments que sont les protides, les glucides et les lipides, indiquer l'apport nécessaire, en grammes, pour chaque repas.

7 Banane flambée

Un restaurant propose sur la carte de ses desserts de la banane flambée.

Recette pour réaliser une portion de banane flambée :

- 1 ½ banane (soit environ 200 g)
- 20 g de beurre
- 3 cl de rhum ambré
- 40 g de sucre
- 200 g de glace à la vanille ou au rhum raisin

Données : 1 g de glucides et 1 g de protides fournissent 4 kcal ; 1 g de lipides fournit 9 kcal ; 100 g de glace fournissent 110 kcal ; 10 g de beurre, 8 kcal ; et 100 g de banane, 90 kcal.

1. a. Recopier et compléter le tableau ci-dessous :

Ingrédients de la recette	Constituants alimentaires principaux	Apports caloriques
Banane	Glucides complexes (amidon)	
Beurre		
Sucre		

b. Dans la recette, on trouve du beurre, aliment très riche en *acides gras saturés*. **Définir ces termes.**

c. Calculer l'apport calorique de ce dessert.

2. Pour réaliser des bananes flambées, on procède à la cuisson du sucre. ► doc. 2 p. 137

a. Qu'arrive-t-il au saccharose lors de sa cuisson ?

b. Citer les transformations physico-chimiques du sucre lors de la fabrication de ce dessert.

c. Dans la réalisation des desserts flambés, l'alcool doit être ajouté à la fin. **Justifier ce protocole.**

d. Le sucre change d'état à 160 °C. **Nommer ce changement d'état.**

e. La recette de la banane flambée précise dans les critères de réussite : « Si le caramel est trop foncé, il devient amer. » **Justifier cette remarque.**

Bonnes et mauvaises graisses

Les lipides sont indispensables au fonctionnement de l'organisme. C'est pourquoi ils ne doivent surtout pas être supprimés de l'alimentation, même quand on veut maigrir. Comment faire le tri entre bonnes et mauvaises graisses ?

1 Bonnes graisses

L'expression « bonnes graisses » fait référence aux acides gras insaturés. Parmi eux, il y a les acides gras essentiels, comme le fameux oméga-3. Les acides gras essentiels ne peuvent pas être fabriqués par le corps humain. Ils doivent donc absolument être fournis par les aliments.

Les acides gras insaturés se trouvent en abondance dans les huiles végétales (colza, noisette, noix, olive, soja, tournesol). Les poissons gras en contiennent également (saumon, sardine, thon, maquereau, anchois, truite).

2 Mauvaises graisses

On qualifie de « mauvaises graisses » les acides gras saturés. De nombreux produits d'origine animale en contiennent : charcuterie, beurre, crème. Certaines huiles végétales en sont aussi pourvues : c'est le cas de l'huile de coco et de l'huile de palme par exemple. La consommation excessive de ces graisses entraînerait une augmentation du taux de cholestérol dans le sang, favorisant l'apparition de maladies cardiovasculaires.

3 Production et consommation de matières grasses en France

En 2016, la production de beurre en France est estimée à 450 000 tonnes, ce qui fait de notre pays le deuxième producteur de beurre en Europe derrière l'Allemagne. Un Français consomme en moyenne 8 kg de beurre par an, ce qui est un record mondial.
La France est aussi le premier producteur européen d'oléagineux, avec une production nationale de 2,7 millions de tonnes d'huiles brutes (75 % de colza, 20 % de tournesol et 4,7 % de soja). La consommation d'huiles végétales est estimée à 3 millions de tonnes, réparties entre consommations alimentaire et industrielle.

4 Recommandations en lipides

La part recommandée des lipides dans l'apport énergétique est de 35 à 40 %. Cette fourchette permet d'assurer la couverture des besoins en acides gras essentiels et prend en compte la prévention des pathologies. La limite haute de cette fourchette est dépassée en France par environ 43 % des adultes et 34 % des enfants.

Recommandations en acides gras pour l'adulte consommant 2 000 kcal par jour

	Apports nutritionnels conseillés	
Acides gras essentiels	Acide linoléique	4 %
	Acide α-linolénique	1 %
	Acide docosahexaenoïque, DHA	250 mg
Acides gras non essentiels	Acide eicosapentaénoïque, EPA	250 mg
	Acides laurique + myristique + palmitique	⩽ 8 %
	Acides gras saturés totaux	⩽ 12 %
	Acide oléique	15-20 %

► www.anses.fr/fr/content/les-lipides

10 Formules des biomolécules

Tester les prérequis

Choisir la ou les bonnes réponses.

1 Parmi ces nutriments, lesquels ne sont pas des biomolécules ?

a. Les glucides. **b.** Les vitamines. **c.** Les sels minéraux.

2 Les glucides sont composés de carbone, d'hydrogène et :

a. d'azote. **b.** d'eau. **c.** d'oxygène.

3 Les lipides sont classés en plusieurs catégories :

a. simples et complexes. **b.** simples, complexes et hydrocomplexes. **c.** doubles et complexes.

4 Les acides gras sont les unités de base des :

a. glucides. **b.** lipides. **c.** protides.

5 Les éléments chimiques entrant dans la composition d'une molécule de protéine sont :

a. le carbone, l'hydrogène et l'oxygène. **b.** le carbone, l'azote et le sodium. **c.** le carbone, l'hydrogène, l'oxygène et l'azote.

6 L'unité de base d'une protéine est :

a. un acide carboxylique. **b.** un acide aminé. **c.** un acide gras.

7 Parmi les figures suivantes, laquelle représente un peptide ?

a. 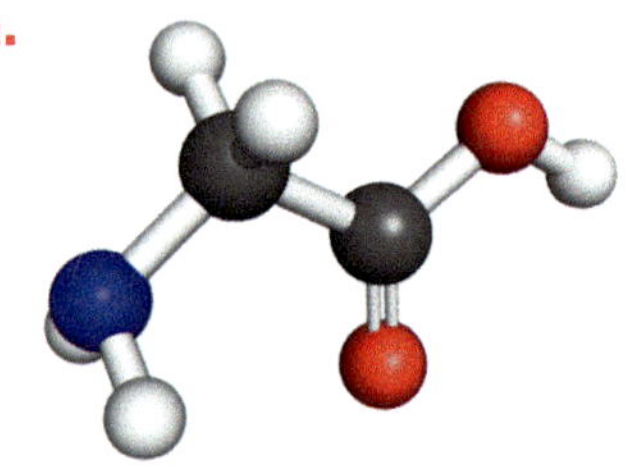

b. 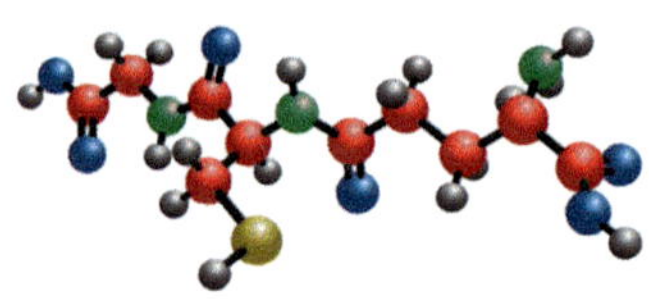

c. 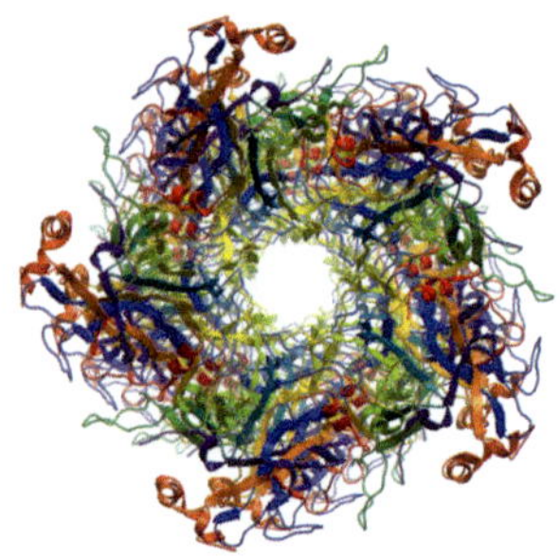

Le pain contient plusieurs biomolécules : des glucides (amidon), des protéines (gluten). Lors de la cuisson, une partie des molécules d'amidon s'hydrolyse et se transforme en molécules de maltose, puis de glucose.

Comment représenter une biomolécule en chimie ?

Objectifs

- **Écrire les formules brutes et semi-développées des biomolécules courantes.**
  ▶ Activité documentaire 1 : Les groupes fonctionnels p. 152
- **Mettre en évidence la présence de quelques biomolécules dans les aliments.**
  ▶ Activité expérimentale 2 : Caractérisation des glucides p. 153
  ▶ Activité expérimentale 3 : Caractérisation des lipides p. 154
  ▶ Activité expérimentale 4 : Caractérisation des protéines p. 155

1 Les groupes fonctionnels

● Les formules chimiques de chaque groupe de biomolécules (glucides, lipides, protides) ont des caractéristiques communes.

Quelles sont les formules des biomolécules les plus courantes ?

1 Qu'est-ce qu'une molécule ?

Pour gagner en stabilité, certains éléments chimiques mettent en commun un ou plusieurs électrons de leur couche externe. Ce partage signe la naissance d'une molécule. Les liaisons formées sont simples, doubles ou triples selon que chaque atome apporte respectivement un, deux ou trois électrons. Une molécule peut être représentée par une formule brute ou développée.

▶ **Exemple de formule brute :** $C_6H_{12}O_6$ (glucose)

▶ **Exemple de formule développée :**

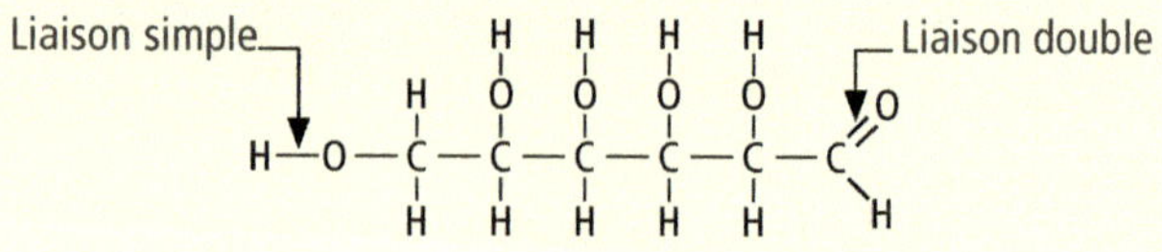

(glucose)

2 Les groupes fonctionnels

Les biomolécules possèdent des groupes d'atomes caractéristiques appelés **groupes fonctionnels** qui permettent de les classer en familles. Les groupes fonctionnels (et les familles) les plus souvent rencontrés sont :

Hydroxyle (alcool)
–OH

Amino (amine)
$-NH_2$

Carboxyle (acide carboxylique)

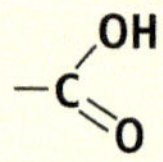

Carbonyle (aldéhyde)

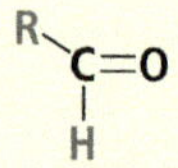

Carbonyle (cétone)

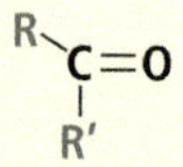

R et R' représentent les groupes d'atomes qui constituent le reste de la molécule.

3 Formules semi-développées de quatre biomolécules

Acide palmitique : **$CH_3-(CH_2)_{14}-COOH$**
Acide linoléique : **$CH_3-(CH_2)_4-CH=CH-CH_2-CH=CH-(CH_2)_7-COOH$**
Glycine : **NH_2-CH_2-COOH**
Peptide Gly-Gly : **$NH_2-CH_2-CO-NH-CH_2-COOH$**

Questions

› Analyser

1. a. Écrire la formule brute et la formule développée de la glycine (doc.1 et 3).
b. Indiquer quel groupe fonctionnel est commun aux quatre biomolécules du doc.3.

› Réaliser

2. Recopier puis compléter le tableau suivant à l'aide des formules des quatre biomolécules présentées dans les doc. 2 et 3.

Nom	Formule brute	Groupe fonctionnel	Famille

2 Caractérisation des glucides

● L'amidon est une substance « de réserve » pour de nombreux végétaux, par exemple le tubercule de pomme de terre. Quant au glucose, il est surtout présent dans les fruits.

↳ *Comment mettre en évidence le glucose et l'amidon dans un aliment ?*

1 Caractérisation de quelques glucides

A. Identification du glucose

1. Verser 3 mL d'une solution S_1 (jus de raisin) dans un tube à essai noté 1, et 3 mL d'une solution S_2 (eau minérale) dans un autre tube à essai noté 2.
2. Ajouter 2 mL de liqueur de Fehling dans chaque tube à essai.
3. À l'aide d'une pince en bois, placer les deux tubes à essai notés 1 et 2 au-dessus d'un bec Bunsen ou électrique durant quelques minutes.
4. Observer et noter ce qui se produit dans les tubes 1 et 2.

B. Identification de l'amidon

1. Choisir deux aliments (exemple : pain et oignon).
2. Verser une ou deux gouttes d'eau iodée sur un petit échantillon de pain et faire de même sur un petit échantillon d'oignon.
3. Observer et noter ce qui se produit dans les deux cas.

2 Pictogrammes de la liqueur de Fehling (1) et de l'eau iodée (2)

1

2

3 Tests d'identification de quelques glucides

Glucides testés	Procédures	Observations
Glucose	Ajouter de la liqueur de Fehling (liquide bleu) à la solution que l'on veut tester. Faire chauffer à l'aide d'un bec Bunsen ou électrique pendant quelques minutes.	Précipité rouge brique
Amidon	Ajouter quelques gouttes d'eau iodée de couleur marron.	Couleur bleu-noir

Questions

› Analyser

1. Préciser quelles mesures de sécurité doivent impérativement être respectées (doc. 2) durant les expériences présentées dans le doc. 1.

› Réaliser

2. Mettre en œuvre les protocoles expérimentaux décrits dans les doc. 1 et 3 dans le respect des règles de sécurité.

› Rendre compte

3. a. Construire des schémas annotés des tests d'identification du glucose et de l'amidon dans un aliment.
b. Recopier et compléter le tableau suivant qui rend compte des résultats de l'expérience.

Solution/aliment	Réactif utilisé	Résultats (observations)	Conclusion

3 Caractérisation des lipides

● Le lait de vache et les olives sont deux aliments courants. Dans 100 mL de lait, on trouve environ 3,5 g de lipides, contre 11 g dans 100 g d'olives.

Comment mettre en évidence la présence de lipides dans le lait et dans les olives ?

1 Mise en évidence des lipides présents dans le lait (méthode 1)

1. Préparer une feuille de papier blanc.
2. Déposer sur cette feuille en trois endroits différents, à l'aide de trois agitateurs en verre, une goutte de lait entier, une goutte de lait demi-écrémé et une goutte de lait écrémé. Puis laisser sécher la feuille.
3. Observer et noter ce qui se produit à chaque endroit de la feuille.

2 Mise en évidence des lipides présents dans les olives (méthode 2)

1. Dans un mortier, avec un pilon, broyer quelques olives.
2. Déposer un filtre dans un entonnoir surélevé sur un erlenmeyer et filtrer le broyat d'olives.
3. Déposer une goutte du filtrat sur une lame de microscope en utilisant une pipette.
4. Verser dessus une goutte de rouge Soudan III, puis écraser le tout avec une lamelle.
5. Observer la solution au microscope.

3 Pictogrammes du rouge Soudan III

4 Tests d'identification des lipides au rouge Soudan III

Biomolécules testées	Réactif	Procédure	Observations
Lipides	Rouge Soudan III	Observer au microscope.	Coloration rouge orangé des parties lipidiques
		Frotter le composant sur une feuille de papier, puis laisser sécher.	Tache translucide indélébile

Questions

› Analyser

1. Préciser quelles mesures de sécurité doivent impérativement être respectées (doc. 3) durant l'expérience présentée dans le doc. 2.

› Réaliser

2. Mettre en œuvre les protocoles expérimentaux décrits dans les doc. 1 et 2 dans le respect des règles de sécurité.

› Rendre compte

3. a. Tracer des schémas annotés qui expliquent comment mettre en évidence la présence de lipides dans le lait, puis dans les olives (doc. 1, 2 et 4).
b. Lequel des trois laits testés contient le plus de lipides ?

› Critiquer

4. Comparer les deux méthodes utilisées pour la mise en évidence de lipides.

4 Caractérisation des protéines

● Dans la plupart des cultures du monde, l'œuf est utilisé comme aliment simple et comme ingrédient de plats plus complexes. Il contient 12 % de protéines, avec une plus forte concentration dans le jaune (16 %) que dans le blanc (11 %).

↳ *Comment mettre en évidence la présence de protéines dans l'œuf ?*

1 Mise en évidence des protéines présentes dans l'œuf

1. Casser un œuf et déposer le jaune dans un récipient noté 1, et le blanc dans un autre récipient noté 2.
2. À l'aide d'une pipette, prélever un échantillon de jaune et le verser dans un tube à essai noté 1.
3. Faire de même avec un échantillon de blanc, qui sera transvasé dans un tube à essai noté 2.
4. Verser à l'aide d'une pipette quelques gouttes du réactif de Biuret dans les deux tubes à essai.
5. Observer et noter ce qui se produit dans chaque tube à essai.

2 Pictogramme du réactif de Biuret

H315	Provoque une irritation cutanée.
H319	Provoque une sévère irritation des yeux.
H335	Peut irriter les voies respiratoires.

3 Réactif de Biuret

La réaction de Biuret met en évidence la présence d'au moins deux liaisons peptidiques. Un complexe coloré mauve ou violet se forme lorsque l'on teste au réactif de Biuret (de couleur bleue) un aliment qui contient des peptides ou protéines.

Questions

› Analyser

1. a. Préciser quelles mesures de sécurité doivent impérativement être respectées durant l'expérience présentée dans le doc. 1.
b. Que met en évidence le réactif de Biuret (doc. 3) ?

› Réaliser

2. Mettre en œuvre le protocole expérimental décrit dans le doc. 1 dans le respect des règles de sécurité.

› Rendre compte

3. Tracer des schémas annotés qui expliquent comment mettre en évidence la présence de protéines dans l'œuf.

› Critiquer

4. Comparer les résultats expérimentaux et conclure.

COURS

1 Glucose, fructose et galactose avec leurs groupes fonctionnels

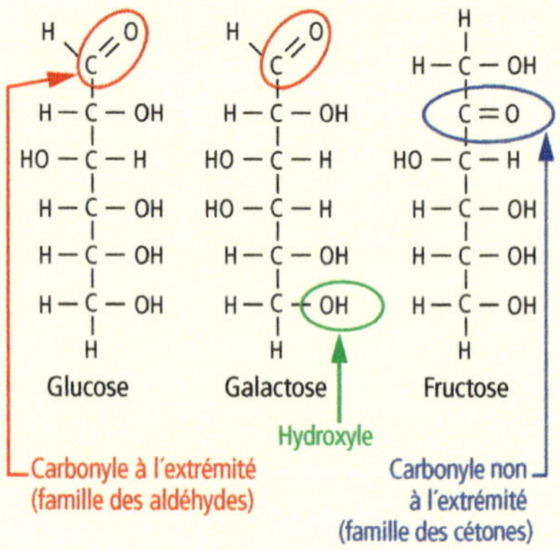

2 Saccharose et lactose

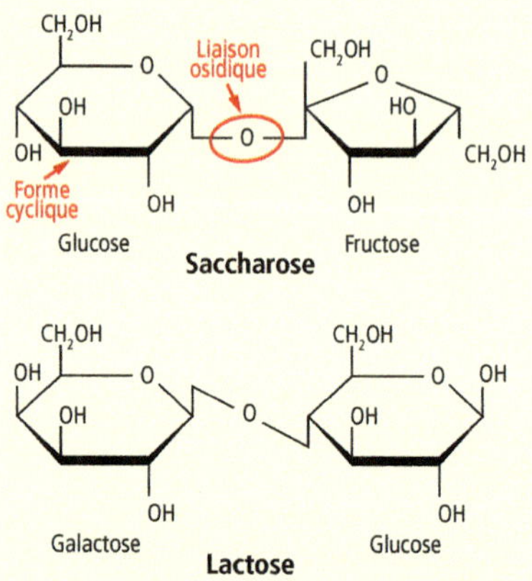

Les composants glucose et fructose sont représentés ici dans leur configuration 3D, où les molécules sont repliées sur elles-mêmes et forment un cycle hexagonal.

1. Glucides

Les glucides sont composés de trois éléments chimiques : **C**, **H** et **O**. Ce sont des molécules organiques dont les atomes de carbone sont porteurs d'au moins deux **groupes (ou groupements) fonctionnels**, hydroxyle (fonction alcool) et carbonyle (fonction aldéhyde ou cétone). ▶ doc. 1

A Glucides simples

Les plus connus sont le glucose, le galactose et le fructose, de formule brute $C_6H_{12}O_6$. Ces trois glucides sont des sucres **réducteurs** grâce aux groupes **hydroxyle** et **carbonyle**. ▶ activité 1 p. 152 Le glucose et le galactose ont leur groupe carbonyle en bout de chaîne carbonée : ce sont des **aldoses**, qui font partie de la famille des **aldéhydes**. Le fructose a son groupe carbonyle situé ailleurs qu'à l'extrémité : c'est un **cétose**, de la famille des **cétones**. ▶ doc.1

B Glucides composés

Les glucides composés ont tous la même formule brute : $C_{12}H_{22}O_{11}$. Ils sont composés de deux sucres simples liés par une liaison osidique. Les plus connus sont le saccharose (sucre) et le lactose (sucre du lait). ▶ doc. 2

C Glucides complexes

Ce sont des macromolécules de formule brute $(C_6H_{10}O_5)_n$.
L'amidon est le plus connu des glucides complexes. Il est composé de nombreuses molécules de glucose (de 200 à 3 000).
On distingue également la cellulose : $(C_6H_{10}O_5)_n$, avec 1 500 < n < 12 000, et le glycogène : $(C_6H_{10}O_5)_n$, avec n voisin de 30 000.

2. Lipides

A L'unité de base des lipides : l'acide gras

Un acide gras est un acide carboxylique caractérisé par le groupe carboxyle **COOH. C'est l'unité de base d'un lipide.**

– Les **acides gras saturés** ont pour formule brute $C_nH_{2n}O_2$. Ils ne comportent aucune double liaison sur la chaîne carbonée, comme l'acide stéarique ($C_{18}H_{36}O_2$).

– Les **acides gras insaturés** n'ont pas de formule générique. Ils comportent une ou plusieurs doubles liaisons sur la chaîne carbonée, comme l'acide oléique.

Remarque
Pour les acides gras insaturés, il existe deux types de nomenclature pour indiquer où sont la ou les doubles liaisons C=C.

- On note « carbone n° 1 » le carbone du groupe **carboxyle** ▶ activité 1 p. 152, et on indique avec un **Δ (delta)** le numéro du premier carbone de la première double liaison.
- On note « carbone n° 1 » le carbone du groupe **méthyle** ($-CH_3$), et on indique avec un **ω (oméga)** le numéro du premier carbone de la double liaison.

Exemple

L'acide palmitique, de formule brute $C_{16}H_{32}O_2$, est de formule topologique :

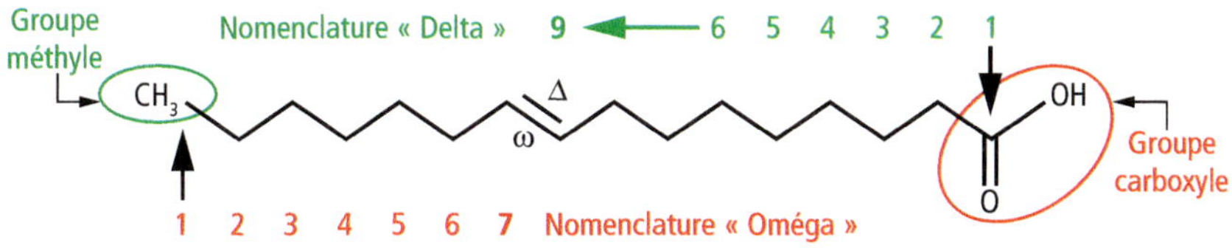

L'acide palmitique peut donc s'écrire de deux manières :

- **C16:1 Δ9**
- **C16:1 ω7**

L'acide palmitique est donc un « oméga 7 ».

Remarque
En nutrition, la nomenclature oméga est passée dans le langage courant : les étiquettes des huiles alimentaires mettent en avant leur teneur en oméga 3 et oméga 6.

B Classification des lipides

Les lipides sont divisés en **lipides simples et complexes**. Les plus connus sont les triglycérides, des lipides simples résultant uniquement d'une réaction chimique entre trois acides gras et un alcool (le glycérol). Cette réaction est appelée **estérification**.

3 acides gras + glycérol ⟶ triglycéride + eau

3. Protides

Les protides sont des biomolécules qui possèdent toutes un groupe **amino** et un groupe **carboxyle**.

- **Les acides α-aminés** sont les unités de base. La lettre α désigne le carbone lié au groupe amino et adjacent au groupe carboxyle. ▶ doc. 3
- **Les peptides** sont des acides aminés assemblés par des liaisons peptidiques. ▶ doc. 4
- **Les protéines** sont des macromolécules qui résultent de l'assemblage de peptides. ▶ doc. 5

4. Tests caractéristiques de certaines biomolécules

Biomolécules	Tests	Observations
Glucides	– Liqueur de Fehling à chaud (présence de sucres réducteurs) – Eau iodée (présence d'amidon)	– Précipité rouge brique – Couleur bleu-noir
Lipides	– Test de la tache – Test au Rouge Soudan III	– Tache translucide – Couleur rouge-orangé (au microscope)
Protides	Test du Biuret (si au moins deux liaisons peptidiques)	Couleur violette

Le saviez-vous ?

Une **formule topologique** est une représentation simplifiée d'une molécule, sans écrire les atomes de carbone ni la majorité des atomes d'hydrogène. Les liaisons simples sont représentées par des segments, et les liaisons doubles par des doubles segments.

3 Formule d'un acide aminé

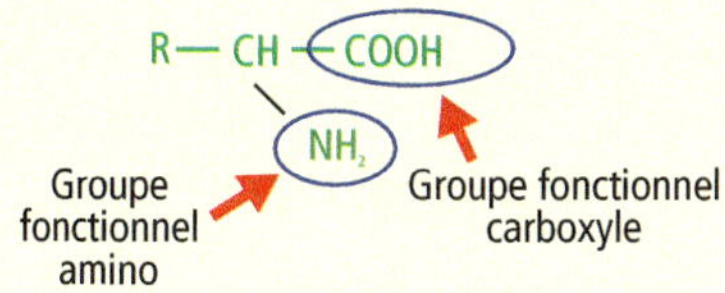

4 Formation d'un dipeptide (peptide formé par deux acides α-aminés)

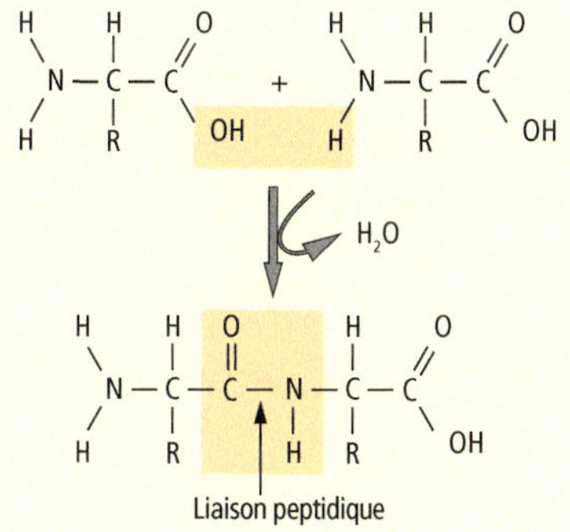

5 Représentation d'une protéine

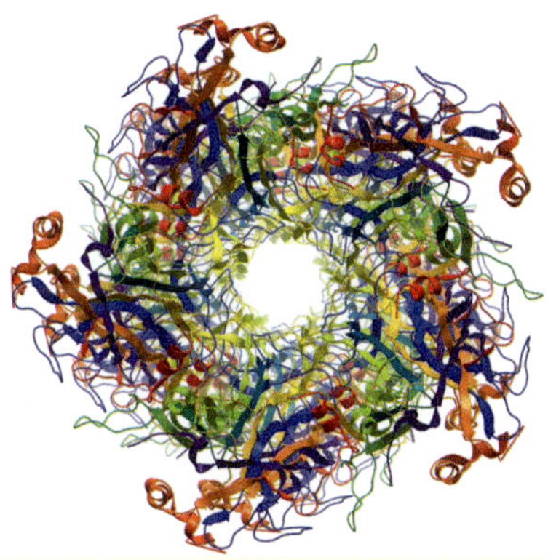

L'ESSENTIEL

Formules des biomolécules

Glucides (C, H et O)	Lipides	Protides
● **Simples :** $C_n(H_2O)_n$ ▶ **Exemple :** glucose, $C_6H_{12}O_6$ ● **Composés :** $C_{12}H_{22}O_{11}$ ▶ **Exemples :** saccharose et lactose ● **Complexes :** $(C_6H_{10}O_5)_n$ ▶ **Exemple :** amidon	**Acide gras :** unité de base d'un lipide → Saturé : $C_nH_{2n}O_2$ → Insaturé (pas de formule générique) ↓ **Lipide** → **Simple :** 1 acide gras + alcool Triglycéride : 3 acides gras + glycérol → **Complexe :** acides gras + alcool + une partie non lipidique	**Acide aminé :** unité de base d'un protide • Au moins 1 groupe amino ($-NH_2$) et au moins 1 groupe carboxyle ($-COOH$) ↓ **Peptide :** • court enchaînement d'acides α-aminés associés par une **liaison peptidique** ↓ **Protéine :** • molécule formée d'un assemblage de peptides

Identification de quelques biomolécules dans les aliments

Biomolécules	Observations	
Glucides	Pour les sucres réducteurs Précipité rouge brique 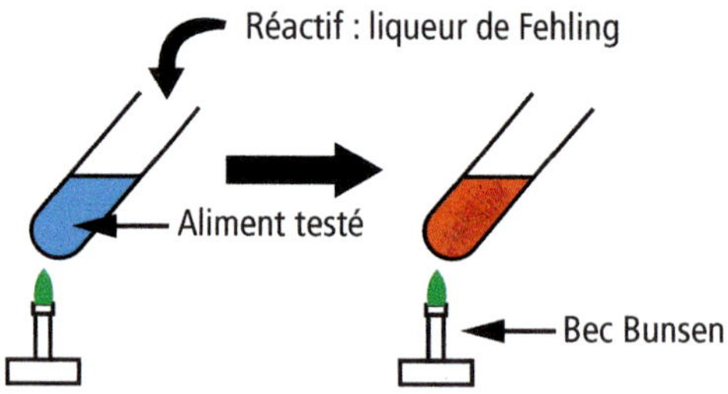 	Pour l'amidon Couleur bleu-noir 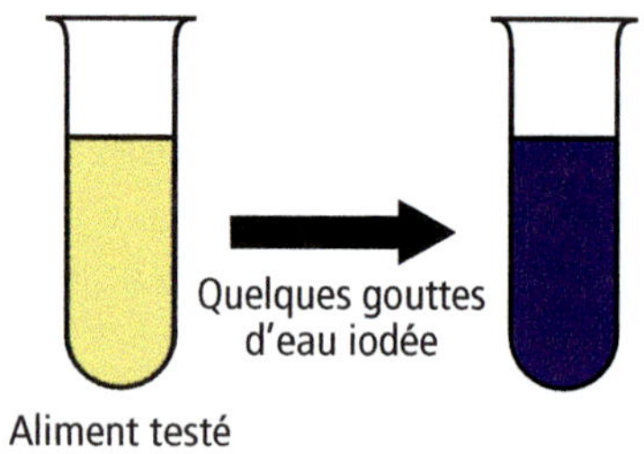
Lipides	Tache translucide sur papier ou couleur rouge-orangé observée au microscope (Rouge Soudan III)	
Protides	Couleur violette si au moins deux liaisons peptidiques 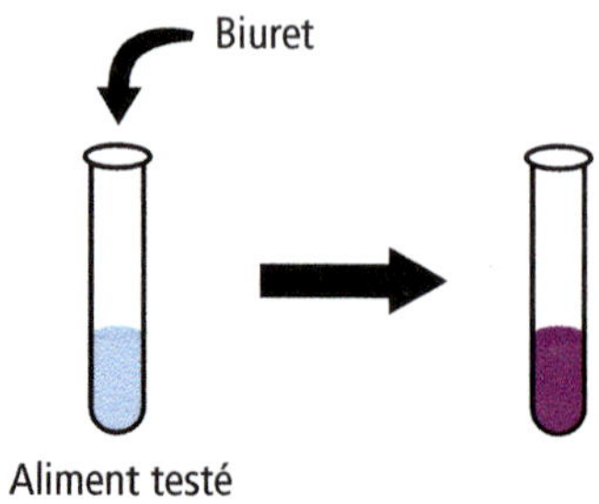 	

EXERCICES

Comprendre le cours ► p. 156-157

A. Compléter la grille de mots croisés (fournie par l'enseignant) et trouver le mot caché (colonne verte).

Horizontalement
1. Unité de base d'un lipide.
3. Enchaînement de quelques acides aminés.
5. Liqueur utilisée pour caractériser un glucide réducteur.
7. Un des symbole utilisés pour désigner un acide gras.
9. Couleur indiquant la présence d'une protéine.
11. Se dit d'un acide gras ne présentant pas de double liaison.
13. Unité de base d'un protide.
15. Enchaînement d'un très grand nombre d'acides aminés.

Verticalement
2. Glucide composé présent dans le lait, de formule $C_{12}H_{22}O_{11}$.
4. Eau utilisée pour caractériser l'amidon.
6. Ester de trois acides gras et de glycérol.
8. Réactif utilisé pour caractériser une protéine.
10. Sucre simple, de formule $C_6H_{12}O_6$.
12. Biomolécules composées de trois éléments chimiques : C, H et O.
14. Glucide complexe, de formule $(C_6H_{10}O_5)_n$.

1 Le mot caché est : _ _ _ C _ _ _ _ _ _ _ .

B. Choisir la ou les bonnes réponses.

2 Le galactose est un sucre simple, de formule :

a. $C_{12}H_{22}O_{11}$. **b.** $C_6H_{12}O_6$. **c.** $(C_6H_{10}O_5)_n$.

3 La formule d'un acide α-aminé est :

a. C_nH_{2n+1}. **b.** $C_n(H_2O)_n$. **c.** $NH_2-\underset{\displaystyle H}{\overset{\displaystyle COOH}{C}}-R$

4 L'acide gras de formule :

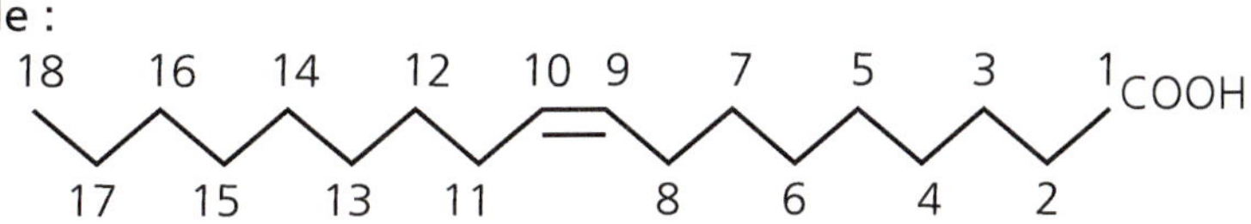

a. est saturé. **b.** est insaturé. **c.** appartient à la famille oméga 9.

Appliquer le cours

Glucides ▸ cours 1 p. 156

1 Formules de quelques glucides

Associer à chaque glucide sa formule.

Glucose •	• $C_{12}H_{22}O_{11}$
Saccharose •	
	• $C_6H_{12}O_6$
Amidon •	
Galactose •	• $(C_6H_{10}O_5)_n$

Lipides ▸ cours 2 p. 156

2 Formules de quelques acides gras

Recopier, puis compléter le tableau ci-dessous :

Nom	Nomenclature	Formule semi-développée
Acide oléique	C16:1ω9	
Acide linoléique	C18:2ω6,9	
Acide palmitique	C16:0	

3 Huiles végétales

D'après E8 Bac STAV, Nouvelle-Calédonie, 2016

Données :
– Notation symbolique des acides gras : $Cn:m\ \Delta^{a,b,c...}$, avec n = nombre d'atomes de carbone, m = nombre de doubles liaisons, et a,b,c… position des doubles liaisons.
– Formule semi-développée de l'acide linoléique :

$$CH_3–(CH_2)_4–CH=CH–CH_2–CH=CH–(CH_2)_7–COOH$$

Des huiles végétales pures (dites HVP) sont admises comme carburant d'un certain nombre de véhicules de transport en commun. L'acide linoléique, dont les caractéristiques sont données ci-dessus, est une HVP.

1. L'acide linoléique est un acide gras poly-insaturé. En vous appuyant sur sa formule semi-développée :
a. Justifier la qualification « acide » pour cette molécule.
b. Justifier le qualificatif « poly-insaturé » pour cette molécule.

2. L'acide linoléique appartient à la série dite des « acides gras oméga 6 ». En vous appuyant sur vos connaissances, expliquer ce que signifie l'appellation « oméga 6 ».

3. En vous appuyant sur vos connaissances et sur les données, donner la notation symbolique de l'acide linoléique.

4 Huile de colza

L'huile de colza est riche en acides gras, tels que l'acide oléique, de formule C18:1ω9.

1. À quelle famille biochimique appartiennent les acides gras ?

2. Combien d'atomes de carbone possède cet acide gras ?

3. Cet acide gras est-il saturé ou non ? Justifier la réponse.

4. Donner sa formule topologique.

Protides ▸ cours 3 p. 157

5 Classification des protides

Recopier et compléter le tableau ci-dessous :

Protides	Description
....	Il en existe une vingtaine, dont la formule s'écrit : $NH_2–CH(COOH)–R$
....	Ils sont composés de quelques acides aminés, liés par une liaison peptidique.
....	Assemblage de peptides

Tests caractéristiques de certaines biomolécules ▸ cours 4 p. 157

6 Glucides du pain et de la confiture de fraises

On désire connaître la composition de deux aliments : le pain et la confiture de fraises. Pour cela, on effectue un test à la liqueur de Fehling. Il n'est positif que pour la confiture de fraises. Puis on effectue un second test à l'eau iodée. Il n'est positif que pour le pain.

1. Décrire le mode opératoire pour le test à la liqueur de Fehling.

2. Citer les couleurs caractéristiques lors du test à l'eau iodée.

3. À partir des résultats fournis dans l'énoncé, donner la composition en glucides de ces deux aliments.

Exercice résolu

Le miel et ses constituants

Énoncé

La fabrication du miel passe par plusieurs étapes ayant chacune une influence sur sa composition chimique. ▶ doc. 1 Le miel contient essentiellement du glucose et du fructose. ▶ doc. 2

1. **En vous aidant du doc. 2, écrire les formules brutes de ces deux molécules.**

2. **Donner le nom du groupe fonctionnel entouré dans les formules développées du glucose et du fructose ; repérer sa position dans la formule et en déduire la famille de chaque molécule.**

3. Le produit brut de départ est le nectar des fleurs prélevé par les abeilles. Il contient en moyenne 80 % d'eau et 20 % de saccharose.

a. Un test à la liqueur de Fehling réalisé sur le nectar ne donne pas de précipité. Le même test réalisé sur le miel produit un précipité rouge brique. **Interpréter les résultats de ces deux tests quant à la composition du nectar et celle du miel.**

b. **Situer le saccharose dans la classification des glucides.**

c. **Nommer les sucres simples qui le composent.**

4. Le miel contient également des protides tels que la glycine :

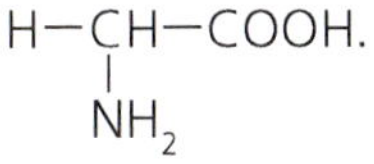

a. **Recopier la formule de la glycine, puis entourer et nommer les groupes fonctionnels de cette molécule.**

b. **Situer cette molécule dans la classification des protides.**

1 Composition du miel

Constituants	Espèces
Eau	Eau
Glucides	Fructose, glucose, saccharose...
Protides	Glycine, alanine, valine...
Acides organiques	Acides gluconique et lactique...
Sels minéraux	K^+, Ca^{2+}, S^{2-}, Cl^-
3,2 < pH < 4,5 selon la maturité du miel	

2 Formules développées du glucose et du fructose

Glucose :

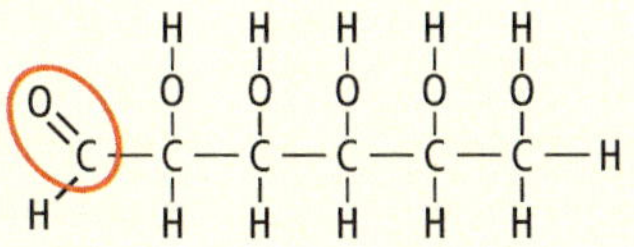

Fructose :

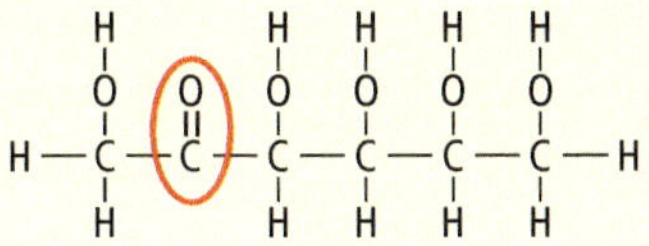

Solution

1. Glucose : $C_6H_{12}O_6$; fructose : $C_6H_{12}O_6$.

2. Groupe carbonyle. Glucose : en bout de chaîne : c'est un aldéhyde. Fructose : pas en bout de chaîne : c'est un cétose.

3. a. Le nectar ne réagit pas au test à la liqueur de Fehling, contrairement au miel qui donne une coloration rouge brique. Cela signifie que le miel contient un sucre réducteur, absent du nectar.

b. Le saccharose appartient à la famille des diholosides (sucres composés).

c. Le saccharose est composé de glucose et de fructose.

4. a. Cette molécule possède un groupe amino et un groupe carboxylique.

b. Cette molécule est un acide aminé, il s'agit donc de l'unité de base des protides.

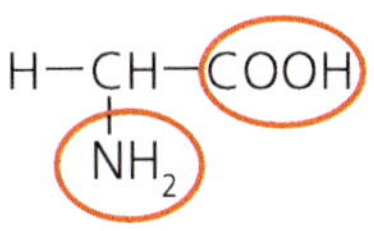

Rendre compte

Écrire une formule brute à partir d'une formule semi-développée.

Nommer une fonction.

Connaître la classification des biomolécules.

Analyser

Interpréter les résultats d'une expérience.

Réaliser

Les deux groupes caractéristiques sont entourés.

S'entraîner

* 1 Photosynthèse

D'après E4, Métropole, Réunion, Mayotte, 2012R

Dans les végétaux, les chloroplastes sont le siège de la photosynthèse, la transformation du dioxyde de carbone et de l'eau en glucides et en dioxygène. La synthèse des glucides ne se fait pas spontanément. De l'énergie lumineuse est nécessaire pour casser les liaisons des molécules d'eau et de dioxyde de carbone. On admet que le glucide formé est le glucose $C_6H_{12}O_6$, dont la formule développée est :

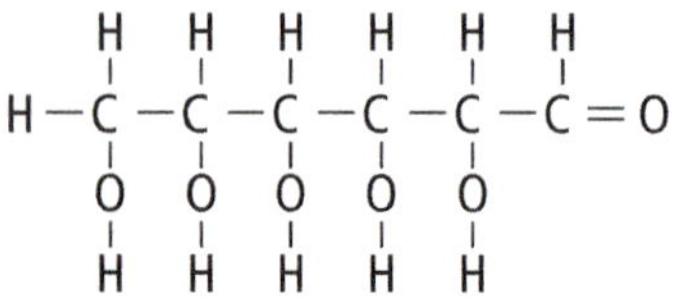

1. Le glucose fait partie de la catégorie des aldoses. **Justifier soigneusement cette affirmation.**

2. Le fructose est un isomère du glucose, il fait partie de la catégorie des cétoses.
– Deux molécules sont **isomères** si elles possèdent le même nombre d'atomes, mais des structures différentes.
– Un **cétose** est un ose dont la structure comporte le groupement fonctionnel ci-dessous caractéristique des cétones :

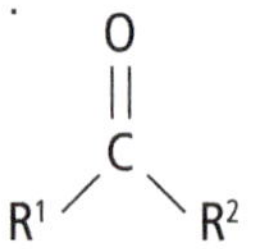

R^1 et R^2 sont des chaînes carbonées, et non de simples atomes d'hydrogène.

a. Donner la formule brute du fructose.
b. Proposer une formule développée possible du fructose.

** 2 Glace

D'après E2 Bac pro Industries de transformation, 2006

La glace est un produit sucré riche en saccharose.

1. Citer la famille biochimique du saccharose et indiquer sa place dans cette famille.

2. Les sucres qui entrent dans la composition du saccharose sont le glucose et le fructose. Leurs formules développées sont données ci-dessous. **Donner leur formule brute.**

Glucose :

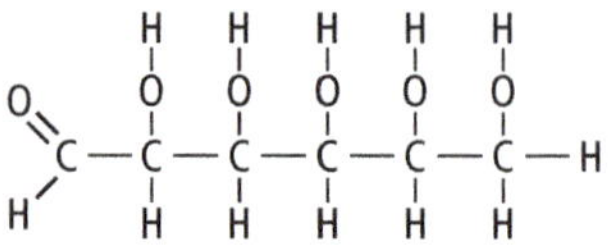

Fructose :

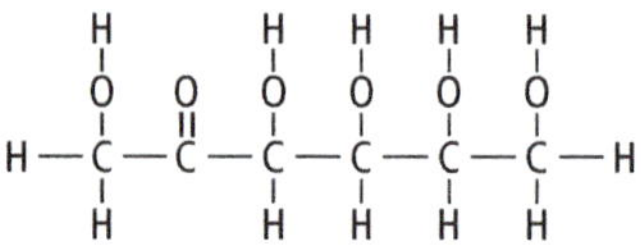

3. Entourer, puis nommer les groupes fonctionnels qui figurent sur ces deux molécules.

4. Nommer la liaison qui s'est formée entre ces deux oses pour donner le saccharose.

5. Le test de Fehling est positif pour le fructose et le glucose. **Le justifier.**

6. Pour réaliser une glace, on utilise du gélifiant, un produit contenant des glucides complexes. **Donner la définition d'un glucide complexe.**

7. La glace contient également des matières grasses. Ces dernières sont riches en triglycérides.
a. Citer les réactifs qui réagissent pour former un triglycéride.
b. Nommer la réaction permettant d'obtenir un triglycéride.
c. Les triglycérides étant non miscibles à l'eau, on rajoute de la lécithine (lipide issu d'acides gras, d'un alcool et d'une partie non lipidique) comme émulsifiant. **Donner la classification de la lécithine dans la famille des lipides.**

** 3 Huile d'olive

D'après E2 Bac pro Industries de transformation, 2007

L'huile d'olive est riche en acides gras tels que l'acide linoléique de formule semi-développée :

$$CH_3–(CH_2)_4–CH=CH–CH_2–CH=CH–(CH_2)_7–COOH$$

1. Écrire la formule brute de cet acide.

2. Cet acide est-il saturé ? Justifier.

3. Calculer sa masse molaire.
Données : Masses molaires en $g.mol^{-1}$: H : 1, O : 16, C : 12, glycérol : 92,1.

4. On obtient au laboratoire un triglycéride par réaction entre le glycérol et trois molécules d'acide linoléique.
a. Nommer cette réaction.
b. Pour obtenir cette réaction, on utilise 6,5 g de glycérol. **Calculer la masse d'acide linoléique nécessaire pour réagir avec le glycérol dans les proportions stœchiométriques.**

** 4 Amande d'abricot

D'après E8 Bac STAV, Métropole, Antilles, Guyane, Réunion, 2014

L'amande d'abricot contient des molécules appartenant aux trois grandes familles de biomolécules.

1. Les acides gras contenus dans cette amande sont les acides palmitique, palmitoléique, stéarique, oléique, linoléique, dont les formules semi-développées sont données dans le tableau ci-dessous :

	Nombre de doubles liaisons			Nomenclature biochimique
Acides gras	Saturé	Mono-insaturé	Poly-insaturé	
Acide oléique $CH_3-(CH_2)_7-CH=CH-(CH_2)_7-COOH$				
Acide palmitique $CH_3-(CH_2)_{14}-COOH$				
Acide stéarique $CH_3-(CH_2)_{16}-COOH$				
Acide linoléique $CH_3-(CH_2)_4-CH=CH-CH_2-CH=CH-(CH_2)_7-COOH$				
Acide palmitoléique $CH_3-(CH_2)_5-CH=CH-(CH_2)_7-COOH$				

a. Recopier le tableau, puis le compléter en cochant la case correspondante afin de classer les acides gras cités en acides gras saturés, mono-insaturés et poly-insaturés.

b. Attribuer à chacun de ces acides l'une des nomenclatures suivantes : $C16:0$; $C16:1\Delta^9$; $C18:0$; $C18:1\Delta^9$; $C18:2\Delta^{9,12}$.

2. L'amande d'abricot contient de l'amygdaline dont l'hydrolyse (décomposition chimique d'un corps par fixation d'eau) conduit entre autres à la formation de gentiobiose, de formule brute $C_{12}H_{22}O_{11}$.

a. Nommer la famille biochimique à laquelle appartient le gentiobiose.

b. Le gentiobiose possède un caractère réducteur. **Citer un test permettant de le mettre en évidence. Qu'observe-t-on lorsque le test est positif ?**

** 5 Maturité d'une pomme

D'après E4, Antilles, Guyane, Polynésie, 2012

Doc. 1 Formules développées du fructose et du glucose

Glucose :

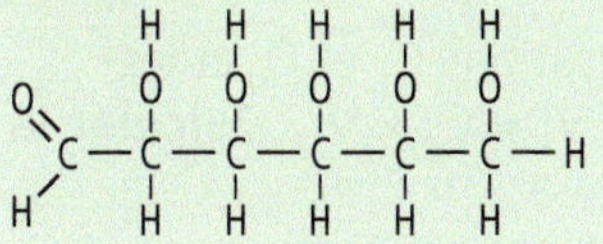

Fructose :

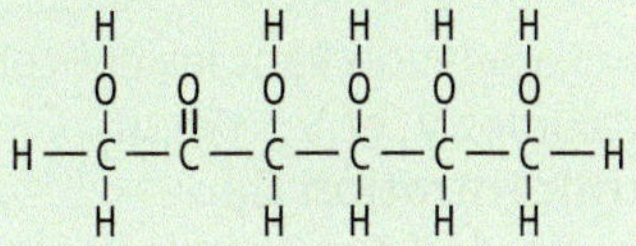

Doc. 2 Composition d'une pomme

Les glucides contenus dans une pomme sont en majorité du fructose, du saccharose et du glucose. Ils donnent à la pomme sa saveur sucrée, une saveur équilibrée par la touche acidulée apportée par des acides carboxyliques (acide malique majoritairement). Les fibres sont abondantes dans la pomme. Elles sont en grande partie des matières pectiques, de la cellulose et de l'hémicellulose (concentrées dans la peau), et des lignines qui forment les parties dures du fruit.

Doc. 3 Déterminer la maturité d'une pomme

Au fur et à mesure que la pomme mûrit, son amidon se transforme en sucres simples. Le trempage d'un morceau de pomme dans de l'eau iodée permet d'évaluer le taux d'amidon. L'eau iodée fait virer au bleu-noir les parties de la pomme qui contiennent de l'amidon, alors que les parties renfermant du sucre ne changent pas de couleur. Pour évaluer la maturité interne du fruit, il suffit de comparer l'intensité de la couleur et le motif qui se dessine sur la pomme avec ceux d'un tableau de référence illustrant les différents degrés de maturité.

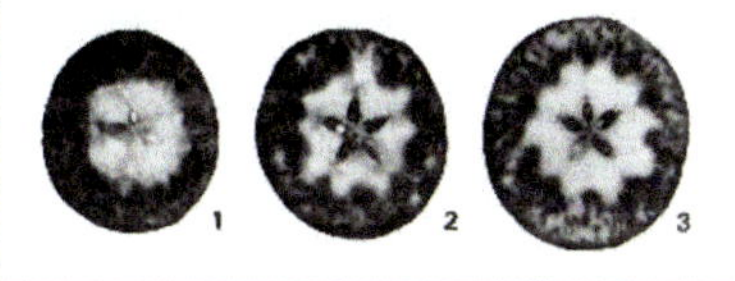

Pomme 1 Pomme 2 Pomme 3

Un agriculteur souhaite vérifier la maturité des pommes qu'il cultive dans son verger.

1. Un sucre est réducteur si sa molécule contient le groupement : – CO – CHOH –.
En s'appuyant sur le doc. 1, préciser, en justifiant les réponses, si le glucose et le fructose sont des sucres réducteurs.

2. Reproduire le tableau ci-dessous et le remplir avec les cinq termes soulignés dans les doc. 2 et 3.

Sucres simples	Sucres composés	Sucres complexes

3. Le doc. 3 présente trois photographies de pommes de variété McIntosh coupées en deux et trempées dans une solution d'eau iodée. **Indiquer, en le justifiant, quelle est la pomme la plus mûre.**

4. Les lipides de la pomme sont principalement contenus dans les pépins. **Proposer une expérience pour les mettre en évidence.**

6 Qualité alimentaire d'une pomme

D'après E4, Métropole, Antilles, Réunion, 2010

La pomme est un fruit consommé aussi bien frais que transformé (compote, jus de pommes, cidre, confiseries…). Ses qualités alimentaires sont reconnues : 85 à 90 % des consommateurs pensent que la pomme est « bonne pour la santé, facteur d'équilibre alimentaire, appétissante, rafraîchissante et pratique à consommer ».
Le tableau suivant présente les principaux constituants de 100 g de pomme crue, non pelée :

En grammes	Eau : 85 Glucides : 14 Sucres simples : 10 Fibres : 2,4 Protéines : 0,26 Lipides : 0,17 Dont : Acides gras saturés : 0,028 Acides gras mono-insaturés : 0,007 Acides gras poly-insaturés : 0,051
En milligrammes	Minéraux : Potassium : 107 Autres : 23 Vitamines : Vitamine C : 4,6 Autres : 0,24

1. Donner le nom de la famille de biomolécules à laquelle appartiennent les sucres simples.

2. On a ci-dessous une liste de trois formules semi-développées représentant des maillons de base de biomolécules.

(1) 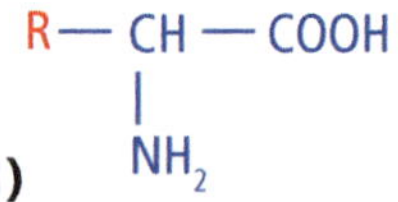

(2) 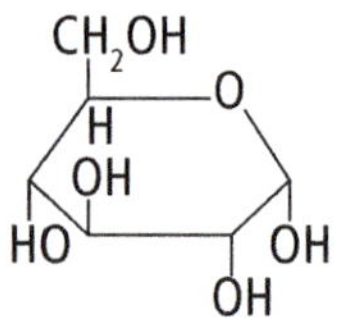

(3) $CH_3–(CH_2)_4–CH=CH–CH_2–CH=CH–(CH_2)_7–COOH$

a. Recopier la formule du protide présent dans cette liste.

b. Dans cette formule, entourer les groupes fonctionnels caractéristiques des protides et les nommer.

c. Nommer la famille des molécules à la base de la constitution des protéines.

3. Dans la liste fournie ci-dessus figure un acide gras. **Écrire sa formule brute.**

4. Donner la nomenclature symbolique de cet acide gras. Données : Notation symbolique des acides gras : Cn:m Δa,b,c…, avec n le nombre d'atomes de carbone, m le nombre de doubles liaisons, et a,b,c… la position des doubles liaisons.

** 7 Huile de noix

D'après E8R STAV, Métropole, Antilles, Guyane, Réunion, 2013

Comme la plupart des huiles, l'huile de noix est constituée majoritairement de molécules de triglycérides.
Ces derniers sont susceptibles de subir la réaction chimique suivante :

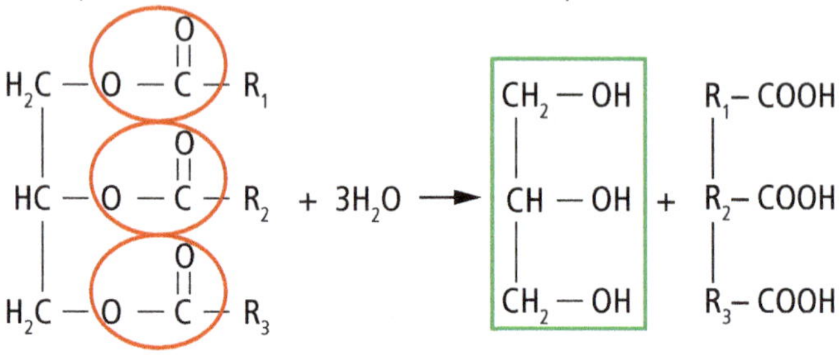

1. Donner le nom des groupes fonctionnels entourés en rouge dans la formule générale d'un triglycéride et celui de la molécule encadrée.

2. Un des acides gras présents dans l'huile de noix est l'acide oléique, de formule semi-développée :

$$CH_3–(CH_2)_7–CH=CH–(CH_2)_7–COOH.$$

On classe les acides gras en trois catégories : les acides gras saturés, les acides gras insaturés et les acides gras poly-insaturés.

a. Préciser à laquelle de ces catégories appartient l'acide oléique. Justifier la réponse.

b. En nomenclature biochimique, l'acide oléique s'écrit C18:1Δ^9. **Montrer que cette notation correspond à la formule semi-développée ci-dessus.**

3. La concentration en acides gras libres d'une huile permet d'en appréhender la qualité. Plus cette concentration est basse, plus l'huile est stable, et mieux elle se conserve. Le cahier des charges d'un producteur lui impose une teneur en acides gras libres inférieure à 10 g.L^{-1}. Le dosage des acides gras libres présents dans un échantillon d'huile de noix est réalisé selon le protocole suivant : on prélève un volume d'huile V_1 = 8,0 mL. Cette prise d'essai est dosée en milieu alcoolique avec une solution d'hydroxyde de potassium ($K^+_{(aq)} + HO^-_{(aq)}$), de concentration molaire C_2 = 1,00 × 10^{-2} mol.L^{-1}. L'équivalence du dosage est atteinte pour un volume V_{2E} = 23,0 mL versé. La concentration molaire en acides gras libres est notée C_1. On considère que la masse molaire des acides gras dosés est : M = 282 g.mol^{-1}.

a. La relation liant les concentrations C_1 et C_2 et les volumes V_1 et V_{2E} s'écrit : $C_1 \times V_1 = C_2 \times V_{2E}$. **Calculer la concentration C_1.**

b. En déduire la valeur de la concentration massique en acides gras libres dans cette huile. Conclure.

POUR ALLER PLUS LOIN

Biomolécules au quotidien

Certaines biomolécules naturelles ou de synthèse sont largement présentes dans notre quotidien, et elles sont utilisées dans les domaines de l'alimentation et de la santé.

1 Édulcorants

Les édulcorants comme la saccharine et le stévioside sont des produits naturels ou de synthèse qui donnent une saveur sucrée en apportant peu ou pas du tout de calories. La saccharine ($C_7H_5NO_3S$), synthétisée en 1879, est le plus ancien des édulcorants artificiels. Découvert en 1931, le stévioside ($C_{38}H_{60}O_{18}$) est présent dans les feuilles du *Stevia rebaudiana*, plante originaire d'Amérique du Sud. Le pouvoir sucrant du stévioside et de la saccharine a été évalué à environ 300 fois supérieur à celui du saccharose.

2 Protéines à usage thérapeutique

La biologie moléculaire a réussi à produire plus de 200 protéines et peptides à usage thérapeutique. Les plus connus de ces produits sont l'insuline humaine ($C_{257}H_{383}N_{65}O_{77}S_6$), une protéine administrée aux diabétiques pour réguler la glycémie, et la pénicilline ($C_9H_{11}N_2O_4S$–R), un tripeptide issu d'un champignon (*Penicillium chrysogenum*) qui a été le premier antibiotique naturel, découvert par Alexander Fleming en 1928.

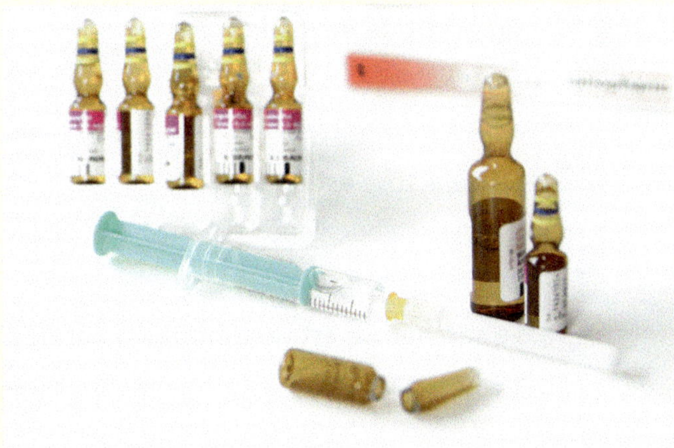

3 Utilisation des lipides en médecine

La recherche dans le domaine médical a donné naissance aux nanomédicaments. Ce sont des produits d'origine lipidique, 50 000 fois plus minces qu'un cheveu, ce qui leur donne la possibilité de circuler dans les vaisseaux sanguins et de pénétrer à l'intérieur des cellules infectées pour les traiter.

11 Digestion et conservation des aliments

Tester les prérequis

Choisir la ou les bonnes réponses.

1 La formule développée du glucose est présentée ci-dessous :

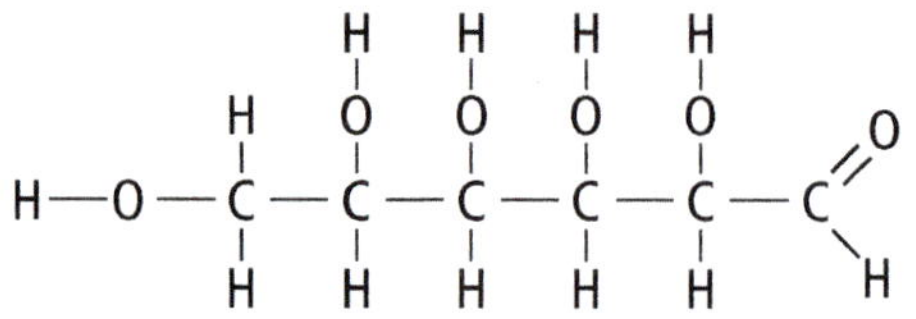

Sa formule brute s'écrit :

a. $C_6H_{10}O_7$. **b.** $C_6H_{12}O_7$. **c.** $C_6H_{12}O_6$.

2 Le glucose est un glucide réducteur. Il réagit à la liqueur de Fehling en donnant un précipité de couleur :

a. violette. **b.** rouge brique. **c.** noire.

3 Le galactose est un :

a. acide carboxylique. **b.** alcool. **c.** aldose.

4 Le saccharose est un diholoside formé de deux sucres simples liés par une liaison :

a. hydrogène. **b.** peptidique. **c.** osidique.

5 Un acide gras saturé contient dans sa chaîne carbonée :

a. une double liaison. **b.** uniquement des simples liaisons. **c.** plusieurs doubles liaisons.

6 La réaction de formation d'un lipide est appelée :

a. condensation. **b.** hydrolyse. **c.** estérification.

7 Les triglycérides sont obtenus par estérification de trois acides gras et d'un alcool qui est :

a. le cholestérol. **b.** l'éthanol. **c.** le glycérol.

Notre organisme a besoin de nutriments pour fonctionner. Ces nutriments sont apportés par l'alimentation.

Que se produit-il lors de la digestion d'une biomolécule ?

Objectifs

- **Connaître la fonction et le résultat de l'hydrolyse des biomolécules présentes dans les aliments lors de la digestion.**
  ▶ Activité expérimentale 1 : Hydrolyse du saccharose p. 168
  ▶ Activité expérimentale 2 : Hydrolyse de l'amidon p. 169
  ▶ Activité expérimentale 3 : Hydrolyse d'un lipide p. 170

- **Découvrir les techniques de conservation des aliments.**
  ▶ Activité documentaire 4 : Fermentation alcoolique p. 171

1 Hydrolyse du saccharose

● Le saccharose ou sucre de table est extrait de nombreux végétaux, tels que la canne à sucre. C'est le produit chimique d'origine naturelle le plus utilisé dans notre alimentation. Il est digéré par notre organisme afin de servir de carburant pour le fonctionnement de nos cellules.

Que se produit-il lors de la digestion du saccharose ?

1 Digestion du saccharose

L'hydrolyse (rupture d'au moins une liaison en présence d'eau) du saccharose ($C_{12}H_{22}O_{11}$) conduit à la rupture de la liaison osidique, et à la formation du glucose ($C_6H_{12}O_6$) et du fructose ($C_6H_{12}O_6$), en quantités équimolaires. Cette réaction est accélérée en présence d'un catalyseur acide et aussi d'une enzyme (par exemple l'amylase contenue dans la salive et le suc pancréatique).

2 Hydrolyse du saccharose en milieu acide

1. Verser 3 mL d'une solution concentrée de saccharose dans un tube à essai.
2. Ajouter 1 mL d'une solution d'acide chlorhydrique.
3. Faire tiédir le tube à essai et attendre quelques minutes.
4. Ajouter 1 mL de soude.
5. Tester la solution obtenue avec la liqueur de Fehling.
6. Observer et noter ce qui se produit.

3 Pictogramme de la liqueur de Fehling, de l'acide chlorhydrique et de la soude

H290 Peut être corrosif pour les métaux
H314 Provoque des brûlures de la peau et des lésions oculaires graves
H335 Peut irriter les voies respiratoires

Questions

› Analyser

1. a. Préciser quelles mesures de sécurité doivent impérativement être respectées durant l'expérience proposée dans le doc. 2.
b. Quel rôle joue l'acide chlorhydrique dans cette expérience ?
c. Nommer les deux types de catalyseur utilisés lors de l'hydrolyse du saccharose (doc.1).

› Réaliser

2. Mettre en œuvre le protocole expérimental décrit dans le doc. 2 dans le respect des règles de sécurité.

› Rendre compte

3. a. Construire des schémas annotés qui expliquent comment hydrolyser du saccharose en milieu acide.
b. Écrire l'équation de réaction de l'hydrolyse du saccharose.

2 Hydrolyse de l'amidon

● L'amidon est un polyholoside que l'on trouve principalement dans les grains de céréales comme le blé, le riz, ainsi que dans les tubercules comme les pommes de terre. L'amidon ne se trouve que dans les végétaux et leurs dérivés. C'est un solide blanc. Il est essentiellement utilisé dans l'alimentation.

↳ *Que se produit-il lors de la digestion de l'amidon ?*

1 Hydrolyse de l'amidon en milieu acide

1. Dans un erlenmeyer, verser 50 mL d'empois d'amidon à 5 $g.L^{-1}$ et ajouter 10 mL d'acide chlorhydrique à 1 $mol.L^{-1}$. Bien mélanger.
2. Prélever quelques millilitres, les placer dans deux tubes à essais notés A et B. Faire le test à l'eau iodée et le test à la liqueur de Fehling respectivement dans chaque tube à essais. ▶ chap. 10 p. 153
3. Faire chauffer l'erlenmeyer au bain-marie bouillant pendant environ 40 minutes.
4. Prélever quelques millilitres, les placer dans un tube à essai noté C, faire refroidir le tube sous un courant d'eau froide et faire le test à l'eau iodée.
5. Prélever quelques millilitres, les placer dans un tube à essai noté D, faire refroidir le tube sous un courant d'eau froide, ajouter un peu de solution de soude à 1 % et faire le test à la liqueur de Fehling.
6. Observer et noter ce qui se produit dans les tubes A, B, C et D à chaque étape de l'expérimentation.

2 Digestion de l'amidon

Chez l'homme, la digestion de l'amidon, qui correspond à une réaction d'hydrolyse, n'est pas catalysée par de l'acide chlorhydrique, mais par des enzymes (catalyseurs produits par des organismes vivants) : on parle d'hydrolyse enzymatique. Cette réaction commence dans la bouche et se termine dans l'intestin grêle, à l'aide d'enzymes spécifiques :

1. Dans la bouche, une partie de l'amidon $(C_6H_{10}O_5)_n$ est hydrolysée en maltose $(C_{12}H_{22}O_{11})$ grâce à l'amylase salivaire.
2. Dans l'estomac, l'amidon restant est hydrolysé en maltose grâce à l'amylase gastrique.
3. Dans l'intestin, le maltose est hydrolysé en glucose $(C_6H_{12}O_6)$ grâce à la maltase.

Questions

› Analyser

1. Après avoir identifié les pictogrammes présents sur les flacons d'acide chlorhydrique et d'hydroxyde de sodium, préciser quelles mesures de sécurité doivent impérativement être respectées durant l'expérience proposée dans le doc. 1.

› Réaliser

2. Mettre en œuvre le protocole expérimental décrit dans le doc. 1 dans le respect des règles de sécurité.

› Rendre compte

3. a. Construire un diagramme annoté qui explique comment s'effectue l'hydrolyse acide de l'amidon (doc. 1).
b. Recopier, puis compléter le tableau suivant qui rend compte des produits formés lors de l'hydrolyse enzymatique de l'amidon (doc. 2).

	Bouche	Estomac	Intestin
Hydrolyse enzymatique de l'amidon			

c. Conclure sur la différence entre l'hydrolyse acide et l'hydrolyse enzymatique de l'amidon.

ACTIVITÉ EXPÉRIMENTALE

3 Hydrolyse d'un lipide

● Pendant la Seconde Guerre mondiale, le savon était une denrée rare, et les particuliers en fabriquaient alors souvent eux-mêmes.

Comment procède-t-on pour fabriquer un savon ?

1 Savon

Les premiers savons ont été fabriqués au Proche-Orient 2 500 à 3 000 ans avant notre ère.
Au IIe siècle, on affirmait que le meilleur savon s'obtenait en traitant la graisse de mouton par une lessive de cendres et de chaux. La fabrication du savon par réaction d'un acide gras et d'une base ne se développe qu'au XVe siècle. À cette époque, celle-ci se faisait à partir d'huile d'olive, qui contient de l'oléine ($C_{57}H_{104}O_6$). Sous l'action de la soude concentrée (Na^+, OH^-), à chaud, les molécules d'oléine se fragmentent : il se forme du glycérol ($C_3H_8O_3$) et de l'oléate de sodium (savon : $C_{17}H_{33}COO^- + Na^+$). La réaction de fabrication d'un savon s'appelle « saponification ».

2 Saponification

1. Fixer un ballon de 250 mL avec une pince, puis introduire à l'aide d'une éprouvette graduée : 10 mL d'huile d'arachide, 10 mL d'éthanol, 20 mL de solution d'hydroxyde de sodium. L'huile et la soude n'étant pas miscibles, elles sont mises en solution dans l'éthanol afin de favoriser leur contact.
2. Introduire quelques grains de pierre ponce.
3. Installer la circulation d'eau (entrée d'eau en bas et sortie en haut), puis placer le réfrigérant sur le ballon et enclencher la mise en route du chauffe-ballon.
4. Attendre que le reflux s'établisse (ébullition modérée), puis le maintenir pendant 20 minutes.
5. Faire refroidir progressivement le ballon à l'air, puis sous l'eau froide.
6. Verser le contenu du ballon dans un verre à pied contenant 50 mL d'eau froide salée à saturation.
7. Fixer une fiole à vide avec une pince 3 doigts près de l'évier. Adapter le tuyau pour réaliser le vide.
8. Installer un entonnoir Büchner, mettre un papier-filtre et l'humidifier avec l'eau du robinet, puis ouvrir le robinet d'aspiration au vide et verser doucement le contenu du verre à pied dans l'entonnoir.
9. Arrêter l'aspiration, rincer le solide avec un peu d'eau froide salée et remettre l'aspiration sous vide, puis recueillir le solide dans une coupelle.

Questions

› Analyser

1. a. Comment obtenait-on du savon au IIe siècle (doc. 1) ?
b. Après avoir identifié les pictogrammes présents sur les flacons d'éthanol et d'hydroxyde de sodium, indiquer les précautions à prendre pour effectuer les prélèvements des matières premières.
c. Nommer les réactifs utilisés dans la réaction de saponification.

› Réaliser

2. Mettre en œuvre le protocole expérimental décrit dans le doc. 2.

› Rendre compte

3. a. Donner une brève définition de la saponification.
b. Écrire l'équation de réaction de la saponification.

4 Fermentation alcoolique

● On utilise les phénomènes de fermentation pour conserver ou transformer les aliments, en améliorant leurs qualités nutritionnelles ou organoleptiques. Parmi ces aliments fermentés, on trouve les yaourts, les fromages, le saucisson, la choucroute, le pain, le café, mais aussi les alcools.

↳ *Qu'est-ce que la fermentation alcoolique ?*

1 Fermentation du glucose

La fermentation du glucose est à l'origine de l'éthanol contenu dans l'ensemble des boissons alcoolisées. Cette réaction se fait grâce à une enzyme produite par certaines levures, comme la levure de bière (la zymase).

Après fermentation, les solutions que l'on obtient peuvent atteindre une concentration maximale en alcool de 15 % en volume. Notons que les solutions glucosées aqueuses qui contiennent plus de 100 g de sucre par litre ne peuvent pas fermenter.

2 Exemples de fermentation alcoolique

La bière provient de la fermentation alcoolique de l'orge germé (le malt), le whisky écossais de l'orge, et le whisky canadien du maïs. En complément du malt, on peut utiliser de l'amidon de pomme de terre, et des fruits à noyau ou à pépins, comme la prune, la cerise, la pomme et la poire.

3 Déroulement de la fermentation alcoolique

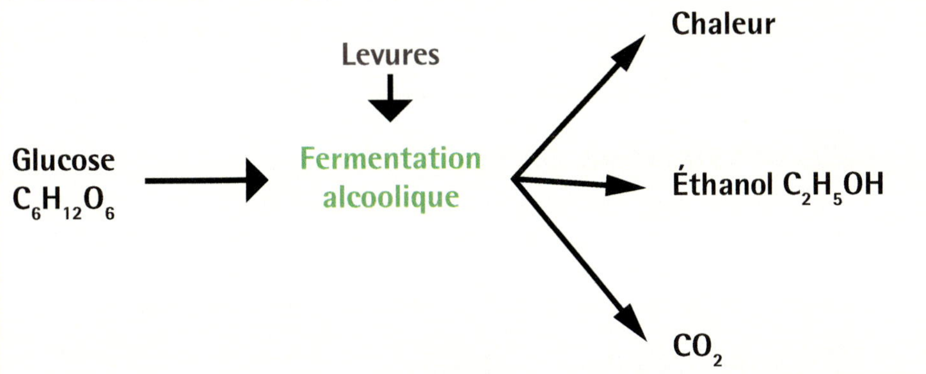

En fermentation anaérobie, 95 % (en masse) des sucres consommés par la levure sont transformés en CO_2 et en éthanol.

Questions

› Analyser

1. a. D'où provient l'éthanol des boissons alcoolisées (doc. 1) ?
b. À quelle condition a lieu la fermentation alcoolique (doc. 1) ?

› Rendre compte

2. a. Donner une brève définition de la fermentation alcoolique (doc. 1, 2 et 3).
b. Écrire l'équation de réaction de la fermentation alcoolique (doc. 3).

1. Digestion des glucides

Les glucides présents dans notre alimentation sont dégradés au cours de la digestion. On dit qu'ils sont hydrolysés.

L'hydrolyse des diholosides se fait au niveau de l'intestin grâce à des **enzymes** : les saccharases intestinales pour le saccharose, la lactase pour le lactose, et la maltase pour le maltose.

Exemples

- Saccharose + eau → glucose + fructose
- Lactose + eau → glucose + galactose
- Maltose + eau → 2 glucose

Ces réactions s'écrivent toutes : $C_{12}H_{22}O_{11} + H_2O \rightarrow 2\,C_6H_{12}O_6$.

Dans l'organisme, l'hydrolyse de l'amidon ▶ doc. 1 commence dans la bouche, grâce à l'amylase salivaire, qui opère sa transformation en maltose, et se finit dans l'intestin, grâce à la maltase des sucs pancréatiques et intestinaux, qui transforment le maltose en glucose.

1 Équation de réaction de l'hydrolyse de l'amidon

Amidon + n eau → n glucose

$(C_6H_{10}O_5)_n + n\,H_2O \rightarrow n\,C_6H_{12}O_6$

2. Digestion des triglycérides

L'hydrolyse d'un triglycéride ▶ doc. 2 donne du glycérol et 3 acides gras.

L'hydrolyse basique des trois fonctions ester d'un triglycéride s'appelle saponification. ▶ doc. 3 **Elle conduit au glycérol et à un mélange de carboxylates de sodium (ou de potassium), appelé savon.**

2 Hydrolyse d'un triglycéride

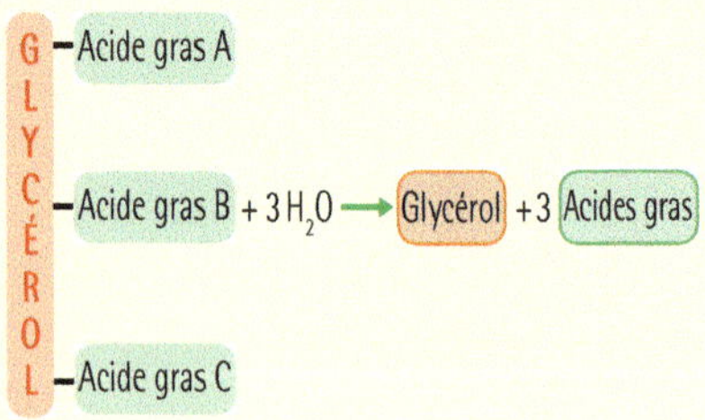

3 Saponification

Triglycéride + hydroxyde de sodium → savon + glycérol

3. Digestion des protéines

A Dénaturation des protéines

Sous l'action d'agents physiques (température, UV) et chimiques (comme des détergents), une protéine peut perdre ses propriétés biologiques et chimiques. Elle subit alors une réorganisation spatiale sans altération des liaisons covalentes et peptidiques. On dit qu'elle est **dénaturée**.

B Hydrolyse des protéines

L'hydrolyse d'une protéine conduit à la rupture des liaisons peptidiques et à la formation des acides aminés qui la composent.

Dans les organismes vivants, les liaisons peptidiques sont **rompues** ▶ doc. 4 grâce à l'action enzymatique d'une **peptidase**.

4 Hydrolyse d'un dipeptide

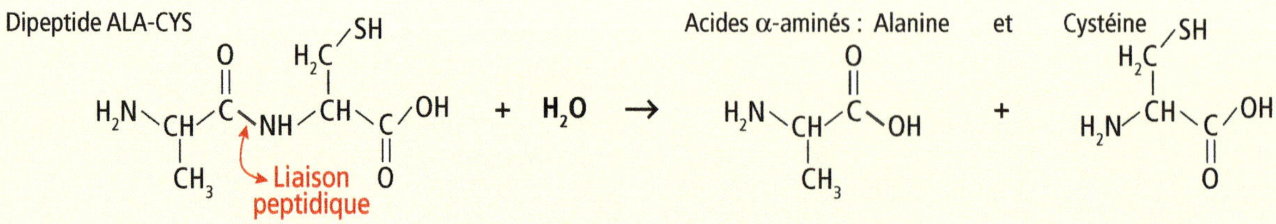

4. Conservation des aliments

Afin de prolonger la durée de vie des produits alimentaires, on utilise des techniques de conservation. Elles visent à ralentir ou à empêcher la croissance des micro-organismes responsables du dépérissement des aliments.

A Traitement par la chaleur

- **La pasteurisation** : l'aliment est soumis à une température comprise entre 60 et 90 °C, puis à un brusque refroidissement (4 °C). Cette technique est utilisée pour le lait, les produits laitiers ▶ doc. 5, les jus de fruits, la bière et le vinaigre.
- **Le traitement à ultra-haute température (UHT)** : l'aliment est chauffé à très haute température (plus de 140 °C) pendant 1 à 5 secondes, c'est-à-dire stérilisé, refroidi, et enfin conditionné. Ce processus est utilisé pour les produits liquides de consistance plus ou moins épaisse, tels que jus de fruits, desserts lactés, crèmes, soupes, lait.

B Traitement par le froid

- **La réfrigération** : l'aliment est entreposé à une température basse, proche du point de congélation, mais toujours positive. Cette technique permet la conservation d'aliments à court ou moyen terme.
- **La congélation** : la température est maintenue au cœur de la denrée au-dessous de −18 °C. La solidification de l'eau contenue dans l'aliment permet une conservation des aliments à long terme.

C Élimination de l'eau (déshydratation)

- **La lyophilisation** : elle consiste à congeler un aliment, puis à le soumettre au vide : l'eau passe ainsi directement de l'état solide à celui de vapeur. Cette technique est utilisée pour obtenir du café soluble ▶ doc. 6, certains potages instantanés et des aliments pour personnes en conditions extrêmes (astronautes, alpinistes...). Un aliment lyophilisé se conserve facilement et longtemps.
- **Le salage** : on répand du sel directement à la surface de l'aliment (salage à sec) ou en l'immergeant dans une solution d'eau salée (saumurage). On l'utilise essentiellement en fromagerie, en charcuterie et en poissonnerie.
- **La conservation par le sucre** : elle ne peut se faire qu'à chaud car l'aliment doit perdre une partie de l'eau qu'il contient par évaporation, tandis que le sucre, une fois dissous, réagit avec les molécules d'eau et les rend indisponibles pour la croissance de micro-organismes.

D Fermentation

La fermentation est la transformation naturelle d'une denrée sous l'action de levures ou de bactéries. Elle permet également de prolonger sa durée de vie.

- **La fermentation alcoolique** : elle se déroule dans des milieux privés d'air. Elle provoque la transformation du glucose présent dans l'aliment en alcool (éthanol). ▶ doc. 7 C'est un processus utilisé dans la fabrication du levain et des boissons alcoolisées.
- **La fermentation lactique** : c'est la transformation du glucose contenu dans les aliments en acide lactique. ▶ doc. 8 Ce procédé est utilisé dans la transformation du lait en yaourt, en fromage ou en lait fermenté, des viandes en saucisson, et dans la fabrication du levain pour le pain.

5 Cuve de pasteurisation d'un lait

6 Café lyophilisé

7 Équation de réaction de la fermentation alcoolique

$$C_6H_{12}O_6 \rightarrow 2\ C_2H_5OH + 2\ CO_2$$

8 Équation de réaction de la fermentation lactique

$$C_6H_{12}O_6 \rightarrow 2\ C_3H_6O_3$$

L'ESSENTIEL

Digestion des biomolécules

Hydrolyse

des glucides

- Saccharose + eau → glucose + fructose
- Lactose + eau → glucose + galactose
- Maltose + eau → glucose + glucose

$C_{12}H_{22}O_{11} + H_2O \rightarrow C_6H_{12}O_6 + C_6H_{12}O_6$

- Amidon + n eau → n glucose

$(C_6H_{10}O_5)_n + n\,H_2O \rightarrow n\,C_6H_{12}O_6$

des lipides

GLYCÉROL – Acide gras 1, Acide gras 2, Acide gras 3 $+ 3\,H_2O \longrightarrow$ Glycérol + 3 Acides gras

des protéines

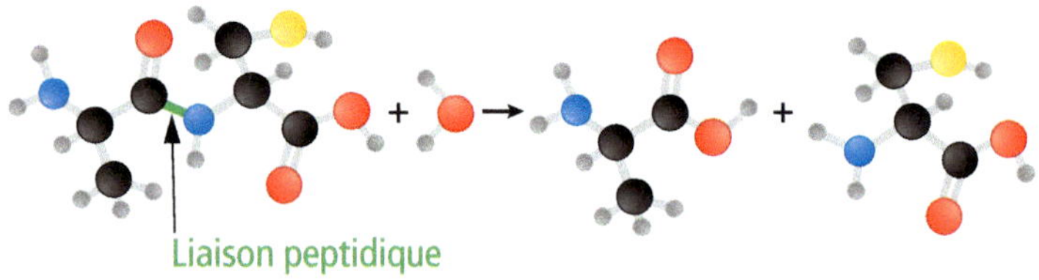

Techniques de conservation des aliments

Technique de conservation	Spécificité
Pasteurisation	Les aliments sont soumis à une température comprise entre 60 et 90 °C, puis à un brusque refroidissement (4 °C).
Traitement à ultra-haute température	Les aliments sont stérilisés (à plus de 140 °C pendant quelques secondes), refroidis et enfin conditionnés.
Réfrigération	Les aliments sont exposés à une température basse.
Congélation	Les aliments sont soumis à une température de –18 °C.
Lyophilisation	Les aliments sont congelés, puis mis sous vide.
Salage	On applique du sel sur l'aliment ou on le plonge dans une solution d'eau salée.
Conservation par le sucre	On utilise du sucre à chaud.
Fermentation	– Alcoolique : formation d'éthanol par fermentation du glucose selon la réaction : $C_6H_{12}O_6 \rightarrow 2\,C_2H_5OH + 2\,CO_2$. – Lactique : formation d'acide lactique par fermentation du glucose selon la réaction : $C_6H_{12}O_6 \rightarrow 2\,C_3H_6O_3$.

EXERCICES

Comprendre le cours ▶ p. 172-173

A. Compléter la grille de mots croisés (fournie par l'enseignant) et trouver le mot caché (colonne verte).

Horizontalement

2. Dégradation d'une biomolécule lors de la digestion.
4. Hydrolyse basique d'un triglycéride.
6. Conservation d'un aliment à –18 °C.
8. Résultat de l'action d'enzymes microbiennes sur un substrat organique.
10. Se dit de la fermentation du glucose lors de la fabrication d'un yaourt.

Verticalement

1. Se dit de la fermentation du glucose en absence d'air.
3. Désorganisation spatiale d'une protéine.
5. Enzyme responsable de l'hydrolyse du lactose.
7. Alcool entrant dans la composition d'un triglycéride.
9. Produit d'une fermentation alcoolique.
11. Se dit d'un aliment qui est soumis à la chaleur, puis qui est refroidi brusquement.

1 Le mot caché est : L _ _ _ _ _ _ _ _ _ _ _ _ _ .

B. Choisir la ou les bonnes réponses.

2 Au cours de la digestion, le saccharose est transformé en en :

a. glucose + glucose. **b.** glucose + fructose. **c.** glucose + galactose.

3 L'hydrolyse d'un triglycéride donne :

a. de l'éthanol. **b.** du cholestérol. **c.** du glycérol.

4 Une protéine dénaturée perd ses :

a. propriétés chimiques. **b.** liaisons peptidiques. **c.** liaisons covalentes.

EXERCICES

Appliquer le cours

Digestion des glucides ▶ cours 1 p. 172

1 Saccharose

D'après E4, Métropole, Réunion, Mayotte, 2017R

La betterave est une plante cultivée dans le nord de la France, en particulier dans la Somme, pour extraire le sucre (saccharose) qu'elle produit grâce à la photosynthèse et qu'elle accumule dans sa racine.

1. **Citer l'appellation scientifique de la famille des sucres.**

2. Au cours de la production du saccharose, au contact de l'eau, et sous certaines conditions de milieu, celui-ci peut se transformer en glucose et en fructose. **Nommer cette transformation.**

3. **Recopier et compléter l'équation de cette réaction :**

$C_{12}H_{22}O_{11}$ + ... → $C_6H_{12}O_6$ + $C_6H_{12}O_6$

Saccharose + ... → glucose + fructose

Digestion des triglycérides ▶ cours 2 p. 172

2 Origine du goût de rance

Le goût de rance, désagréable, résulte de l'hydrolyse des lipides, et plus particulièrement de la butyrine qui, en s'hydrolysant, donne l'acide butyrique et le glycérol.

• La formule semi-développée de la butyrine est :

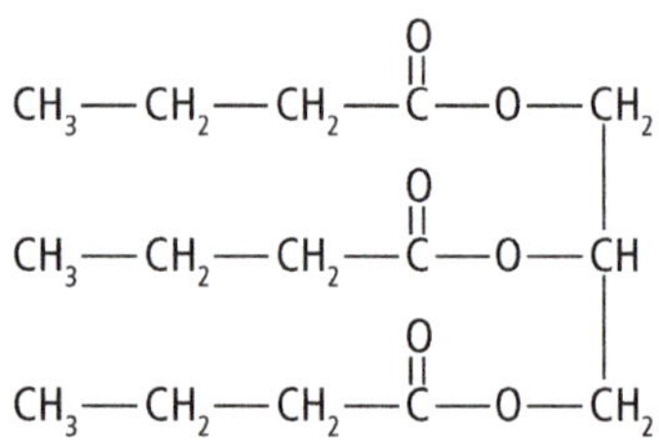

1. **Retrouver la formule semi-développée du glycérol.**

2. **Écrire l'équation de l'hydrolyse de la butyrine.**

3. **Indiquer en justifiant la réponse si l'acide butyrique est un acide gras saturé ou insaturé.**

Conservation des aliments ▶ cours 4 p. 173

3 Réfrigérateur

Qu'est-ce que la réfrigération d'un aliment ?

« Conserver les aliments grâce au froid n'est pas une idée neuve : on dit que les Romains enveloppaient de glace les poissons du Rhin pour les transporter [...]. Au froid, les aliments se conservent plus longtemps, car l'action des bactéries qui provoque la dégradation de la matière organique, est réduite à basse température. Le principe est identique pour la congélation ou la conservation dans l'azote liquide à – 196 °C. Un réfrigérateur maintient quant à lui les aliments à quelques degrés au-dessus de 0 °C. »

D'après C. Ray, J.-C. Poizat, *La Physique par les objets quotidiens*, éditions Belin, « Pour la Science », 2014

1. **Citer les méthodes de conservation des aliments qui apparaissent dans le texte.**

2. **Pourquoi le froid permet-il la conservation des aliments ?**

3. **Quelle différence existe-t-il entre la réfrigération et la congélation ?**

4 Du chou à la choucroute

D'après E8 BTSA SAT, Métropole, 2013

La choucroute est produite en anaérobie à partir de chou plongé dans une saumure.
Les bactéries consomment du glucose ($C_6H_{12}O_6$) et rejettent de l'acide lactique (CH_3-CHOH-COOH), qui participe au goût de la choucroute.

1. **Nommer, puis énoncer le principe du processus de conservation utilisé dans cette transformation.**

2. **Écrire l'équation de réaction correspondante.**

5 Cidre

D'après E4, Métropole, Réunion, Antilles, 2010

Le cidre est issu de la fermentation du jus de pomme.

1. **Donner le nom de cette fermentation.**

2. L'alcool présent dans le cidre est l'éthanol, de formule semi-développée : CH_3-CH_2-OH.

a. **Justifier que cette molécule est un alcool.**

b. **Écrire la formule brute de l'éthanol.**

c. L'éthanol et le dioxyde de carbone sont le produit de la fermentation du fructose, de formule $C_6H_{12}O_6$, contenu dans le jus de pomme.
Écrire l'équation de réaction de la fermentation.

3. La masse d'éthanol contenue dans 75 cl de ce cidre est égale à 24 g.

a. **Vérifier que la masse d'éthanol contenue dans 1 L de ce cidre est de 32 g.**

b. **Calculer le volume d'éthanol présent dans 1 L de cidre.**

Donnée : Masse volumique de l'éthanol : $\rho = 800\ g.L^{-1}$.

c. Par définition, 1 L d'une boisson alcoolisée à 10° contient 100 mL d'éthanol pur. **En déduire le degré alcoolique de ce cidre.**

Exercice résolu

Conservation du lait

D'après E4 Remplacement, Métropole, Antilles, 2011

Énoncé

Le lait est un produit alimentaire de base conservé sous de multiples formes.

1. Les lipides représentent 3,5 % en masse des composants du lait.
Calculer la masse de lipides contenue dans 1 L de lait.
<u>Donnée :</u> Masse de 1 L de lait : 1 032 g.

2. La palmitine (triglycéride) représente 50 % des lipides du lait de vache.
Elle résulte de la réaction du propane-1,2,3-triol (ou glycérol), de formule brute $C_3H_8O_3$, avec l'acide hexadécanoïque (acide palmitique), de formule $C_{15}H_{31}COOH$.
a. Donner le nom général de cette réaction.
b. Nommer et donner la formule de l'autre produit obtenu lors de cette réaction.
c. Écrire la formule semi-développée du glycérol.

3. La déshydratation est un procédé de conservation de certains aliments tels que le lait, ainsi que de médicaments et de vaccins.
a. Citer deux avantages des produits déshydratés au niveau de leur conservation et de leur distribution.
b. La lyophilisation est un procédé de déshydratation. Le produit est tout d'abord congelé à une température inférieure à –18 °C, l'eau qu'il contient se retrouvant ainsi à l'état solide (glace). Puis le produit est mis sous vide : la glace se transforme alors en vapeur d'eau, sans passer par l'état liquide. La vapeur d'eau est ensuite éliminée.
Citer une propriété très satisfaisante des produits conservés par la lyophilisation.

4. Un autre procédé de déshydratation est la déshydratation thermique, par chauffage du produit. **Pourquoi un produit déshydraté par lyophilisation est-il moins altéré que par déshydratation thermique ?**

Solution

1. La masse de 1 L de lait est de 1 032 g, et les lipides représentent 3,5 % de la masse totale du lait, ce qui fait que la masse de lipides contenus dans 1 L de lait est : 1 032 × 0,035 = 36,12 g.

Réaliser
Effectuer le produit en croix entre la masse de lait et le pourcentage en lipides.

2. a. Cette réaction porte le nom d'estérification.
b. Le second produit est l'eau, de formule H_2O.
c. La formule semi-développée du glycérol est : $\text{HO—CH}_2\text{—}\underset{\substack{|\\ \text{OH}}}{\text{CH}}\text{—CH}_2\text{—OH}$.

Analyser
S'appuyer sur la formule brute et le nom officiel du glycérol donnés dans l'énoncé.

3. a. Avantages des produits déshydratés :
transport plus facile et peu de risques de dégradation.
b. La lyophilisation présente plusieurs avantages : l'inaltérabilité des produits obtenus, la non-dégradation cellulaire et le maintien des liaisons moléculaires.

4. Lors de la déshydratation thermique, il peut se produire des cassures de liaisons chimiques en raison de l'échauffement, et donc des pertes de propriétés dommageables pour le produit.

EXERCICES

S'entraîner

* 1 Maïs

D'après E4, Antilles, Guyane, Polynésie, 2016

Le maïs, comme toutes les céréales, est riche en amidon, ce qui en fait son principal intérêt du point de vue nutritionnel.

On donne : **Amidon** : $(C_6H_{10}O_5)_n$; **Maltose** : $C_{12}H_{22}O_{11}$; **Glucose** : $C_6H_{12}O_6$

• **Données relatives à un test caractéristique du glucose** : le test à la liqueur de Fehling.

– La liqueur de Fehling, qui est un réactif caractéristique du glucose, a une couleur bleue.
– Le test à la liqueur de Fehling se réalise à chaud.
– En présence de glucose, la liqueur de Fehling donne un précipité de couleur rouge brique.

1. **Nommer la famille biochimique à laquelle appartient l'amidon.**

2. Dans l'appareil digestif, l'amidon est transformé en maltose, puis en glucose directement assimilable par l'organisme. Les formules brutes et les tests caractéristiques de ces molécules sont donnés ci-dessus.

a. **Nommer la transformation chimique au cours de laquelle l'amidon est transformé en maltose, puis en glucose.**

b. **Recopier, puis compléter l'équation chimique de la transformation du maltose en glucose :**

$$C_{12}H_{22}O_{11} + \ldots\ldots\ldots \rightarrow C_6H_{12}O_6 + C_6H_{12}O_6$$

c. **En utilisant les données fournies dans l'énoncé, proposer un protocole opératoire qui permet de détecter la présence de glucose dans une solution aqueuse. On précisera le nom de la verrerie et du matériel utilisés.**

** 2 Lait

D'après E4, Métropole, Antilles, 2011

1. Le lait est une matière première très utilisée dans l'industrie agroalimentaire : fabrication de fromages, crèmes desserts, yaourts, beurres, etc.

Le beurre doit contenir entre 80 et 90 % de matières grasses. Son principal composant est la butyrine, qui est un triester du glycérol et de l'acide butyrique, et dont la formule est :

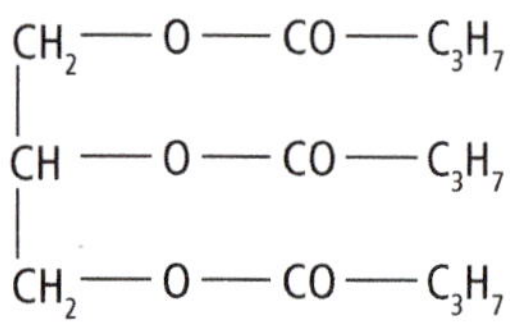

a. **À quel groupe de biomolécules appartient la butyrine ?**

b. **Écrire la formule semi-développée de l'acide butyrique.**

c. **Justifier que l'acide butyrique est saturé.**

Il est préférable de consommer le beurre cru plutôt que cuit, car, vers 120 °C, ses matières grasses se décomposent, et il se forme de l'acroléine, une substance indigeste qui fait augmenter le taux de cholestérol.

d. L'acroléine est de formule : $CH_2{=}CH{-}CHO$.
Recopier la formule, puis entourer et nommer le groupe fonctionnel caractéristique.

2. Le fromage blanc est issu de la fermentation lactique qui se déroule en deux étapes :
– le lactose ($C_{12}H_{22}O_{11}$) est hydrolysé ;
– le glucose ($C_6H_{12}O_6$) est transformé en acide lactique ($CH_3{-}CHOH{-}COOH$).

Schéma général de la fabrication d'un fromage blanc

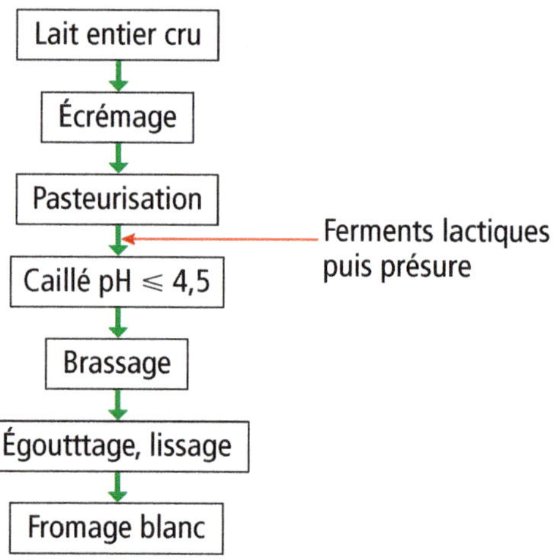

a. **Situer le lactose dans la classification des glucides.**

b. **Écrire l'équation chimique de son hydrolyse.**

c. **Nommer les deux produits de l'hydrolyse du lactose.**

d. **Relever dans le schéma les substances biologiques qui doivent être ajoutées au lait pour permettre la fermentation.**

e. **Nommer l'intermédiaire de fabrication obtenu.**

f. **Écrire et équilibrer l'équation chimique de la synthèse de l'acide lactique à partir du glucose.**

3. La fermentation lactique s'accompagne de la coagulation de la caséine (assemblage d'acides aminés), l'une des principales protéines du lait.

a. **Écrire la formule générale d'un acide α-aminé.**

b. **Donner le nom de la liaison entre deux acides α-aminés.**

3 Tyrosine

D'après Bac ST2S, Métropole, 2018

Afin de gérer le stress inhérent à la pratique de la plongée, un médecin prescrit à un plongeur professionnel un complément alimentaire à base de tyrosine.
La tyrosine est un acide aminé (composant des protéines). Son rôle est essentiel dans la gestion du stress : elle permet en effet la production de dopamine, adrénaline et noradrénaline, des substances qui aident l'organisme à s'adapter au stress. La tyrosine a pour formule topologique :

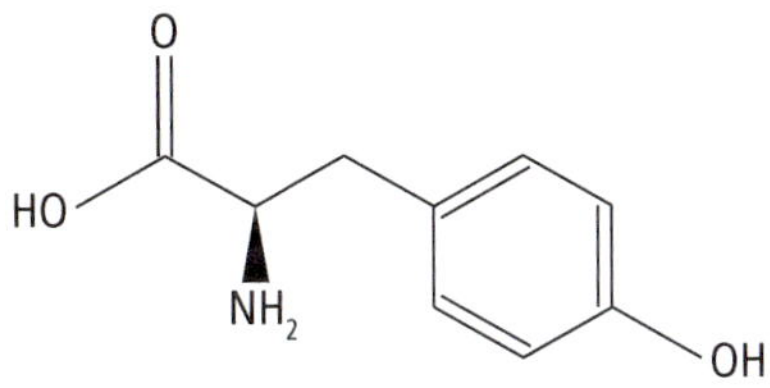

1. Étude de la molécule de tyrosine :
a. Recopier la formule de la molécule de tyrosine. Entourer les groupes caractéristiques présents, puis les nommer.

b. Expliquer pourquoi la tyrosine appartient à la famille des acides α-aminés.

2. Les endorphines sont des polypeptides, c'est-à-dire des polymères synthétisés à partir d'acides aminés. Lors d'activités physiques régulières, la production d'endorphine augmente naturellement, provoquant ainsi une sensation de bien-être et une diminution de la sensation de douleur. Dans la première étape de la synthèse d'endorphines, la tyrosine réagit avec un autre acide aminé, la glycine (notée Gly), pour former le dipeptide Tyr-Gly. L'équation de la réaction est donnée ci-après :

$$\text{Tyr + Gly} \rightarrow \text{Tyr-Gly + eau}$$

$$H_2N\text{-}CH(R)\text{-}COOH + H_2N\text{-}CH_2\text{-}COOH \rightarrow H_2N\text{-}CH(R)\text{-}CO\text{-}NH\text{-}CH_2\text{-}COOH + H_2O$$

Écrire la formule développée de la molécule de glycine à l'aide de l'équation de la réaction.

4 Pain

D'après E4 Remplacement, Métropole, Antilles, Guyane, Réunion, Mayotte, 2014

Le pain est né de l'observation faite par les Égyptiens, il y a 3 000 ans, d'un mélange de farine et d'eau, transformé à l'aide de l'écume de bière, recueilli à la surface des cuves de brassage. Depuis, l'histoire du pain et celle des hommes sont étroitement liées. Le pain a été longtemps, en Europe, un aliment de base.

Pour aborder cet exercice, on s'appuiera sur le document suivant, qui présente un extrait de la composition de la farine intégrale T 150.

Analyse nutritionnelle pour 1 000 g (1 kg) de farine	
Valeur énergétique : 13 300 kJ	Magnésium : 890 mg
Protides : 120 g	Phosphore : 3 g
Glucides : 610 g dont sucres : 30 g dont amidon : 580 g	Fer : 36 mg Lipides : 5 g

1. Relever dans le document les différentes familles de biomolécules présentes dans la farine.

2. Lorsque l'on mastique longuement un morceau de pain sans l'avaler, un goût sucré apparaît, caractéristique de la présence d'un sucre : le maltose.
Nommer la réaction qui explique le goût sucré.

3. Ce sucre se transforme ensuite en glucose dans l'intestin.
a. Recopier et compléter le schéma suivant :

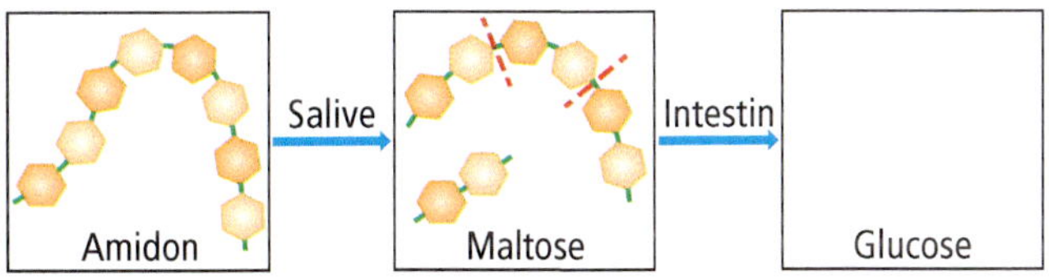

(Note : L'amidon $(C_6H_{10}O_5)_n$ est constitué d'un grand nombre de molécules représentées par des hexagones.)

b. Écrire l'équation de réaction de cette transformation.

4. Placer les mots suivants dans le schéma ci-dessous : glucose, maltose, amidon, polyholosides et fructose.

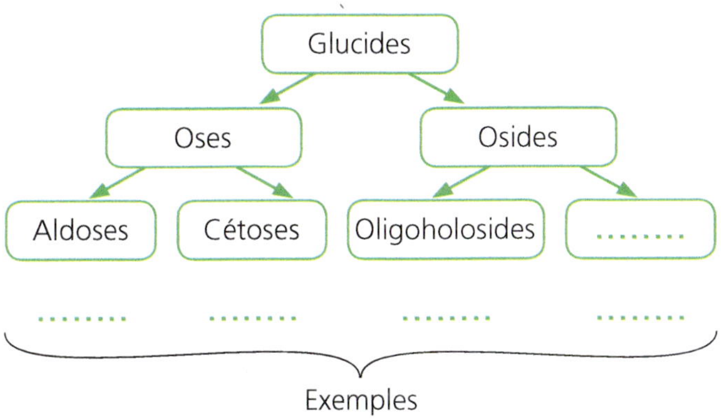

5. Les recommandations nutritionnelles actuelles préconisent une plus grande consommation de glucides complexes et de fibres alimentaires, et une moindre consommation de lipides. **Justifier que le pain est intéressant d'un point de vue nutritionnel.**
(Aide : À l'aide du tableau présenté en début d'exercice, on pourra calculer le pourcentage d'amidon présent dans la farine.)

5 Tissu adipeux

La synthèse de triglycérides du tissu adipeux nécessite du glycérol et des acides gras.

1. La formule semi-développée du glycérol est :

$$CH_2OH\text{-}CHOH\text{-}CH_2OH.$$

Donner la formule brute du glycérol.

2. La stéarine est un triglycéride qui se trouve dans le tissu adipeux. Elle est formée à partir du glycérol et de trois molécules d'acide stéarique.

• Formule semi-développée de l'acide stéarique :

$$CH_3\text{-}(CH_2)_{16}\text{-}COOH$$

a. **Écrire la formule brute de l'acide stéarique.**

b. **Cet acide gras est-il saturé ? Justifier.**

c. **Donner le nom de la réaction de formation de la stéarine.**

d. **Énoncer les caractéristiques de cette réaction.**

e. **Préciser à quelle famille biochimique appartient la stéarine.**

f. **Écrire la formule semi-développée de la stéarine.**

6 Du jus de pomme au vinaigre

Le vinaigre de cidre est obtenu par double fermentation de jus de pomme : la fermentation alcoolique et la fermentation acétique.

1. La fermentation alcoolique est due à l'oxydation du glucose ($C_6H_{12}O_6$) contenu dans le jus de pomme en présence de levures. Il se forme de l'éthanol (C_2H_6O) et du dioxyde de carbone (CO_2). On obtient du cidre.

Établir l'équation de la réaction de fermentation alcoolique du glucose.

2. La principale transformation du cidre en vinaigre est due à des micro-organismes, *Mycoderma acetii*, qui favorisent la réaction entre dioxygène et éthanol, ce qui conduit à la formation d'acide acétique. Cette transformation est appelée fermentation acétique.

La formule semi-développée de l'acide acétique est :

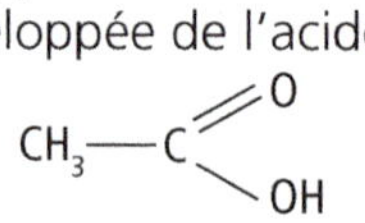

a. **Donner la formule brute de l'acide acétique.**

b. **Écrire la réaction de fermentation acétique due aux *Mycoderma acetii* en identifiant les deux produits formés.**

3. L'éthanol contenu dans le cidre résulte de la fermentation des sucres. On peut considérer, pour simplifier, que seul le glucose subit cette fermentation.

Si l'on fait fermenter 1 000 kg de pommes contenant en masse 18,9 % de sucres fermentescibles, quel volume d'éthanol obtient-on ?

4. Le dioxyde de carbone n'est pas toxique ; cependant, lorsque sa concentration volumique dans l'air dépasse 10 %, il peut provoquer des maux de tête et des vertiges.

a. **Calculer le volume de CO_2 lors de la fermentation de 1 tonne de pommes.**

b. **En déduire le volume d'air total permettant de diluer suffisamment le dioxyde de carbone pour éviter tout danger.**

On donne : Masse volumique de l'éthanol : 790 kg/m^3 ; masses molaires en g/mol : C : 12, H : 1, O : 16 ; volume molaire d'un gaz : 22,4 L/mol.

7 Du lait au yaourt

Le lait est un produit biologique fragile. L'homme a su exploiter la tendance qu'ont ses composants à se séparer afin de le conserver. Pour faire du beurre, on recueille la matière grasse, mais pour obtenir du fromage ou du yaourt, on attend que les protéines du lait coagulent.

1. Le lait contient du lactose ($C_{12}H_{22}O_{11}$).

À quelle famille biochimique appartient le lactose ?

2. Lors de la digestion, le lactose se transforme en glucose ($C_6H_{12}O_6$) et galactose ($C_6H_{12}O_6$).

Nommer, puis définir cette transformation.

3. Le lait pasteurisé est ensemencé avec des bactéries (*Lactobacillus bulgaricus* et *Streptococcus thermophilus*) et mis en pots. Ces bactéries vont alors se multiplier et transformer le lactose du lait en acide lactique, qui est l'un des composants essentiels du lait et du yaourt. Sa formule semi-développée s'écrit :

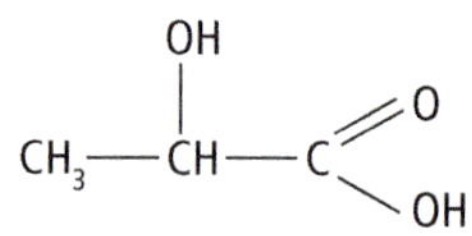

a. **Donner la formule brute de l'acide lactique.**

b. **Établir l'équation de la réaction de fermentation lactique du lactose.**

4. La consistance du yaourt est atteinte au bout de quelques heures. Les yaourts sont ensuite refroidis à 4 °C ; le froid bloque l'activité des bactéries mais ne les tue pas : au moment de la vente, le yaourt doit contenir au moins 10 millions de bactéries par gramme.

a. **Énoncer le principe de la pasteurisation.**

b. **Nommer la méthode de conservation qui consiste à maintenir les aliments à 4 °C.**

Agrocarburants

Pour réduire la dépendance aux ressources fossiles, on diversifie les sources d'énergie.
Les agrocarburants (parfois aussi nommés biocarburants) issus de sucre, d'amidon de céréales ou d'huiles végétales sont déjà dans nos réservoirs, mélangés à l'essence et au gazole.

1 Bioéthanol

Le bioéthanol est un agrocarburant ; il est produit à partir de végétaux contenant du saccharose (betteraves à sucre) ou de l'amidon (blé, maïs). Il est mélangé à l'essence dans des proportions allant de 5 à 85 %. C'est l'agrocarburant le plus utilisé dans le monde. On parle généralement de la filière sucre pour désigner la production du bioéthanol, car il est obtenu par un procédé de fermentation industrielle permettant la transformation du sucre en alcool. Cet alcool brut (éthanol) est ensuite distillé, puis déshydraté pour obtenir du bioéthanol.

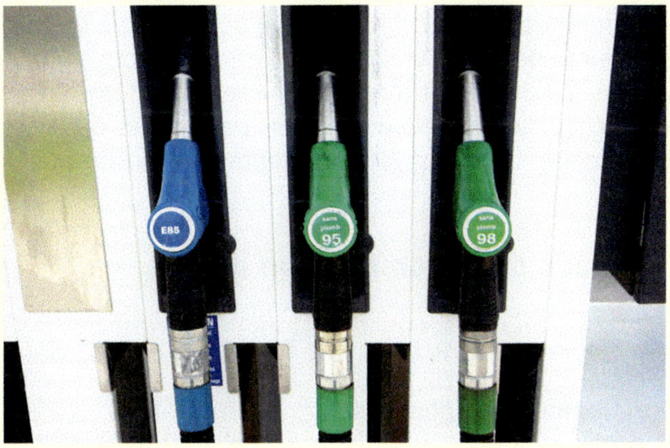

2 Fermentation alcoolique

1. Dans un bécher de 250 mL, introduire 100 mL d'eau distillée prélevés à l'éprouvette.
2. Émietter 5 g de levure de boulanger et mélanger soigneusement avec une baguette de verre jusqu'à ce qu'il ne reste plus de grumeaux.
3. Ajouter 5 g de sucre en poudre (saccharose : $C_{12}H_{22}O_{11}$).
4. Mélanger jusqu'à dissolution et verser dans une bouteille de 250 mL.
5. Découper l'embout de gonflage d'un ballon de baudruche pour réaliser un adaptateur entre le goulot de la bouteille et la cartouche d'un test d'alcoolémie.
6. Avec une épingle de nourrice, percer deux ou trois petits trous à travers le réactif de la cartouche pour faciliter le passage des gaz.
7. Placer le raccord de baudruche d'un côté sur le goulot de la bouteille et de l'autre côté sur la cartouche enfoncée dans le ballon du test selon son mode d'emploi.
8. Rendre ce raccord étanche du côté de la bouteille et du côté de la cartouche avec du ruban adhésif.
9. Laisser la transformation chimique évoluer en agitant de temps en temps pour empêcher la sédimentation des levures et laisser le ballon se gonfler.

Questions

› Analyser

1. a. Préciser le nom de la fermentation qui permet de produire de l'éthanol (doc. 1).
b. Pourquoi le bioéthanol est-il considéré comme un agrocarburant (doc. 1) ?

› Réaliser

2. Mettre en œuvre le protocole expérimental décrit dans le doc. 2.

› Rendre compte

3. a. Construire des schémas annotés pour rendre compte des résultats de l'expérience.
b. Le diester est également un agrocarburant. À partir d'une recherche menée sur Internet, décrire en quelques lignes les origines du diester, ses modes de fabrication et le nom des espèces chimiques qui entrent en compte dans sa synthèse.

ÉTUDE DE CAS N°3

Mammite du lait

D'après E8 Remplacement STAV, Métropole, Réunion, 2018

Le lait de vache est un liquide biologique constitué de 89,2 % d'eau, 4,7 % de lactose, et de 3,5 à 4 % de matières grasses (proportions en masse). Il renferme aussi de la caséine, des vitamines A et D, et des ions minéraux : calcium, sodium, potassium, magnésium et chlorure.

Un agriculteur réserve une partie du lait de son troupeau à la fabrication de yaourts. Il soupçonne que l'une de ses vaches est atteinte de mammite (infection du pis) en observant le lait de celle-ci. Lors de cette infection, il se produit une diminution de la production laitière et plusieurs paramètres du lait peuvent être affectés. Le lait est alors impropre à la consommation.

Pour chaque question :
- relever ce qui est demandé ;
- repérer les données utiles dans tout le sujet (énoncé, documents, annexes) ;
- lister ces données utiles.

Attention, certaines données ne sont pas à utiliser !

1. Étude de la composition du lait

1 Compositions d'un lait frais et d'un lait pas frais

Composition pour 100 g	Lait frais	Lait pas frais
Eau	89,2	89,2
Lactose	4,7	3,8
Protéines	3,2	3,2
Lipides	1,6	1,6
Calcium	0,1	0,1
Phosphore	0,1	0,1
Acide lactique	0,1	1
Autres	1,0	1,0

2 Formules du glucose et du fructose

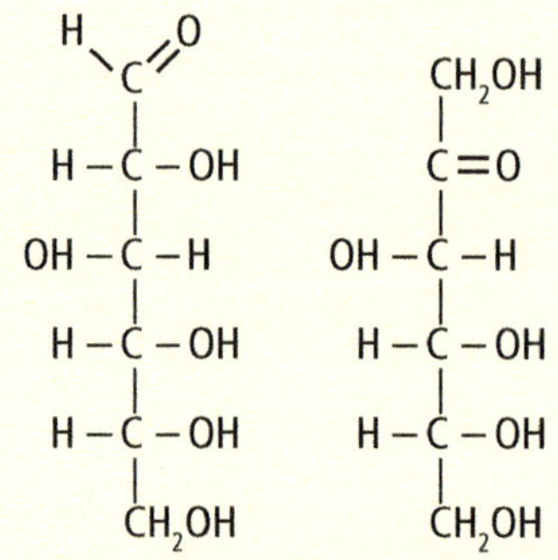

1 Après analyse du doc. 1, définir les paramètres du lait qui peuvent être affectés lors de l'infection par la mammite.

Question	Comment procéder ?	Où ?
Paramètres du lait pouvant être affectés lors de l'infection par la mammite ?	Différences de composition entre un lait frais et un lait pas frais.	Doc. 1

2 Situer le lactose dans la classification des glucides.

3 Lors de sa digestion, le lactose présent dans le lait s'hydrolyse en glucose et fructose.

a. Donner la formule brute de ces deux derniers glucides.

Question	Données et mots-clés	Où ?
Formule brute du glucose et du fructose	Nombre d'atomes de carbone, d'hydrogène et d'oxygène présents dans les formules semi-développées	Doc. 2

b. Le glucose est un aldose, alors que le fructose est un cétose. **Recopier les formules semi-développées données dans le doc. 2, puis entourer les groupements fonctionnels qui justifient ces appellations.**

c. Écrire l'équation d'hydrolyse du lactose.

4 Le lait contient des acides gras, dont l'acide gras insaturé ci-dessous, qui est un oméga 9 :

$$CH_3\text{–}(CH_2)_7\text{–}CH\text{=}CH\text{–}(CH_2)_7\text{–}COOH$$

a. Écrire la formule développée et nommer le groupement caractéristique qui justifie que la molécule ci-dessus est un « acide ».

b. Justifier le qualificatif « insaturé » pour cet acide gras.

c. À l'aide des schémas ci-dessous, nommer cet acide gras.

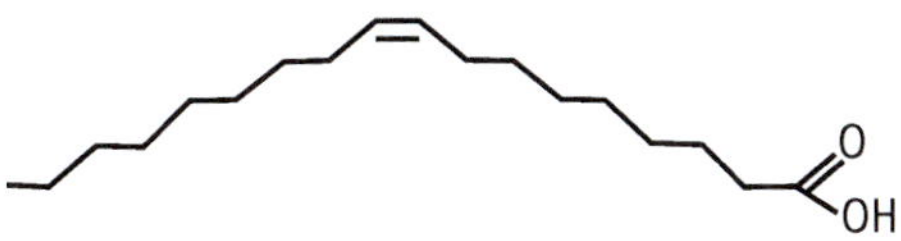

Acide oléique

Acide trans-vaccénique

Acide linolélaïdique

5 Le lait contient également des protéines, par exemple la caséine, dont la formule est donnée ci-contre :

a. Entourer les liaisons peptidiques de la caséine présentes sur cette formule.

b. L'infection par la mammite induit des changements dans les caractéristiques physico-chimiques du lait. La caséine aura notamment tendance à coaguler et à faire des grumeaux. **Nommer cette transformation.**

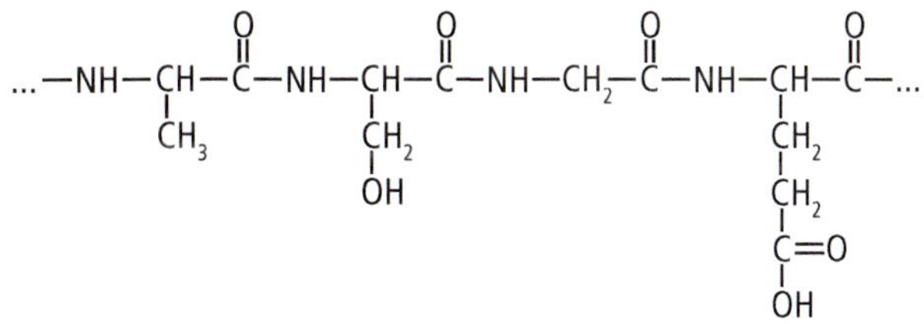

Caséine

2. Qualité du lait

La vache malade subit un traitement antibiotique. Après la fin du traitement, l'agriculteur se demande s'il peut à nouveau utiliser le lait de cette vache pour fabriquer du yaourt. Il procède à un ensemencement du lait avec les bactéries lactiques du yaourt, le place à l'étuve pendant 1 heure et mesure son acidité Dornic suivant le protocole décrit dans le doc. 3.

Si l'acidification s'est déroulée correctement, le lait doit titrer environ 30° Dornic. En revanche, si l'acidité est beaucoup plus faible, de l'ordre de 20° Dornic, il subsiste des antibiotiques dans le lait, qui ne peut alors pas être utilisé pour la fabrication du yaourt.

3 Acidité Dornic

Le degré Dornic permet de quantifier l'acidité d'un lait. Un degré Dornic (1 °D) correspond à 0,10 g d'acide lactique ($C_3H_6O_3$) par litre de lait. Pour déterminer le degré Dornic d'un lait, on réalise, à température ambiante, le titrage acido-basique d'un échantillon avec une solution aqueuse d'hydroxyde de sodium ($Na^+_{(aq)}$, $HO^-_{(aq)}$), de concentration molaire $C_B = 0{,}11$ mol.L^{-1}, appelée soude Dornic, en présence d'un indicateur coloré de fin de réaction : la phénolphtaléine. L'équation support du titrage est :

$$CH_3\text{-}CHOH\text{-}COOH_{(aq)} + HO^-_{(aq)} \rightarrow CH_3\text{-}CHOH\text{-}COO^-_{(aq)} + H_2O_{(l)}$$

Pour mesurer l'acidité Dornic, il faut multiplier le volume d'hydroxyde de sodium versé (en mL) à l'équivalence par 10.

Remarque : Dans ce titrage, on considère que l'acidité du lait ne provient que de l'acide lactique, un acide faible, ce qui correspond quasiment à la réalité.

Protocole opératoire : Prélever 10,0 mL de lait, puis ajouter 2 gouttes de phénolphtaléine, et enfin titrer à l'aide de la soude Dornic.
Il est conseillé de réaliser trois titrages dans les mêmes conditions et d'en calculer la moyenne.

Données : – Masses molaires atomiques en g.mol^{-1} : C : 12, H : 1, O : 16 ;

– Les volumes d'hydroxyde de sodium versés à l'équivalence pour le titrage du lait sont les suivants :

$V_1 = 3{,}1$ mL ; $V_2 = 3{,}2$ mL ; $V_3 = 3{,}3$ mL.

1 **Définir l'équivalence de cette réaction de titrage.**

2 **Expliquer pourquoi il est conseillé de réaliser trois titrages.**

3 **Déterminer si le lait peut être utilisé pour la fabrication du yaourt.**

Question	Données et mots-clés	Où ?
Fabrication de yaourt possible ?	- Volumes versés à l'équivalence - Concentration molaire de l'acide lactique - Concentration massique de la soude Dornic - Degré Dornic de l'acide lactique	Données et doc. 3

Étude des matières premières : orge, malt d'orge et lait

D'après Bac Nouvelle-Calédonie, 2013

Dans une poudre chocolatée « énergétique », l'orge et le lait sont présents pour leur qualité nutritionnelle, notamment pour leur teneur en sucres et en protides.

1 La valine est un des acides aminés qui entre dans la composition des protides du grain d'orge.

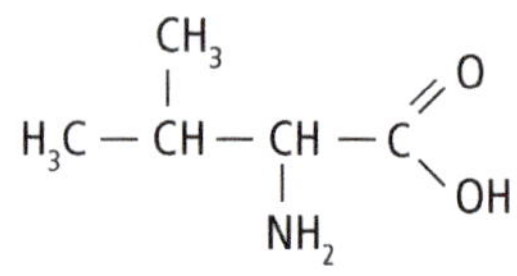

a. **Recopier la formule et entourer sur cette molécule les groupements fonctionnels.**

b. Dans l'orge brute, la plupart des acides aminés figurant dans la liste du doc. 1 sont liés entre eux et forment des molécules plus complexes. La formule donnée au doc. 2 représente un exemple de séquence d'une protéine.

1. Recopier la séquence représentée au doc. 2, puis entourer les liaisons peptidiques qui unissent ces acides aminés.

2. À l'aide du doc. 1, nommer les acides aminés présents dans cette séquence.

2 L'orge brute contient de l'amidon de formule $(C_6H_{10}O_5)_n$.

a. **Donner le nom de la famille biochimique à laquelle appartient l'amidon.**

b. **Donner et expliquer le protocole simple permettant de mettre en évidence la présence d'amidon dans un grain d'orge écrasé.**

3 Au cours du maltage, l'amidon est transformé en maltose, de formule $C_{12}H_{22}O_{11}$. Un malt est de bonne qualité lorsque la germination a été stoppée avant la transformation du maltose en glucose de formule $C_6H_{12}O_6$. Si le malt est conservé dans de mauvaises conditions, l'hydrolyse du maltose se produit et une génération spontanée de levures peut se développer. En présence de dioxygène, une fermentation alcoolique du glucose peut avoir lieu. Le glucose va alors réagir avec le dioxygène de l'air pour former de l'éthanol (un alcool) de formule C_2H_6O.

a. **Écrire l'équation de l'hydrolyse du maltose qui produit du glucose.**

b. **Donner l'équation de la fermentation alcoolique du glucose.**

4 **Barre énergétique**

Lors d'une course à pied, des barres énergétiques à base de malt et d'orge sont distribuées aux coureurs tout au long du parcours.

À l'aide des doc. 3 et 4, déterminer combien de barres énergétiques devrait manger un champion de marathon pour compenser l'énergie qu'il dépense pendant la course.

1 Acides aminés présents dans l'orge

Acides aminés	Acides aminés	Acides aminés
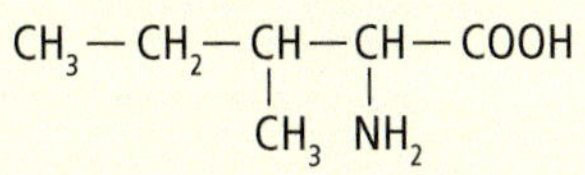 Isoleucine	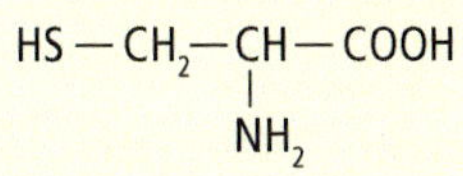 Cystéine	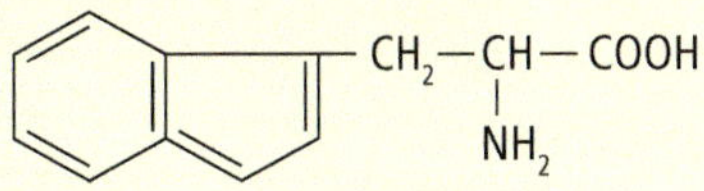 Tryptophane
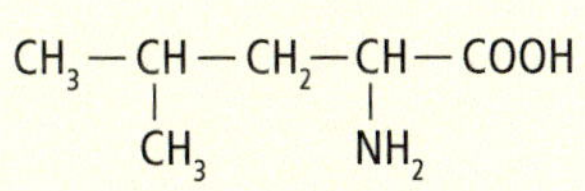 Leucine	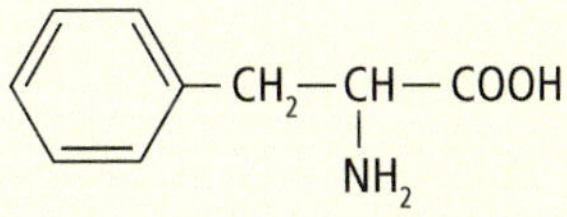 Phénylalanine	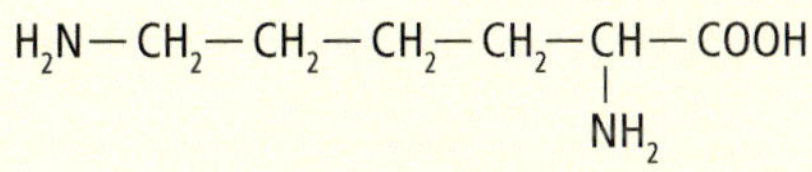 Lysine
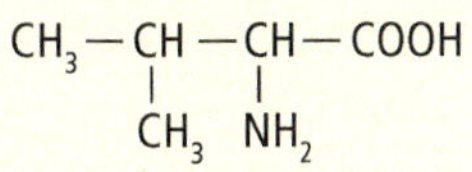 Valine	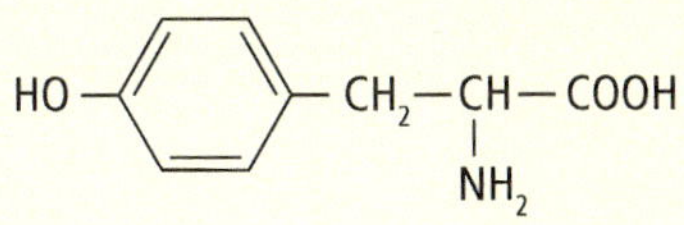 Tyrosine	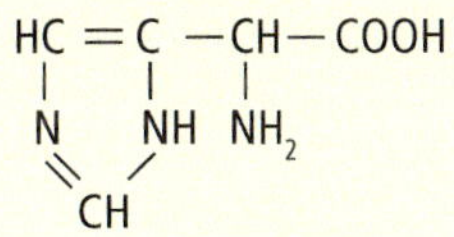 Histidine
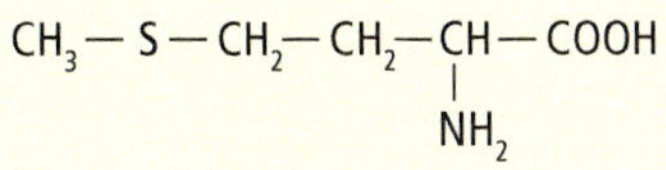 Méthionine	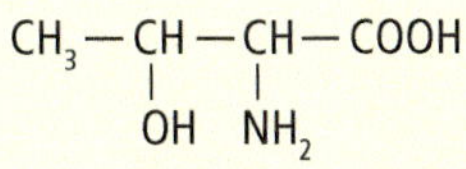 Thréonine	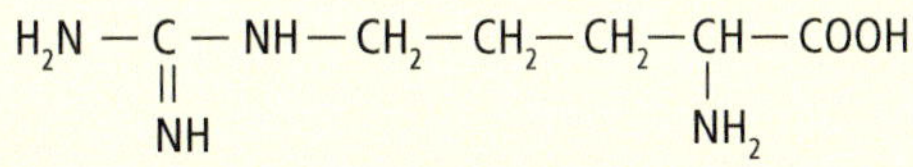 Arginine

2 Séquence peptidique

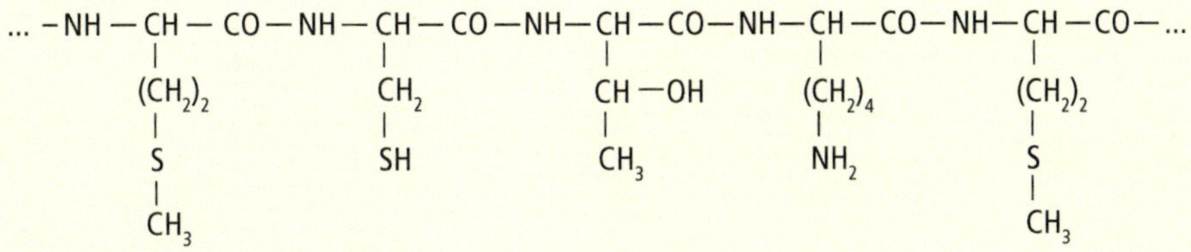

3 Expertise nutritionnelle d'une barre diététique au malt d'orge

Pour une barre de 20 g :

Valeur énergétique :	**85,6** kcal	Fibres alimentaires :	**0,8** g
Protéines :	**2** g	Sel :	**0,2** g
Lipides :	**2,6** g	Calcium :	**60** mg
dont acides gras saturés :	**1,5** g	Fer :	**1** mg
Glucides :	**13,2** g	Sodium :	**6** mg
dont sucres totaux :	**10** g	Vitamine A :	**136** µg

(**1** cal = **4,18** J)

4 Dépense énergétique au cours d'un marathon

Le marathon est une épreuve de course à pied de 42,195 km. Un marathonien consomme en moyenne 12 kcal de glucose par minute d'effort.
En 2018, le marathon de Paris a été gagné par le Kenyan Paul Lonyangata avec un excellent chrono de 2 h 06 min 25 s.

PARTIE III

MATIÈRE,

Panneaux photovoltaïques sur le toit d'une serre. Ces convertisseurs d'énergie alimentent en électricité l'exploitation agricole et le réseau électrique sans empiéter sur les terres agricoles. Les revenus engendrés par la vente d'énergie électrique entrent dans le budget de la ferme.

L'évolution de l'humanité est couplée avec l'apprivoisement de la matière et de l'énergie. Depuis le XIXe siècle, les progrès en mécanique et en électricité ouvrent des perspectives révolutionnaires en termes d'énergie.

La technologie actuelle apporte des solutions durables aux défis énergétiques du XXIe siècle, de plus en plus souvent en interaction avec le monde agricole (méthaniseur, éolienne, panneau solaire).

ÉNERGIE et TECHNOLOGIE

12 Forces et conditions d'équilibre d'un solide

Tester les prérequis

Choisir la ou les bonnes réponses.

1. Quelle grandeur mesure-t-on sur une balance ?
   a. Le poids b. La masse c. La charge

2. Que peut-il se passer si un objet est soumis à une force ?
   a. Il est déformé. b. Il est mis en mouvement. c. Il change de direction.

3. Quelle est l'unité internationale de la masse ?
   a. Le gramme b. Le kilogramme c. Le litre

4. Quelle est l'unité internationale de la force ?
   a. Le newton b. Le joule c. Le pascal

5. Pour représenter une force, on utilise :
   a. un point. b. une croix. c. une flèche.

6. Pour mesurer une force, on utilise :
   a. un dynamomètre. b. une balance. c. un forcemètre.

7. Un état d'équilibre est caractérisé par :
   a. une diversité de mouvements. b. un mouvement simple. c. l'absence de mouvement.

8. Quand je frappe une balle, j'exerce une force :
   a. à distance. b. chimique. c. de contact.

Le parapentiste exerce une force sur les suspentes de la voile pour la diriger ou pour maintenir son équilibre.

Comment rester en équilibre dans les airs ?

Objectifs

- **Différencier force de contact et force à distance.**
  ▶ Activité documentaire 1 : Représentation d'une force p. 190
- **Modéliser une force et un équilibre.**
  ▶ Activité documentaire 2 : Bilan des forces p. 191
- **Distinguer masse et poids d'un objet.**
  ▶ Activité expérimentale 3 : Détermination de l'intensité de pesanteur p. 192
- **Découvrir la notion de bras de levier.**
  ▶ Activité expérimentale 4 : Équilibre d'un tracteur pour améliorer sa traction p. 193

1 Représentation d'une force

● Pour étudier un objet comme une balle de golf, on représente les forces qui s'exercent sur cet objet à l'aide de flèches.

Quelles sont les informations données par la modélisation d'une force ?

1 Effets d'une force

Une force exercée sur un objet peut le mettre en mouvement : c'est le cas lorsqu'un club de golf frappe une balle. Elle peut également déformer un objet : imaginons ce qui se passerait si le club frappait une balle de ping-pong au lieu d'une balle de golf... Il est évident qu'elle ne résisterait pas au choc ! L'intensité de la **force de contact** serait bien trop importante. Lors de la frappe de la balle de golf, celle-ci va s'élancer vers le ciel avec une forte vitesse. À une certaine hauteur, sa vitesse sera beaucoup plus faible, puis elle retombera sur terre à cause de la **force à distance** qu'exerce la Terre sur tous les objets à son voisinage. Cette force à distance est appelée l'**attraction terrestre** ou le **poids**. Sa valeur est donnée en **newtons (N)**. Pour la balle de golf, elle est de 2 N.

2 Modélisation d'une force

Pour représenter une force, on utilise un vecteur qui correspond à une flèche. Cette flèche donne quatre caractéristiques :

- L'origine de la flèche est l'endroit où l'action a lieu : ici, le point de contact entre le club et la balle.
- La direction de la force correspond à la droite d'action (en pointillés bleus).
- Le sens de la force est donné par la pointe de la flèche, ici vers la gauche.
- La longueur de la flèche renseigne sur l'intensité de la force. Pour connaître sa valeur en newtons, on se réfère à l'échelle.

Donnée : 1 cm correspond à 100 N.

Questions

› Analyser

1. Indiquer quatre effets que peut avoir une force sur un objet (doc. 1).

2. Citer un exemple de force à distance et un exemple de force de contact (doc. 1).

› Réaliser

3. Déterminer l'intensité de la force exercée par le club sur la balle (doc. 2).

4. Dessiner la trajectoire de la balle de golf. Lorsque la balle est au plus haut, représenter par une flèche la force d'attraction terrestre exercée sur la balle, que l'on notera P.

› Rendre compte

5. Donner les quatre caractéristiques de la force P.

2 Bilan des forces

● Pour étudier un objet ou un système mécanique comme un voilier, il faut représenter l'ensemble des forces, c'est-à-dire les forces de contact et les forces à distance.

Comment réaliser un bilan des forces ?

1 Représentation simplifiée des forces sur un voilier

$F_{E/B}$: force exercée par l'eau sur le bateau
$F_{B/E}$: force exercée par le bateau sur l'eau
$F_{V/B}$: force exercée par le vent sur le bateau

2 Conditions d'équilibre

Pour qu'un objet soit en équilibre dans une direction donnée, il faut que les forces qui s'exercent suivant cette direction se compensent.
Des forces se compensent si elles ont :

- la même direction ;
- la même valeur ;
- des sens opposés.

Questions

Analyser

1. Sachant que le bateau semble glisser sur l'eau, c'est-à-dire qu'il est en équilibre dans la direction verticale, indiquer les forces qui se compensent.

2. En déduire une relation mathématique entre les valeurs de ces deux forces.

3. Quelle force permet au bateau de prendre de la vitesse ? S'agit-il d'une force de contact ou d'une force à distance ?

Réaliser

4. Dessiner le voilier en positionnant sa voile de sorte qu'il puisse se déplacer vers l'est poussé par un vent du nord, c'est-à-dire un vent de travers (voir le schéma).

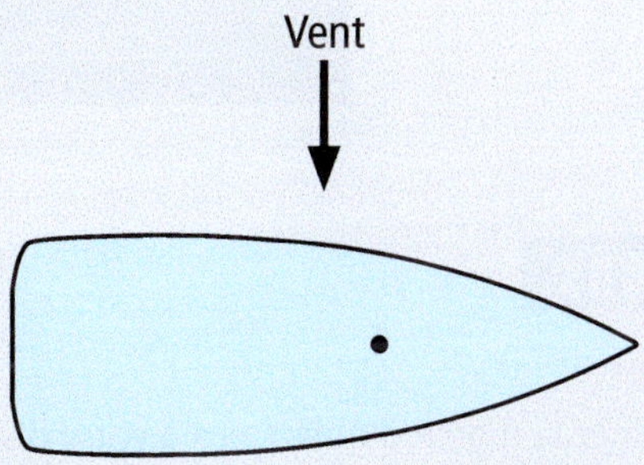

Rendre compte

5. Lorsque la mer est déchaînée, le bateau tangue, c'est-à-dire qu'il a des mouvements de haut en bas. Que peut-on en déduire sur les valeurs des forces $F_{B/E}$ et $F_{E/B}$ dans ces cas où le bateau bouge verticalement ?

3 Détermination de l'intensité de pesanteur

● On parle couramment de la masse ou du poids d'un objet. Les deux termes semblent très proches. Si l'objet a une masse élevée, son poids est important…

La masse et le poids désignent-ils la même chose ?

1 Mesure de la masse de pommes à l'aide d'une balance

2 Mesure du poids de clés à l'aide d'un dynamomètre

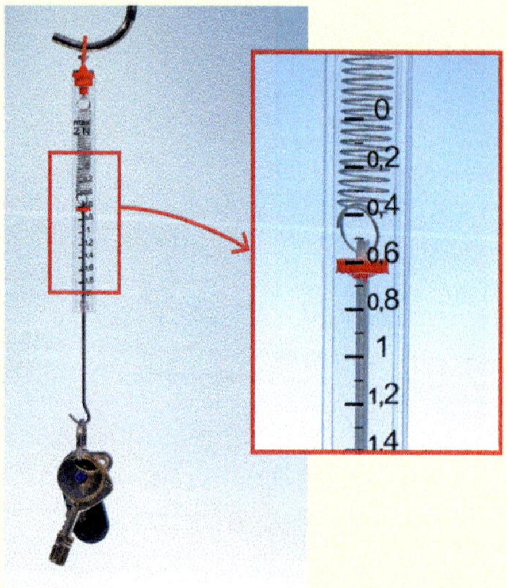

3 Législation

Avec le permis B, un conducteur peut tracter une remorque d'un poids total avec charge (PTAC) de 750 kg.

Questions

Réaliser

1. Déterminer la masse d'objets mis à votre disposition (doc. 1).

2. Mesurer le poids de ces objets à l'aide du dynamomètre (doc. 2).

3. Construire un graphique représentant le poids en fonction de la masse. On placera le poids (en N) en ordonnée et la masse (en kg) en abscisse.

Rendre compte

4. Que met en évidence ce graphique ?

5. Déterminer la relation mathématique entre le poids et la masse.

Critiquer

6. Que penser de l'appellation PTAC (doc. 3) ?

4 Équilibre d'un tracteur pour améliorer sa traction

● Le matériel agricole peut être particulièrement lourd. Il déséquilibre alors considérablement le tracteur auquel il est attelé. Pour maintenir un bon équilibre du tracteur, on utilise des masses que l'on place à l'avant ou à l'arrière de ce dernier.

Comment équilibrer correctement un tracteur ?

1 Tracteur correctement équilibré sur le point d'attelage avant

2 Moment d'une force

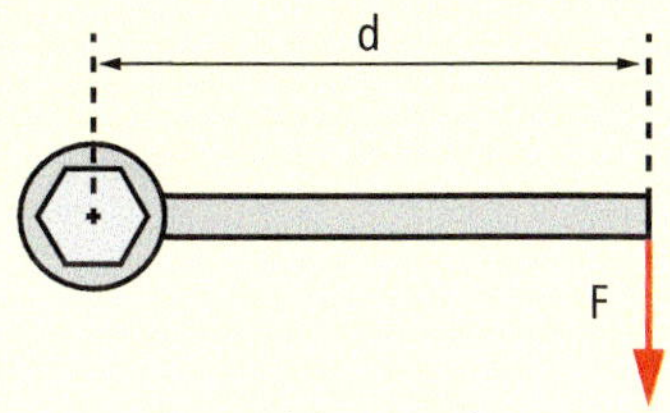

$M(F) = F \times d$

M(F) : moment de la force F en newtons-mètres (N.m)

F : force en newtons (N)

d : distance en mètres (m)

Pour qu'un objet soit en équilibre, il faut que les moments des forces qui s'exercent sur lui s'annulent.

Remarque : Cette formule n'est valable que si la force est perpendiculaire à la direction d'application.

3 Schématisation de l'équilibre sur le point d'attelage

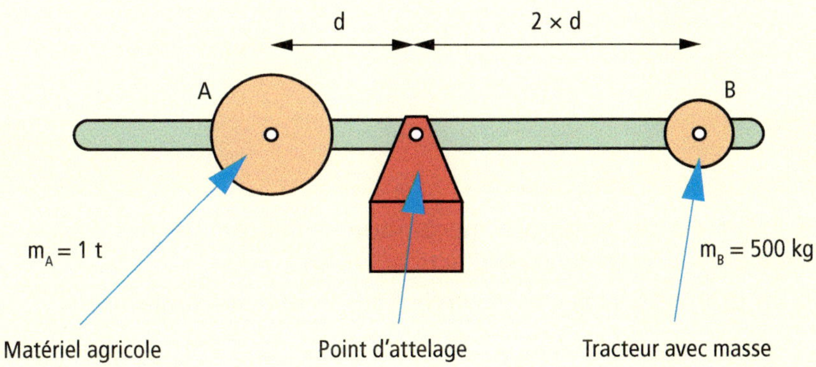

4 Poids d'un objet

$P = m \times g$

- P : Poids en newtons (N)
- m : Masse en kilogrammes (kg)
- g : Intensité de pesanteur (N/kg)

Donnée : g = 9,81 N/kg.

Questions

Analyser

1. Quel est le rôle de la masse placée à l'avant du tracteur ?

Réaliser

2. À l'aide du matériel mis à disposition, réaliser un équilibre semblable à celui du doc. 3.

Rendre compte

Le matériel agricole d'une masse de 1 t est distant de 2 m du point d'attelage (d = 2 m) (doc. 3).

3. Calculer le poids du matériel agricole P_A et le poids de la masse placée à l'avant du tracteur P_B (doc. 4).

4. Calculer le moment de la force P_A et le moment de la force P_B (doc. 2).

5. Suggérer une raison selon laquelle le tracteur est correctement équilibré.

COURS

1 Dynamomètre de laboratoire

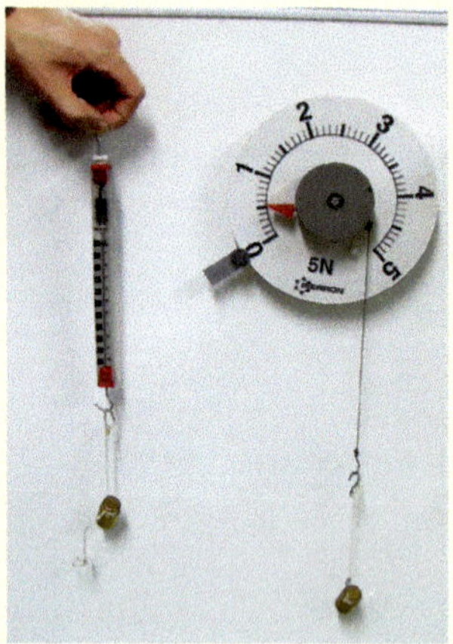

2 Force à distance

3 Force de contact

La force exercée par un marteau sur un clou est une force de contact.

4 Araignée en équilibre

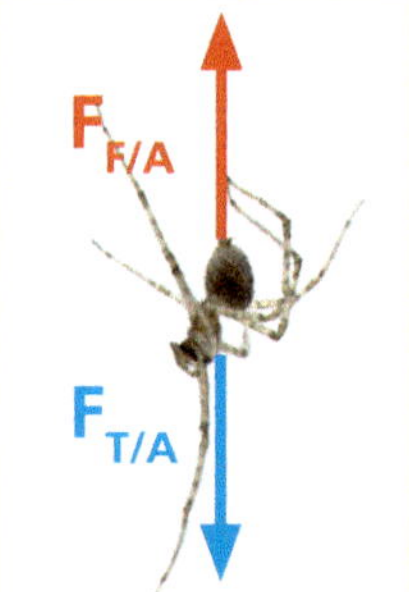

Remarque : $F_{T/A}$ est également appelé « poids de l'araignée ».

1. Qu'est-ce qu'une force ?

Une force est une action mécanique qui peut avoir pour effet de mettre en mouvement un objet ou d'en modifier la vitesse. Elle peut également modifier sa trajectoire ou le déformer.

Une force est une grandeur physique qui s'exprime en **newtons**, de symbole **N**. On la mesure à l'aide d'un dynamomètre. ▶ doc. 1 Il existe deux types de forces :

- Les **forces à distance**, qui s'exercent dans une zone de l'espace.

▶ **Exemple**

La force d'attraction terrestre et la force d'attraction ou de répulsion d'un aimant sont des forces à distance. ▶ doc. 2

- Les **forces de contact**, qui s'exercent à la zone de contact de deux corps.

▶ **Exemple**

La force exercée par le pied d'un joueur de football sur un ballon et celle exercée par l'eau sur un barrage sont des forces de contact. ▶ doc. 3

2. Représentation d'une force

Une force est représentée par un vecteur (terme mathématique) ou une flèche (terme usuel).

Cette flèche nous donne quatre caractéristiques de la force :

- son **point d'application** ou d'origine ;
- sa **direction**, c'est-à-dire la droite support de la force ;
- son **sens**, indiqué par la pointe de la flèche ;
- sa **valeur**, correspondant à la longueur de la flèche.

3. Notion d'équilibre

Un objet est en équilibre mécanique si l'ensemble des forces qui s'exercent sur lui n'ont pas d'action sur lui.
On dit que les forces qui s'exercent sur l'objet se compensent.

Cela revient à la même situation qu'un objet qui n'est soumis à aucune force.

▶ **Exemple**

Étudions une araignée suspendue à son fil en équilibre ▶ doc. 4. Il existe deux forces sur l'araignée que l'on peut noter sans flèche si on ne s'intéresse qu'à sa valeur, ou avec une flèche pour designer le vecteur force :

- $F_{F/A}$ (ou $\vec{F}_{F/A}$) : force exercée par le fil sur l'araignée (force de contact) ;
- $F_{T/A}$ (ou $\vec{F}_{T/A}$) : force exercée par la Terre sur l'araignée (force à distance).

$F_{F/A}$ et $F_{T/A}$ sont deux forces qui se compensent car elles ont la même direction, la même valeur, des sens opposés.

Ainsi, les effets de ces deux forces s'annulent. L'araignée est en équilibre.

4. Relation entre la masse et le poids

Sur Terre, le poids (P) correspond à la force exercée par la Terre sur les objets qui se trouvent à son voisinage.

▶ Exemple

Dans le cas du doc. 4, on a : $F_{T/A} = P_{(araignée)}$.

Cette force est proportionnelle à la masse de l'objet :

$$P = m \times g$$

- P : Poids de l'objet étudié en newtons (N)
- m : Masse de l'objet en kilogrammes (kg)
- g : Intensité de pesanteur (N/kg)

L'intensité de pesanteur est une grandeur qui dépend du lieu géographique. On utilise généralement, pour simplifier, sa valeur à Paris :

g = 9,81 N/kg à Paris

▶ Exemple

Si une valise ▶ doc. 5 a une masse de 3,9 kg, son poids est :
$P = m \times g = 3{,}9 \times 9{,}81 = 39{,}3$ N.

5 **Pèse-bagage**

Il mesure le poids et affiche la masse.

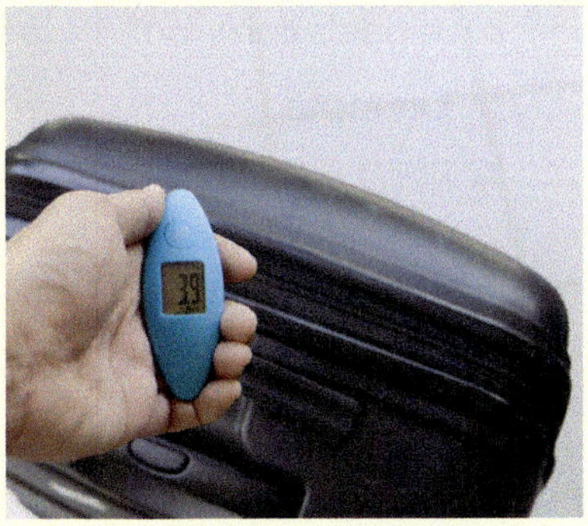

5. Moment d'une force

Le **moment (M)** d'une force traduit la capacité à faire tourner un objet. Il dépend de l'**intensité** de la force **(F)**, mais également de la **distance (d)** qui sépare la force de l'axe de rotation ▶ doc. 6 :

$$M(F) = F \times d$$

- M(F) : Moment de la force F en newtons-mètres (N.m)
- F : Valeur de la force en newtons (N)
- d : Distance en mètres (m)

Remarque

F doit être perpendiculaire à la direction d'application. Sinon, la formule est plus compliquée.

▶ Exemple

Si une personne exerce une force F = 300 N sur une clé à molette ▶ doc. 6 avec un manche de longueur d = 25 cm, alors le moment de cette force est :
$M(F) = 300 \times 0{,}25 = 75$ N.m.

6 **Moment d'une force**

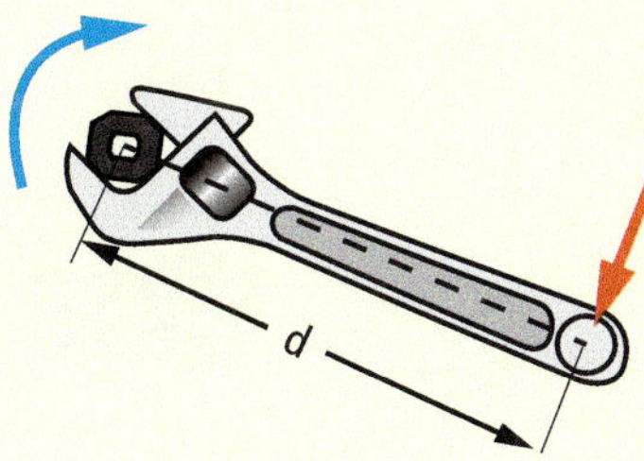

L'ESSENTIEL

Force

Une force est une action mécanique que l'on représente par une flèche et caractérisée par :
- son point d'application ;
- sa direction ;
- son sens ;
- sa valeur.

Sa valeur s'exprime en **newtons (N)**.
On la mesure avec un **dynamomètre**.

▶ Exemple

La force exercée par le sol sur le ballon $F_{S/B}$ et la force exercée par le pied sur le ballon $F_{P/B}$ sont des **forces de contact**.

La force exercée par la Terre sur le ballon $F_{T/B}$ est une **force à distance**.

Les forces $F_{S/B}$ et $F_{T/B}$ **se compensent** : elles ont une **même direction**, une **même valeur**, mais des **sens opposés**.
Un objet soumis à des forces qui se compensent est en équilibre.

Poids et masse

- Le poids correspond à la force exercée par la Terre sur les objets à son voisinage.

▶ Exemple

Le poids d'une balle correspond à la force exercée par la Terre sur la balle.

- Le poids dépend de la masse :

$$P = m \times g$$

Poids de l'objet en newtons (N) ; Masse de l'objet en kilogrammes (kg) ; Intensité de pesanteur (N/kg)

Valeur de g = 9,81 N/kg (à Paris)

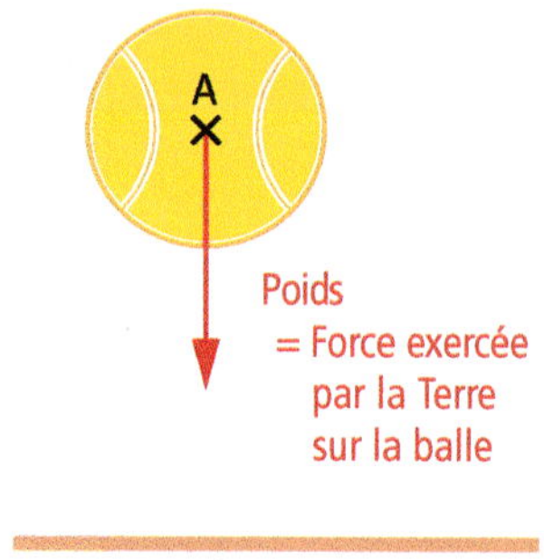

Moment d'une force

- Le moment M d'une force F s'appliquant à une distance d d'un point s'écrit :

$$M(F) = F \times d$$

Moment de la force F (en N.m) ; Force (en N) ; Distance entre la force et l'axe de rotation (en m)

- Le **moment** d'une force dépend autant de la **force** que de la **distance** entre la force et l'axe de rotation.
- F doit être perpendiculaire à sa direction d'application.

▶ Exemple

Le moment de la force F correspond à l'action mécanique qui permet la rotation.

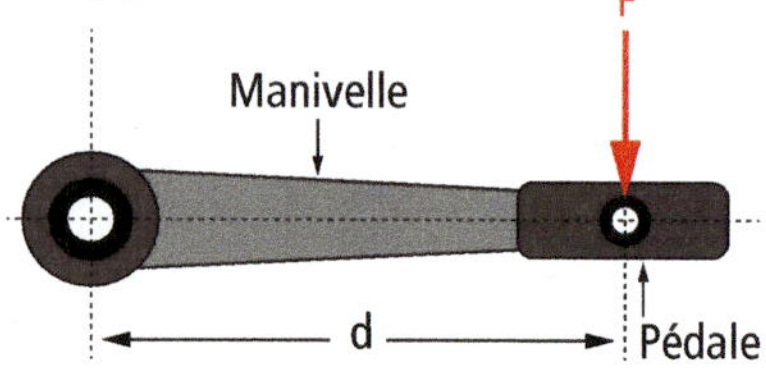

EXERCICES

Comprendre le cours ▶ p. 194-195

A. Recopier et compléter chaque phrase.

1 On représente une action mécanique par une .... Elle peut mettre en .... , modifier la .... et la .... d'un objet. Elle peut aussi .... l'objet.

2 Une force possède quatre caractéristiques : son .... , sa .... , son .... et sa valeur, que l'on mesure avec un ....

3 Il existe deux types de forces, les forces .... et les forces ....

4 La valeur du poids d'un objet est proportionnelle à sa .... Le coefficient de proportionnalité entre les deux grandeurs est appelé ....

5 Plus le .... d'une force sur un système est important, plus cette force est efficace pour faire tourner ce système.

B. Choisir la bonne réponse.

Les questions 6 à 10 se reportent à la situation photographiée ci-dessous.

6 Combien de forces s'appliquent sur le skateur ?

a. 1 **b.** 3 **c.** 4

7 La direction de la force représentée par une flèche rouge est :

a. vers le bas. **b.** verticale. **c.** horizontale.

8 La flèche rouge correspond :

a. à la force exercée par le skate sur le skateur.
b. à la force exercée par le sol sur le skateur.
c. à la force exercée par la Terre sur le skateur.

9 Le sens de la force représentée par une flèche rouge est :

a. vers le bas. **b.** vertical. **c.** vers le haut.

10 Le point d'application de la flèche bleue est :

a. au centre du skateur.
b. au centre de la surface de contact entre la rampe et la main du skateur.
c. au milieu des pieds.

Appliquer le cours

Qu'est-ce qu'une force ? ▸ cours 1 p. 194

1 Types de forces

En utilisant une tablette posée sur une table, Justine se sert de son doigt pour ouvrir des applications.

Indiquer si les forces suivantes sont des forces de contact ou à distance :

a. Force exercée par le doigt sur la tablette.
b. Force exercée par la tablette sur la table.
c. Force exercée par la Terre sur la tablette.

2 Effets d'une force

Donner un effet des forces suivantes :

a. Force exercée par les freins sur une roue.
b. Force exercée par la tête d'un joueur de football sur un ballon.
c. Force exercée par un compacteur d'épave sur une voiture.
d. Force exercée par un club de golf sur une balle.
e. Force exercée par une rafale de vent sur un voilier.

Représentation d'une force ▸ cours 2 p. 194

3 Propriétés d'une force

À quelle caractéristique de la force (point d'application, direction, sens, valeur/intensité) correspondent les informations suivantes ?

a. « Le vent de la gauche vers la droite. »
b. « Un ballon montant verticalement. »
c. « Le contact entre la balle et la raquette. »
d. « Une traction de 40 N. »

4 Force de contact ou à distance ?

Lors d'un saut en parapente, Frédéric exerce une force sur les cordes pour diriger le parapente.

1. Indiquer si les forces suivantes sont des forces de contact ou à distance :

- Force exercée par Frédéric sur les cordes.
- Force exercée par la Terre sur le parapente.

2. Représenter les forces sur un schéma sans se préoccuper de l'échelle.

Notion d'équilibre ▸ cours 3 p. 194

5 Équilibre d'un objet

Par lévitation magnétique, un petit cube reste en équilibre à 5 cm au-dessus d'une plaque.

1. Représenter en rouge la force exercée par la Terre sur le cube, et en bleu la force exercée par la plaque sur le cube.

2. Que peut-on dire de ces deux forces ?

3. En déduire une relation mathématique entre les valeurs des deux forces.

Relation entre la masse et le poids ▸ cours 4 p. 195

6 Calcul d'un poids

Le sac de sport de Fabien a une masse de 250 g.
Calculer son poids au dixième près.
Donnée : g = 9,81 N/kg.

7 Savoir critiquer

Fabien vient de se peser, il dit que son poids est de 45 kg. Pierre répond que c'est impossible. **Qui a raison ?**

Moment d'une force ▸ cours 5 p. 195

8 Calcul d'un moment

Delphine lance un poids par un mouvement de rotation.

Sachant que le moment de la force de propulsion est de 3 450 N.m, et que le poids se trouve à 30 cm de l'axe de rotation, calculer la force du lancer.

Exercice résolu

Jeu d'équilibre

Énoncé

Ethane et Gaby sont en équilibre sur une poutre. La poutre repose sur un rondin de bois qui se trouve à une distance d_E d'Ethane.

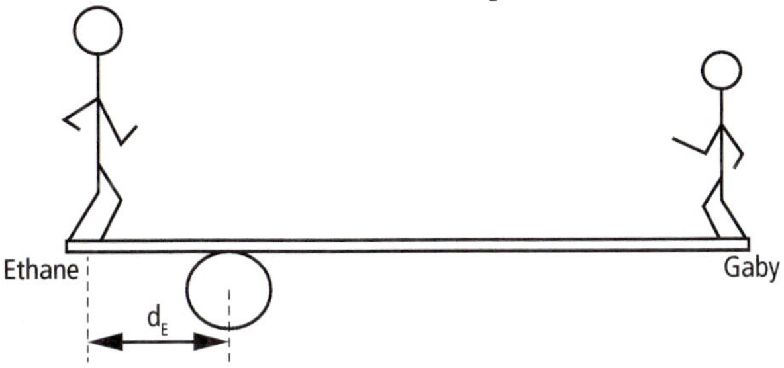

La masse d'Ethane est de 69 kg, et la masse de Gaby est de 23 kg.

1. **Dessiner les forces exercées par la poutre sur le rondin $F_{P/R}$, et par le rondin sur la poutre $F_{R/P}$ sans souci d'échelle.**

2. **Comment peut-on qualifier ces deux forces ?**

3. **Calculer le poids de Gaby P_G, et celui d'Ethane P_E.**

4. **Représenter les deux poids sur le schéma de la question 1.**

5. **Exprimer le moment associé aux deux poids, puis déterminer en fonction de d_E la distance d_G qui sépare Gaby du rondin.**

6. **Comparer l'éloignement d'Ethane et de Gaby du rondin.**

Données : g = 9,81 N/kg ; 1 cm ↔ 100 N.

Solution

1. Les forces $F_{P/R}$ et $F_{R/P}$ sont représentées en bleu et en vert sur le schéma.

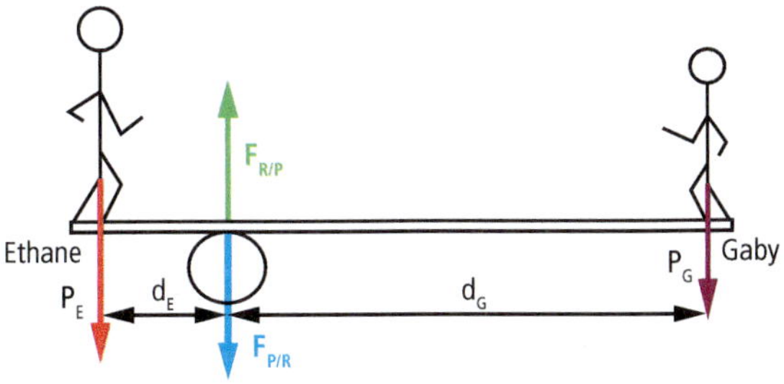

2. Ces deux forces sont des forces de contact. On peut dire aussi qu'elles se compensent car l'ensemble est en équilibre.

3. On utilise la relation entre le poids et la masse.

$P_G = m_G \times g = 23 \times 9,81 = 225,6$ N $P_E = m_E \times g = 69 \times 9,81 = 676,9$ N

4. Sur le schéma, on ajoute en violet et en rouge les flèches correspondant au poids de Gaby (P_G) et au poids d'Ethane (P_E).

5. On applique la définition du moment :

$M(P_E) = P_E \times d_E$ $M(P_G) = P_G \times d_G$

Sachant que l'ensemble est en équilibre, on a :

$M(P_E) = M(P_G)$ $P_E \times d_E = P_G \times d_G$, donc : $676,9 \times d_E = 225,6 \times d_G$

$$d_G = \frac{679,9 \times d_E}{225,6} = 3\ d_E$$

6. On déduit que Gaby est trois fois plus éloigné du rondin qu'Ethane.

Analyser

$F_{P/R}$ et $F_{R/P}$ sont des forces de contact : le point d'application est donc localisé entre les deux objets (la poutre et le rondin).

Réaliser

Un objet est en équilibre si les moments des forces s'annulent.

Critiquer

Il est important de se questionner sur le réalisme du résultat obtenu. Par exemple, on s'attendait ici, du fait de la longueur de la poutre, à un résultat entre 1 et 10, ce qui est le cas.

EXERCICES

S'entraîner

* 1 Représentation d'une force

Pour tirer un penalty, Kilian pose le ballon au point de penalty. Sa chaussure vient frapper le ballon en D.

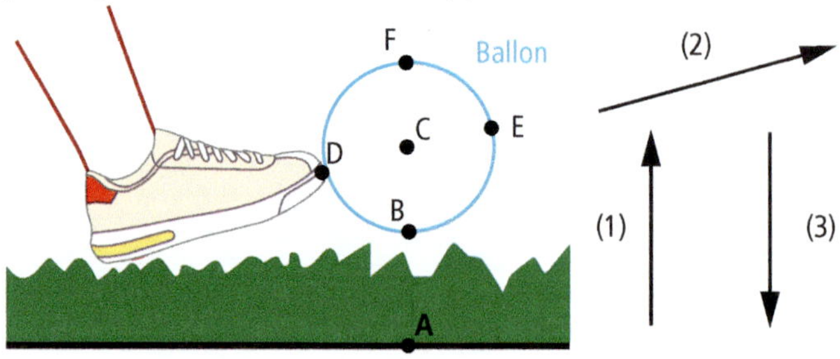

1. Nommer les trois forces en jeu (1) (2) et (3).

2. Indiquer le point d'application de chaque force parmi les propositions A, B, C, D, E et F.

* 2 Relation masse-poids

1. Donner la formule du poids en nommant les grandeurs et en indiquant l'unité associée à chaque terme de la formule.

2. Indiquer si les relations suivantes sont exactes :

a. $m = \frac{P^2}{g}$ **b.** $m = P \times g$ **c.** $g = \frac{m}{P}$

d. $m = \frac{P}{g}$ **e.** $g = \frac{P}{m}$ **f.** $P = m \times g$

* 3 Description d'une force

1. Une force est caractérisée par quatre informations. **Lesquelles ?**

2. Le poids est une force qui a deux caractéristiques qui sont toujours les mêmes. **Lesquelles ?**

* 4 Tir à la corde aux Highlands Games

Lors d'un concours de tir à la corde en Écosse, une équipe verte et une équipe rouge s'affrontent. Pendant plusieurs minutes, la position est en équilibre.

1. Faire un schéma légendé de la situation.

2. Représenter sur le schéma la force exercée par l'équipe rouge sur la corde ($F_{R/C}$).

3. Représenter sur le schéma la force exercée par l'équipe verte sur la corde ($F_{V/C}$).

4. Donner une relation mathématique entre les valeurs des deux forces lorsque la marque placée au milieu de la corde est immobile.

** 5 Vol en hélicoptère

Lors d'un sauvetage en montagne, un hélicoptère doit réaliser un vol stationnaire pour permettre aux sauveteurs d'aller chercher les victimes. La masse de l'hélicoptère est de 920 kg.

1. Calculer le poids de l'hélicoptère.

2. Faire un schéma en représentant la force poids. Indiquer l'échelle utilisée.

3. Lorsque l'hélicoptère est en vol stationnaire, existe-t-il une autre force ? Justifier.

4. Compléter le schéma dans le cas d'un vol stationnaire.

** 6 Le dynamomètre fonctionne-t-il ?

Lors d'une séance de travaux pratiques, Martin suspend un objet de 200 g à un dynamomètre. Celui-ci indique 20 N.

1. Calculer g à partir des mesures réalisées par Martin.

2. Ce dynamomètre fonctionne-t-il correctement ? Expliquer.

** 7 Cyclisme

Pour absorber les chocs lors de la pratique du VTT, la fourche avant du vélo est suspendue. Cependant, cette caractéristique provoque une augmentation de la masse du vélo de 12 %. La masse d'un VTT sans suspension est de 13 kg en taille L.

Calculer le poids d'un VTT avec fourche suspendue.

** 8 Solides en équilibre

La masse des objets suivants est proportionnelle à leur volume. **Indiquer si les solides suivants sont en équilibre ou pas ; expliquer le raisonnement.**

1.

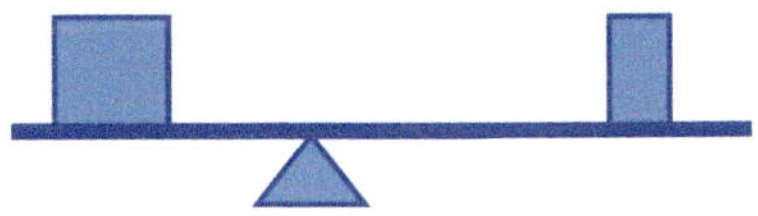

2.

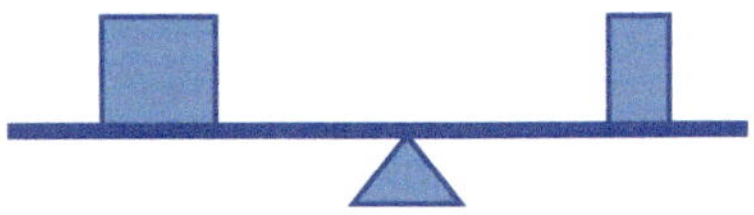

3.

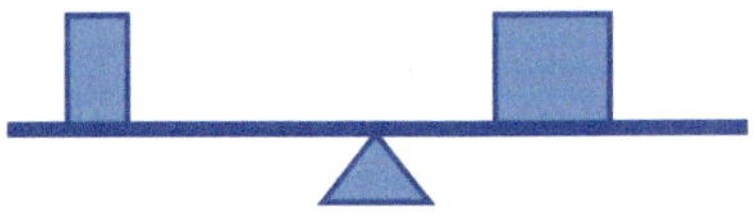

4.

** 9 Pèse-personne mécanique

Le pèse-personne mécanique est composé d'un ressort qui se comprime sous le poids de la personne. La déformation du ressort est proportionnelle à la contrainte qu'il reçoit. Sur le cadran, on peut lire la masse de la personne.

1. **Nommer la force qui compense le poids lorsque l'équilibre est atteint.**
2. **Que peut-on dire de la déformation du ressort par rapport au poids de la personne ?**
3. **Que peut-on dire de la déformation du ressort par rapport à la masse de la personne ? Justifier.**

** 10 Curling

Le curling est une discipline des Jeux olympiques d'hiver. C'est un sport de précision pratiqué sur la glace avec des pierres en granit, taillées et polies selon un gabarit international. Le but est de placer les pierres le plus près possible d'une cible circulaire dessinée sur la glace, appelée la maison. En frottant la glace avec un balai, on la fait fondre, ce qui améliore la glisse. La force de frottement qu'exerce la glace sur la pierre est alors plus faible.

Données : $g = 9,81$ N/kg ; masse de la pierre = 19,37 kg.

1. **Calculer le poids de la pierre.**
2. **Représenter la pierre sur un schéma, ainsi que la force exercée par la pierre sur la glace, et la force exercée par la glace sur la pierre.**
3. La pierre n'a pas de mouvement vertical. **Que peut-on en déduire sur les deux forces précédentes ?**
4. **Représenter sur le schéma la force de frottement de la glace sur la pierre, sachant que la pierre se déplace vers la gauche.**
5. **Quel est l'effet de la force de frottement sur la vitesse de la pierre ?**

** 11 Résistance d'un mousqueton

Pour une bonne utilisation, il est nécessaire qu'un mousqueton soit correctement fermé. Si le mousqueton n'est pas correctement fermé, il peut résister à une force de 7 kN, alors que lorsqu'il est fermé il peut résister à 27 kN.

1. **Calculer la masse maximale que peut supporter un mousqueton fermé.**
2. **Un mousqueton mal fermé résisterait-il à une masse deux fois plus faible que la masse maximale ?**

** 12 Aire de jeux

Dans une aire de jeux, Solal, de masse 33 kg, souhaite jouer à un jeu à bascule avec son petit frère Kévin, de masse 22 kg. **Comment doivent se placer les deux enfants pour être en équilibre ? Justifier votre réponse.**

** 13 Résistance d'une corde d'escalade

Voici la fiche technique d'une corde d'escalade d'une longueur de 70 m qui permet d'assurer une personne lors de la pratique de l'escalade. Si la personne chute, la corde va la retenir et absorber l'énergie de la chute en s'étirant. Cependant, le choc va détériorer la structure interne de la corde qui est protégée par une gaine. Même si la gaine n'est pas abîmée, la corde peut cependant être inutilisable.

Caractéristiques :

Pourcentage de gaine	38 %
Nombre de chutes	9-10
Force d'impact	8,5 kN
Diamètre	9,8 mm
Test sec UIAA	36 %
Étirement à 80 kg	5,5 %

1. À quelle force maximale la corde peut-elle résister ?

2. À quelle masse maximale la corde résiste-t-elle ?

3. Calculer la longueur d'étirement de la corde lorsqu'une masse de 80 kg est suspendue.

4. En supposant que l'étirement est proportionnel à la masse suspendue, calculer le pourcentage d'étirement à la masse maximale.

*** 14 Traction d'une remorque agricole

Un tracteur d'une masse de 7 200 kg tire une remorque de grains d'une masse de 16,8 t.
À un stop, le tracteur est arrêté dans une rue en pente d'un angle de 25 °.

1. Réaliser un schéma de la situation.

2. Calculer le poids du tracteur.

3. Calculer le poids de la remorque.

4. Représenter P_T, le poids du tracteur, sur le schéma.

5. Représenter $F_{R/T}$, la force exercée par la remorque sur le tracteur.

6. Que peut-on dire de la valeur de la force exercée par le tracteur sur la remorque lorsque le tracteur est immobilisé ?

7. Que peut-on dire de la valeur de la force exercée par la route sur le tracteur ?

8. Donner la valeur de la force exercée par la route sur le tracteur.

*** 15 Montgolfière

Une montgolfière est composée d'une nacelle surmontée d'un ballon gonflé d'air chaud. La masse de la montgolfière est de 55 kg. En phase d'ascension, la force exercée par le ballon sur la nacelle est importante.

1. Lors d'un vol stationnaire, quelle doit être la valeur de la force exercée par le ballon sur la nacelle ?

2. Calculer cette valeur.

3. Pour se poser, le pilote de la montgolfière laisse échapper de l'air chaud. **Donner une relation entre la force exercée par le poids de la montgolfière et la force exercée par le ballon sur la nacelle pour permettre de poser la montgolfière.**

*** 16 Balance romaine

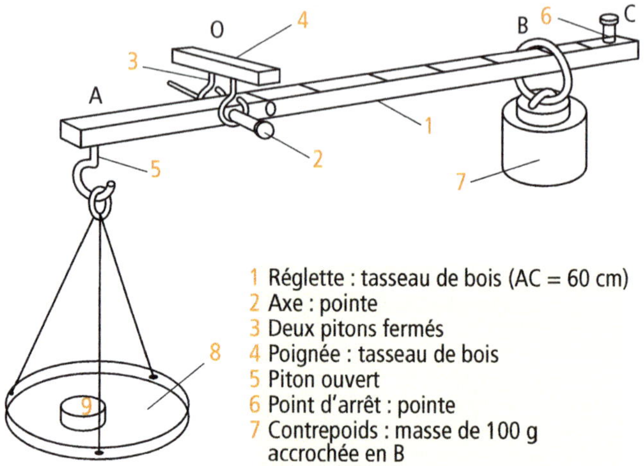

1 Réglette : tasseau de bois (AC = 60 cm)
2 Axe : pointe
3 Deux pitons fermés
4 Poignée : tasseau de bois
5 Piton ouvert
6 Point d'arrêt : pointe
7 Contrepoids : masse de 100 g accrochée en B
8 Plateau avec fils d'accroche
9 Objet à peser

Les Romains utilisaient une balance très pratique puisqu'elle permettait de peser différents objets (positionnés sur le plateau accroché en A) avec une seule masse (placée en B et de valeur 100 g), qui faisait fonction de contrepoids. Le schéma ci-dessus présente le dispositif. La balance s'articule sur un axe placé en O :
AO = 10 cm
OC = 50 cm
OB = x cm
La masse du plateau est négligeable au regard de la masse de l'objet à peser notée m.

1. Exprimer le moment de la force exercée par le contrepoids au point O. Donner sa valeur.

2. Exprimer le moment de la force exercée par le contrepoids au point C. Calculer sa valeur.

3. Exprimer le moment de la force exercée par le contrepoids au point B. Donner sa valeur en fonction de x.

4. Exprimer le moment de la force exercée par le plateau au point O, en fonction de m.

5. Calculer le poids maximal P_{max} que l'on peut placer sur le plateau.

6. En déduire la masse maximale m_{max} que l'on peut peser avec cette balance.

Slackline

1 Essor de la slackline en France

Le fait de marcher sur une sangle de 5 cm de largeur n'est pas sans évoquer les arts du cirque. Pourtant, la slackline a été inventée dans les années 1980 par des grimpeurs californiens. La slackline, littéralement « ligne lâche », est un sport qui se développe actuellement en France. Il s'agit d'une sangle tendue à l'aide d'un dispositif de tension. Une fois la sangle en place, l'objectif est de se déplacer sur la sangle en gardant son équilibre.
Le record du monde de longueur était de 1,66 km à Montpellier en 2017. « Était », car il a déjà été battu...

2 Trouver son équilibre

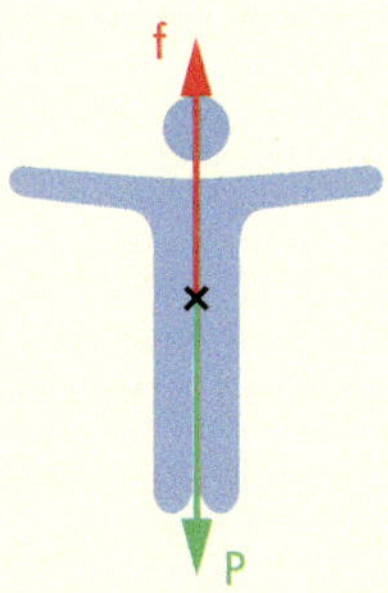

Jouer les équilibristes entraîne une montée d'adrénaline mêlant peur de tomber et plaisir de se maîtriser.
Pour être en **équilibre**, il est impératif que les forces **se compensent**.
La personne reçoit de la part de la slackline une force f opposée à son poids P.
Il faut donc que ces deux forces aient **la même direction**.
Pour cela, la personne écarte les bras. En effet, le fait d'ouvrir les bras permet de créer des **moments de force** pour retrouver ou maintenir l'équilibre. Lorsque les bras sont tendus horizontalement, le corps est plus stable. Ensuite, lors de la marche sur la sangle, c'est en déplaçant les épaules vers la droite ou la gauche que l'on va pouvoir stabiliser le corps. En effet, on déplace ainsi de la masse d'un côté ou de l'autre de la slackline. Or la masse implique un poids, d'après la relation : $P = m \times g$.
Ce déplacement des épaules permet donc de créer des forces stabilisatrices.

3 Les bienfaits de ce sport

Ils sont multiples : musculation du dos, des abdominaux et des jambes, et tout ça sans le moindre choc qui pourrait engendrer des traumatismes. Ce sport développe la concentration et la maîtrise de soi. Il est enseigné à l'école en Suisse, et il est aussi pratiqué dans le cadre de la rééducation de sportifs de haut niveau.
Alors, si vous êtes tenté, n'oubliez pas vos cours de physique... Il est impératif que les deux forces se compensent pour garder l'équilibre !

13 Les différentes formes et transformations d'énergie

Tester les prérequis

Choisir la ou les bonnes réponses.

1 L'énergie est une grandeur physique qui se mesure en :

a. joules. **b.** watts. **c.** newtons.

2 Parmi la liste suivante, identifier les sources d'énergie renouvelables :

a. le soleil. **b.** le pétrole. **c.** le gaz naturel. **d.** le vent.

3 Le soleil produit de l'énergie sous forme :

a. rayonnante. **b.** chimique. **c.** mécanique. **d.** thermique.

4 Une lampe consomme de l'énergie sous forme .... pour fonctionner.

a. thermique **b.** électrique **c.** nucléaire

5 Un alternateur est un appareil qui transforme l'énergie .... en énergie ....

a. thermique **b.** mécanique **c.** chimique **d.** électrique

6 Un panneau photovoltaïque est un appareil qui transforme l'énergie .... en énergie ....

a. chimique **b.** rayonnante **c.** électrique **d.** nucléaire

7 Le convertisseur qui transforme l'énergie chimique en énergie électrique est :

a. un panneau solaire. **b.** une pile. **c.** un alternateur.

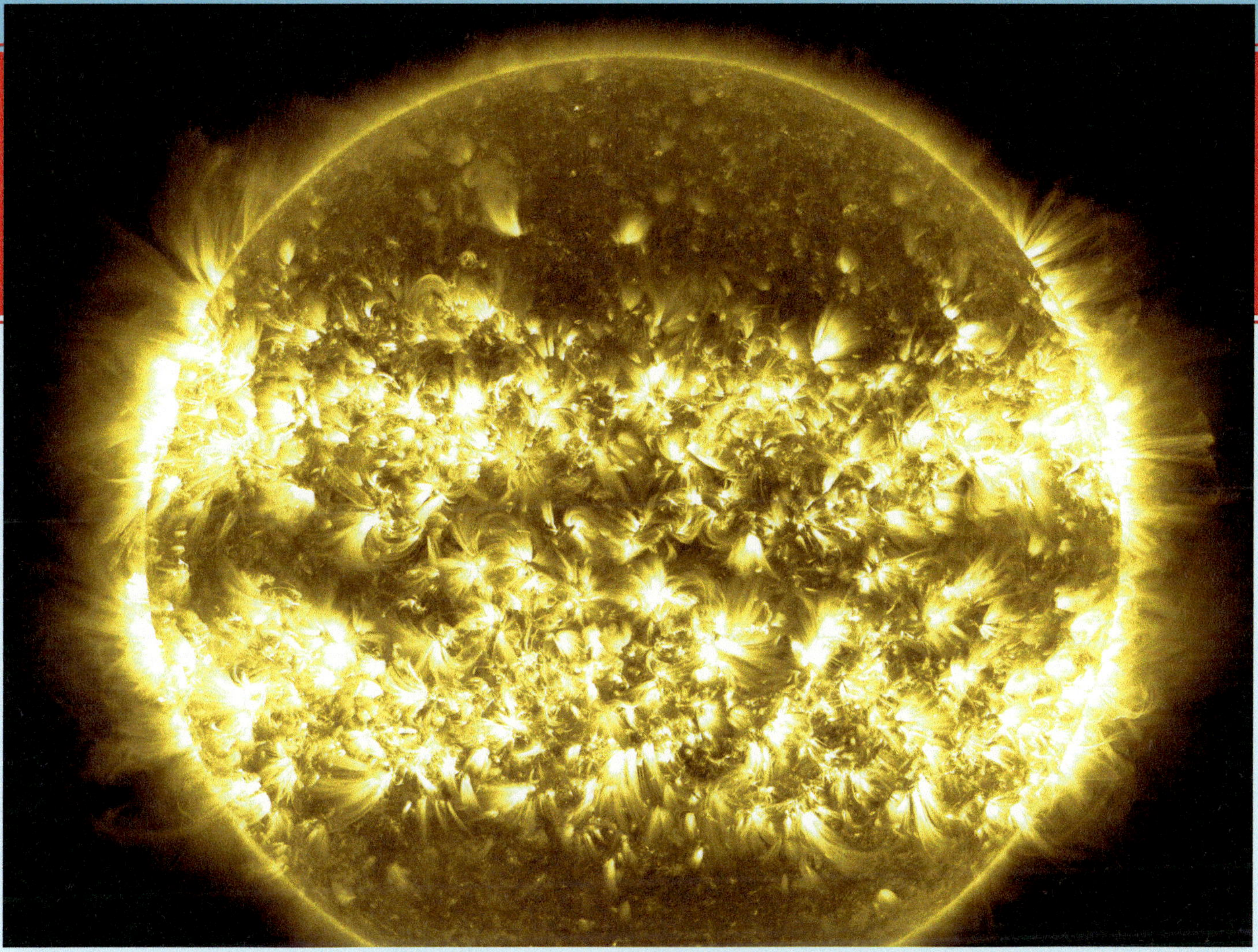

Le soleil est le plus gros convertisseur d'énergie du Système solaire :
il transforme l'énergie nucléaire de l'hydrogène qui le compose en énergie thermique et rayonnante (photo NASA).

Quelles sont les différentes formes prises par l'énergie ? Par quels processus passe-t-elle d'une forme à une autre ?

Objectifs

- **Faire le lien entre sources et formes d'énergie.**
  ► Activité documentaire 1 : L'énergie dans le monde p. 206
- **Étudier différents convertisseurs d'énergie.**
  ► Activité documentaire 2 : Centrale eLLO p. 207
  ► Activité expérimentale 3 : Bouilloire électrique p. 208
  ► Activité expérimentale 4 : Cellule photovoltaïque p. 209

1 L'énergie dans le monde

● La consommation mondiale d'énergie est en constante augmentation depuis le début de l'ère industrielle. L'industrie, le chauffage et l'éclairage en sont les principales causes.

Comment satisfaire cette demande croissante en énergie ?

1 Sources exploitées

Afin de répondre à la demande croissante en énergie, on augmente l'exploitation de l'énergie en provenance de nombreux « réservoirs » différents.
Or tous ces réservoirs ne sont pas inépuisables, bien au contraire.

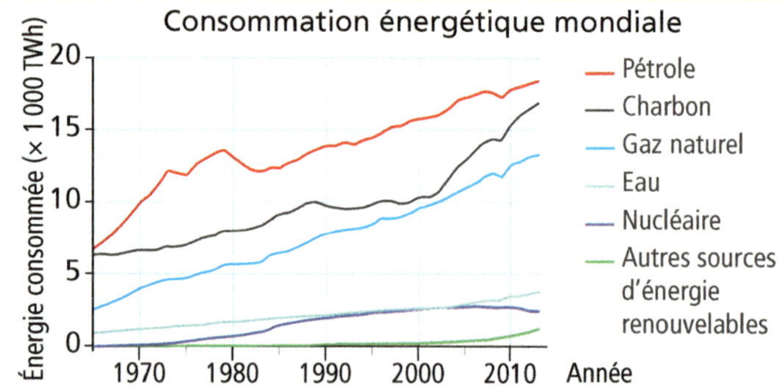

Note : TWh signifie Térawattheure, avec 1 TWh = 10^9 kWh.

2 Exploitation de différentes formes d'énergie

Pour transformer l'énergie fournie par les différentes sources en énergie électrique, on construit des convertisseurs géants appelés **centrales électriques**. Il en existe plusieurs types :

- Les **centrales thermiques** classiques utilisent l'énergie **thermique** issue de la combustion de la source primaire.
- Les **centrales nucléaires** produisent de l'énergie électrique à partir de l'énergie **atomique** des noyaux.
- Les **centrales hydrauliques** exploitent l'énergie **potentielle de pesanteur** de la chute d'eau.
- Les **centrales éoliennes** utilisent l'énergie **cinétique** du mouvement du vent.

3 Différents types de centrales électriques

Centrale thermique classique	Centrale thermique nucléaire	Centrale hydraulique	Centrale éolienne
Source primaire d'énergie : charbon ; gaz naturel ; pétrole	**Source primaire d'énergie :** uranium	**Source primaire d'énergie :** eau	**Source primaire d'énergie :** vent
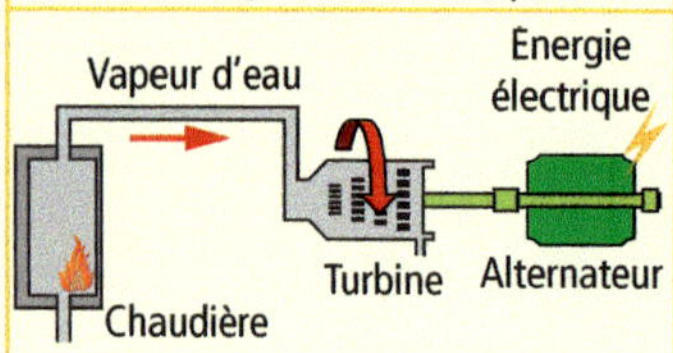	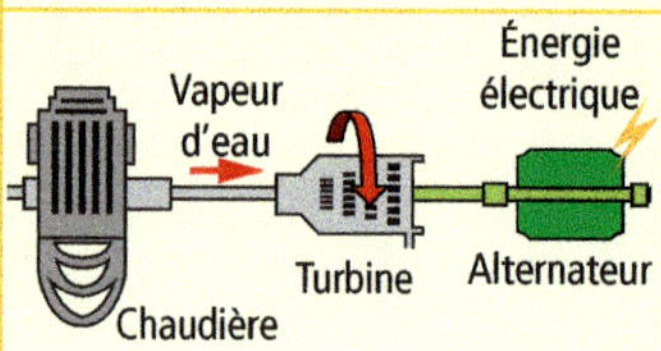	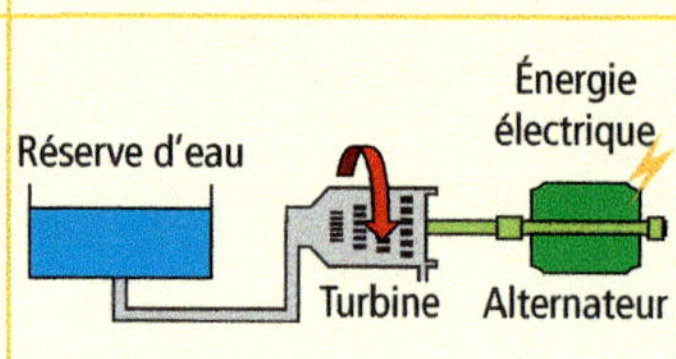	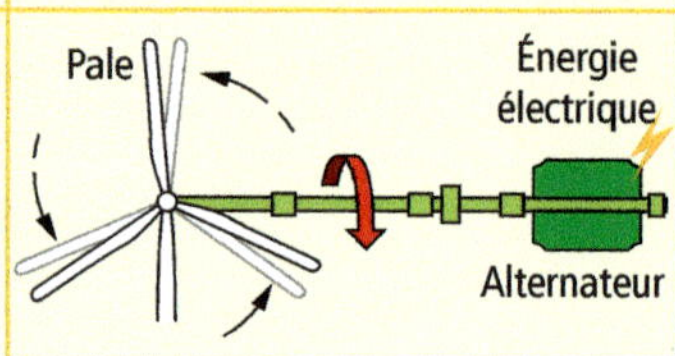

Questions

Analyser

1. Indiquer quelles sources constituent des « sources d'énergie renouvelables » dans le doc. 1.

2. a. Rappeler la définition d'une source d'énergie renouvelable.
b. Indiquer pour les cinq premières sources du doc.1 si elles sont renouvelables ou non.

3. a. En vous aidant du doc. 2, expliciter, pour chacune des centrales du doc. 3, quelle forme d'énergie est tirée de la source primaire.
b. En quelle forme d'énergie sont converties ces énergies tirées des sources primaires ?

Rendre compte

4. Pourquoi la consommation croissante d'une source d'énergie non renouvelable est-elle un problème ?

5. Citer les problèmes, autres que l'épuisement des stocks, liés à l'utilisation du pétrole, du charbon et du gaz naturel.

6. Citer les problèmes, autres que l'épuisement des stocks, liés à l'utilisation de l'uranium.

2 Centrale solaire eLLO

● La centrale solaire thermodynamique eLLO, située sur la commune de Llo (Pyrénées-Orientales), est capable de produire de l'électricité à partir du rayonnement solaire à l'aide de miroirs.

↳ *Comment la centrale solaire eLLO fonctionne-t-elle ?*

1 eLLO, une centrale thermodynamique solaire

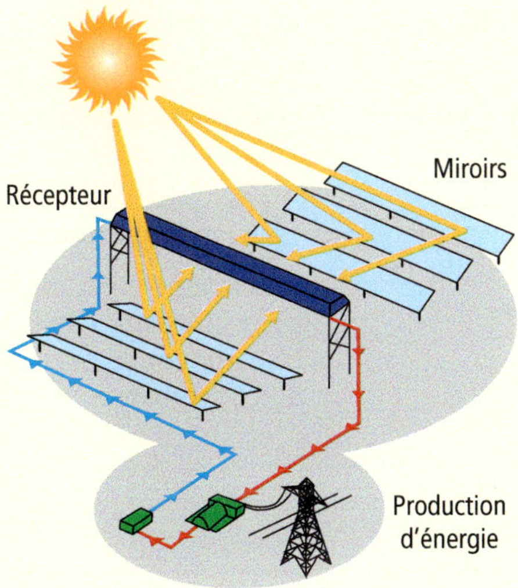

Achevée en août 2018, la centrale s'étend sur un parc de 33 ha. Elle est composée d'un champ solaire de 95 200 miroirs (pour une surface totale de 153 000 m^2) calibrés pour suivre la course du Soleil et ainsi concentrer les rayons réfléchis sur un tuyau contenant de l'eau.

Cette eau est ainsi chauffée par le rayonnement solaire et transformée en vapeur, qui est ensuite envoyée vers une turbine, laquelle fait tourner un alternateur dans le but de produire de l'électricité.

La vapeur créée peut également être collectée dans des ballons de stockage.

La production électrique annuelle prévisionnelle de cette centrale est de 20 GWh.

2 Différents types de miroirs

Si les miroirs domestiques sont très imparfaits et absorbent une partie importante de la lumière incidente, ceux utilisés à des fins scientifiques ou de production d'énergie (miroirs de Bragg) sont fabriqués de façon à réfléchir la lumière de 99,9 à 99,999 %, suivant leurs fonctions.

3 Cattenom

La centrale nucléaire à fission de Cattenom en Lorraine, construite en 1979, s'étend sur un parc de 415 ha et possède une production électrique annuelle moyenne de 35,5 TWh.

Questions

› Analyser

1. Quelle est la source primaire d'énergie de la centrale eLLO (doc. 1) ?

2. Quelles sont les différentes formes prises par l'énergie dans le fonctionnement de cette centrale (doc. 1) ?

3. Quels convertisseurs utilisés dans la centrale eLLO permettent ces changements de formes d'énergie ?

4. Calculer et comparer la production électrique par hectare des deux centrales présentées dans les doc. 1 et 3.

› Réaliser

5. Établir la chaîne énergétique de la centrale eLLO (doc. 1 et 2).

› Rendre compte

6. Identifier, à l'aide des documents et de vos connaissances, les avantages et inconvénients des deux centrales présentées dans les documents.

7. Expliquer les pertes d'énergie, sous forme d'énergie thermique dissipée dans l'environnement, dans le cycle de la centrale eLLO (doc. 1 et 2).

8. Comment une centrale comme eLLO peut-elle continuer à produire de l'électricité les jours de faible ensoleillement ou une partie de la nuit (doc. 1) ?

3 Bouilloire électrique

● Une bouilloire électrique permet de faire bouillir rapidement une petite quantité d'eau. C'est en fait un convertisseur d'énergie, qui transforme l'énergie électrique en énergie thermique utile, servant à chauffer l'eau.

Comment évaluer le rendement d'une bouilloire électrique ?

1 Énergie électrique

L'énergie E fournie par transfert électrique par un appareil électrique de puissance P pendant une durée Δt est donnée par la relation :

$$\mathbf{E = P \times \Delta t}$$

avec E en joules (J), P (indiquée sur l'appareil) en watts (W) et Δt en secondes (s).

2 Énergie thermique

L'énergie thermique (chaleur) **Q** reçue par une masse d'eau **m** est proportionnelle à son élévation de température $(\theta_f - \theta_i)$:

$$\mathbf{Q = m \times c_{eau} \times (\theta_f - \theta_i)}$$

où m s'exprime en kilogrammes (kg) ; c_{eau} est la capacité calorifique massique de l'eau : $c_{eau} = 4\,185\ J.kg^{-1}.°C^{-1}$; θ_f et θ_i sont respectivement les températures finale et initiale de l'eau en degrés Celsius (°C).

3 Rendement

Par convention, on note **r** le rendement d'un convertisseur d'énergie. Il se calcule ainsi :

$$r = \frac{\textbf{énergie utile}}{\textbf{énergie consommée}}$$

Le rendement est une mesure de l'« efficacité » de la transformation énergétique du convertisseur.

4 Détermination du rendement

Afin de déterminer le rendement d'une bouilloire, réaliser le protocole suivant :

- Remplir la bouilloire avec de l'eau (noter le volume versé).
- À l'aide d'un thermomètre, mesurer la température de l'eau versée.
- Mettre la bouilloire en marche et, simultanément, lancer un chronomètre afin de mesurer le temps écoulé.
- Lorsque l'eau arrive à ébullition, stopper le chronomètre.

Questions

Analyser

1. Quelle forme d'énergie est consommée par la bouilloire ? En quelle forme d'énergie est-elle transformée et utilisée pour chauffer l'eau ?

Réaliser

2. Mettre en œuvre le protocole de mesure du rendement (doc. 4).

3. Calculer alors l'énergie électrique consommée par la bouilloire lors du chauffage de l'eau (doc. 1).

4. Calculer l'énergie thermique transmise à l'eau lors du chauffage (doc. 2).

Réaliser

5. Calculer le rendement de la bouilloire (doc. 3).

4 Cellule photovoltaïque

● L'énergie solaire, produite par le rayonnement du Soleil sur la Terre, représente une source d'énergie naturelle inépuisable et renouvelable. Elle pourrait fournir 20 fois les besoins énergétiques mondiaux. Et pourtant, elle ne représente que 1 % des capacités de production électrique à l'échelle mondiale.

Comment exploiter le rayonnement solaire ?

1 Utilisation des panneaux solaires

Les panneaux solaires sont principalement utilisés pour alimenter en électricité des sites isolés et difficiles d'accès, par exemple des régions montagneuses. Dans ces cas, il peut être intéressant d'installer des panneaux solaires, car ceux-ci ne demandent que très peu, voire aucun entretien.

Un panneau solaire se compose de cellules photovoltaïques, qui transforment l'énergie en courant électrique. Celui-ci est alors utilisé localement par le bâtiment qui l'a produit ou transmis sur le réseau électrique.

2 Éclairement et énergie lumineuse

L'**éclairement** d'une surface se mesure en **lux (lx)** à l'aide d'un luxmètre.
L'énergie lumineuse est directement liée à l'éclairement par la formule :

$$E_{\text{lumineuse}} = \frac{0{,}1 \times \text{éclairement}}{S}$$

avec S la surface éclairée en mètres carrés (m^2).

3 Mesure du courant créé par une cellule photovoltaïque

L'énergie électrique produite par une cellule dépend directement du courant créé par cette cellule.

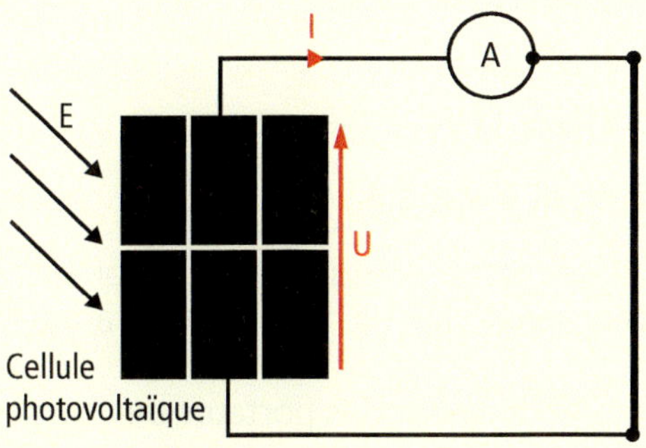

4 Mise en évidence du lien entre éclairement et courant produit par une cellule photovoltaïque

Utiliser une lampe de bureau comme source de lumière pour alimenter une cellule photovoltaïque :

- Placer la lampe à 10 cm de la cellule.
- Mesurer, avec un luxmètre, l'éclairement de la cellule. Mesurer également l'intensité dans le circuit avec l'ampèremètre.
- Ajouter une feuille de papier-calque contre la lampe.
- Mesurer, avec un luxmètre, le nouvel éclairement de la cellule. Mesurer également l'intensité dans le circuit avec l'ampèremètre.
- Répéter l'opération avec 2, 3, 4 et 5 feuilles de papier-calque.

Questions

› Analyser

1. Résumer les transformations énergétiques qui ont lieu dans la cellule photovoltaïque.

› Réaliser

2. Réaliser le protocole du doc. 4.

3. Calculer l'énergie lumineuse correspondant aux différentes épaisseurs de papier-calque (doc. 2).

› Rendre compte

4. Créer et remplir un tableau indiquant la valeur de l'énergie lumineuse et de l'intensité dans le circuit pour chaque épaisseur de papier-calque.

5. Quelle est l'importance de l'éclairement sur l'énergie électrique créée par la cellule photovoltaïque ?

› Critiquer

6. Quels sont les avantages et inconvénients de ce moyen de production d'énergie électrique ?

1. Énergie

A Définition

Vocabulaire

Le terme « énergie » vient du grec ancien ενεργεια/*énergeia* signifiant « force en action ».

Le terme « énergie » désigne la capacité à modifier un état ou à produire un travail entraînant un mouvement ou générant un rayonnement électromagnétique – de la lumière, par exemple – ou de la chaleur.

Dans le système international, l'énergie s'exprime en joules (J).

B Formes de l'énergie

Dans la nature, l'énergie se présente sous différentes formes :

- L'énergie **mécanique** : c'est l'énergie liée au déplacement des corps ; elle se décompose elle-même en deux formes :
  - L'énergie **cinétique** (E_c) est l'énergie que possède un corps du fait de sa vitesse :

$$E_c = \frac{1}{2} \times m \times v^2$$

m : Masse du corps (kg) ; v : Vitesse du corps (m/s)

  - L'énergie **potentielle** par exemple l'énergie potentielle de pesanteur (E_{pp}) qui est l'énergie que possède un corps du fait de sa position dans un champ de pesanteur, c'est-à-dire du fait de sa hauteur :

$$E_{pp} = m \times g \times h$$

m : Masse du corps (kg) ; g : Intensité de pesanteur (m/s²) ; h : Hauteur à laquelle se situe le corps (m)

- L'énergie **thermique** d'un corps est due à sa température, c'est-à-dire à l'agitation des molécules ou atomes de ce corps.

Remarque
Afin de calculer l'énergie thermique Q échangée par un corps (chaleur), on utilise la formule :

$$Q = m \times c \times \Delta\theta$$

m : Masse du corps (kg) ; c : Capacité thermique massique ($J.kg^{-1}.°C^{-1}$) ; Δθ : Variation de température (°C)

Vocabulaire

On appelle « **porteurs de charge** » les particules chargées responsables de la conduction électrique (électrons, ions…).

- L'énergie **électrique** est liée au mouvement des porteurs de charges.
- L'énergie **rayonnante** (ou **radiative**) est l'énergie portée par le rayonnement électromagnétique.

▶ **Exemple :** Les rayons ultraviolets captés par les panneaux photovoltaïques sont un rayonnement électromagnétique.

- L'énergie **chimique** est liée aux liaisons chimiques entre les atomes dans les molécules.

▶ **Exemple :** C'est l'énergie que notre organisme tire au cours de la digestion, qui décompose les molécules des aliments.

- L'énergie **nucléaire** est liée à la cohésion entre les nucléons dans le noyau de l'atome.

▶ **Exemple :** C'est l'énergie que l'on tire des combustibles nucléaires dans les centrales à fission.

2. Conversion de l'énergie

Dans l'Univers, l'énergie n'est jamais créée à partir de rien ; elle ne disparaît pas non plus. Elle se transforme à travers des convertisseurs.

A Convertisseurs d'énergie

Un **convertisseur d'énergie** est un objet ou un phénomène (naturel ou artificiel) qui assure la conversion d'une forme d'énergie en une ou plusieurs autres formes d'énergie.

Exemple : Un moteur à combustion est un convertisseur d'énergie qui transforme l'énergie chimique d'un carburant (essence, kérosène…) en énergie mécanique et en énergie thermique. ▶ doc. 1

B Chaînes d'énergie ou chaînes énergétiques

On peut construire un diagramme des conversions d'énergie réalisées par un ou plusieurs convertisseurs. On appelle ces diagrammes des **chaînes d'énergie**. Ils se présentent tous selon le même modèle. ▶ doc. 2

Dans une chaîne d'énergie, on distingue trois parties :

- En vert, l'énergie primaire consommée par le convertisseur.
- En rouge, l'énergie utile, c'est-à-dire l'énergie dont dispose l'utilisateur du convertisseur après conversion.
- En bleu, l'énergie non utile, c'est-à-dire l'énergie non accessible à l'utilisateur du convertisseur.

Remarque
Certaines machines sont des enchaînements de plusieurs convertisseurs. Les chaînes d'énergie de ces successions de convertisseurs sont alors assemblées bout à bout afin de former une chaîne unique.

C Conservation de l'énergie

Dans un système **fermé**, la quantité totale d'énergie est **conservée**.

On peut donc écrire la relation suivante pour un convertisseur :

Énergie consommée = énergie utile + énergie non utile

D Rendement

De manière générale, le **rendement r** d'un convertisseur est le rapport de l'**énergie utile** sur l'**énergie consommée** :

$$r = \frac{\text{énergie utile}}{\text{énergie consommée}}$$

Le rendement est un nombre compris entre 0 et 1, et peut s'exprimer sous la forme d'un pourcentage.

1 Moteur de groupe électrogène

Un moteur est un convertisseur d'énergie très répandu.

2 Schéma de la chaîne d'énergie d'un convertisseur

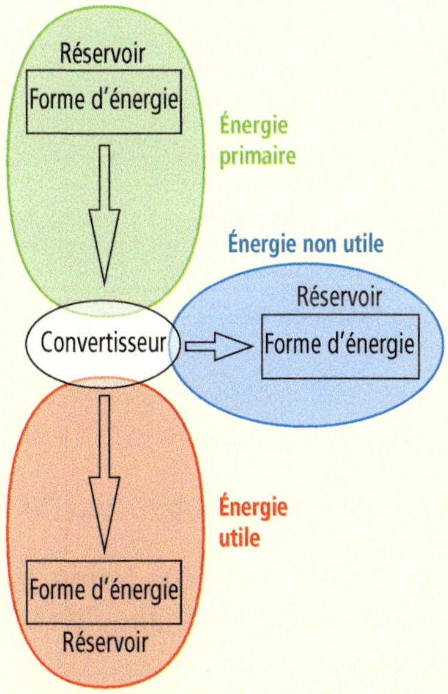

Le saviez-vous ?

Au niveau du convertisseur et de son environnement, la quantité totale d'énergie est conservée. On peut donc écrire la relation suivante pour un convertisseur :

Quantité d'énergie consommée = quantité d'énergie utile + quantité d'énergie non utile

L'ESSENTIEL

Formes et conversions de l'énergie

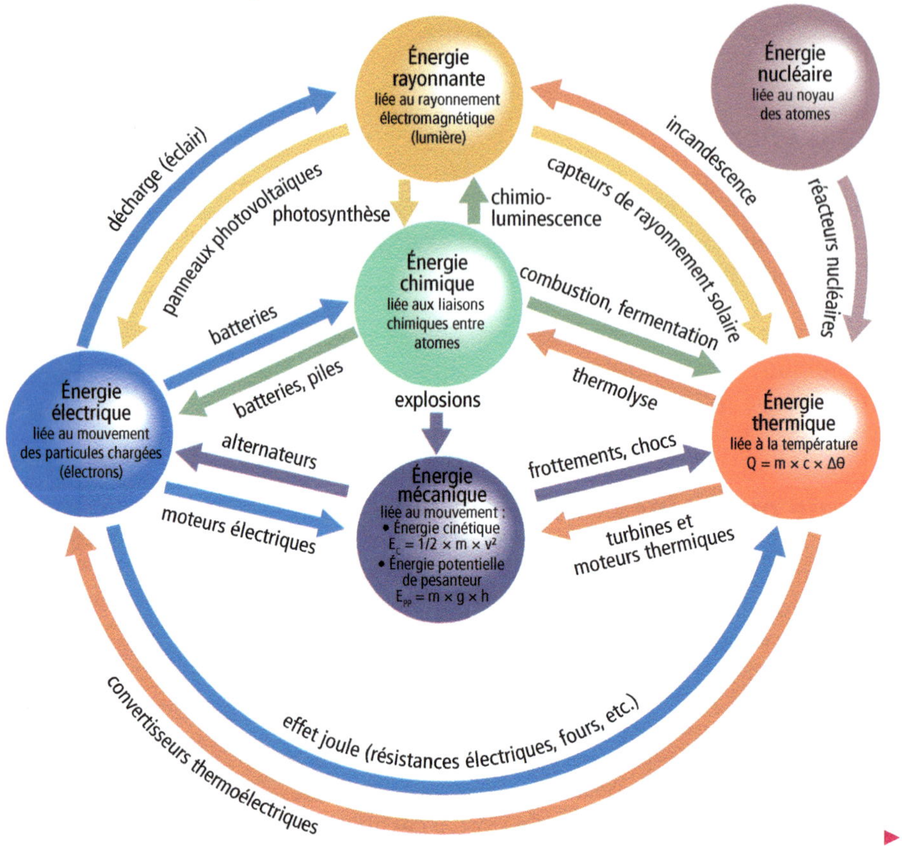

▶ energieplanete.fr

Loi de la conservation de l'énergie

Dans un système fermé, la quantité totale d'énergie est conservée. C'est-à-dire que l'énergie n'est ni perdue ni créée, elle change de forme mais sa valeur totale reste constante.

Chaîne d'énergie

- Afin de décrire facilement le changement de forme de l'énergie dans un convertisseur, on utilise un diagramme appelé « chaîne d'énergie ».
- Le rendement **r** d'une chaîne d'énergie se calcule avec la formule :

$$r = \frac{\text{énergie utile}}{\text{énergie consommée}}$$

▶ Exemple

Chaîne d'énergie d'un alternateur :

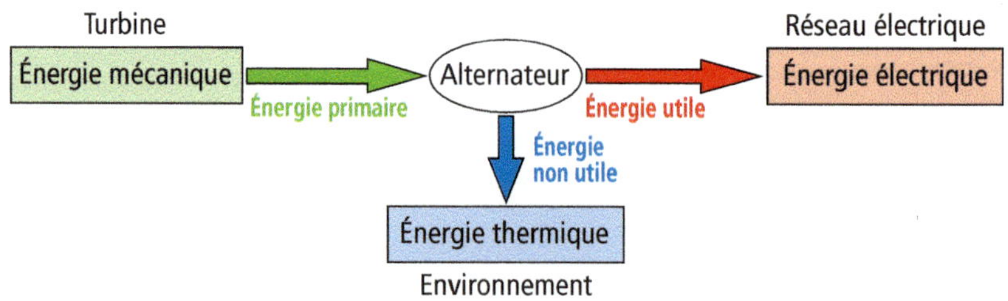

EXERCICES

Comprendre le cours ► p. 210-211

A. Recopier et compléter les phrases suivantes.

1 L'énergie désigne la capacité à produire un travail entraînant un .... ou générant un .... ou de la ....

2 L'énergie mécanique est liée au .... d'un corps ; elle se décompose elle-même en .... et en ....

3 L'énergie thermique est liée à l'............ des molécules et atomes d'un corps.

4 Dans un système fermé, la quantité totale d'énergie est ....

B. Choisir la ou les bonnes réponses.

5 Une pile est un convertisseur d'énergie .... en énergie ....
a. chimique **b.** nucléaire **c.** thermique **d.** électrique

6 Lors de la chute d'un corps, l'énergie .... du corps se transforme en énergie ....
a. thermique **b.** potentielle **c.** cinétique **d.** rayonnante

C. Recopier et compléter le schéma.

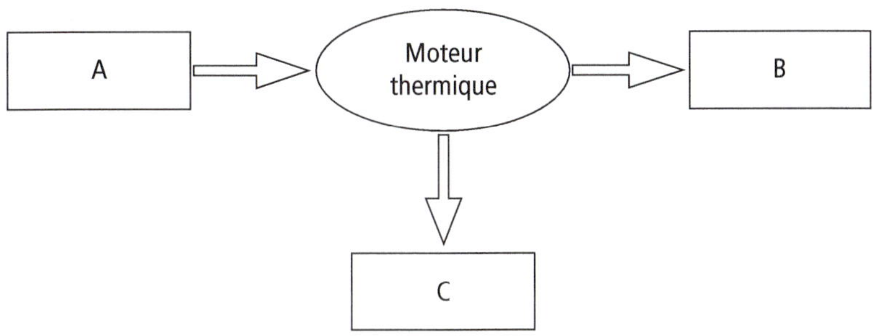

7 Remplacer les lettres A, B et C de la chaîne d'énergie par l'intitulé exact :
a. énergie thermique **b.** énergie chimique **c.** énergie rayonnante **d.** énergie mécanique

8 Recopier la chaîne énergétique et entourer la branche d'énergie utile.

Appliquer le cours

Énergie ▶ cours 1 p. 210

1 Sources et formes d'énergie

Associer chaque forme d'énergie à la source qui la stocke.

Énergie rayonnante •	• Combustible fossile
Énergie nucléaire •	• Uranium
Énergie chimique •	• Géothermie
Énergie mécanique •	• Soleil
Énergie thermique •	• Vent

2 Énergie mécanique

Soit une voiture de masse m = 1,2 t roulant à 50 km/h.

1. Rappeler sous quelles formes peut se présenter l'énergie mécanique.

2. Calculer l'énergie cinétique de la voiture.

3. De quelle hauteur devrait tomber la voiture pour posséder une énergie potentielle de pesanteur équivalente ?

Donnée : on utilisera g = 10 N/kg.

3 Refroidissement du lait

D'après E4, Polynésie, 2014

L'utilisation à la ferme d'une cuve ou d'un tank pour réfrigérer et conserver le lait s'est développée vers 1945. Le procédé consiste à verser, au fur et à mesure de la traite, le lait sortant du pis de la vache à 35 °C dans un tank assurant automatiquement et rapidement sa réfrigération, puis sa conservation à la température de 5 °C.

Données : Expression de l'énergie thermique échangée par un système : $\mathbf{Q = m \times c \times (\theta_2 - \theta_1)}$, avec la capacité calorifique massique du lait c = 3 800 $J.kg^{-1}.°C^{-1}$; θ_1 = température initiale ; θ_2 = température finale (°C) ; et m = masse du lait (kg).

Calculer l'énergie thermique Q échangée par le lait pour refroidir l'ensemble de la traite de masse m = 900 kg.

Conversion de l'énergie ▶ cours 2 p. 211

4 Batterie

Une batterie est un convertisseur d'énergie qui peut fonctionner dans les deux sens : un mode « stockage », qui stocke l'énergie sous forme chimique, et un mode « générateur », qui délivre de l'énergie électrique. En mode « stockage », la chaîne d'énergie est la suivante :

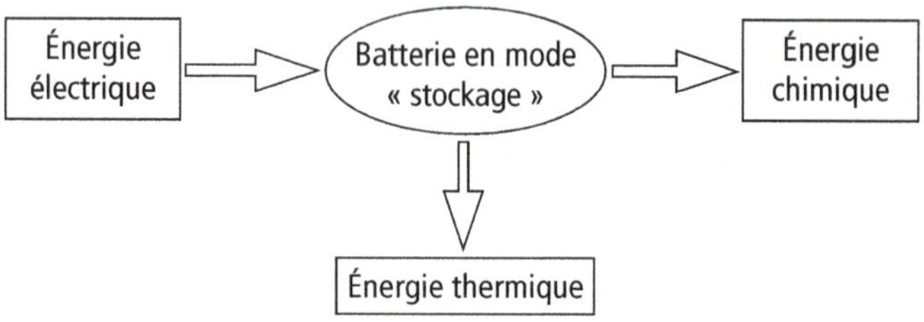

1. Recopier la chaîne énergétique et entourer en rouge l'énergie utile, en bleu l'énergie non utile, et en vert l'énergie consommée.

2. Rappeler la formule du rendement d'un convertisseur.

3. Adapter cette formule à ce convertisseur.

4. Représenter la chaîne d'énergie de la batterie en mode générateur.

5 Éclairage par panneaux solaires

D'après E4, Métropole, Réunion, Mayotte, 2018

À Rennes, une ferme verticale ayant une surface de culture de 2 500 m² va être équipée de panneaux photovoltaïques dont le rendement énergétique a une valeur de 10 %.
Une surface de 27 m² de panneaux solaires assurera la production électrique nécessaire à l'éclairage artificiel complémentaire de l'éclairage naturel.
On considère que, pour la ville de Rennes, l'énergie solaire moyenne reçue par m² sur une année a pour valeur : 1 200 kWh.

1. Représenter la chaîne d'énergie d'un panneau solaire.

2. Calculer l'énergie solaire E_S qui devra être reçue annuellement par ces panneaux.

3. Calculer l'énergie électrique annuellement produite par ces panneaux solaires.

Exercice résolu

La pompe de M. Lorin

D'après E4, Antilles, Guyane, Polynésie, 2018

Énoncé

M. Lorin doit arroser son jardin pendant 30 minutes tous les soirs. Pour cela, il se demande si l'utilisation de l'eau de son puits est plus économique que la consommation de l'eau de la ville, car, pour utiliser l'eau du puits, il doit investir et utiliser une pompe électrique.

1. Compléter la chaîne énergétique de la pompe avec les trois formes d'énergie correctes en choisissant parmi la liste suivante : thermique, potentielle, solaire, hydraulique, électrique, mécanique.

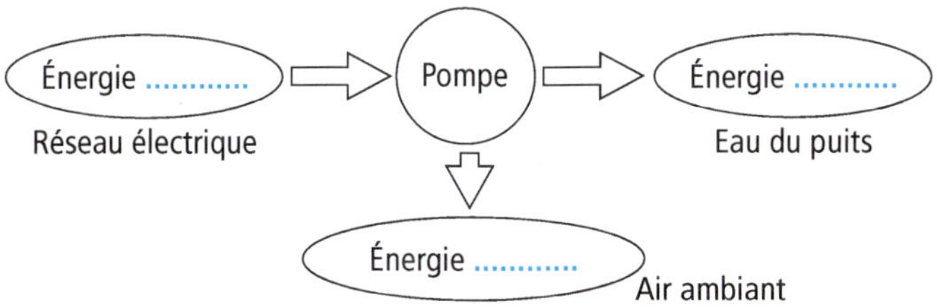

2. La pompe absorbe une puissance électrique $P_E = 0{,}820$ kW.
Montrer que la valeur de l'énergie électrique E_E consommée par la pompe lors de l'arrosage du jardin pendant 5 mois a une valeur proche de 62 kWh.
Données : On considère que les mois comportent tous 30 jours. Expression de l'énergie $E = P \times \Delta t$, où P est la puissance de l'objet électrique considéré et Δt sa durée de fonctionnement.

3. Sachant que la pompe a un rendement de 75 %, calculer l'énergie thermique non utile générée par la pompe pendant ces 5 mois.

Solution

1.

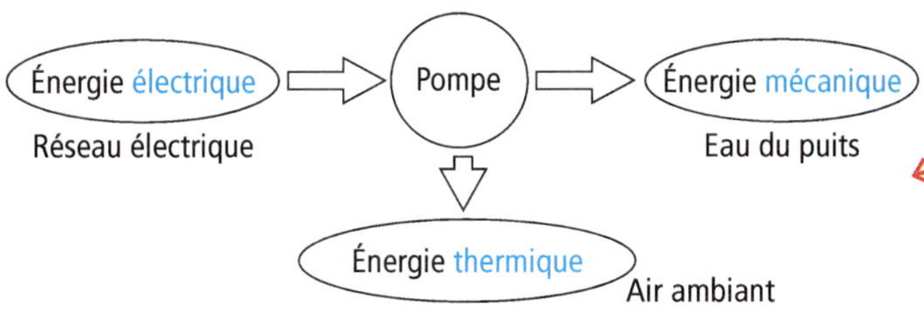

Analyser
Une pompe électrique consomme de l'énergie thermique électrique et la transforme en énergie mécanique servant à déplacer l'eau (utile). Lors de ce processus, il y a échauffement par effet joule (énergie thermique non utile).

2. On calcule en premier Δt, en heures : $\Delta t = 5 \times 30 \times 0{,}5 = 75$ h.
Pendant les 5 mois, la pompe fonctionne durant 75 h.
On calcule ensuite E_E : $E_E = P \times \Delta t = 0{,}820 \times 75 = 61{,}5$ kWh.
L'énergie électrique consommée par la pompe pendant 5 mois est donc de 61,5 kWh.

3. La pompe est un système fermé, on peut donc appliquer l'égalité :

$$\text{Énergie consommée} = \text{énergie utile} + \text{énergie non utile}$$

On a : $r = \dfrac{\text{énergie utile}}{\text{énergie consommée}}$,

d'où : énergie utile = r × énergie consommée = 0,75 × 61,5 = 46,125 kWh
énergie non utile = énergie consommée − énergie utile
= 61,5 − 46,125 = 15,375 kWh

La pompe a donc généré 15,375 kWh d'énergie thermique non utile.

Rendre compte
Calculer en premier l'énergie utile à l'aide du rendement, puis en déduire l'énergie non utile.

EXERCICES

S'entraîner

* 1 Lait de jument

D'après E4, Polynésie, 2015

Le lait de jument est un lait fragile : après chaque traite, il doit être refroidi rapidement. Cet abaissement de température implique un important transfert d'énergie thermique qui peut être « récupérée ». Un éleveur de juments souhaite utiliser cette énergie pour chauffer l'eau de nettoyage de sa salle de traite, dans une perspective de développement durable.

Données :

- La production du cheptel de l'éleveur est, en moyenne, de 300 kg de lait par traite.
- L'énergie thermique Q (ou quantité de chaleur) échangée par un corps de masse m (en kg), de capacité thermique massique c (en $J.kg^{-1}.°C^{-1}$), passant d'une température θ_1 à une température θ_2 s'écrit :

$$Q = m \times c \times (\theta_2 - \theta_1)$$

- Capacité thermique massique du lait : $c = 4\,180\ J.kg^{-1}.°C^{-1}$

1. **En vous appuyant sur les données, montrer que la quantité de chaleur fournie par le refroidissement de la masse du lait produit lors d'une traite, passant d'une température initiale $\theta_1 = 37,5\ °C$ à une température finale $\theta_2 = 1\ °C$, a une valeur Q voisine de 45 800 kJ.**

2. L'énergie thermique nécessaire pour le chauffage de 1 kg d'eau de nettoyage a pour valeur : 200 kJ. Pour effectuer le nettoyage de la salle de traite, il faut utiliser 180 L d'eau chaude. **Indiquer si l'énergie récupérée pour refroidir le lait sera suffisante pour chauffer l'eau nécessaire au nettoyage de la salle de traite.**

** 2 Jus sucré

D'après E8, Polynésie, 2011

En 2008, l'Union européenne a produit environ 17 millions de tonnes de sucre. La majeure partie de ce sucre est obtenue à partir de la betterave sucrière. La surface ensemencée en betteraves à sucre est d'environ 1,8 million d'hectares. Une betterave sucrière contient en moyenne 16 % de sucre, dont 85 % environ peuvent être extraits.

Lors de l'étape de diffusion, la température du jus sucré est portée de $\theta_1 = 80\ °C$ à $\theta_2 = 120\ °C$. Cette opération est réalisée à l'aide d'un échangeur thermique. Cet échangeur est constitué de tubes dans lesquels circule le jus sucré, les tubes étant réchauffés par de la vapeur sous pression.

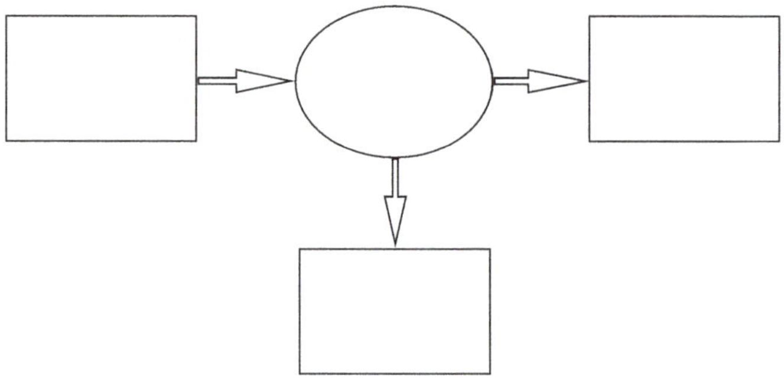

1. **Recopier et compléter le schéma ci-dessus avec les quatre expressions suivantes :**

- énergie non utile ;
- énergie thermique fournie par la vapeur ;
- échangeur thermique ;
- énergie thermique transmise au sucre.

2. **Parmi les formes d'énergie mises en jeu, préciser laquelle est une énergie utile. Indiquer celle qui est une énergie consommée.**

3. L'énergie thermique reçue par le jus sucré durant 1 heure lors de l'étape de diffusion est : $Q = 5,28 \times 10^7$ kJ. En 1 heure, la masse de jus sucré traité est : $m = 3,30 \times 10^5$ kg. **Calculer la capacité thermique massique du jus sucré.**

Données :

L'énergie thermique Q (ou quantité de chaleur) échangée par un corps de masse m (en kg), de capacité thermique massique c (en $J.kg^{-1}.°C^{-1}$), passant d'une température θ_1 à une température θ_2 s'écrit :

$$Q = m \times c \times (\theta_2 - \theta_1)$$

4. Le rendement de l'échangeur thermique est de 0,80. **Calculer l'énergie thermique fournie par la vapeur en 1 heure lors de l'étape de diffusion.**

5. **Calculer la valeur de l'énergie perdue lors de l'étape de diffusion.**

** 3 Chloroplastes

D'après E4, Métropole, Réunion, Mayotte, 2012R

Dans les végétaux, les chloroplastes sont le siège de la photosynthèse : transformation du dioxyde de carbone et de l'eau en glucides et en dioxygène (O_2).

1. Préciser la forme de l'énergie absorbée par les chloroplastes.

2. Lorsqu'un chloroplaste est éclairé, environ 30 % de l'énergie E qu'il reçoit est transformée en énergie chimique E_C. **Nommer la grandeur physique dont la valeur est 30 %.**

3. L'énergie chimique nécessaire pour synthétiser une mole de glucose a pour valeur : 2 900 kJ. **Montrer que l'énergie lumineuse E_L nécessaire pour synthétiser une mole de glucose a pour valeur : 9 667 kJ.**

4. L'énergie transportée par un photon s'écrit :

$$E = h \times \nu$$

où $h = 6{,}626 \times 10^{-14}$ J.s est la constante de Planck et ν est la fréquence de l'onde associée.

Calculer l'énergie transportée par un photon. On prendra : $\nu = 4{,}5 \times 1\ 014$ Hz.

5. En déduire le nombre de photons que doit absorber un végétal, puis traduire ce nombre en « nombre de moles ».

Donnée : 1 mole correspond à 6×10^{23} unités.

** 4 Centrale nucléaire du Tricastin

D'après E1 Technicien d'usinage, toutes académies, 2010

Sur le site du Tricastin, EDF exploite une centrale nucléaire. Cette centrale comprend quatre réacteurs à eau pressurisée (REP) de 915 MW chacun, soit une puissance totale de 3 600 MW pour la centrale.

La fission de l'uranium dans le cœur du réacteur fournit une grande quantité de chaleur.

- L'énergie thermique fournie par la fission de 1 g d'uranium est de 8×10^7 kJ.
- La combustion d'une mole de propane libère 2 200 kJ.

La fission des atomes au cœur du réacteur engendre de la chaleur. → Cette chaleur est transmise à l'eau dans le générateur de vapeur. L'eau se change alors en vapeur et sous la pression se met à se déplacer. → Le déplacement de cette vapeur fait tourner une turbine. → Cette turbine entraîne un alternateur qui produit de l'électricité.

Le but de l'exercice est de retrouver la masse de propane qu'il faut brûler pour fournir la même énergie thermique qu'un gramme d'uranium.

Données : $M_C = 12$ g/mol ; $M_H = 1$ g/mol ; la masse m (en g) et la masse molaire M (en g/mol) sont reliées par la formule : $n = \frac{m}{M}$.

1. Réaliser la chaîne énergétique de la centrale du Tricastin.

2. Calculer, en g/mol, la masse molaire moléculaire du propane C_3H_8.

3. Calculer le nombre n de moles de propane nécessaire pour que sa combustion produise une énergie thermique de 8×10^7 kJ. Arrondir le résultat à l'unité.

4. Calculer, en g, la masse m de propane nécessaire pour que sa combustion produise autant d'énergie thermique que 1 g d'uranium. Convertir ce résultat en tonne.

** 5 Température de vendange

D'après E4, Métropole, Réunion, Mayotte, 2018

Une vendange a été effectuée à une température plutôt basse ; le jus de raisin se trouve alors à une température $\theta_1 = 12$ °C. La fermentation ne démarre correctement que si la température du jus de raisin est à la température $\theta_2 = 22$ °C. Pour cela, le jus de raisin doit être préalablement réchauffé dans une cuve à l'aide d'une installation thermique de puissance P = 10 kW. La masse de jus de raisin à réchauffer est m = 5 000 kg.

1. Calculer l'énergie thermique E_{th} nécessaire pour amener le contenu de la cuve de 12 °C à 22 °C.

Données : Capacité thermique massique du moût : c = 3 720 J/kg/°C, expression de l'énergie thermique : $E_{th} = m \times c \times (\theta_2 - \theta_1)$.

2. Le vigneron souhaite que la durée de l'opération de réchauffage dure 4 heures. **Déterminer la puissance thermique P_{th} que doit délivrer le dispositif de chauffage.**

Donnée : $P_{th} = \frac{E_{th}}{t}$.

3. Le vigneron constate qu'avec cette installation, la fermentation ne démarre pas au bout de 4 heures. **Proposer, en justifiant, une explication.**

4. Calculer le temps de chauffage, en heures, nécessaire à la cuve du vigneron pour réchauffer le jus comme souhaité.

6 Microcentrale

D'après E4, Métropole, Réunion, Mayotte, 2016R

Un particulier souhaite construire un petit barrage hydroélectrique de type microcentrale hydraulique afin de produire de l'énergie électrique. Pour être rentable à terme, cette installation devra fournir une énergie supérieure ou égale à la consommation en énergie électrique annuelle de son habitation, estimée à 10 000 kWh. Pour cela, il procède à l'étude de deux projets qui sont schématisés ci-après.

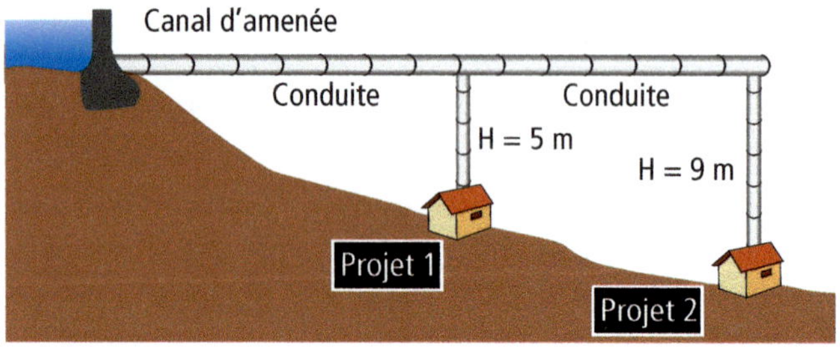

Pour les deux projets, la durée moyenne de fonctionnement du barrage sera de 10 h par jour pendant une année.

1. **Citer les avantages d'une microcentrale hydroélectrique en termes de développement durable.**

2. L'installation du projet 1 peut fournir une puissance électrique de 2 000 W. **Calculer, en kWh, l'énergie électrique E_1 produite par la centrale du projet 1 pendant un an.**

On donne la relation : E = P × Δt, où E = énergie en kWh ; P = puissance en kW ; Δt = durée de fonctionnement en h.

3. Étude du projet 2 : **Calculer la puissance P_{eau} fournie par l'eau dans cette installation.**

Donnée : L'expression de P_{eau} (en W) est :

$$P_{eau} = g \times q \times H$$

avec q = débit moyen mesuré en $L.s^{-1}$;
H = hauteur de chute en m ;
g = intensité de la pesanteur, soit 10 $N.kg^{-1}$;
valeur du débit = 40 $L.s^{-1}$ (litres par seconde).

4. **Calculer l'énergie mécanique fournie par l'eau en 1 an avec ce projet.**

5. **Sachant que le rendement de cette centrale est de 0,80, calculer l'énergie électrique E_2 produite.**

6. **Choisir, en le justifiant, le projet le plus adapté aux besoins du particulier.**

7 Installation de cogénération

D'après E4, Antilles, Guyane, Polynésie, 2016

Durant la moisson d'une parcelle de maïs, la moissonneuse-batteuse sépare les grains de la paille. Cette paille est généralement déposée sur les parcelles pour maintenir de la matière organique sur ces dernières. Sèche, elle peut également être utilisée comme combustible.

Un exploitant possède une unité de cogénération et cherche à revaloriser la paille obtenue après moisson de ses parcelles. Une cogénération est une installation qui produit parallèlement de l'énergie thermique (pour la production d'eau chaude et le chauffage en général) et de l'énergie électrique. Il faut, pour cela, alimenter sa chaudière avec un combustible (gaz, fioul, bois, paille…).

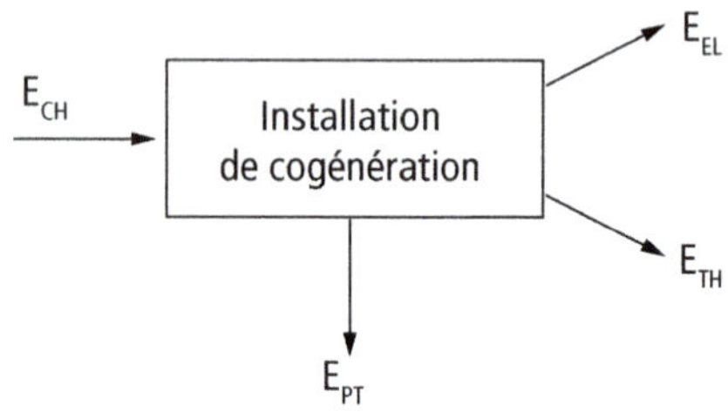

E_{CH} : énergie chimique fournie par le combustible

E_{TH} : énergie thermique produite

E_{EL} : énergie électrique produite

E_{PT} : énergie perdue sous forme thermique

Caractéristiques de l'unité de cogénération de l'exploitant agricole :

Énergie électrique produite par jour E_{EL} = 3 480 kWh, avec un rendement de 50 % (ou 0,50).

- Pouvoir calorifique du fioul : 12 × 10^3 kWh/t (la combustion de 1 t de fioul fournit une énergie thermique de 12 × 10^3 kWh).
- Pouvoir calorifique de la paille : 4 × 10^3 kWh/t.

Donnée : On suppose que le coût de 1 t de fioul est de 800 €.

Cette installation fonctionne actuellement par combustion de fioul. Dans un souci de développement durable, l'exploitant envisage d'utiliser une partie de la paille de maïs récoltée comme combustible, en remplacement du fioul.

1. On cherche à connaître l'énergie nécessaire pour faire fonctionner l'unité de cogénération à l'aide de la combustion de fioul.

a. **Calculer, en kWh, la valeur de l'énergie chimique E_{CH} fournie chaque jour à l'installation.**

b. **En déduire que la masse de fioul nécessaire pour cela a pour valeur m_F = 580 kg.**

c. **Quel est le coût de la consommation journalière en fioul de cette installation ?**

2. Une partie de la paille issue de la production du maïs peut être consommée dans la chaudière en remplacement du fioul. **Montrer que la masse de paille nécessaire pour produire par combustion, par jour, la même quantité d'énergie que le fioul a pour valeur m_P = 1,74 t (ou 1 740 kg).**

POUR ALLER PLUS LOIN

Fusion nucléaire et énergie du Soleil

Le Soleil est la première source d'énergie terrestre. Chaque jour, il nous envoie 6 000 fois plus d'énergie que notre planète n'en consomme. Par quels mécanismes le Soleil produit-il autant d'énergie ? Peut-on reproduire de tels mécanismes sur Terre ?

1 Fusion nucléaire

Regarder les vidéos de la bibliothèque du CEA :

- Les mécanismes de la fusion :

▶ www.cea.fr/multimedia/Pages/videos/culture-scientifique/physique-chimie/fusions-mecanismes-fusion.aspx

- La fusion au cœur des étoiles :

▶ www.cea.fr/multimedia/Pages/videos/culture-scientifique/physique-chimie/fusions-fusion-au-coeur-des-etoiles.aspx

- La fusion sur Terre :

▶ www.cea.fr/multimedia/Pages/videos/culture-scientifique/physique-chimie/fusions-fusion-sur-terre.aspx

2 Confinement magnétique

Enceinte de confinement magnétique Tokamak.

Avant de maîtriser la fusion, l'homme doit d'abord maîtriser le plasma, et ce n'est pas simple. L'une des pistes consiste à enfermer (confiner) magnétiquement le plasma dans une enceinte entourée d'aimants appelée Tokamak.

Le projet ITER est un projet de réacteur de recherche civil à fusion nucléaire situé à Cadarache (Bouches-du-Rhône). Ce projet de recherche s'inscrit dans une démarche à long terme visant à l'industrialisation de la fusion nucléaire. Il associe 35 pays.

Questions

› Analyser

1. Quelles transformations de l'énergie ont lieu dans le cœur d'une étoile (doc. 1) ?

2. Quels sont les obstacles à la reproduction du mécanisme de fusion d'une étoile sur la Terre (doc. 1) ?

3. Quelles sont les pistes explorées afin de reproduire ces mécanismes (doc. 1 et 2) ?

› Réaliser

4. Décrire la chaîne d'énergie ayant lieu depuis le cœur d'un réacteur à fusion nucléaire jusqu'à la production d'énergie électrique.

› Rendre compte

5. Quels sont les avantages et les inconvénients d'une production d'énergie par fusion nucléaire en comparaison des centrales thermiques actuelles ?

14 Les grandeurs électriques

Tester les prérequis

Choisir la ou les bonnes réponses.

1 Pour mesurer une tension électrique, on utilise :

a. un tensiomètre. **b.** un voltmètre. **c.** un ampèremètre.

2 Pour mesurer l'intensité d'un courant, on utilise :

a. un ampèremètre. **b.** un ohmmètre. **c.** un voltmètre.

3 Quelle est la tension du réseau d'électricité en France ?

a. 110 V=. **b.** 230 V~. **c.** 230 V=.

4 Pour visualiser une tension alternative, on utilise :

a. un voltmètre. **b.** un spectromètre. **c.** un oscilloscope.

5 Une tension alternative est caractérisée par :

a. sa hauteur. **b.** sa largeur. **c.** sa fréquence.

6 L'unité internationale de la tension est :

a. l'ampère. **b.** l'ohm. **c.** le volt.

7 L'unité internationale du courant électrique est :

a. l'ampère. **b.** l'ohm. **c.** le volt.

8 L'unité internationale de la résistance est :

a. l'ampère. **b.** l'ohm. **c.** le volt.

9 Une pile est une source de courant :

a. alternatif. **b.** continu. **c.** simple.

Un électricien recherche une panne sur une installation domestique avec un testeur. Que mesure le testeur ?

Quelles sont les grandeurs physiques nécessaires à l'étude de l'électricité ?

Objectifs

- **Connaître la nature de l'électricité.**
  ▶ Activité documentaire 1 : Déplacement de l'électricité p. 222
- **Étudier la tension et le courant en continu.**
  ▶ Activité expérimentale 2 : Les différents types de circuits p. 223
- **Étudier la tension et le courant en alternatif.**
  ▶ Activité expérimentale 3 : Réseau électrique du vélo p. 224
- **Être vigilant sur les risques électriques.**
  ▶ Activité documentaire 4 : Dangers de l'électricité p. 225

1 Déplacement de l'électricité

● Depuis l'invention de la pile électrique par Alessandro Volta en 1799, il est possible d'utiliser facilement le courant électrique. Celui-ci est même devenu indispensable à notre quotidien.

Quelle est la nature du courant électrique ?

1 Schéma d'un circuit électrique fermé

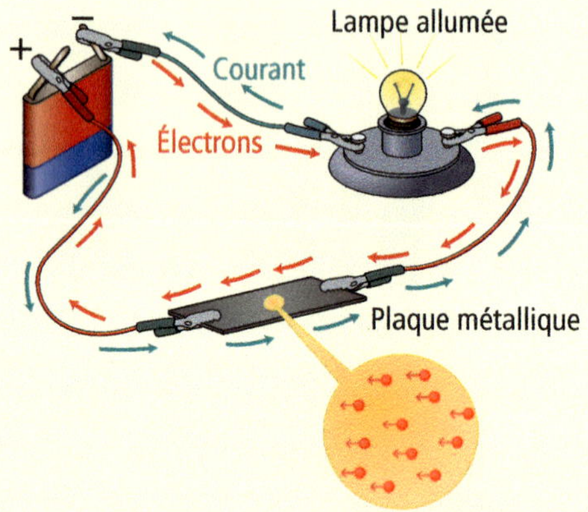

2 Schéma d'un circuit électrique ouvert

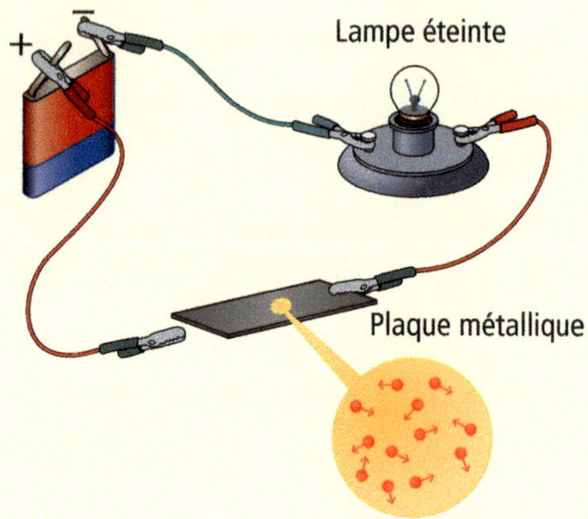

3 Dispositif expérimental pour étudier les mouvements ioniques

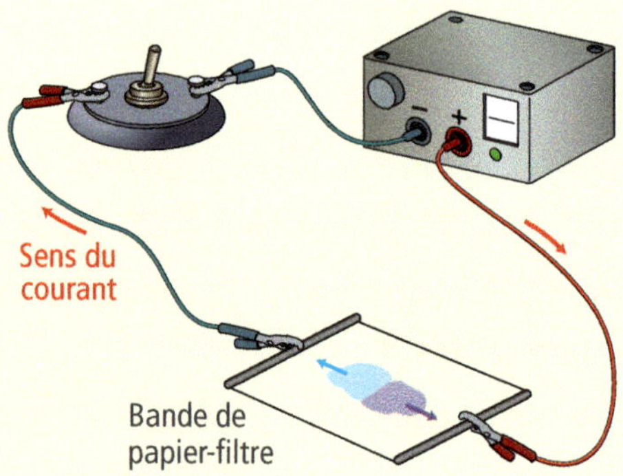

4 Pile Volta

En 1799, le physicien italien Alessandro Volta (1745-1827) invente la pile électrique en empilant alternativement des disques de métaux différents (cuivre, zinc), séparés par des disques de feutre imbibés d'une solution ionique d'acide. On met ainsi en évidence que les métaux sont conducteurs de courant électrique : ils possèdent des électrons mobiles qui, reliés à une pile, se déplacent. Lorsqu'un matériau n'a pas d'électrons mobiles, il est dit **isolant**.

Questions

› Analyser

1. Préciser pourquoi les métaux sont conducteurs (doc. 4). Citer un exemple de métal conducteur.

2. Indiquer ce qui permet à un matériau d'être isolant. Citer un exemple d'isolant électrique.

› Réaliser

3. Dans l'expérience proposée dans le doc. 3, on a placé sur la bandelette de papier-filtre une solution contenant du sulfate de cuivre et du permanganate de potassium. Cette solution est colorée car les ions $Cu^{2+}_{(aq)}$ sont bleus en solution aqueuse, et les ions permanganate $MnO^{-}_{4(aq)}$ sont violets.
Observer et interpréter les déplacements obtenus.

› Analyser

4. Indiquer la nature du courant électrique dans les fils en cuivre du circuit réalisé.

5. Répondre à la même question pour la solution ionique.

6. Expliquer le déplacement des ions obtenu dans l'expérience.

2 Les différents types de circuits

● Pour pouvoir travailler en sécurité, un agriculteur souhaite installer un deuxième gyrophare sur son tracteur.

Comment câbler un second gyrophare sur le réseau électrique du tracteur ?

1 Zone d'implantation du second gyrophare et fiche technique

Données techniques :
Tension : 12/24 V
Nombre de LED : 80
Hauteur : 23 cm
Diamètre : 12 cm
Masse : 400 g
Plage de température : –30 à 50 °C

3 Loi des nœuds

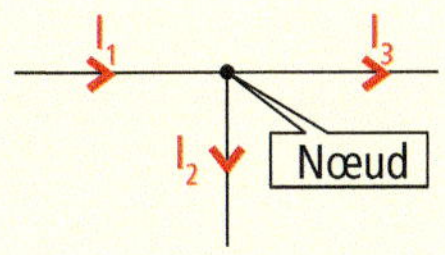

La loi des nœuds s'applique à chaque nœud du circuit. Les intensités qui arrivent à un nœud sont égales aux intensités qui quittent le nœud :

$$I_1 = I_2 + I_3$$

2 Schéma avant transformation du réseau électrique du tracteur

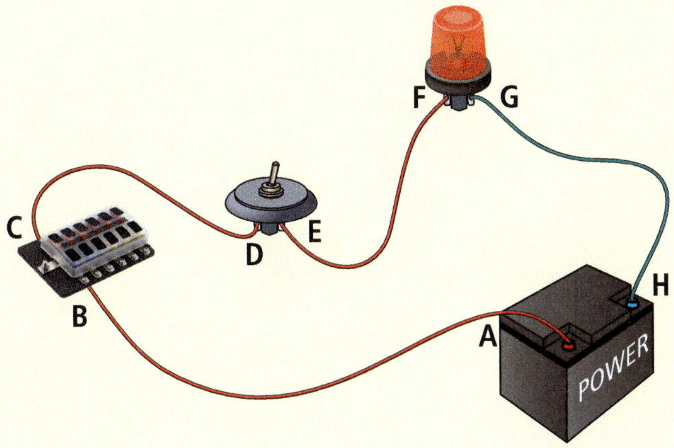

4 Loi des tensions

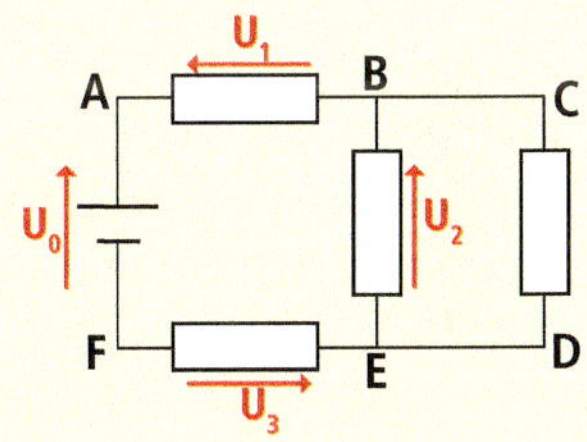

La loi d'additivité des tensions s'applique entre deux points d'un circuit. Ainsi, entre les points A et F :

$$U_0 = U_1 + U_2 + U_3$$

et entre B et E :

$$U_{CD} = U_{BE} = U_2$$

Questions

Analyser

1. Entre les points B et C du doc. 2 se trouve un boîtier fusible. À l'aide d'Internet, rechercher comment fonctionne un fusible.

2. Pour fonctionner, de quelle tension a besoin le gyrophare (doc. 1) ?

3. Doit-on réaliser un branchement en série (entre G et H) ou en dérivation (entre F et G) pour garantir la bonne tension du nouveau gyrophare ? Justifier votre réponse à l'aide du doc. 4.

Réaliser

4. Avec le matériel fourni par le laboratoire, réaliser le montage et vérifier à l'aide du voltmètre que les tensions aux bornes des deux gyrophares sont identiques.

5. Mesurer l'évolution de l'intensité du courant délivrée par le générateur.

Rendre compte

6. Proposer le schéma électrique permettant le câblage du second gyrophare.

3 Réseau électrique du vélo

● L'électricité est difficilement transportable. Pour l'utiliser, il faut être relié au réseau de distribution d'électricité ou disposer d'un moyen de stockage de l'électricité.

Comment produire de l'électricité en se déplaçant ?

1 Génératrice de bicyclette ou dynamo

2 Production du courant alternatif

Lorsqu'un aimant se déplace au voisinage d'une bobine de fil électrique, un courant alternatif apparaît dans le fil électrique de la bobine. C'est ainsi qu'est produit le courant alternatif à partir d'une centrale nucléaire, d'une centrale thermique ou d'une éolienne.

Si l'on parvient à associer au déplacement d'un objet (par exemple un vélo) le mouvement d'un aimant devant une bobine, alors l'objet en mouvement produit sa propre électricité.

3 Modélisation au laboratoire

Au laboratoire, on visualise à l'aide d'un oscilloscope la tension aux bornes d'une génératrice de bicyclette. On obtient un oscillogramme représentant une tension périodique. On nomme période de ce signal (notée T, en s) la durée séparant deux points consécutifs similaires (par exemple deux points hauts).

$$f = \frac{1}{T}$$

La fréquence f s'exprime en hertz (Hz).

La période T s'exprime en secondes (s).

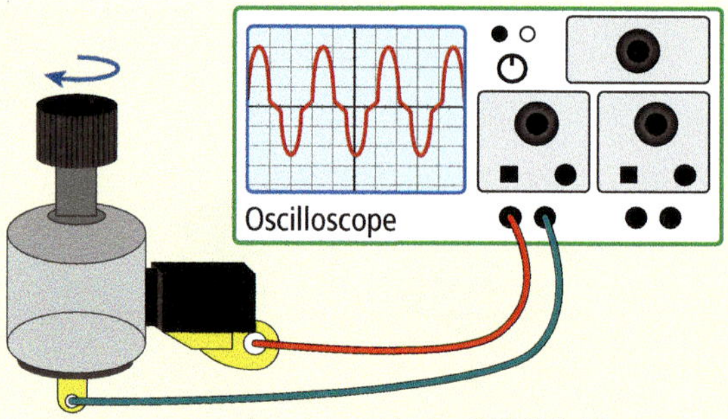

Lecture verticale : 0,2 V/division.

Questions

› Analyser

1. Observer l'oscillogramme du doc. 3 : de quel type de courant s'agit-il ?

2. À l'aide de l'oscillogramme, mesurer la période T (en s) du signal.

3. La génératrice est conçue pour produire une tension efficace de 10 V à une fréquence de 60 Hz.
Calibre horizontal : 1 division = 5 ms
Calibre vertical : 1 division = 5 V

a. Indiquer la valeur de la tension maximale observable sur l'oscillogramme.

b. Donner la valeur de la tension minimale.

c. Calculer la tension efficace à l'aide de la formule :

$$U_{eff} = \frac{U_{max}}{\sqrt{2}}$$

d. Calculer la fréquence du signal.

› Rendre compte

4. Expliquer comment il est possible de produire de l'électricité en se déplaçant à bicyclette (doc. 2).

5. Expliquer par analogie avec la question précédente comment le vent peut produire de l'électricité.

4 Dangers de l'électricité

Certaines installations électriques peuvent être dangereuses pour le corps humain. Elles peuvent blesser (on parle d'électrisation) ou tuer (on parle d'électrocution).

Quelles sont les installations électriques dangereuses ?

1 Risques électriques pour le corps humain

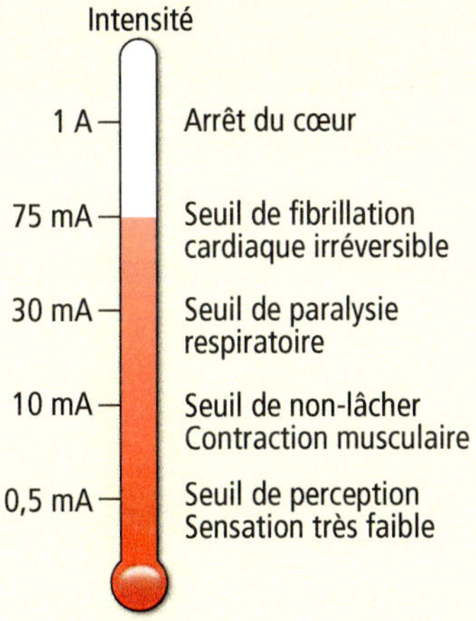

2 Interrupteur différentiel domestique

Pour les humains, le danger n'est pas la tension mais le courant qui traverse le corps. C'est pour cela que les interrupteurs différentiels, aujourd'hui obligatoires dans toutes les installations privatives, sont calibrés à 30 mA. Ainsi, le courant qui peut traverser le corps reste limité.

Attention, cela reste une sécurité *in extremis* : 30 mA étant le seuil de paralysie respiratoire, un risque mortel n'est pas exclu pour les plus fragiles. Mieux vaut donc éviter ce genre de situation... surtout que des défaillances du système sont toujours possibles !

3 Tension de contact

Bien que les effets physiologiques dépendent du courant traversant le corps humain, la réglementation « raisonne » en tension de contact. Celle-ci définit donc une tension limite de sécurité de :

- **50 V en courant alternatif ;**
- **120 V en courant continu.**

C'est la tension de contact **maximale admissible par le corps humain pendant 5 secondes.**

4 Attention aux lignes électriques !

Les agriculteurs peuvent se mettre en danger lorsqu'ils travaillent à proximité de lignes électriques ayant des tensions alternatives de plusieurs milliers de volts.

Questions

Analyser

1. Déterminer au-delà de quelle valeur d'intensité, de tension alternative et de tension continue il y a un risque pour l'homme (doc. 1, 2 et 3).

2. Est-ce qu'une installation électrique domestique en règle présente des risques ? Justifier votre réponse (doc. 1 et 2).

Réaliser

3. Recopier, puis compléter le tableau en le justifiant (doc. 1 à 4).

Installation	Caténaire de train	Clôture électrique
Tension	25 000 V ~	10 000 V ~
Intensité	100 à 500 A ~	10 mA ~
Risque	......	......
Installation	Prise de courant	Pile AA
Tension	230 V ~	1,5 V =
Intensité	30 mA ~	2 100 mA =
Risque	......	......

1. Origine du courant électrique

Le courant est un **déplacement de charges électriques.** Par convention, le courant se déplace de la borne positive (+) à la borne négative (–) d'un générateur. ▶ doc. 1

- Dans les conducteurs, ce sont les **électrons libres** qui se déplacent.
- Dans les solutions ioniques, ce sont les **ions** qui se déplacent.

2. Intensité du courant

On mesure l'intensité du courant avec un **ampèremètre** branché en série. L'intensité est exprimée en ampères (A). ▶ doc. 2

Dans un circuit en série, l'intensité est la même en tout point.

▶ **Exemple**

Dans le circuit du doc. 1 : $I_1 = I_2$.

Dans un circuit en **dérivation,** la somme des intensités entrant dans un nœud est égale à la **somme des intensités** sortant du nœud.

▶ **Exemple**

Dans le circuit du doc. 3 : $I = I_1 + I_2$.

Remarque

Si un fil relie l'entrée et la sortie d'un récepteur, ce dipôle sera court-circuité : il ne sera pas traversé par le courant et ne fonctionnera donc pas.

3. Tension électrique

A Mesure de la tension

On mesure la **tension électrique** avec un **voltmètre** branché en dérivation, qui mesure la différence de potentiel électrique entre son entrée V_A et sa sortie V_B, en volts (V).

▶ **Exemple**

Dans le circuit du doc. 4 : $U_{AB} = V_A - V_B$.

B Circuit en série

La tension aux bornes du générateur (U) est égale à la **somme des tensions** aux bornes des dipôles du circuit.

▶ **Exemple**

Dans le circuit du doc. 5 : $U = U_1 + U_2$.

1 Circuit en série

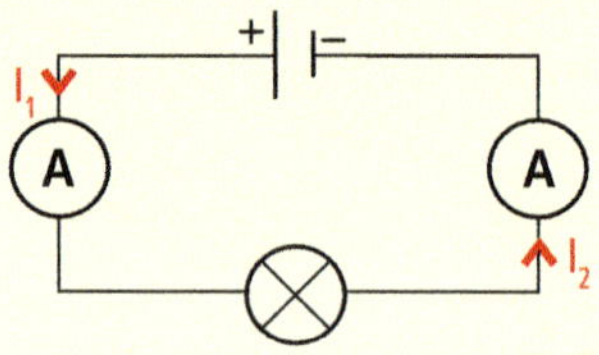

2 Branchement d'un ampèremètre

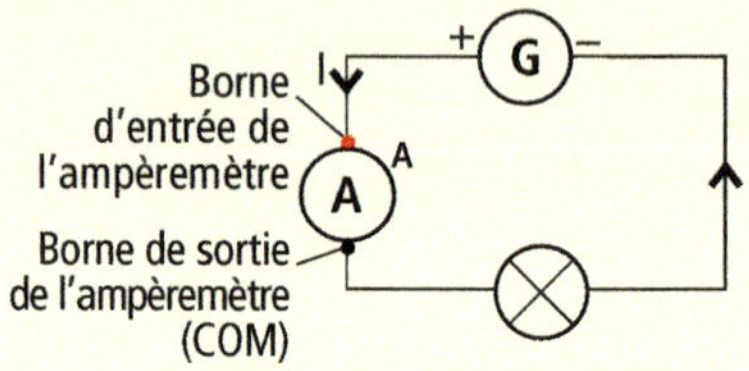

3 Circuit en dérivation

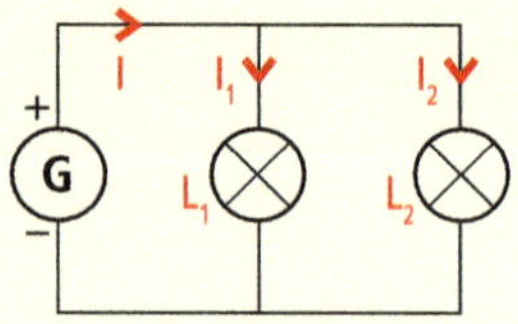

4 Branchement d'un voltmètre

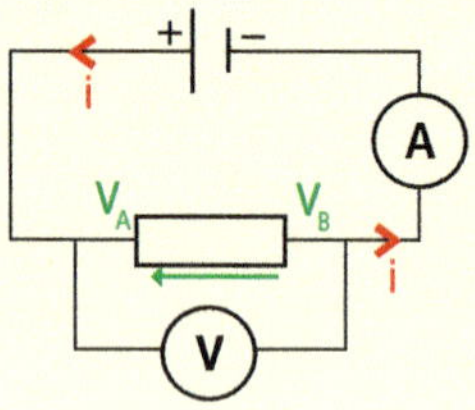

5 Tension dans un circuit en série

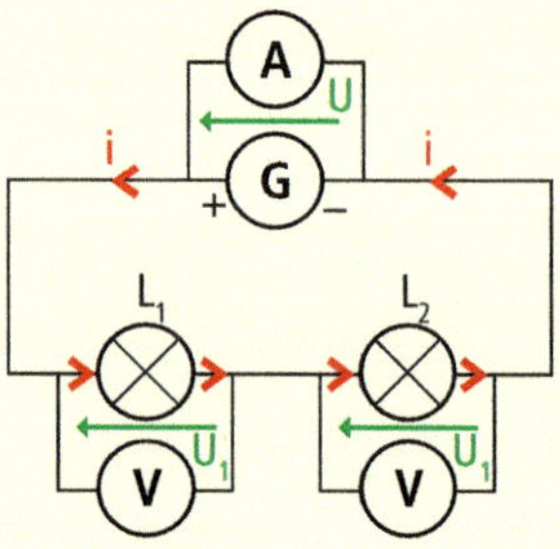

C Circuit en dérivation

La tension électrique aux bornes du générateur (U) est égale à la tension U_1 aux bornes de la lampe L_1, mais également à la tension U_2 aux bornes de L_2, ainsi qu'à la tension U_R aux bornes de la résistance R.

Exemple

Dans le circuit du doc. 6 : $U = U_1 = U_2 = U_R$.

4. Tension et courant alternatif

La **tension alternative,** comme le courant alternatif sont observés sur un oscilloscope. ▶ doc. 7

Le signal est souvent sinusoïdal, c'est-à-dire qu'il oscille périodiquement entre une valeur maximale et une valeur minimale.

La **valeur efficace** correspond à la valeur mesurée avec un multimètre. ▶ doc 8

La tension du réseau électrique est dite « tension alternative 220-230 V ».

En fait, elle oscille entre U_{max} = 330 V et U_{min} = –330 V, et la tension efficace est voisine de 230 V. ▶ doc. 9

La valeur efficace (I_{eff} ou U_{eff}) est obtenue en **divisant la valeur maximale par** $\sqrt{2}$.

La **période du signal (T)** est la plus petite durée séparant deux états consécutifs identiques (par exemple, la durée séparant deux tensions minimales consécutives). Elle s'exprime en secondes.

La **fréquence du signal (f)** est l'inverse de la période. Elle s'exprime en hertz (Hz). Elle correspond au nombre d'oscillations par seconde.

6 Tension dans un circuit en dérivation

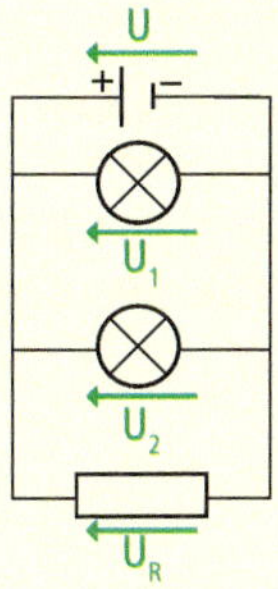

7 Oscilloscope

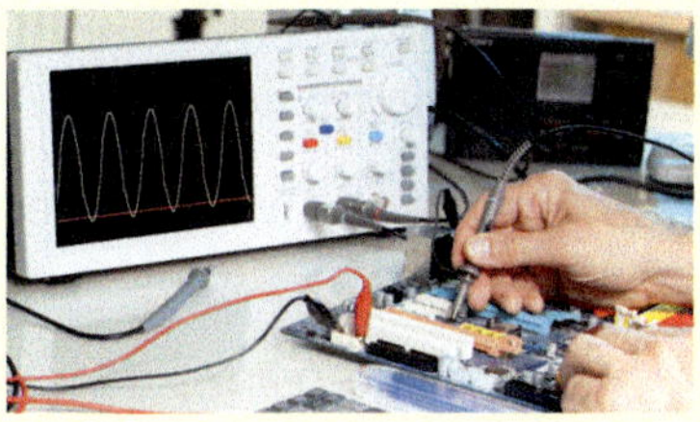

8 Multimètre

9 Visualisation de la tension alternative du secteur

$$U_{eff} = \frac{U_{max}}{\sqrt{2}} = \frac{330}{\sqrt{2}} \approx 230\ V$$

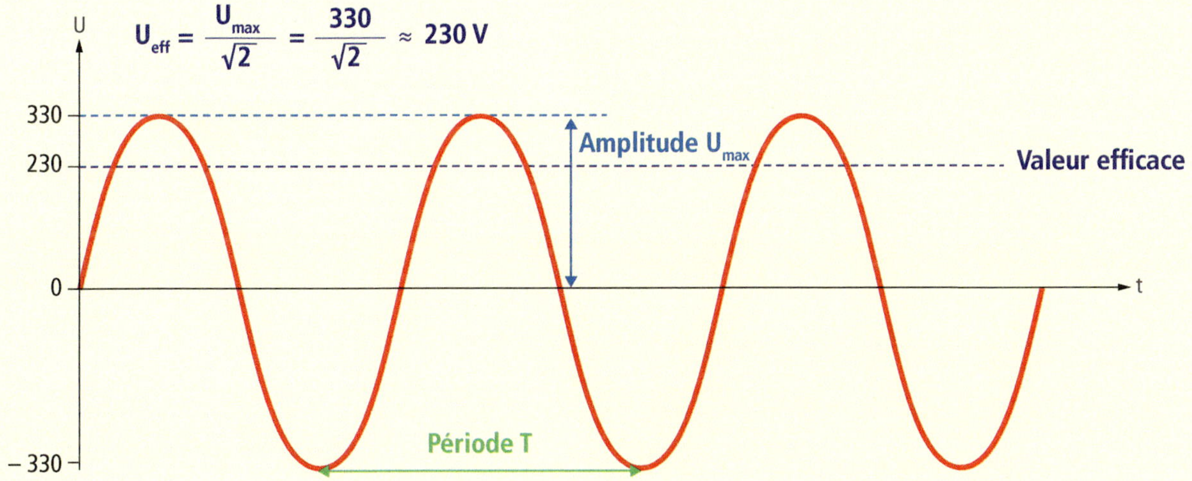

L'ESSENTIEL

Courant électrique et intensité

- Le **courant électrique** est un **déplacement d'électrons** dans les **conducteurs** et **d'ions** dans les **solutions**.
- L'**intensité** du courant se mesure avec un **ampèremètre branché en série**.
- **Loi des nœuds :** la somme des intensités qui arrivent à un nœud correspond à la somme des intensités qui en repartent.

$$I_1 + I_2 = I_3 + I_4$$

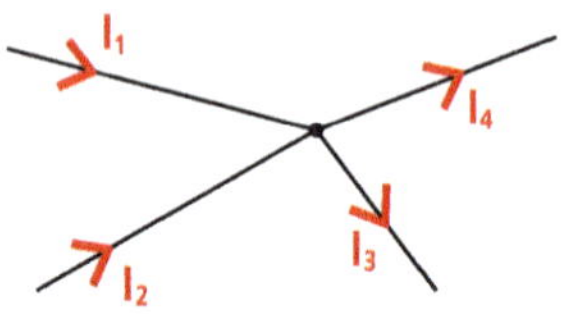

Tension

- La **tension électrique** se mesure avec un **voltmètre branché en dérivation** du dipôle dont on veut mesurer la tension.
- **Loi d'additivité des tensions** dans un circuit en série : la tension aux bornes du générateur U est égale à la somme des tensions aux bornes des dipôles du circuit.
- **Loi des tensions** dans un circuit en dérivation : la tension est identique dans chaque branche.

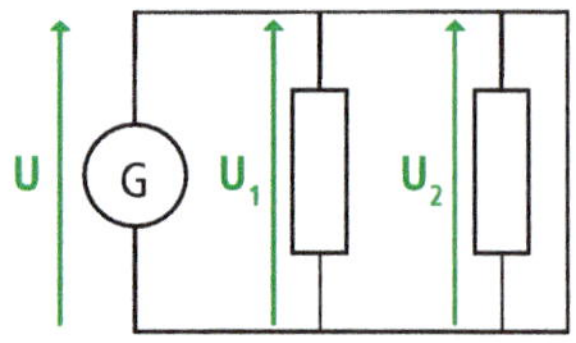

Tension alternative

- Une **tension alternative** oscille périodiquement entre U_{max} et U_{min}.
- Le **voltmètre** mesure la tension efficace du signal alternatif telle que $U_{eff} = \frac{U_{max}}{\sqrt{2}}$.
- La **période** (T, en s) est la plus petite durée séparant deux états identiques.
- La **fréquence** (f, en Hz) est l'inverse de la période.

$$f = \frac{1}{T}$$

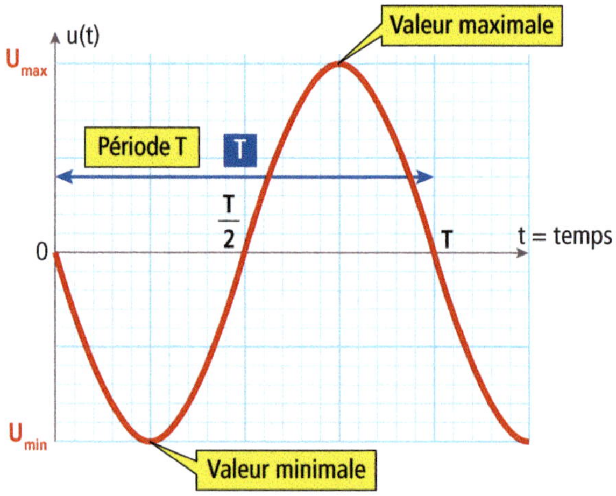

Exemple de tension alternative : la tension sinusoïdale

Multiples et sous-multiples des unités

1 MV = 1 · 10^6 V	1 MA = 1 · 10^6 A
1 kV = 1 · 10^3 V	1 kA = 1 · 10^3 A

1 mV = 1 · 10^{-3} V	1 mA = 1 · 10^{-3} A
1 µV = 1 · 10^{-6} V	1 µA = 1 · 10^{-6} A

EXERCICES

Comprendre le cours ▸ p. 226-227

A. Recopier et compléter chaque phrase avec le ou les termes adéquats.

1 Le courant électrique correspond à un déplacement ………… dans les conducteurs, et à un déplacement ………… dans les solutions.

2 L'intensité du courant se mesure avec un ………… branché en ………… .

3 À un nœud, les intensités ………… sont égales aux intensités ………… .

4 La tension électrique d'un dipôle se mesure avec un ………… branché en ………… aux bornes du dipôle.

5 Dans un circuit en série, la tension aux bornes du générateur est égale à la somme ………… .

6 La tension efficace est obtenue en divisant ………… par ………… .

7 La période est la ………… séparant deux états consécutifs ………… .

8 La fréquence est ………… de la période.

B. Choisir la bonne réponse.

Les questions **9** à **12** se rapportent à la situation suivante. Dans le circuit électrique schématisé ci-contre, la pile a une tension de 4,5 V et délivre un courant de 0,3 A. Le moteur est parcouru par un courant de 0,2 A.

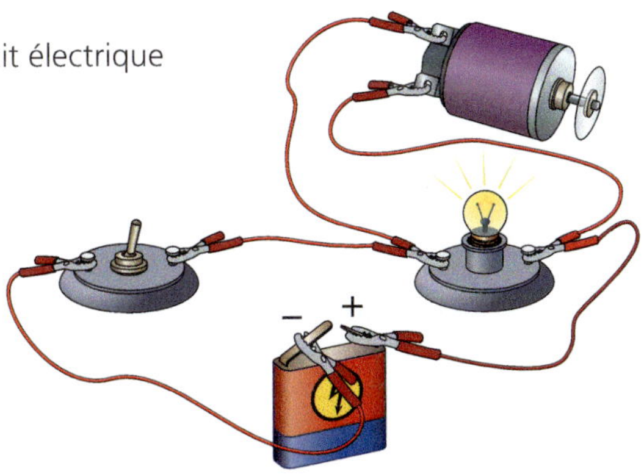

9 La lampe est parcourue par un courant de :
a. 0,1 A. **b.** 0,2 A. **c.** 0,3 A.

10 L'interrupteur est parcouru par un courant de :
a. 0,1 A. **b.** 0,2 A. **c.** 0,3 A.

11 Lorsque l'interrupteur est ouvert :
a. le moteur fonctionne, mais pas la lampe.
b. la lampe fonctionne, mais pas le moteur.
c. ni la lampe ni le moteur ne fonctionnent.

12 Lorsque l'interrupteur est fermé :
a. la tension aux bornes de l'interrupteur est de 4,5 V.
b. la somme des tensions aux bornes de la lampe et du moteur est de 4,5 V.
c. les tensions aux bornes de la lampe, du moteur et de la pile sont égales.

Les questions **13** et **14** se rapportent au graphique ci-contre.

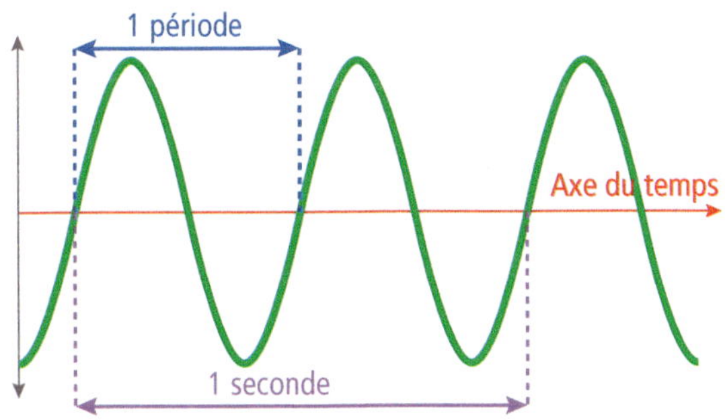

13 La période du signal est :
a. T = 0,5 s. **b.** T = 1 s. **c.** T = 2 s.

14 La fréquence du signal est :
a. f = 0,5 Hz. **b.** f = 1 Hz. **c.** f = 2 Hz.

Appliquer le cours

Origine du courant électrique ▶ cours 1 p. xx

1 Nature du courant

Sur une bande de papier-filtre, on a déposé une solution d'ions Cu^{2+} de couleur bleue, et une solution d'ions MnO_4^- de couleur violette.

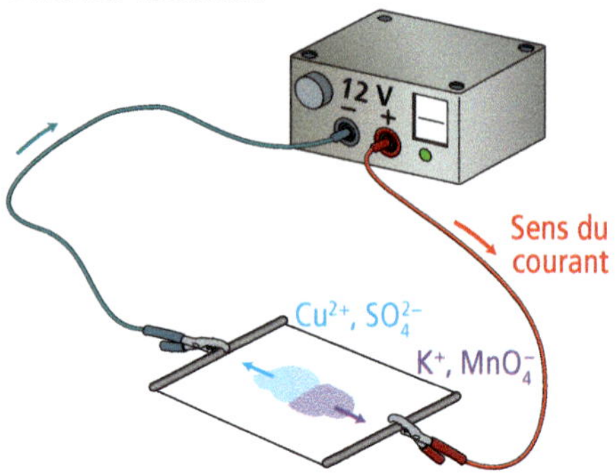

1. Nommer les particules chargées qui circulent dans les fils électriques et qui sont à l'origine du courant électrique.

2. Expliquer pourquoi les couleurs initialement au milieu du papier-filtre se déplacent.

Intensité du courant ▶ cours 2 p. xx

2 Loi des nœuds

Données : I_1 = 0,3 A ; I_2 = 0,2 A ; I_3 = 0,4 A.

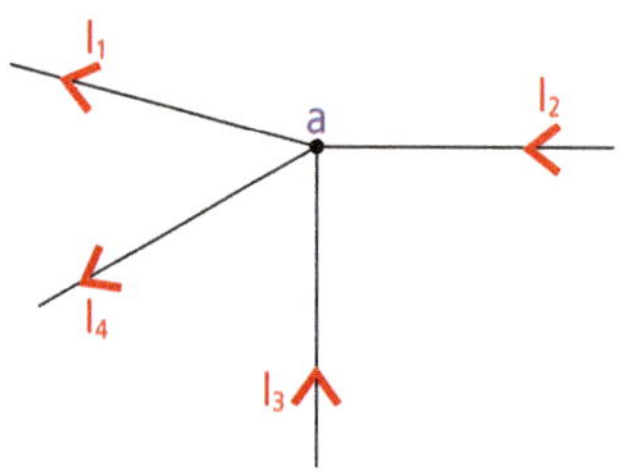

1. Donner la relation entre les intensités.

2. Calculer I_4.

3 Circuit en dérivation

On dispose de deux ampèremètres et on veut mesurer le courant circulant dans chacune des lampes.

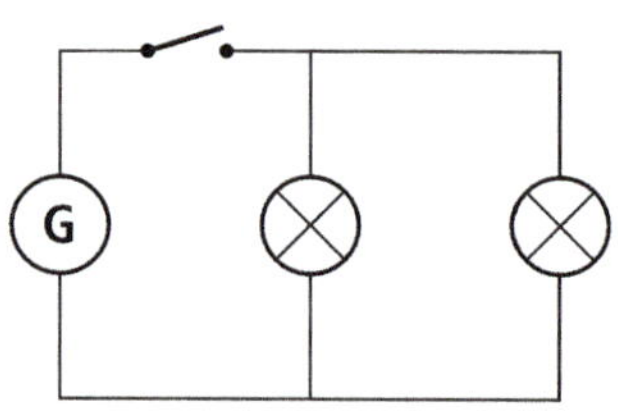

1. Reproduire le schéma en indiquant la place des deux ampèremètres.

2. Indiquer le sens de circulation du courant dans l'ensemble du circuit.

3. L'intensité qui sort du générateur est de 70 mA. L'intensité dans L_2 est de 30 mA. **Quelle est l'intensité du courant traversant L_1 ?**

Tension électrique ▶ cours 3 p. xx

4 Loi des tensions

Dans un circuit, la pile délivre une tension de 12 V. I = 0,6 A ; I_2 = 0,4 A ; et U_{AB} = 5 V.

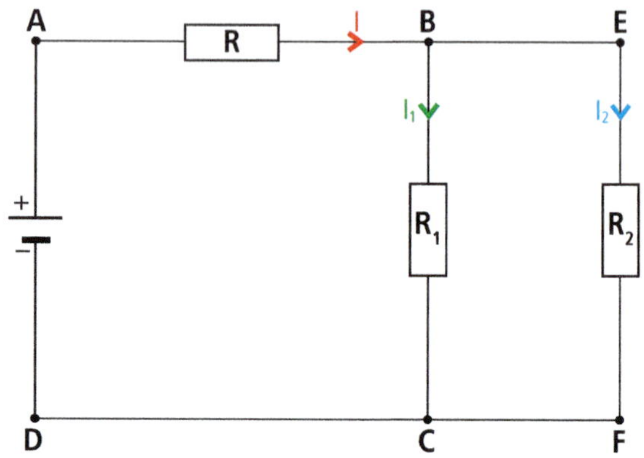

1. Donner la relation au nœud B existant entre I, I_1 et I_2.

2. Calculer I_1.

3. Placer sur le schéma l'appareil de mesure permettant d'obtenir la valeur de la tension aux bornes de la pile.

4. Comment sont branchés les dipôles R et R_1 ?

5. Comment sont branchés les dipôles R_1 et R_2 ?

6. Donner la relation entre U_{AD}, U_{AB} et U_{BC}.

7. Calculer U_{BC} et U_{EF}.

Tension et courant alternatif ▶ cours 4 p. xx

5 Signal alternatif

1. Dessiner les variations du courant alternatif sinusoïdal qui oscille entre I_{max} = 0,5 A et I_{min} = −0,5 A, de fréquence 2 Hz.

2. Calculer l'intensité efficace de ce courant électrique.

Exercice résolu

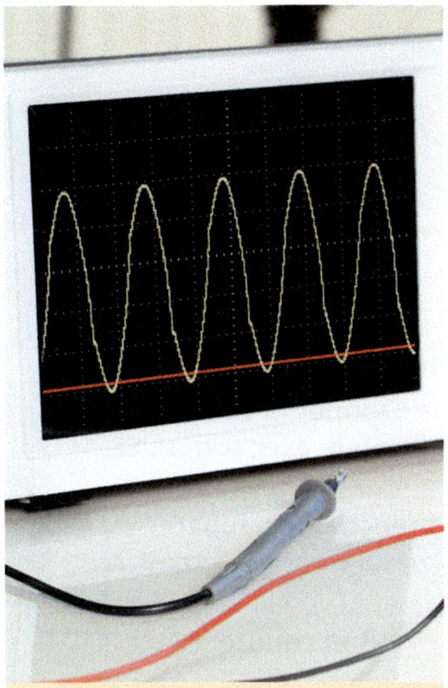

Étude d'un oscillogramme

Énoncé

On visualise sur un oscillogramme deux tensions : celle d'une pile et celle d'un générateur basse fréquence (GBF).

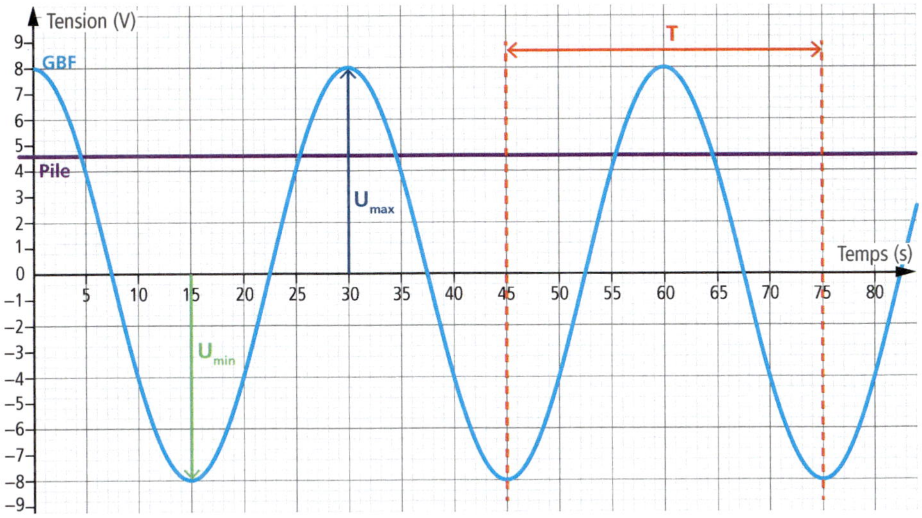

Tension en fonction du temps

Sur l'oscillogramme : horizontalement : 1 carreau correspond à 2,5 s ; verticalement : 1 carreau correspond à 1 V.

1. Déterminer la tension de la pile. Comment peut-on qualifier cette tension ?

2. Déterminer la période de la tension du GBF. Comment peut-on qualifier cette tension ?

3. Calculer la fréquence de la tension du GBF.

4. Déterminer U_{max} et U_{min}. En déduire par le calcul la valeur de la tension efficace.

Solution

1. La tension de la pile est : U = 4,5 V.
Il s'agit d'une **tension continue**. Sa valeur ne change pas dans le temps.

2. La période de la tension du GBF est : T = 75 ms – 45 ms = 30 ms.
Il s'agit d'une **tension alternative**. Sa valeur oscille périodiquement.

3. La fréquence est obtenue à partir de la période, soit :

$$f = \frac{1}{T} = \frac{1}{30 \cdot 10^{-3}} = 33{,}3 \text{ Hz}$$

4. On lit graphiquement U_{max} et U_{min}, soit : U_{max} = 8 V et U_{min} = –8 V.

$$U_{eff} = \frac{U_{max}}{\sqrt{2}} = \frac{8}{\sqrt{2}} = 5{,}6 \text{ V}$$

Analyser

Repérer l'échelle de l'oscillogramme, qui est donnée en carreaux ou en divisions.

Pour déterminer la période, il est plus facile de mesurer entre deux extremums. Ici, on a mesuré entre deux minimums.

Rendre compte

1 ms = 10^{-3} s.

Écrire la formule puis poser le calcul.

EXERCICES

S'entraîner

* 1 Multimètre

1. Que mesure le multimètre ci-contre ?

2. Donner la valeur obtenue avec son unité.

3. Comment doit-on brancher cet appareil de mesure dans le circuit ?

* 2 Bon calibre

Pour obtenir une mesure précise, il faut utiliser le bon calibre du multimètre. Il faut que le calibre soit juste supérieur à la mesure. **Reproduire le tableau suivant et indiquer à l'aide d'une croix le calibre choisi.**

	On mesure			
Calibres	U = 24 V	U = 1,5 V	U = 2,1 V	U = 350 V
2				
20				
200				
600				

* 3 Mesure d'une tension

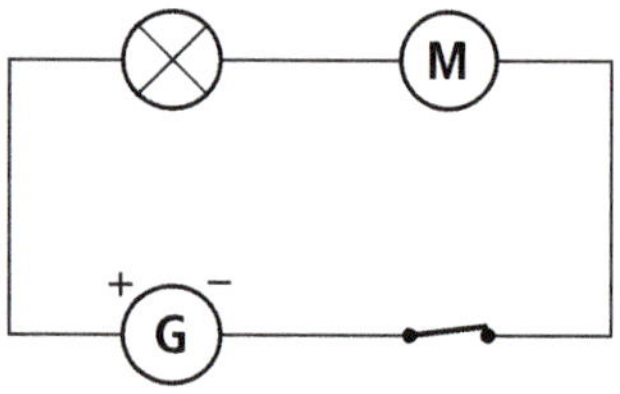

1. Le circuit ci-contre est-il en série ou en dérivation ? Justifier votre réponse.

2. Placer le voltmètre qui permet de mesurer la tension aux bornes de la lampe et indiquer ses bornes « COM » et « V ».

** 4 Loi des nœuds

Déterminer pour chacun des schémas suivants les intensités inconnues.

1. $I_1 = 4$ A $I_3 = 1$ A

$I_2 = \ldots\ldots$ A $I_4 = 0{,}5$ A

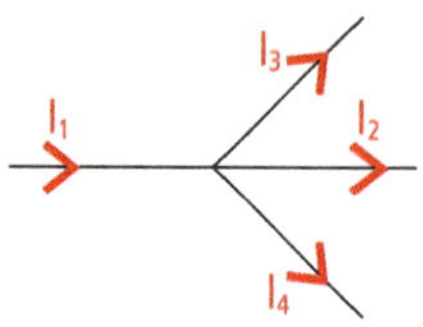

2. $I_1 = 11$ A $I_4 = 20$ A

$I_2 = 10$ A $I_5 = \ldots\ldots$ A

$I_3 = 85$ A

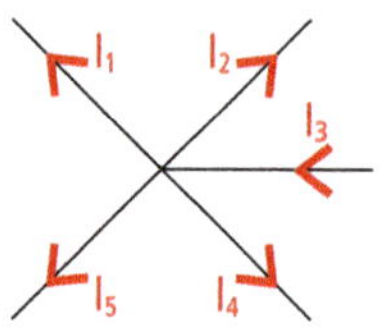

3.

$I_1 = 12$ A $I_4 = 4$ A

$I_2 = 1$ A $I_5 = 1{,}5$ A

$I_3 = \ldots\ldots$ A $I_6 = 3$ A

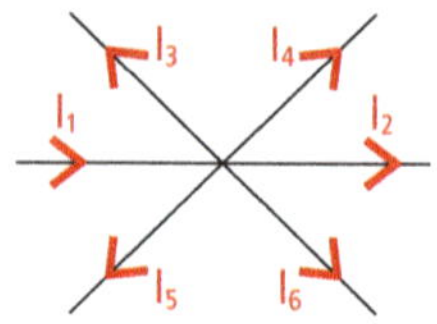

4.

$I_1 = 10$ A $I_5 = \ldots\ldots$ A

$I_2 = 5$ A $I_6 = 6$ A

$I_3 = \ldots\ldots$ A $I_7 = 3$ A

$I_4 = 4$ A

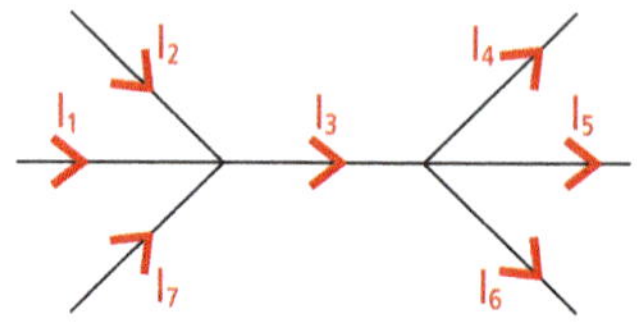

** 5 Tension électrique dans un circuit en série

On réalise le circuit en série suivant :

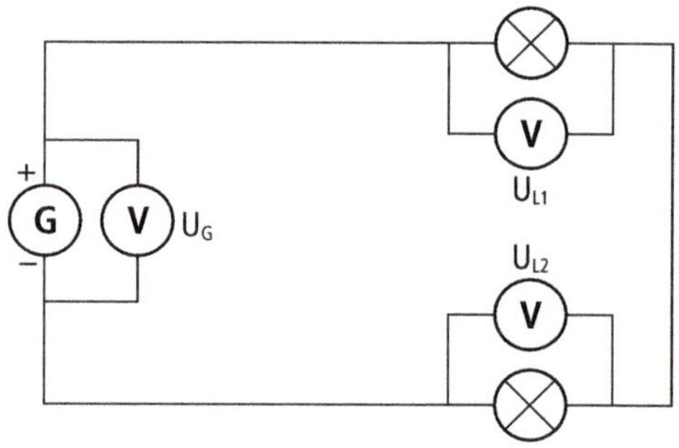

1. Indiquer sur le schéma le sens du courant et les bornes des voltmètres.

2. Quels sont les dipôles présents dans le circuit ?

3. Quelle est la relation mathématique entre les tensions U_{L1}, U_{L2} et U_G dans un circuit en série ?

4. Reproduire et compléter le tableau suivant :

U_G	12 V	......	4,5 V
U_{L1}	6 V	4 V	......
U_{L2}	......	2 V	2,5 V

** 6 Ajout d'une lampe

On ajoute une troisième lampe au circuit de l'exercice 5. Voici le nouveau circuit :

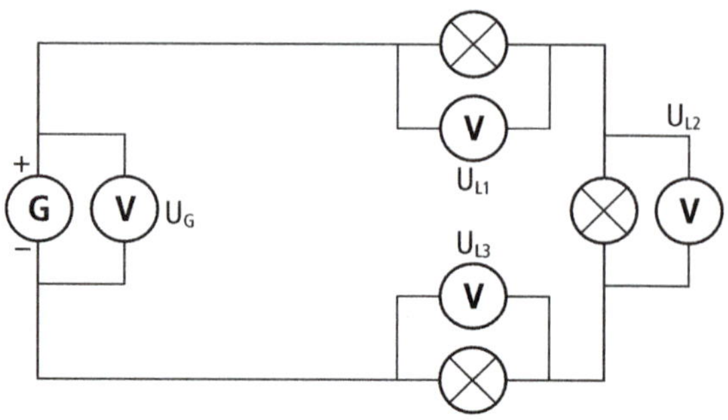

1. Quelle est la relation mathématique entre les

tensions U_{L1}, U_{L2}, U_{L3} et U_G dans ce circuit en série ?

2. Reproduire et compléter le tableau suivant :

U_G	12 V	......
U_{L1}	4 V	4 V
U_{L2}	4 V	3 V
U_{L3}	......	2 V

** 7 Tension électrique en dérivation

On réalise le circuit en dérivation suivant :

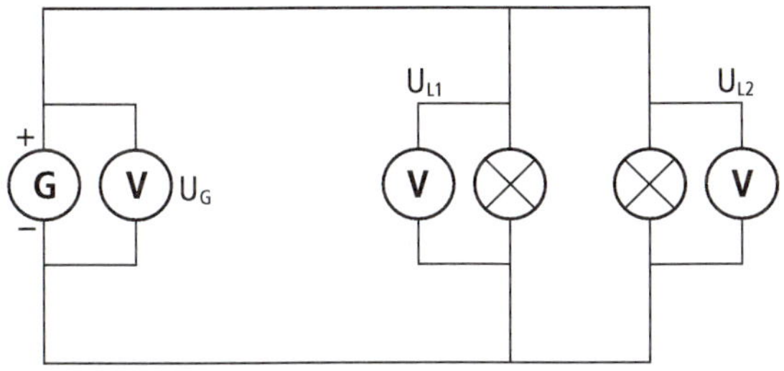

1. Recopier le schéma, puis indiquer le sens du courant et les bornes des voltmètres.

2. Quels sont les dipôles présents dans le circuit ?

3. Combien de fils de connexion sont nécessaires pour réaliser le montage ?

4. Quelle est la relation mathématique entre les tensions U_{L1}, U_{L2} et U_G dans un circuit en dérivation ?

5. Reproduire et compléter le tableau suivant :

U_G	12 V	......	......
U_{L1}	......	4 V	......
U_{L2}	......	......	2,5 V

** 8 Intensité dans un circuit en dérivation

L'ampèremètre A_1 indique 0,325 A.
L'ampèremètre A_3 indique 850 mA.

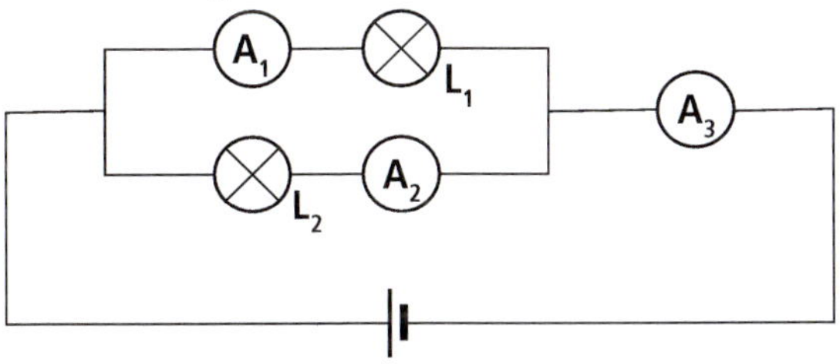

1. Indiquer le sens conventionnel du courant électrique circulant dans le schéma ci-dessus.

2. Quelle indication porte l'ampèremètre A_2 ? Justifier la réponse en rappelant la loi.

** 9 Oscillogramme

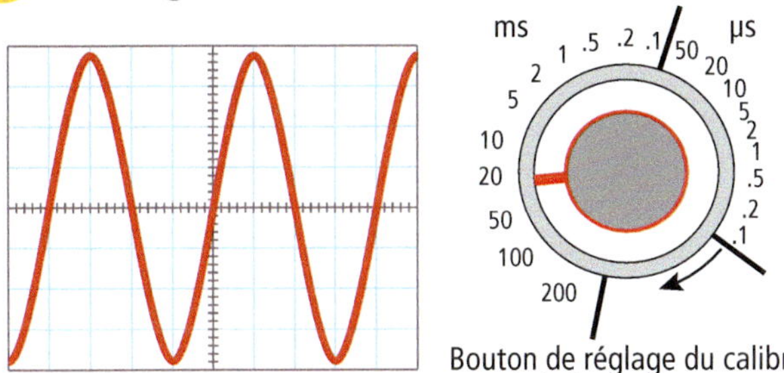

Bouton de réglage du calibre de la base de temps

1. Quel est le calibre de la base de temps choisi ?

2. Mesurer la période du signal.

3. En déduire la fréquence du signal.

** 10 Éolienne

D'après Bac pro, Métropole, 2010

La France s'est fixé comme objectif, dans le cadre d'une directive européenne, de produire 32 % de sa consommation d'électricité en 2030 à partir d'énergies renouvelables, dont l'énergie éolienne.
Une éolienne produit une tension alternative sinusoïdale de valeur maximale U_m = 1 414 V et de période T = 0,020 s.

1. Calculer la fréquence f de cette tension électrique.

2. Calculer la tension efficace U_{eff} délivrée. Arrondir le résultat à l'unité.

** 11 Montage électrique

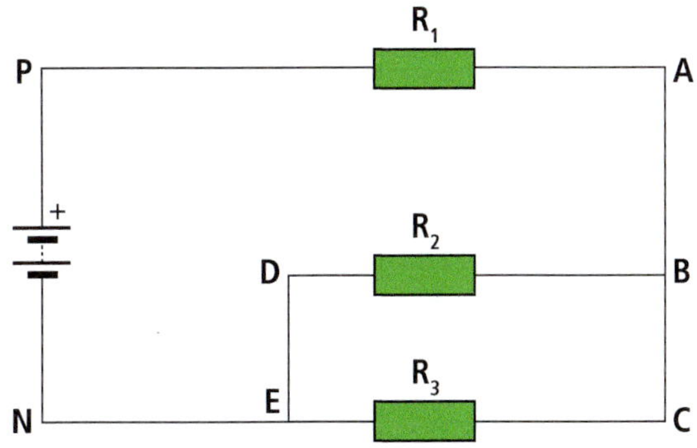

Dans le circuit ci-dessus, tous les dipôles sont identiques.
La pile délivre une tension de 9 V et un courant de 0,5 A.
Le courant qui circule entre les nœuds B et C vaut 0,25 A.

1. Recopier le schéma et indiquer le sens du courant électrique dans l'ensemble du circuit, ainsi que les appareils de mesure permettant de connaître la tension et le courant délivrés par la pile.

2. Donner la relation entre les intensités au nœud B.

3. En déduire l'intensité du courant entre les nœuds B et D.

4. Citer deux dipôles branchés en dérivation.

12 Dangers du courant électrique

Un adulte se prépare à tondre son gazon qui est encore humide. À cause d'un défaut de la tondeuse électrique, il reçoit un choc électrique alors qu'il démarre l'engin.
On propose deux cas :

- 1er cas : la personne porte des bottes de travail, l'intensité du courant reçu est I = 2,4 mA ;
- 2nd cas : la personne a les pieds nus (et par là même mouillés), l'intensité du courant reçu est I = 80 mA.

Rappel : les conséquences de différentes intensités de courant électrique sur le corps humain sont les suivantes (en moyenne) :

- seuil de sensation : à partir de 0,5 mA ;
- seuil de non-lâcher prise : à partir de 10 mA (tétanisation) ;
- seuil d'asphyxie : à partir de 30 mA (spasme du diaphragme, paralysie respiratoire) ;
- seuil de fibrillation : à partir de 75 mA (arrêt du cœur).

1. Que risque la personne dans le premier cas ?

2. Que risque la personne dans le second cas ?

13 Étude d'un téléphone portable

D'après Bac pro E4, Métropole, 2003

Sur la plaque signalétique du chargeur d'un téléphone portable, on peut lire les indications suivantes :

Entrée : 230 V~ / 50 Hz / 21 mA
Sortie : 3,7 V= / 355 mA

1. Préciser si les tensions d'entrée et de sortie sont alternatives ou continues.

2. Étude du courant d'entrée :
a. Indiquer la valeur de sa fréquence.
b. Calculer sa période.
c. Calculer l'intensité efficace du courant d'entrée (au dixième).

14 Lampes

Dans le circuit ci-dessous, toutes les lampes sont identiques. L'ampèremètre mesure un courant de 0,6 A.

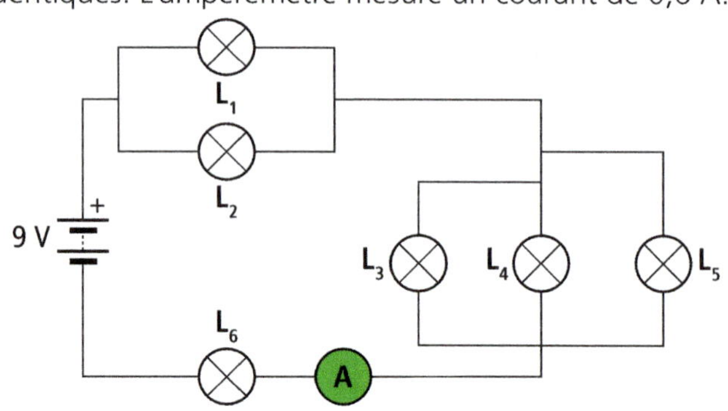

1. Indiquer le sens du courant dans l'ensemble du circuit.

2. Recopier le schéma en y plaçant l'appareil de mesure qui permet de mesurer la tension aux bornes de L_2.

3. Déterminer l'intensité dans chacune des lampes.

On mesure une tension aux bornes de L_2 de 3 V, et aux bornes de L_6 de 4 V.

4. Quelle est la tension aux bornes de L_1 ?

5. Calculer la tension aux bornes de L_3.

6. En déduire la tension aux bornes de L_4 et L_5.

15 Oscilloscope

L'oscillogramme ci-contre représente la tension d'un circuit en fonction du temps. Les boutons de réglage ci-dessous indiquent les calibres utilisés.

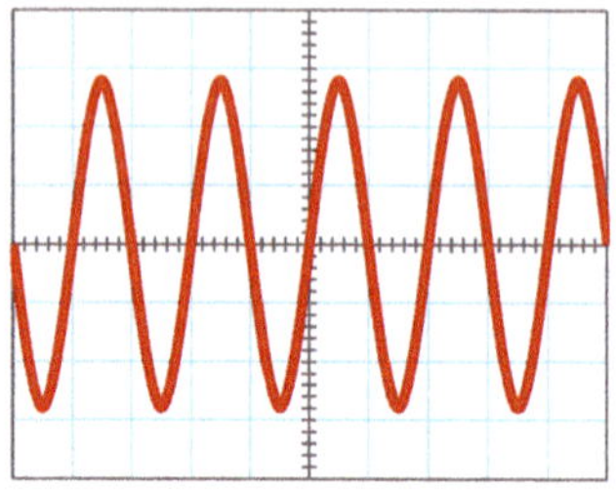

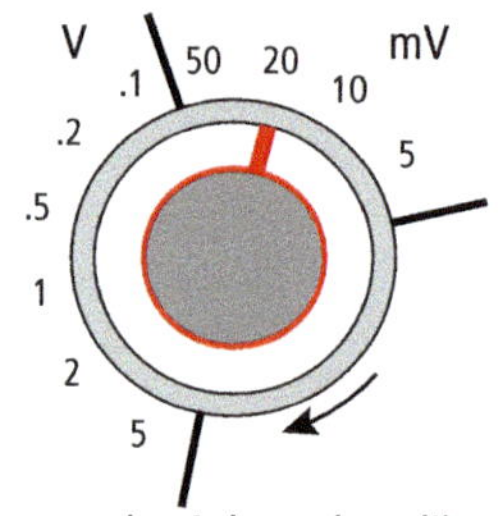

Bouton de réglage du calibre des tensions

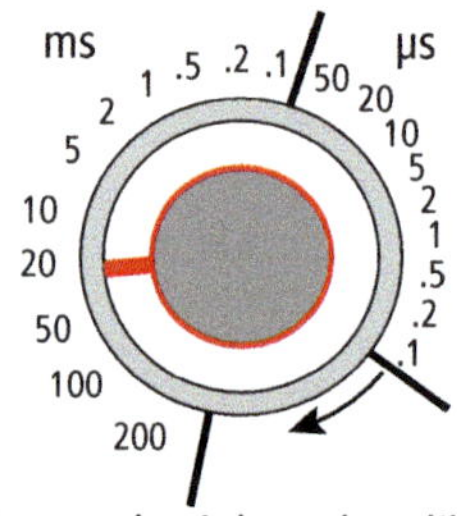

Bouton de réglage du calibre de la base de temps

1. Noter le calibre de la base de temps choisi.

2. Noter le calibre des tensions choisi.

3. Lire la tension maximale, la tension minimale et la période T du signal.

4. En déduire la fréquence du signal.

5. Calculer la tension efficace au millivolt près.

16 Maintenance

Un technicien de maintenance en électronique a observé les oscillogrammes suivants :

Oscillogramme A

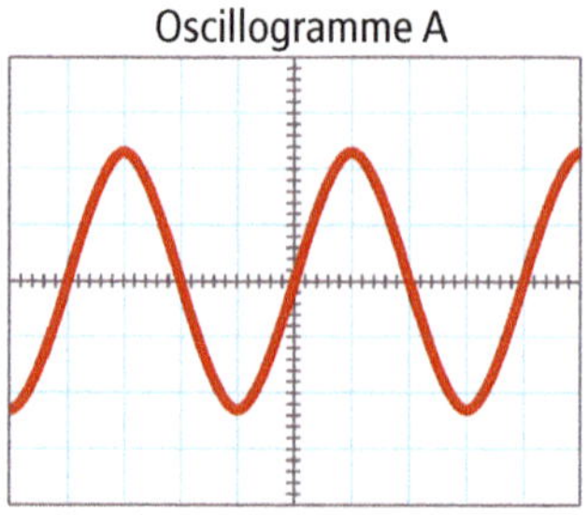

Calibre de la base de temps : 5 ms/div.
Calibre des tensions : 2 V/div.

Oscillogramme B

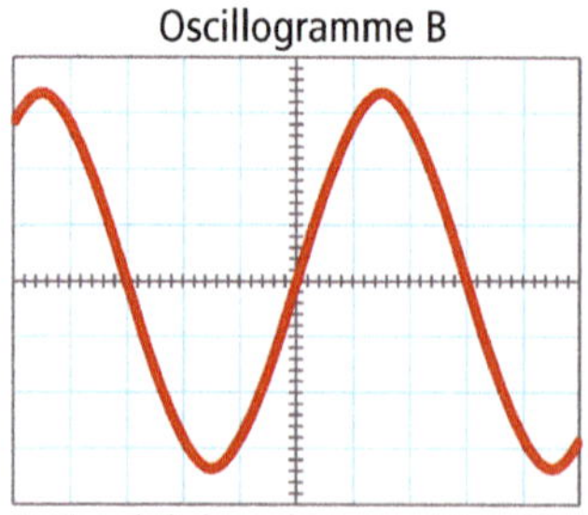

Calibre de la base de temps : 20 ms/div.
Calibre des tensions : 0,5 V/div.

1. Quelle est la nature des tensions observées ?

2. Pour chaque oscillogramme :
a. Calculer les valeurs maximales et efficaces des tensions.
b. Calculer les périodes et les fréquences des tensions.
Les tensions seront arrondies au dixième, la période sera arrondie au centième, et la fréquence à l'unité.

POUR ALLER PLUS LOIN

La loi d'Ohm

La tension et l'intensité sont des grandeurs essentielles à l'étude d'un circuit électrique.
Georg Ohm a découvert en 1827 qu'il existait une relation particulière entre la tension aux bornes d'une résistance et le courant électrique qui la traverse.

1 Circuit interrupteur fermé

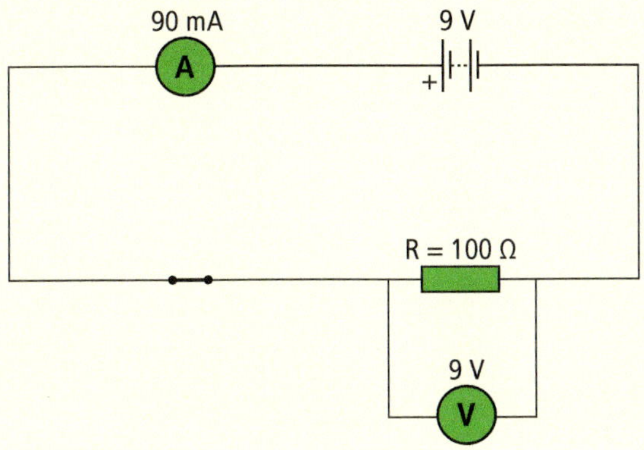

Lorsqu'un interrupteur est **fermé**, il se comporte comme un fil. La tension à ses bornes est **nulle** ; pourtant, un courant le traverse.

2 Circuit interrupteur ouvert

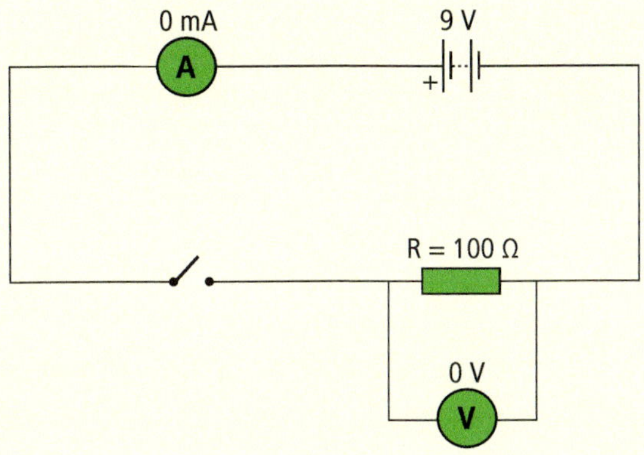

Lorsqu'un interrupteur est **ouvert**, la tension à ses bornes correspond à la **tension du générateur** ; pourtant, aucun courant ne le traverse.

3 Loi d'Ohm

Expérimentalement, on observe qu'aux bornes d'un conducteur ohmique, plus la tension est élevée, plus le courant qui la traverse est important. On remarque même que **le courant augmente proportionnellement à la tension** aux bornes du conducteur ohmique. Le coefficient de proportionnalité est égal à la résistance, grandeur caractéristique du conducteur ohmique :

Résistance (en ohms, **Ω**)

$$U = R \times I$$

Tension aux bornes de la résistance (en volts, V)

Intensité qui traverse le conducteur ohmique (en ampères, A)

Cette relation constitue la **loi d'Ohm**.

4 Exemple d'application de la loi d'Ohm

Dans le circuit du doc. 1, la résistance a la valeur de 100 **Ω**, et la tension de la pile est de 9 V. Calculons la valeur de l'intensité grâce à la loi d'Ohm ▶ doc. 3 :

U = R × I

$9 = 100 \times I$

$I = \dfrac{9}{100} = 0{,}09\ \text{A} = 90\ \text{mA}$

On retrouve bien la valeur indiquée par l'ampèremètre.

PARTIE III – MATIÈRE, ÉNERGIE ET TECHNOLOGIE

15 Énergie et puissance électrique

Tester les prérequis

Choisir la ou les bonnes réponses.

1 Un particulier analyse sa facture d'électricité.

Index début de période	Index fin de période	Consommation (kWh)	Prix unitaire HT (€/kWh)	Montant HT (€)	Taux de TVA
Relevé Client	Relevé Client				
......	......	**447**	**0,0883**	**39,47**	**19,8**

L'énergie électrique consommée est exprimée en :

a. kWh. **b.** €/kWh. **c.** €.

2 La relation entre puissance P, énergie E et durée Δt est :

a. $P = E + \Delta t$. **b.** $P = E \times \Delta t$. **c.** $P = \frac{E}{\Delta t}$.

3 Pour augmenter l'efficacité de leur photosynthèse, certains légumes sont exposés à une lumière artificielle produite par des lampes. Le symbole électrique d'une lampe est :

a. 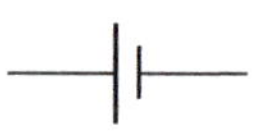 **b.** 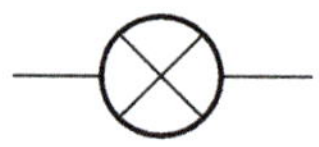 **c.** 

La chaîne énergétique des lampes utilisées lors de la culture décrite en question **3** est représentée ci-contre :

Les questions **4** à **7** portent sur cette chaîne énergétique.

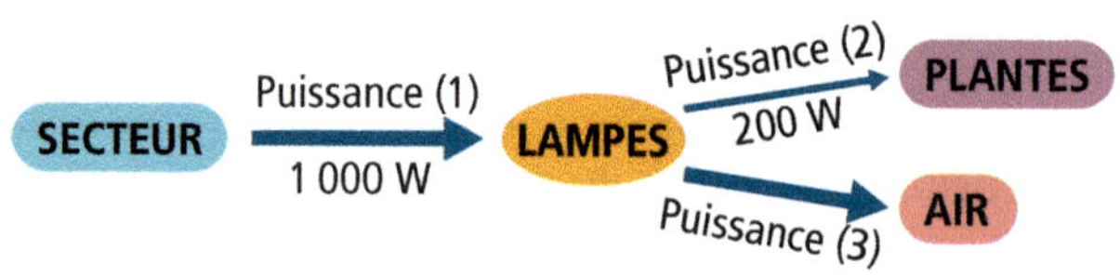

4 La puissance (1) est la puissance :

a. électrique. **b.** lumineuse. **c.** thermique.

5 La puissance (1) est égale à :

a. 100 kW. **b.** 10 kW. **c.** 1 kW.

6 Le secteur alimente les lampes en courant :

a. triangulaire. **b.** continu. **c.** alternatif.

7 Le rendement de cette chaîne est égal à :

a. 200 W. **b.** 20 %. **c.** 800 %.

Éclairs frappant Chicago.

Si la foudre était maîtrisée, combien de centrales nucléaires un éclair pourrait-il remplacer ?

Objectifs

- **Calculer une puissance électrique.**
  ▶ Activité expérimentale 1 : Calcul d'une puissance électrique p. 238
- **Choisir un fusible.**
  ▶ Activité documentaire 2 : Électricité et sécurité des personnes p. 239

1 Calcul d'une puissance électrique

● Les plaques signalétiques des appareils électriques indiquent entre autres leur puissance utile ou d'alimentation, la tension et l'intensité du courant d'alimentation.

Comment calculer la valeur de la puissance électrique à partir de la tension et de l'intensité ?

1 Appareils de mesure et branchements

• Un générateur est un appareil qui alimente un circuit électrique. On peut faire varier sa tension et l'intensité du courant de sortie.
• Un multimètre peut servir comme ampèremètre ou voltmètre.
• Les branchements d'un multimètre sont rappelés dans le tableau ci-dessous :

Appareil	Ampèremètre	Volmètre
Grandeur	I	U
Branchement	En série	En dérivation
Symbole	—(A)—	—(V)—

2 Wattmètre

Un wattmètre permet de mesurer une puissance électrique. Deux modèles existent selon les branchements envisagés :
- Le wattmètre est placé en dérivation entre le générateur et le récepteur, avec des bornes « source » et « charge » (montage **a**).
- Le wattmètre est placé en série et en dérivation avec le récepteur, avec deux bornes pour mesurer l'intensité et deux autres pour mesurer la tension (montage **b**).

(a)

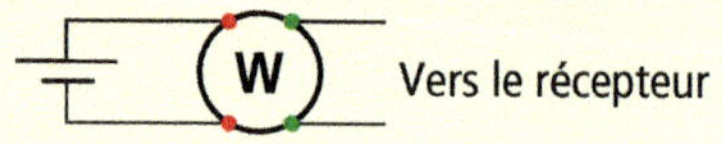

(b)

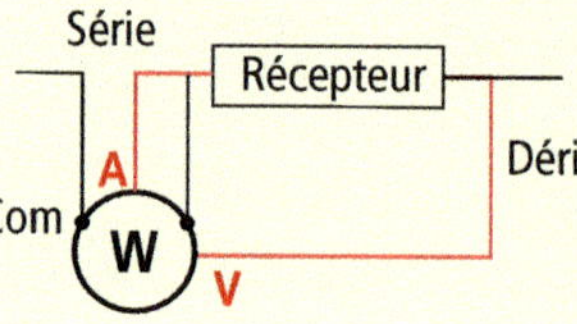

3 Extrait d'une feuille de calcul

	A	B	C	D	E
1	U (V)	I (A)	P (W)	U × I	P / (U × I)
2	**10**	**2**	**11,8**	**= A2 × B2**	**= C2 / D2**

Questions

Analyser

1. Un wattmètre et un récepteur sont mis à votre disposition.
a. Déterminer le modèle du wattmètre (doc. 2).
b. Dessiner un schéma du montage à réaliser pour :
– mesurer l'intensité du courant qui circule dans le circuit (doc. 1) ;
– mesurer la tension aux bornes du récepteur (doc. 1) ;
– mesurer la puissance électrique (doc. 2).

Réaliser

2. a. Construire le montage électrique selon le schéma préalablement dessiné.
b. Préparer une feuille de calcul dans un tableur : U, I, P, U × I, P / (U × I) (doc. 3).
c. Réaliser au moins cinq séries de mesures (U, I) après avoir fait vérifier le montage par l'enseignant. Remplir la feuille de calcul en utilisant les options du logiciel.

Analyser

3. Déduire une relation entre P, U et I à partir des résultats expérimentaux.

Rendre compte

4. Mettre en commun les résultats de tous les groupes, puis répondre à la question posée en introduction sous la forme : P = …

2 Électricité et sécurité des personnes

● Il arrive que des installations électriques soient dangereuses. ▶ p. 255 Pour éviter au maximum les accidents domestiques ou sur le lieu de travail liés à l'électricité, certaines mesures de sécurité doivent être respectées.

↳ *Au niveau individuel, que faire pour éviter un accident électrique ?*

1 Classe des appareils électriques

Classe de l'appareil	Classe I protection maximale	Classe II
Dispositif de protection	Fil de terre	Double isolement
Prise	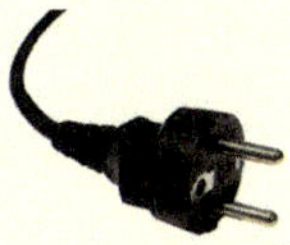	
Symbole	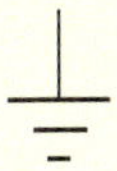	

2 Protection d'une installation électrique

En raison de son mauvais état ou de son utilisation inappropriée, un appareil électrique peut être parcouru par un courant d'intensité trop forte. Cela peut conduire à un incendie.

La sécurité électrique au domicile ou sur le lieu de travail doit répondre à des normes, dont l'installation de disjoncteurs. Ceux-ci contiennent des fusibles qui fondent s'ils sont parcourus par un courant d'intensité trop élevée. Le circuit électrique est alors ouvert.

3 Que faire en cas d'accident d'origine électrique ?

Chaque année, en France, une dizaine de travailleurs meurent électrocutés. Les premières minutes qui suivent un accident sont très importantes pour accroître les chances de survie : il faut agir très vite, d'une part en coupant le courant sans toucher au corps de la victime, d'autre part en prévenant immédiatement les secours. De plus, les accidents liés à l'électricité peuvent être à l'origine d'incendies ou d'explosions.

Plus de détails sont fournis sur le site ▶ www.inrs.fr/risques/electriques/accidents-origine-electrique.html

Questions

› Réaliser

1. a. Au domicile et/ou sur l'exploitation agricole, repérer deux appareils électriques de classe I et deux autres de classe II (doc. 1).

b. Visionner la vidéo ▶ www.youtube.com/watch?v=G6bQc5zmcAk (expérience de la paille de fer et de la pile). Prendre des notes en vue de répondre aux questions suivantes.

› Analyser

2. a. Qu'observe-t-on lorsque la pile est mise au contact de la paille de fer ?

b. Expliquer pourquoi toute installation électrique doit comporter au moins un fusible (doc. 2).

› Rendre compte

3. Résumer le doc. 3 sous forme d'organigramme ou de schéma.

COURS

1. Énergie et puissance électrique

A Énergie électrique

Un générateur fournit de l'énergie électrique à un ou des récepteurs. ▶ doc. 1

L'énergie électrique fournie par un générateur ou reçue par un récepteur s'exprime par la relation :

$$\mathbf{E_{électrique} = U \times I \times \Delta t} \text{ (en Wh)}$$

U : tension aux bornes du générateur ou du récepteur (en **V**).
I : intensité du courant qui circule dans le dipôle (en **A**).
Δt : durée de fonctionnement (en **h**).

▶ Exemple

La lampe du doc. 1 fonctionne pendant 3 heures. L'énergie électrique qu'elle reçoit pendant ce temps est : $E = U \times I \times \Delta t$, soit $E = 4{,}5 \times 0{,}1 \times 3 = 1{,}35$ Wh.

B Puissance électrique en régime continu

La relation générale entre puissance et énergie est valable en électricité :

$$P_{électrique} = \frac{E_{électrique}}{\Delta t} = \frac{U \times I \times \Delta t}{\Delta t} = U \times I$$ ▶ activité 1 p. 238

En **régime continu,** la puissance électrique fournie par un générateur ou reçue par un récepteur s'écrit :

$$\mathbf{P_{électrique} = U \times I} \text{ (en W)}$$

où U est la tension aux bornes du générateur ou du récepteur (en **V**), et I est l'intensité du courant qui circule dans le dipôle (en **A**).

▶ Exemple

La puissance électrique de la lampe précédemment étudiée est : $P = U \times I$, soit $P = 4{,}5 \times 0{,}1 = 0{,}45$ W. ▶ doc. 1

C Puissance électrique en régime alternatif

En **régime alternatif,** la puissance électrique fournie par un générateur ou reçue par un récepteur s'écrit :

$$\mathbf{P_{électrique} = k \times U \times I} \text{ (en W)}$$

où U est la **tension efficace** ▶ chap. 14 p. 227 aux bornes du dipôle (en **V**), I est l'**intensité efficace** du courant qui traverse le dipôle (en **A**), et k est le **facteur de puissance** (sans unité) ; $0 \leqslant k \leqslant 1$. ▶ doc. 2

Remarques

• Si la valeur du facteur k n'est pas mentionnée, cela signifie que k est égal à 1.

• Lorsqu'un dipôle est traversé par un courant, il s'échauffe. Sauf dans certains cas (radiateur, incubateur ▶ doc. 3), cette puissance thermique n'est pas utile et fait diminuer le rendement des générateurs et des récepteurs.

1 Générateur et récepteur électriques

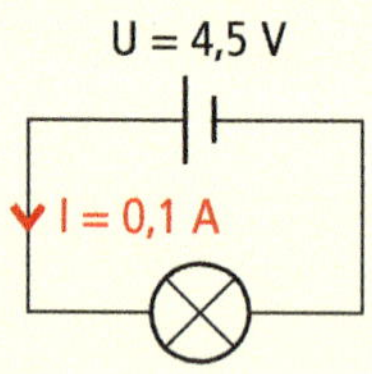

Dans ce circuit électrique, la pile est le générateur et la lampe est le récepteur.

Rappel

Rendement r d'un convertisseur : $r = \frac{P_{utile}}{P_{entrée}}$

2 Plaque signalétique d'un moteur électrique

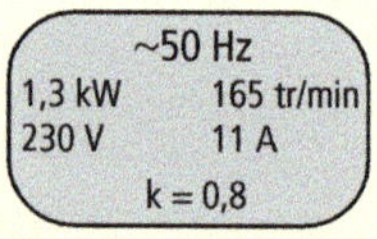

Ce moteur fonctionne en régime alternatif ; son facteur de puissance est égal à 0,8. La puissance électrique qu'il reçoit est :
$P = 0{,}8 \times 230 \times 11 = 2\,024$ W soit 2,0 kW.

3 Incubateur à infra-rouge

Dans le cas d'un incubateur ou d'un radiateur, la puissance thermique est **utile**.

2. Puissance électrique et circuit

Que le circuit soit en dérivation ou en série, la puissance électrique totale des récepteurs est égale à la somme de leurs puissances individuelles.

Exemple

Un aquarium est équipé de deux lampes fluocompactes L_1 et L_2 de 36 W chacune et d'une pompe de brassage de 5 W. ► doc. 4 La puissance totale consommée lorsque les interrupteurs K_1 et K_2 sont fermés est :

$$P_{totale} = P_{L1} + P_{L2} + P_{pompe} = 36 + 36 + 5 = 77 \text{ W}$$

3. Fusibles et sécurité

A Définition

Les générateurs et les récepteurs électriques peuvent présenter un danger, voire être endommagés si l'intensité d'un courant électrique qui les traverse est supérieure à celle qu'ils peuvent supporter. ► doc. 5 et activité 2 p. 239

La protection des personnes et des installations électriques est assurée par des fusibles, des disjoncteurs différentiels et/ou thermiques. En cas de surintensité ou de courant de fuite dans un fil de terre, le circuit est coupé.

B Intensité et puissance

Dans le cas où le facteur de puissance k est égal à 1, l'intensité I d'un courant électrique traversant un dipôle de puissance P et alimenté par une tension U s'écrit :

$$I = \frac{P}{U}$$

avec I en ampères (A), P en watts (W) et U en volts (V).

C Choix du fusible

La valeur de l'intensité maximale supportée par un fusible est appelée « calibre » du fusible. Cette valeur est inscrite sur le boîtier extérieur du fusible. ► doc. 6
Une large gamme de fusibles existe.

Le choix d'un fusible dépend de l'intensité maximale supportée par le circuit : le **calibre du fusible** doit être supérieur à cette intensité et le plus proche possible d'elle.

Exemple

Une maison est équipée d'appareils électroménagers standards qui sont alimentés par une tension de 230 V. Le four (3,7 kW), le lave-linge (2,5 kW) et le sèche-linge (2,5 kW) sont montés en série avec un fusible de 36 A. Si les trois appareils fonctionnent en même temps, la puissance électrique totale à fournir est de 8,7 kW (= 3,7 + 2,5 + 2,5). L'intensité du courant qui les traverse est alors égale à 38 A (= 8 700 / 230). Comme 38 > 36, le fusible « saute ».

4 Montage de l'installation électrique de l'aquarium

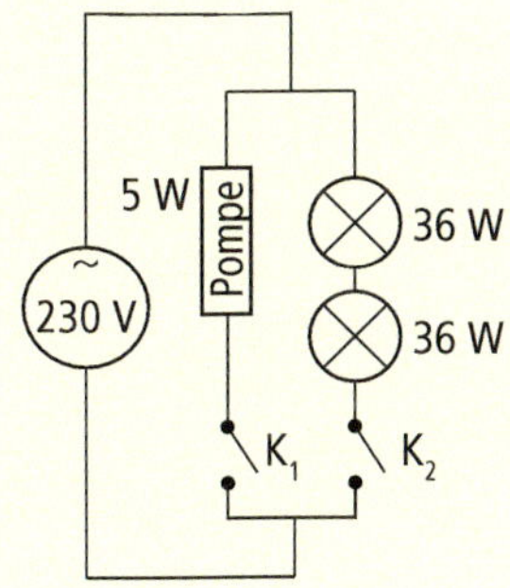

5 Sécurisation d'un circuit à l'aide d'un fusible

a.

b.

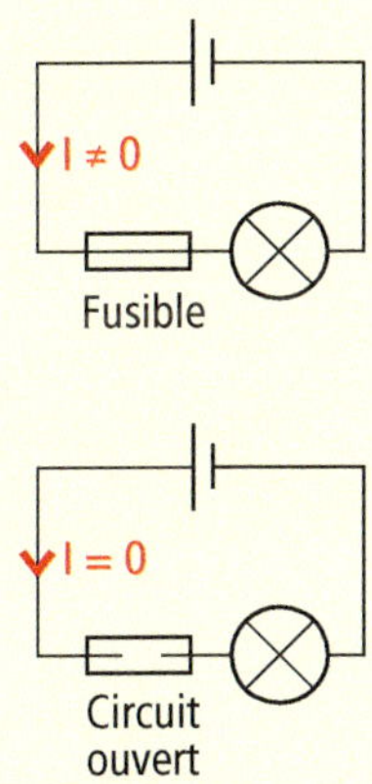

a. Pas de surintensité.
Le fusible fonctionne comme un interrupteur fermé.
b. Il y a eu surintensité.
Le fusible fonctionne comme un interrupteur ouvert.

6 Fusible de 5 A

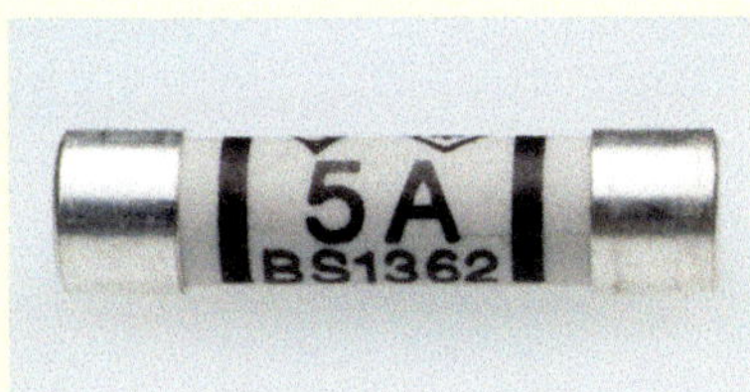

L'ESSENTIEL

Énergie et puissance électrique

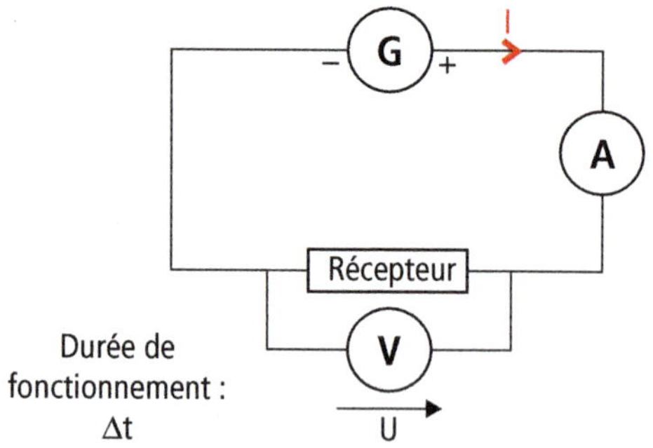

Circuit électrique :
- générateur : G
- ampèremètre : A
- récepteur
- voltmètre : V

I intensité du courant circulant dans le circuit.

U tension entre les bornes du générateur et entre les bornes du récepteur.

Énergie

$$E = U \times I \times \Delta t$$

Générateur → Récepteur

Puissance

$$P = k \times U \times I$$

Générateur → Récepteur

k = 1 si courant continu
k ⩽ 1 si courant alternatif

Fusible et sécurité

- **Usage inapproprié d'un appareil électrique → risque d'incendie**

→

- **Comment y remédier ?**

Installation de fusibles ou coupe-circuits

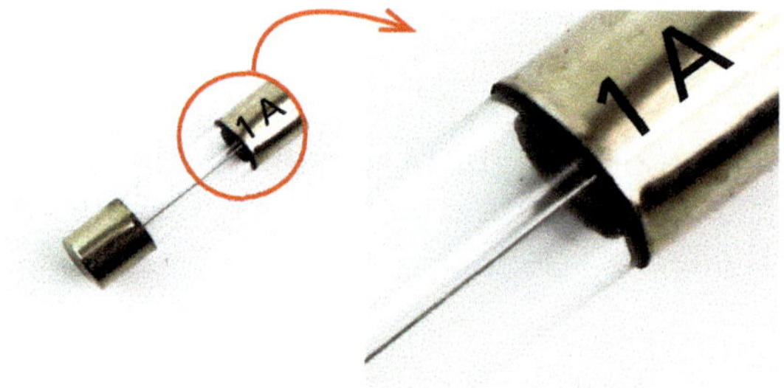

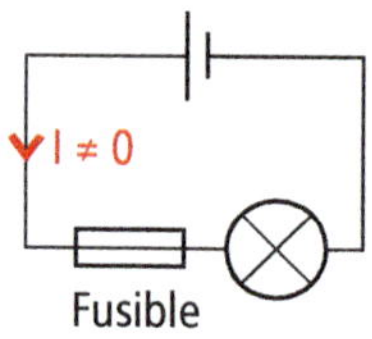

Par exemple, fil métallique qui fond si I > 1 A

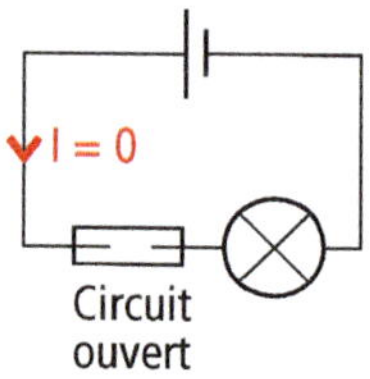

Puissance électrique et circuit

Circuit en dérivation ou/et en série

↓

Puissance totale = Somme des puissances individuelles

EXERCICES

Comprendre le cours ▶ p. 240-241

A. Compléter chaque phrase avec le ou les termes adéquats.

1 L'……… électrique peut s'exprimer en kWh, tandis que la ……… électrique peut s'exprimer en kW.

2 Si le facteur de puissance k n'est pas mentionné, cela signifie qu'il est égal à ……… .

3 Que le circuit soit en dérivation ou en série, la puissance électrique totale des récepteurs est égale à la ……… des puissances individuelles des récepteurs.

4 Pour sécuriser une installation électrique, on y place un ……… et/ou un ……… .

B. Choisir la ou les bonnes réponses.

5 Un moteur est traversé par un courant d'intensité I et est alimenté par une tension U pendant une durée Δt. En régime continu, la puissance électrique qu'il reçoit est égale à :

a. U × I × Δt. **b.** U × I. **c.** $\frac{U}{I}$.

6 La puissance d'alimentation d'un radiateur est de 2,3 kW et la tension d'alimentation de 230 V. L'intensité du courant qui traverse ce radiateur est de :

a. 0,01 A. **b.** 10 A. **c.** 100 A.

D'après E4, Métropole, Antilles, Guyane, Réunion, 2001R

La première étape dans la fabrication d'un jus de pomme consiste à broyer les pommes. Pour cela, on utilise un broyeur dont la plaque signalétique du moteur est reproduite ci-dessous :

~ 50 Hz	IP 55
1,5 kW	1 650 tr/min
230 V	11 A
k = 0,79	

Les questions 7 à 10 portent sur ce moteur.

7 Ce moteur fournit une puissance mécanique de :

a. 1 500 W. **b.** 1 650 tr/min. **c.** 0,79.

8 Le facteur de puissance de ce moteur est égal à :

a. 1,5 kW. **b.** 1 650 tr/min. **c.** 0,79.

9 La puissance électrique qu'il consomme est calculée par :

a. 230 × 11. **b.** 1 500 + 230 × 11. **c.** 230 × 11 × 0,79.

10 On dispose de trois fusibles de calibre : 10 A, 12 A et 15 A. Le plus adapté est :

a. 10 A. **b.** 12 A. **c.** 15 A.

Appliquer le cours

Énergie et puissance électrique ▸ cours 1 p. 240

1 Identification des caractéristiques d'un appareil électrique

D'après E4 CGEA, Métropole, Antilles, Guyane, Réunion, 2011

Un panneau solaire est composé de cellules photovoltaïques qui convertissent l'énergie reçue à leur surface. Il génère un courant continu inapproprié à l'utilisation domestique. C'est pourquoi il est associé à un ondulateur afin d'obtenir un courant alternatif. L'ondulateur utilisé a les caractéristiques suivantes :

Ondulateur chargeur STECA HPC 2800-12
2 500 W 12 V/230 V 50 Hz 5,7 A

Recopier le tableau ci-dessous. Le compléter en indiquant le nom de chaque grandeur électrique.

Nom de la grandeur				
Valeur	230 V	50 Hz	5,7 A	2 500 W

2 Calcul d'une puissance à partir d'une énergie

D'après E5 CGE canin et félin, Métropole, 2012R

Pour procéder au nettoyage de la maternité d'un chenil, on utilise un nettoyeur haute pression. Le nettoyeur consomme une énergie électrique de 250 Wh pour une durée de fonctionnement de 15 minutes.

Calculer la puissance électrique absorbée par le nettoyeur.

3 Calcul de puissances

D'après BEPA E2, Métropole, Antilles, Guyane, Réunion, Mayotte, 2010, et BEPA E2 Agroéquipements, Métropole, Antilles, Réunion, 2010R

1. Une batterie d'accumulateurs alimente le filament d'une ampoule. L'intensité du courant dans l'ampoule est de 4 A. La tension à ses bornes est de 12 V.
Calculer la puissance électrique d'alimentation de l'ampoule.

2. La plaque signalétique d'un petit moteur électrique comporte les indications suivantes :

3,0 A ; k = 0,83 ; 50 Hz ; ~ ; 24 V

Calculer la puissance électrique maximale que peut supporter ce moteur.

Puissance électrique et circuit ▸ cours 2 p. 241

4 Identification d'un circuit

On dispose d'une batterie électrique de 24 W, de trois lampes identiques de 12 W chacune, et de deux interrupteurs K_a et K_b.
Trois schémas sont proposés :

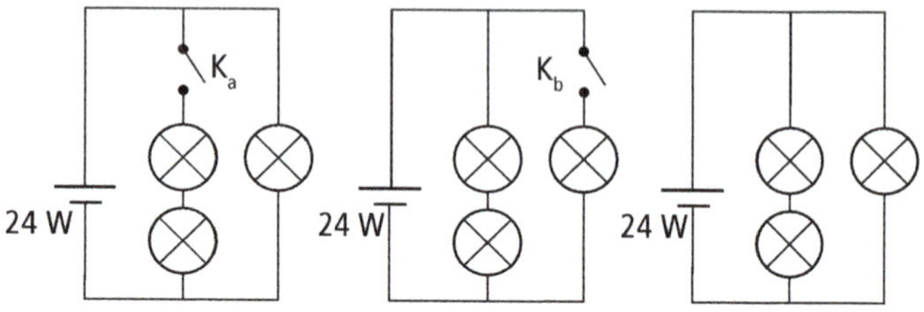

a b c

Identifier celui qui permet un fonctionnement normal du générateur et d'un maximum de récepteurs. Justifier.

Fusibles et sécurité ▸ cours 3 p. 241

5 Calcul d'une intensité

D'après BEPA E1, Métropole, Antilles, Guyane, Réunion, Mayotte, 2015

La plaque signalétique d'une bouilloire électrique est reproduite ci-contre :

Bouilloire N° 2000/A
SÉRIE
1 200 W 220-240 V~
50/60 Hz

1. Relever la valeur de la puissance de cet appareil, ainsi que la valeur de la tension minimale d'alimentation.

2. Calculer l'intensité maximale du courant qui peut traverser cette bouilloire sans l'endommager.

6 Choix d'un fusible

D'après E5 Agroéquipements, Métropole, Réunion, 2010

Le réchauffeur électrique installé sur un circuit d'alimentation en courant d'un moteur fonctionnant au fioul est traversé par un courant d'intensité 11 A.
Pour la protection de ce circuit, on dispose d'une collection de fusibles comportant les calibres suivants :

8 A, 10 A, 16 A, 20 A

Choisir le calibre du fusible le mieux adapté à la protection du réchauffeur.

Exercice résolu

Choix d'un fusible

D'après BEPA E2 Entretien et aménagement des espaces naturels et ruraux, travaux forestiers, Métropole, Antilles, Réunion, 2010.

Énoncé

Un monte-charge est alimenté par un moteur électrique. La puissance nécessaire pour monter un ballot de 360 kg d'une hauteur de 7 m en 12 s est égale à 2,1 kW.
La plaque signalétique du moteur choisi porte les caractéristiques suivantes :

3,3 kW 230 V 50 Hz

1. **Donner le nom de chaque valeur inscrite sur cette plaque.**

2. **Calculer le rendement r de ce moteur.**

3. a. **Calculer en kJ l'énergie électrique absorbée par ce moteur durant la montée d'un ballot de paille.**
b. Il faut rentrer 100 ballots de paille dans le grenier. **Calculer l'énergie absorbée par ce moteur, en kJ puis en kWh.**
On donne : 1 Wh ⇔ 3 600 J.
c. Le kWh est vendu 0,08 € HT. **Calculer le coût HT de cette manutention. Interpréter le résultat.**

4. **Calculer l'intensité requise pour le fonctionnement du moteur.**

5. On désire protéger les circuits électriques au sein du monte-charge. **Choisir parmi les fusibles suivants celui qui est le mieux adapté : 2 A, 6 A, 10 A, 16 A et 20 A.**

Solution

1. 3,3 kW correspond à la **puissance électrique** d'alimentation du moteur ;
230 V correspond à la **tension électrique** aux bornes du moteur ;
50 Hz correspond à la **fréquence** du courant électrique qui traverse le moteur.

Analyser
Nommer chaque caractéristique indiquée sur la plaque. Les données utiles sont les unités.

2. La puissance électrique à l'entrée du moteur est : $P_{\text{électrique}} = 3{,}3$ kW.
La puissance mécanique utile du moteur est : $P_{\text{mécanique}} = 2{,}1$ kW.
Par conséquent, le rendement r du moteur vaut :

$$r = \frac{P_{\text{mécanique}}}{P_{\text{électrique}}} = \frac{2{,}1}{3{,}3} = 0{,}64, \text{ soit } 64\ \%$$

3. a. Pour un ballot : $E_{\text{électrique}} = P_{\text{électrique}} \times \Delta t = 3{,}3 \times 12 = 39{,}6$ kJ.
b. Pour 100 ballots : $E = 100 \times 39{,}6 = 3\,960 \text{ kJ} = \frac{3\,960}{3\,600} = 1{,}1$ kWh.

Rendre compte
La formule du rendement ▶ chap. 13 p. 211 et la relation entre énergie et puissance sont à rappeler. Les calculs doivent être détaillés.

c. Le coût de la manutention de ces 100 ballots est égal à : 1,1 × 0,08 = 0,09 €, soit un coût négligeable par rapport aux autres coûts comme celui de la main-d'œuvre, par exemple.

Critiquer
Comparer le résultat final aux autres dépenses.

4. $I = \frac{P_{\text{électrique}}}{U} = \frac{3\,300}{230} = 14{,}3$ A

5. Le courant électrique doit avoir une intensité proche de 14,3 A afin que le moteur fonctionne correctement.
Le fusible le mieux adapté est celui de **16 A**.

Analyser
Le résultat de la réponse 4 et les informations fournies à la question 5 sont croisés.

S'entraîner

1 Unité « VA »

D'après E4 CGEA, Métropole, Antilles, Guyane, Réunion, 2011

Un ondulateur est placé en sortie d'un panneau solaire. Il sert à obtenir un courant alternatif approprié à l'utilisation domestique de l'énergie électrique produite par le panneau solaire. Sa plaque signalétique indique entre autres : 2 500 VA.

1. **Rappeler à quelles grandeurs physiques correspondent les unités « V » et « A ».**

2. **Montrer que 1 VA est égal à 1 W.**

3. **Critiquer l'usage de l'unité « VA » vis-à-vis de celui de l'unité officielle de la puissance.**

2 Rendement total

D'après BEPA E2 Activités hippiques, Métropole, 2007

Pour assurer l'approvisionnement en eau d'un abreuvoir, un éleveur utilise un panneau solaire et une pompe électrique.
Le schéma d'ensemble est le suivant :

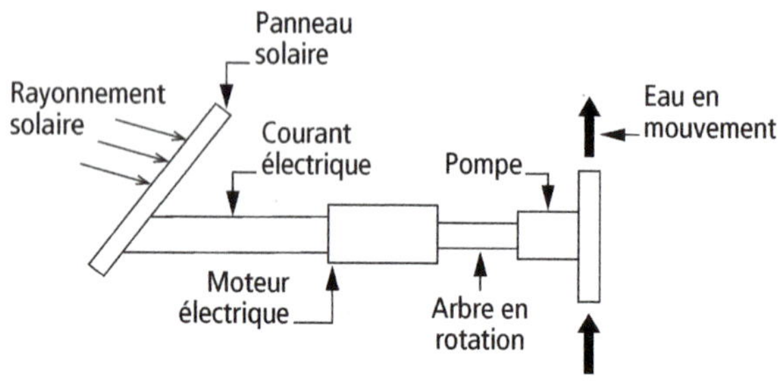

1. Le panneau solaire fournit une tension de 12 V.
Le moteur est alors parcouru par un courant d'intensité 1,5 A.
Calculer la puissance électrique fournie par le panneau solaire à la pompe.

2. Le panneau solaire reçoit une puissance de 90 W.
Calculer le rendement r_1 du panneau solaire.

3. La puissance mécanique développée par la pompe est de 12 W.
Calculer le rendement r_2 de la pompe.

4. **Recopier et compléter la chaîne énergétique ci-dessous à l'aide de toutes les données numériques utiles :**

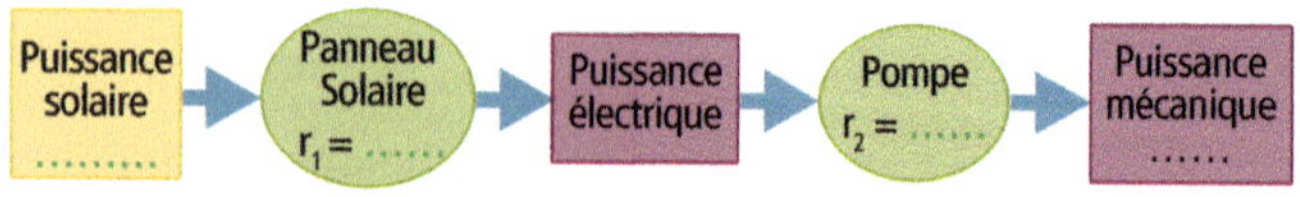

5. **Calculer le rendement total r de cette installation panneau solaire-pompe de deux manières différentes.**

3 Fusible le mieux adapté (1)

D'après BEPA E3 Agroéquipements, Métropole, Antilles, Réunion, 2010R

Un agriculteur s'équipe d'une rotobêche afin d'élargir sa gamme de matériel de travail du sol.
Modèle : GR 190/10/255 ; masse : 2 520 kg ; puissance maximale supportée : 73,6 kW ; vitesse de prise de force : 1 000 tr/min.

1. Dans une situation de travail en conditions sévères et au régime prise de force de 1 000 tr/min, le tracteur développe une puissance de 80 kW, dont 15 kW sont utilisés pour l'avancement.
Justifier, par le calcul, que la rotobêche a des performances de résistance adaptées aux capacités du tracteur.

2. L'efficacité du système de refroidissement hydraulique de la transmission de la rotobêche est améliorée par un ventilateur électrique de puissance P = 240 W. Ce ventilateur est piloté par un thermocontact placé sur le circuit électrique, de tension 12 V. Il est protégé par un fusible.
Calculer l'intensité I du courant électrique qui traverse ce fusible quand le ventilateur fonctionne.

3. Une collection de fusibles comprend les calibres suivants : 2 A, 5 A, 10 A, 18 A et 25 A.
Choisir le fusible le mieux adapté.

* 4 Fusible le mieux adapté (2)

D'après BEPA E2 Élevage canin et félin, Métropole, 2010

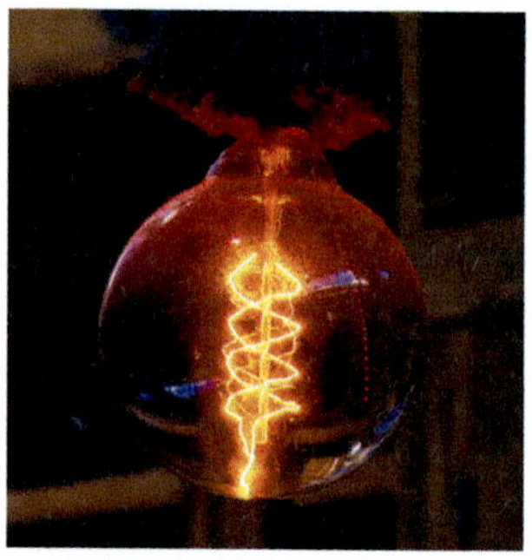

La nurserie d'un bâtiment d'élevage canin est équipée de trois caisses de mise bas. Chacune est munie d'une lampe à rayonnement infrarouge (type 1). Par ailleurs, la pièce est éclairée grâce à des ampoules à incandescence (type 2). Le tableau suivant donne le nombre de lampes et leur puissance.

Type de lampes	Nombre	Puissance de chaque lampe
1	3	300 W
2	8	75 W

1. **Montrer que la puissance électrique totale P de cette installation est égale à 1 500 W.**

2. L'installation est alimentée sous une tension U de 230 V.
Calculer la valeur I de l'intensité du courant électrique qui alimente l'installation.

3. Pour protéger l'installation, l'éleveur dispose de trois fusibles différents : 5 A, 10 A et 16 A.
Indiquer lequel de ces trois fusibles est le mieux adapté. Justifier.

* 5 Équipement électrique et eau

D'après E5 Technicien-conseil vente animalerie, Métropole, 2011R

Afin d'équiper son aquarium en eau de mer, un client demande conseil auprès d'un vendeur au sujet des appareils dont les plaques signalétiques sont reproduites dans le tableau ci-dessous :

Appareil électrique	Indications		
Pompe de brassage	230 V~	50 Hz	5 W
Chauffage	230 V~	50 Hz	300 W
Lampe HQI	230 V~	50 Hz	200 W
Lampe fluorescente spéciale « eau de mer »	230 V~	50 Hz	18 W

1. **Donner le nom des unités correspondant aux symboles V et Hz.**

2. **Justifier que les quatre appareils cités ci-dessus peuvent être branchés directement sur le secteur.**

3. **Calculer la puissance totale consommée par tous les appareils électriques lorsqu'ils fonctionnent ensemble.**

4. **En déduire l'intensité du courant alimentant la multiprise sur laquelle sont branchés les quatre appareils.**

5. Le fusible équipant cette prise porte la mention : 10 A.
Ce fusible permettra-t-il d'assurer la protection de cette installation ? Justifier.

6. **Citer deux dispositifs de sécurité nécessaires pour protéger l'aquariophile contre les accidents domestiques.**

* 6 Puissance électrique minimale

D'après E4, Antilles, 2015

Une MAPAD (Maison d'accueil pour personnes âgées dépendantes) est constituée de différents pavillons. Les responsables de cette structure décident d'exploiter un puits voisin pour alimenter de façon autonome l'un des pavillons. L'eau du puits doit être acheminée jusqu'au pavillon, ce qui nécessite une installation de pompage. À certains moments de la journée, la consommation en eau peut atteindre 1,5 m^3 en 10 min, soit 1 500 kg d'eau à faire monter d'une hauteur h = 7,5 m.
Deux pompes sont étudiées, dont les caractéristiques sont fournies ci-dessous :

Modèle	Alimentation	Puissance maximale
NOVA 2000	230 V 50 Hz	0,22 kW
NOVA 600	230 V 50 Hz	0,55 kW

Indiquer la pompe la mieux adaptée (NOVA 2000 ou NOVA 600) pour cette installation.

Pour répondre à cette question, on pourra :

1. **Montrer que la puissance mécanique nécessaire au déplacement du volume d'eau est égale à 187,5 W.**

2. **Calculer la puissance électrique minimum que doit atteindre l'électropompe de l'installation, sachant que le rendement des électropompes présentées est voisin de 55 %.**

<u>On donne :</u> $P_{\text{mécanique}} = \dfrac{m \times g \times h}{\Delta t}$ avec Δt en secondes, g = 10 N.kg^{-1} et h en mètres.

* 7 Comparaison d'ampoules

D'après BEPA E2 Activités hippiques, Métropole, 2009R

Une ampoule halogène a un rendement de 16 %. Sa puissance consommée est de 60 W.

1. **Donner la valeur de l'intensité I du courant qui traverse l'ampoule si elle est alimentée par une tension U de 230 V.**

2. **Calculer la puissance utile produite par l'ampoule.**

3. Cette ampoule fonctionne pendant 8 heures.
En déduire l'énergie consommée en kWh.

4. Une ampoule à faible consommation d'énergie de 12 W restitue la même énergie que l'ampoule étudiée précédemment.
Calculer l'énergie consommée par l'ampoule basse consommation si elle fonctionne pendant 8 heures.

5. **Comparer les coûts journaliers de ces deux types d'ampoules fonctionnant 8 heures par jour.**

** 8 Puissance absorbée par un moteur en courant alternatif sinusoïdal

D'après E4, Métropole, Antilles, Guyane, Réunion, Mayotte, 2013R

Le rhum agricole résulte de la fermentation et de la distillation du pur jus obtenu par broyage des cannes à sucre. Un broyeur est équipé d'un moteur électrique dont la plaque signalétique est reproduite ci-dessous :

ELECTROMECA	~ 50 Hz	750 W
230 V	4,24 A	1 450 tr/min
k = 0,87		IP 555

1. **Relever la puissance mécanique développée par le moteur.**

2. **Calculer la puissance électrique absorbée P_a par ce moteur.**
<u>On donne :</u> Puissance absorbée par un moteur en courant alternatif sinusoïdal : $P_a = U \times I \times k$, où k est le facteur de puissance du moteur.

3. **En déduire le rendement r de ce moteur.**

9 Fusible et montage en dérivation (1)

D'après BEPA E2 Élevage canin et félin, Métropole, 2010R

L'installation électrique d'un local comporte :

– un radiateur électrique de 1 000 W commandé par un interrupteur K_1 ;

– 4 lampes d'éclairage de 100 W chacune commandées par un interrupteur K_2.

L'ensemble est alimenté par une tension électrique de valeur efficace 230 V et protégé par un fusible de 10 A. Le schéma de cette installation est donné ci-dessous :

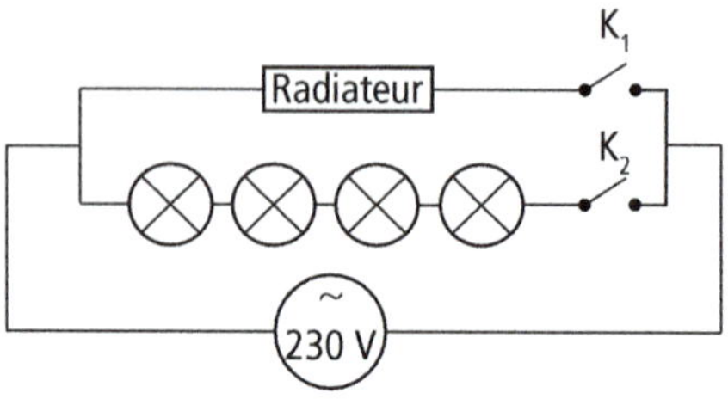

1. **Calculer la puissance maximum P_m autorisée par la protection du fusible.**

2. **Calculer la puissance P consommée lorsque l'on ferme les interrupteurs K_1 et K_2.**

3. **Calculer l'intensité I_1 du courant qui circule dans le radiateur lorsque K_1 et K_2 sont fermés.**

4. **Calculer l'intensité I_2 du courant qui circule dans chaque lampe lorsque K_1 et K_2 sont fermés.**

5. **Dire, en justifiant, si le fusible de 10 A qui protège l'ensemble peut être remplacé sans inconvénient par un fusible de 5 A.**

10 Fusible et montage en dérivation (2)

D'après BEPA E2 ARC, Antilles, Guyane, Réunion, Mayotte, 2012

Le schéma de montage de différentes ampoules aux bornes d'une batterie sur un véhicule est le suivant :

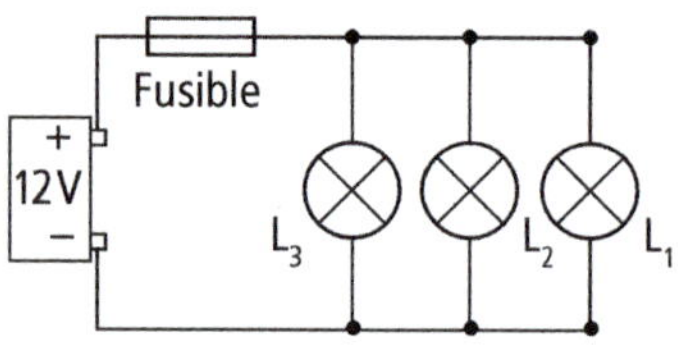

Lampe	L_1	L_2	L_3
Puissance (W)	40	21	5

1. La batterie débite du 12 V.
Calculer l'intensité du courant qui traverse chacune des ampoules.

2. **En déduire l'intensité du courant qui sort de la batterie.**

3. **Choisir parmi les fusibles suivants celui qui est le mieux adapté : 1 A, 2 A, 5 A ou 10 A.**

11 Puissances

D'après BEPA E3 Agroéquipements, Métropole, Antilles, Réunion, 2008R

Une entreprise agricole projette de souder une grue hydraulique sur une remorque pour effectuer les travaux de chargement et de déchargement de charges lourdes. La grue doit être équipée d'un moteur Diesel pour entraîner une pompe hydraulique.

1. Les soudures sont réalisées avec un poste à souder électrique à arc. Un transformateur est installé entre le secteur (circuit primaire) et le poste à souder (circuit secondaire). L'utilisateur a réglé le courant de soudage à 140 A au secondaire. Dans ces conditions, la tension est U = 46 V au secondaire.
Calculer la puissance électrique disponible au circuit secondaire pour le soudage.

2. La tension qui alimente le transformateur est de 230 V. Cette installation est équipée d'un fusible de 32 A.
Justifier que ce calibre du fusible est bien adapté.
Donnée : Les puissances électriques dans le primaire et le secondaire sont égales.

3. Les courbes caractéristiques des performances du moteur sont reproduites ci-dessous :

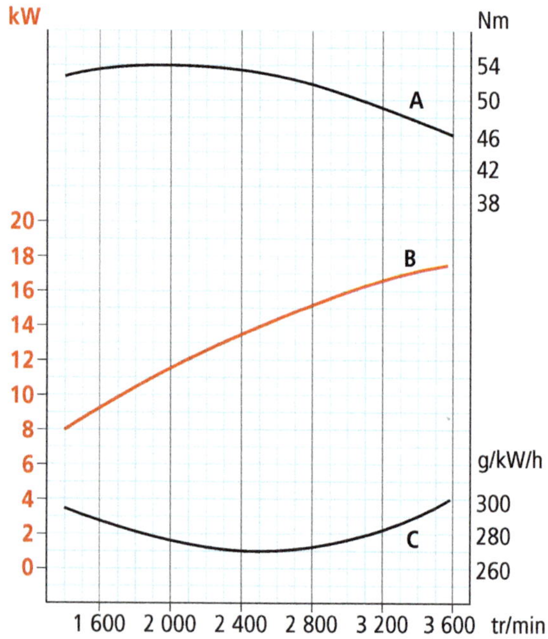

Courbes de performances du moteur

Estimer la valeur de la puissance pour un régime de prise de force de 2 500 tr/min (courbe B).

4. La puissance se réduit de 1 % chaque 100 m d'altitude et de 2 % chaque 5 °C au-dessus de 20 °C. Le moteur développe une puissance de 14 500 W à 0 m d'altitude et à une température de 20 °C. Le moteur et la grue doivent fonctionner sur un lieu situé à 1 000 m d'altitude et dont la température ambiante est de 20 °C.
Dans ces conditions, déterminer la puissance développée par le moteur.

POUR ALLER PLUS LOIN

Exploitations agricoles et énergie : état des lieux et solutions durables

Les prévisions sont alarmantes : population en pleine croissance, monde agricole à flux tendu, augmentation galopante de la consommation d'énergie… Et si certaines solutions étaient pourtant à portée de main ?

1 État des lieux

De 6 à 20 % des charges financières d'une exploitation agricole sont liées à la dépense énergétique. La part des dépenses énergétiques dépend du type d'exploitation agricole, les grandes cultures étant les plus énergivores. C'est souvent l'énergie directe (carburants, électricité) qui est la plus consommée.

Dépendance énergétique* par type d'exploitation (2010)

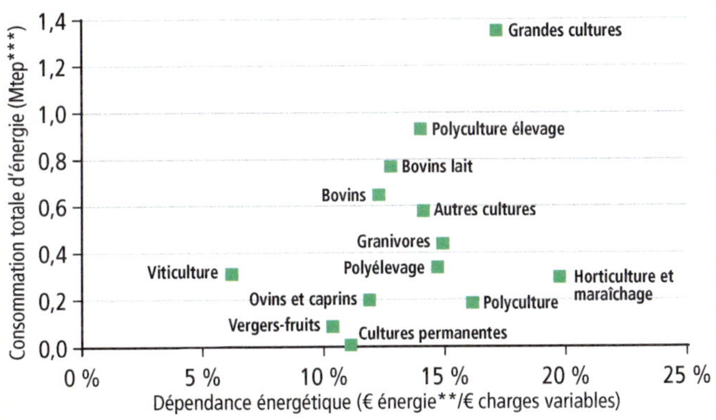

L'horticulture et le maraîchage sont les secteurs les plus dépendants en énergie, et les grandes cultures consomment le plus d'énergie.

* Évaluation des charges énergétiques directes et indirectes

** Prix du pétrole de Brent à 79,8 dollars le baril en 2010

*** 1 Mtep (mégatonne équivalent pétrole) désigne l'énergie obtenue par la combustion d'un million de tonnes de pétrole.

▶ ADEME, « Chiffres clés », *Climat, air et énergie*, 2013)

▶ www.ademe.fr/entreprises-monde-agricole/reduire-impacts/lenergie-exploitations-agricoles

2 Produire du biogaz

Sur les exploitations agricoles, produire du biogaz peut rapporter de l'argent en valorisant les déchets. Par exemple, dans une exploitation laitière du Chili, les quelque 50 m³ de déjections produits par jour par les 700 vaches d'un élevage alimentent un bio-digesteur. Il est aussi possible de produire du biogaz à la demande à partir d'un composteur.

Vidéos disponibles sur :

▶ www.planete-energies.com/fr/medias/videos/chili-fabriquer-de-l-electricite-avec-le-lisier-animal

www.planete-energies.com/fr/medias/videos/les-petites-technologies-ecologiques

3 Demain

À la suite de la publication d'une étude qui annonce la possible disparition d'une partie de l'humanité d'ici 2100, Cyril Dion et Mélanie Laurent partent avec une équipe de quatre personnes enquêter dans dix pays pour comprendre ce qui pourrait provoquer cette catastrophe et surtout comment l'éviter. Durant leur voyage, ils rencontrent les pionniers qui réinventent l'agriculture, l'énergie, l'économie, la démocratie et l'éducation. En mettant bout à bout ces initiatives positives et concrètes qui fonctionnent déjà, ils voient émerger ce que pourrait être le monde de demain…

▶ www.demain-lefilm.com/le-film

ÉTUDE DE CAS N°5

Abattage et débardage

D'après E4 toutes options, Antilles, Guyane, Polynésie, 2017

Pour des raisons économiques ou environnementales, des arbres sont régulièrement abattus. Certains aspects physiques relatifs à l'abattage et au débardage des « grumes » sont étudiés ici. Une grume est le tronc d'un arbre qui a été abattu ; le débardage consiste à transporter les grumes depuis le lieu d'abattage jusqu'au lieu d'enlèvement.

Pour chaque question :
– relever ce qui est demandé ;
– repérer les données utiles dans tout le sujet (énoncé, documents, annexes) ;
– lister ces données utiles.
Attention, certaines données ne sont pas à utiliser !

1 Abattage

L'abattage d'un arbre se fait à l'aide d'une tronçonneuse thermique dont les caractéristiques sont données dans le doc. 1.

Les documents et les annexes sont toujours rassemblés en fin de sujet.

a. Compléter le schéma donné en annexe qui représente les transformations énergétiques au sein du moteur thermique de la tronçonneuse, en nommant les formes d'énergie mises en jeu.

Question	Données et mots-clés	Où ?
Formes d'énergie ?	- Thermique - Carburant	Énoncé et annexe
	- Mécanique	Doc. 1

b. Le réservoir de carburant est rempli. La tronçonneuse va fonctionner sans arrêt. **Montrer que la valeur de l'énergie thermique E_{th} libérée durant tout ce temps a une valeur voisine de 53×10^3 kJ.**

Question	Données et mots-clés	Où ?
E_{th} ?	- PCI - Volume du réservoir	Doc. 1

Attention au nombre de chiffres significatifs !

c. Montrer que la valeur de l'énergie mécanique E_m délivrée par la machine a une valeur voisine de 14×10^3 kJ.

Question	Données et mots-clés	Où ?
E_m ?	- E_{th}	Question 1b
	- Rendement	Doc. 1

d. Calculer la valeur de la durée Δt pendant laquelle la machine va pouvoir fonctionner à ce régime. Donner le résultat en heures.

Question	Données et mots-clés	Où ?
Δt ?	- E_m	Question 1c
	- Puissance mécanique - Formule	Doc. 1

2 Débardage

Certaines conditions de terrain nécessitent l'utilisation d'éléphants de trait pour le débardage, comme en Asie du Sud-Est.

Ainsi, lors d'un déplacement de 12 m sur un chemin horizontal, un éléphant tire une grume de masse égale à 1 080 kg. La force de traction F correspondante mesurée est de 2 920 N (doc. 2).

Attention, cette donnée n'est pas utile pour répondre aux questions !

a. **Calculer la valeur du travail de cette force de traction sur le déplacement de 12 m.**

Question	Données et mots-clés	Où ?
W ?	- Formule	Doc. 2
	- Valeur de F - Valeur de d	Énoncé

b. L'éléphant se déplace sur ces 12 m à la vitesse de 0,9 m/s. **Montrer que 10 hommes conjuguant leurs efforts seraient nécessaires pour effectuer le même débardage.**

Donnée : Puissance moyenne développée par un homme : 270 W.

Aide : On pourra calculer la puissance développée sur ce déplacement.

Question	Données et mots-clés	Où ?
N, nombre d'hommes ?	- Puissance par homme	Énoncé
	- W	Résultat de la question 2a
	- Valeur de d - Valeur de la vitesse	Énoncé
	- Formules de P, E et Δt	Doc. 1

1 Caractéristiques d'une tronçonneuse d'abattage

Puissance mécanique : 2 500 W

Carburant : essence additionnée d'huile

PCI du carburant : $35{,}4 \times 10^3$ kJ/L (1 L de carburant fournit, par combustion, une énergie thermique de $35{,}4 \times 10^3$ kJ)

Volume du réservoir de carburant : 1,5 L

Rendement du moteur : 27 %

Donnée : Relation entre une énergie E transférée sur une durée Δt et la puissance P qui lui est associée : $E = P \times \Delta t$.

2 Schématisation du débardage

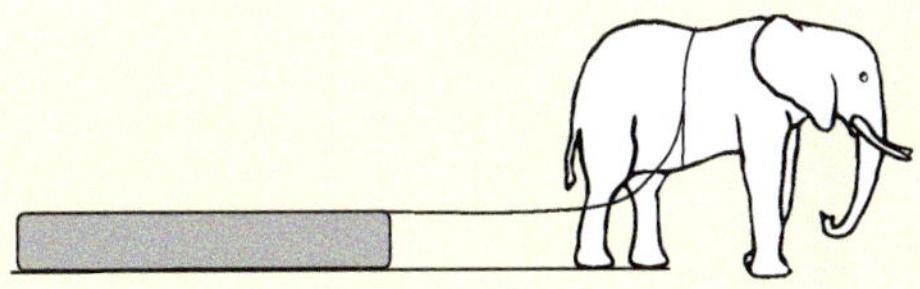

Donnée : Expression du travail d'une force F constante lors d'un déplacement rectiligne d : $W(F) = F \times d$, où F est la force exprimée en newtons, et d la distance de déplacement exprimée en mètres.

Annexe

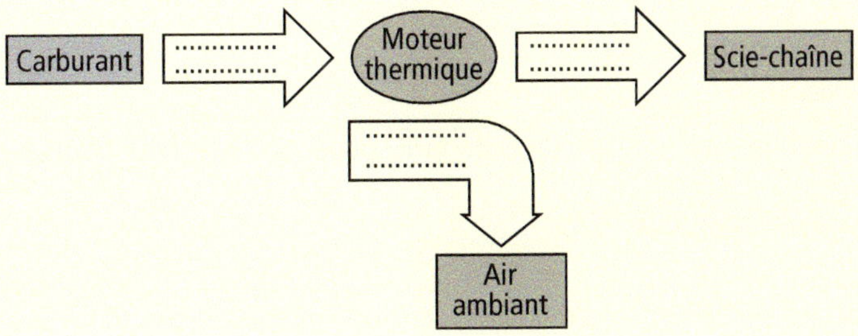

ÉTUDE DE CAS N°6

Les deux exercices proposés sont indépendants

Équilibre d'un cheval et de son cavalier (9 points)

D'après BEPA E2 Activités hippiques, Métropole, 2007 R

Un cheval de selle de masse 550 kg et son cavalier de masse 50 kg sont en randonnée sur un sentier.

1. **Calculer le poids P de l'ensemble {cheval + cavalier}.**
   Donnée : Formule donnant le poids en fonction de la masse : $P = m \times g$, avec $g = 10\ N.kg^{-1}$.

2. On appelle $\vec{R_A}$ et $\vec{R_B}$ les réactions du sol sous les deux sabots posés au sol du cheval (annexe A).
   Recopier et compléter le tableau (annexe B) regroupant les caractéristiques des forces $\vec{P}$, $\vec{R_A}$ et $\vec{R_B}$.

3. **Représenter ces forces sur une photocopie du schéma (annexe A). Prendre 1 cm pour 1 000 N.**

4. **Indiquer si l'ensemble {cheval + cavalier} est en équilibre.**

5. On considère que la surface S d'un sabot est de 90 cm², soit 0,009 m². La force pressante exercée par un sabot sur le sol a pour intensité F = 3 000 N.
   Calculer la pression (en pascals, Pa) exercée par chaque sabot du cheval sur le sol.
   Donnée : La pression (exprimée en pascals) est calculée en divisant F par S (en m²).

A Annexe A

B Annexe B

Nom	Symbole	Point d'application	Direction	Sens	Intensité
Poids	$\vec{P}$				
Réaction en A	$\vec{R_A}$	A			3 000
Réaction en B	$\vec{R_B}$				3 000

AUTOÉVALUATION

	Savoir-faire	Point(s)
1	Calculer la masse totale de l'ensemble. Appliquer la formule donnée.	0,5 0,5
2	Relever les données utiles fournies par le schéma.	2
3	Utiliser les données fournies par le schéma. Appliquer l'échelle fournie.	2,5 1
4	Donner les trois conditions que doivent respecter $\vec{P}$, $\vec{R_A}$ et $\vec{R_B}$ pour que l'ensemble {cheval + cavalier} soit en équilibre. Indiquer si ces trois conditions sont respectées. Conclure.	1,5 1 0,5
5	Interpréter la donnée pour écrire la formule donnant la pression en fonction de F et de S. Appliquer la formule.	0,5 0,5

Montage électrique (11 points)

D'après BEPA E2 Agriculture des régions chaudes, Polynésie, 2012 R

1 Un oscilloscope est utilisé pour visualiser la tension aux bornes d'une lampe L_1. L'oscillogramme ci-contre (doc. 1) représente cette tension.

a. Indiquer la nature de cette tension.

b. Déterminer la tension maximale U_{max}.

c. Calculer la valeur de la tension efficace U.

d. Déterminer la période T, en secondes.

e. Calculer la fréquence f, en hertz.

2 Sur la lampe L_1 figurent les indications suivantes : 12 W ; 12 V.

a. Donner la signification de ces indications.

b. Calculer l'intensité I_1 du courant qui traverse la lampe L_1.

3 La lampe L_1 est associée à une lampe L_2 selon le montage du doc. 2.

a. Indiquer le mode d'association des lampes L_1 et L_2.

b. L'intensité I qui traverse le générateur est de 2 A.

Calculer l'intensité I_2 du courant qui circule dans la lampe L_2, connaissant la valeur de I_1 (calculée au 2b).

1 Oscillogramme

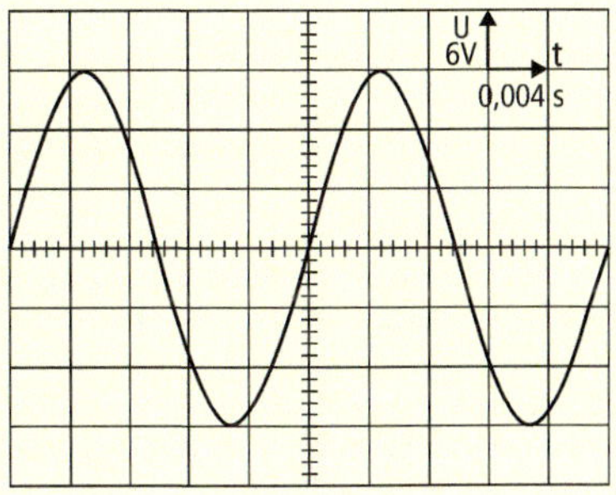

2 Montage

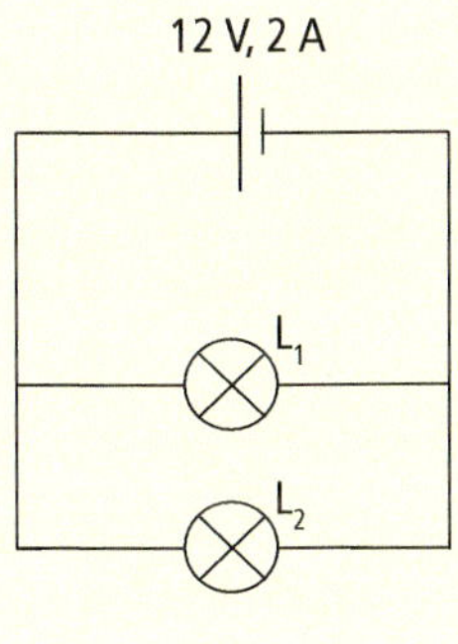

AUTOÉVALUATION

	Savoir-faire	Point(s)
1a	Interpréter la forme de la courbe (doc. 1) : s'agit-il d'une tension alternative ou continue ?	1
1b	Multiplier le calibre de la tension par le nombre de divisions correspondant à un maximum ; lecture verticale.	1,5
1c	Appliquer la relation entre U_{max} et U.	1
1d	Multiplier le calibre du temps par le nombre de divisions séparant deux maxima (ou deux minima) ; lecture horizontale.	1,5
1e	Appliquer la formule entre T et f.	1
2a	Connaître les unités des grandeurs utilisées en électricité.	2 × 0,5
2b	Écrire la formule entre la puissance P, la tension U et l'intensité I. Modifier cette formule pour obtenir I en fonction de P et U.	1,5
3a	Interpréter le schéma du montage (doc. 2) : L_1 et L_2 sont-elles montées en série ou en dérivation ?	1
3b	Indiquer I, I_1 et I_2 sur le schéma. Écrire la loi des nœuds, puis la relation donnant I_2 en fonction de I et de I_1.	1,5

▶ Classification périodique des éléments

(la numérotation I à VIII entre parenthèses correspond à la classification simplifiée)

Légende : Nom ; X : Symbole de l'élément ; Z : Numéro atomique ; M : Masse molaire atomique de l'élément (g·mol⁻¹)

Groupe / Période	(I) I	(II) II	III	IV	V	VI	VII	VIII	IX	X	XI	XII	(III) XIII	(IV) XIV	(V) XV	(VI) XVI	(VII) XVII	(VIII) XVIII
1	Hydrogène 1 H 1,0																	Hélium 2 He 4,0
2	Lithium 3 Li 6,9	Béryllium 4 Be 9,0											Bore 5 B 10,8	Carbone 6 C 12,0	Azote 7 N 14,0	Oxygène 8 O 16,0	Fluor 9 F 19,0	Néon 10 Ne 20,2
3	Sodium 11 Na 23,0	Magnésium 12 Mg 24,3											Aluminium 13 Al 27,0	Silicium 14 Si 28,1	Phosphore 15 P 31,0	Soufre 16 S 32,1	Chlore 17 Cl 35,5	Argon 18 Ar 39,9
4	Potassium 19 K 39,1	Calcium 20 Ca 40,1	Scandium 21 Sc 45,0	Titane 22 Ti 47,9	Vanadium 23 V 50,9	Chrome 24 Cr 52,0	Manganèse 25 Mn 54,9	Fer 26 Fe 55,8	Cobalt 27 Co 58,9	Nickel 28 Ni 58,7	Cuivre 29 Cu 63,5	Zinc 30 Zn 65,4	Gallium 31 Ga 69,7	Germanium 32 Ge 72,6	Arsenic 33 As 74,9	Sélénium 34 Se 79,0	Brome 35 Br 79,9	Krypton 36 Kr 83,6
5	Rubidium 37 Rb 85,5	Strontium 38 Sr 87,5	Yttrium 39 Y 88,9	Zirconium 40 Zr 91,2	Niobium 41 Nb 92,9	Molybdène 42 Mo 95,9	Technétium 43 Tc 99,0	Ruthénium 44 Ru 101,1	Rhodium 45 Rh 102,9	Palladium 46 Pd 106,4	Argent 47 Ag 107,9	Cadmium 48 Cd 112,4	Indium 49 In 114,8	Étain 50 Sn 118,7	Antimoine 51 Sb 121,6	Tellure 52 Te 127,5	Iode 53 I 126,9	Xénon 54 Xe 131,3
6	Césium 55 Cs 132,9	Baryum 56 Ba 137,3	57 à 71 lanthanides	Hafnium 72 Hf 178,5	Tantale 73 Ta 180,9	Tungstène 74 W 183,9	Rhénium 75 Re 186,2	Osmium 76 Os 190,2	Iridium 77 Ir 192,2	Platine 78 Pt 195,1	Or 79 Au 197,0	Mercure 80 Hg 200,6	Thallium 81 Tl 204,4	Plomb 82 Pb 207,2	Bismuth 83 Bi 209,9	Polonium 84 Po 210,0	Astate 85 At 210,0	Radon 86 Rn 222,0
7	Francium 87 Fr 223,0	Radium 88 Ra 226,1	89 à 103 actinides	Rutherfordium 104 Rf	Dubnium 105 Db	Seaborgium 106 Sg	Bohrium 107 Bh	Hassium 108 Hs	Meitnerium 109 Mt	Darmstadtium 110 Ds	Roentgénium 111 Rg	Copernicium 112 Cn	Nihonium 113 Nh	Flérovium 114 Fl	Moscovium 115 Mc	Livermorium 116 Lv	Tennessine 117 Ts	Oganesson 118 Og

lanthanides	Lanthane 57 La 138,9	Cérium 58 Ce 140,1	Praséodyme 59 Pr 140,9	Néodyme 60 Nd 144,2	Prométhium 61 Pm 145,0	Samarium 62 Sm 150,4	Europium 63 Eu 152,0	Gadolinium 64 Gd 157,3	Terbium 65 Tb 158,9	Dysprosium 66 Dy 162,5	Holmium 67 Ho 164,9	Erbium 68 Er 167,3	Thulium 69 Tm 168,9	Ytterbium 70 Yb 173,0	Lutécium 71 Lu 175,0
actinides	Actinium 89 Ac 227,0	Thorium 90 Th 232,0	Protactinium 91 Pa 231,0	Uranium 92 U 238,0	Neptunium 93 Np 237,0	Plutonium 94 Pu 244,0	Américium 95 Am 243,0	Curium 96 Cm 247,0	Berkélium 97 Bk 247,0	Californium 98 Cf 251,0	Einsteinium 99 Es 252,0	Fermium 100 Fm 257,0	Mendélévium 101 Md 258,0	Nobélium 102 No 259,0	Lawrencium 103 Lr 260,0

Pictogrammes de danger

Pictogramme de danger	Définition du danger
	- Explosif - Peut provoquer une explosion sous l'effet de la chaleur
	- Auto-échauffants - Peut s'enflammer au contact de l'air - Dégage au contact de l'eau des gaz inflammables - Peut s'enflammer sous l'effet de la chaleur
	- Contient des gaz, solides et liquides oxydants qui peuvent provoquer ou aggraver un incendie, ou même provoquer une explosion.
	- Gaz sous pression, peut exploser sous l'effet de la chaleur - Gaz réfrigéré, peut causer des brulures ou des blessures dues au froid - Gaz liquéfié
	- Corrosif, pouvant provoquer des brulures de la peau et des blessures graves aux yeux - Également corrosif pour les métaux

Pictogramme de danger	Définition du danger
	- Cancérogène - Affectant la fertilité et l'enfant ànaitre - Allergène respiratoire pouvant provoquer des allergies, de l'asthme ou des difficultés respiratoires en cas d'inhalation - Toxique pour certains organes - Danger d'aspiration pouvant être nocif ou mortel en cas d'ingestion ou de pénétration dans les voies respiratoires
	- Hautement toxique en cas de contact avec la peau, et pouvant être mortel en cas d'inhalation ou d'ingestion
	- Hautement toxique (dangereux) - Provoque une sensibilisation cutanée ou une irritation de la peau ou des yeux - Irritant pour les voies respiratoires - Narcotique, provoque une somnolence ou des vertiges - Dangereux pour la couche d'ozone
	- Dangereux pour l'environnement et très toxique pour le milieu aquatique

Les grandeurs et leurs unités en chimie

Grandeur	Concentration massique	Concentration molaire	Conductivité	Potentiel hydrogène	Quantité de matière
Symbole usuel	c_m	c	σ	pH	n
Unité	gramme par litre	mole par litre	siemens par mètre	-	mole
Symbole de l'unité	$g.L^{-1}$	$mol.L^{-1}$	$S.m^{-1}$	-	mol

Les grandeurs et leurs unités en physique

Grandeur	Distance	Énergie/ Travail	Force	Fréquence	Intensité électrique	Masse	Puissance	Temps/ Durée	Tension électrique
Symbole usuel	d	E / W	F	f	I	m	P	t / Δt	U
Unité	mètre	joule	newton	hertz	ampère	kilogramme	watt	seconde	volt
Symbole de l'unité	m	J	N	Hz	A	kg	W	s	V

▶ Groupes fonctionnels et familles en chimie organique

Groupe fonctionnel	Hydroxyle	Carbonyle	Carboxyle	Amino
Formule	—OH	—C(=O)—	—C(=O)—OH	—N(—H)—
Famille	Alcools	Aldéhydes Cétones	Acides carboxyliques	Amines

▶ Matériel d'électricité

Pile	Générateur	Lampe	Fil de connexion	Interrupteur ouvert	Interrupteur fermé
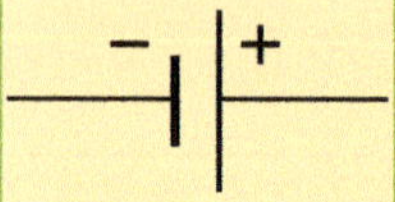	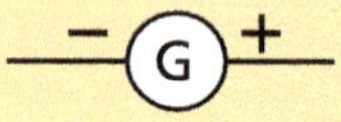	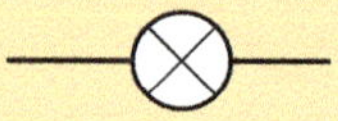			

Conducteur ohmique	Fusible	Ampèremètre	Voltmètre
		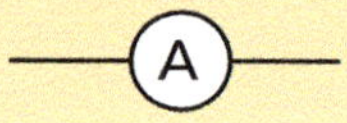	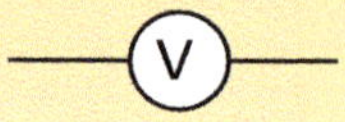

Crédits photographiques

27707/Pixabay : 190. **Adobe Stock :** 5b, 6, 10, 11, 12, 15, 18, 20, 21, 22, 23, 26, 28, 30, 34, 35, 36, 37, 38, 39, 41, 42, 46, 47, 48, 51, 52, 53, 54, 55, 57, 58g, 61, 62b, 63, 67, 69h, 71, 79, 80, 81, 82, 85, 88, 92, 93, 94, 96, 97, 98, 105, 106, 109, 110, 111, 112, 115, 125, 127, 132, 133, 134, 135, 137, 138, 141, 144, 146, 148, 150, 151, 155, 157, 160, 161, 162, 164, 165, 167, 168, 170, 173, 177, 178, 179, 181, 186-187, 192, 194 (doc. 2, 3 et 4), 195, 197, 198, 199, 200, 201, 203, 204, 208, 211, 214, 215, 216, 219, 221, 223, 224, 225, 227, 231, 232, 237, 239, 240, 241, 242, 244, 245, 246, 249g. **Alice Lapijover pour Lemonsea :** 83. **CITIZEN PRESS – ILLUSTRATIONS : TINO - DICOM-DGEC/PAN/15104-4 – Août 2017 :** 69b. **Claude Perrin :** 13. **Frédéric Lheureux :** 25, 189. **Hanna Instruments :** 120. **Maxence Meistertzheim :** 43. **© Movie Movie – Mars Films – Mely Productions/DR DEMAIN documentaire de Cyril Dion et Mélanie Laurent 2015 FRA :** 249d. **NASA/Michael Studinger :** 4, 5h, 8-9. **NASA's Goddard Space Flight Center :** 205. **ONU :** 121. **Photo by Eric Fougere/Corbis via Getty Images :** 8. **Pixabay :** 193. **Têtes Brûlées – Confiserie du Nord « Têtes Brûlées » est une marque appartenant à la confiserie du Nord :** 95. **Tommy_Rau/Pixabay :** 191. **Wikimédia/Luigi Chiesa :** 222. **Wikimédia/Till.niermann :** 194 (doc. 1).

Dépôt légal : mars 2019 - Numéro d'éditeur : MAGSI20220188
Achevé d'imprimer en mai 2022 par ISIPrint en France

PEFC 10-31-2581 / Certifié PEFC / Ce produit est issu de forêts gérées durablement et de sources contrôlées. / pefc-france.org

IMPRIM'VERT®